샤프 펜슬에
뭔짓을 한거야?

# 샤프 펜슬에 뭔 짓을 한 거야?

공학 덕후
신정섭의
샤프 펜슬
탐구일지

신정섭
지음

지식노마드

# 샤프가 나에게 한 짓
# 내가 샤프에게 한 짓

## ● 샤프의 매력에 빠지다

필기구에 막 눈을 뜨던 중학생 시절의 한 장면이 떠오른다. 하교길 정문 앞, 007 가방에 잔뜩 꽂힌 채 주인을 기다리는 만년필을 나는 군침 흘리며 구경하곤 했다. 지금이야 샤프가 대량 생산에 종류도 다양한 흔한 물건이지만 당시는 샤프보다 만년필의 선택지가 더 많았던 시대였다. 1980년에 접어 들어서야 샤프라고 할 만한 제품(아마도 펜텔 P205 또는 PG 시리즈)을 일상에서 쉽게 접할 수 있게 되었다.

수십 년 전 출시된 샤프를 보고 있자면 그 정교함과 완성도에 놀랄 때가 많다. 샤프 기술이 그때 이미 정점에 달한 것이 아닌가 하는 생각이 들 정도다. 하지만 다른 문명의 이기와 마찬가지로 샤프 또한 진화를 거듭하고 있다. 혁신품이 계속 등장하고 있는 것이다. 일례로 펜텔 사의 '오렌즈 네로'나 미쓰비시 유니 사의 '쿠루토가'는 7080 시대의 기술로는 구현하기 어려운 첨단 기능을 선보인다.

샤프는 간단하면서도 복잡 미묘한 물건이다. 단순 필기구인가 하다가도 악기인가 싶기도 하고 마음을 홀리는 요물 같기도 하다. 샤프에는 흔하지 않은 즐거움과 감동이 있다. 오랜 시간 수많은 시행착오를 거쳐 완성된 기술과 지혜의 집약체를 단돈 몇천 원에 누릴 수 있다니 이 얼마나 멋진 일인가? 제작비 수백 수천 억원짜리 영화를 불과 1만 원대로 언제든 감상할 수 있는 것이 어쩌면 이 시대의 축복인 것처럼 말이다.

싼 게 비지떡이라고도 하지만 샤프는 예외다. 가격을 낮춰도 될 만큼 기술이 월등함을 보여주는 사례일 뿐이다.

어떤 샤프는 대중교통 기본요금도 안되는 가격 대비 놀라운 품질력을 갖고 있다. 또 어떤 샤프는 시대를 관통하는 아름다움을 지니고 있다. 이런 샤프는 실제 용도와 상관없이 구석구석 살펴보고 만져보는 것만으로도 재미와 힐링을 준다. 특히 정교한 기계 기구의 동작에서 느껴지는 적확성과 역동성, 유려한 디자인과 색상이 주는 감성은 남녀노소를 막론하고 샤프에 흠뻑 빠지게 하기에 충분하다. 그래서 마치 중독자처럼 실없이 누르기만 할 때도 많다.

그뿐인가. 어떤 생명력, 어떤 깨달음을 느낄 때도 있다. 등장하는 신모델 숫자만큼 단종되는 구모델을 보며 사라져가는 것에 대한 안타까움과 애착을 경험한다. 단종됐다가 시장에 다시 나온 샤프를 보면 마치 부활을 목격한 것처럼 가슴이 벅차오르기도 한다. 단종된 후에야 비로소 가치를 인정받고 희소성이 더해져 명성을 얻은 샤프는 인간 삶의 의미를 생각하게 한다.

## ● 공학 덕후가 쓴 국내 최초 샤프 펜슬 탐구서

샤프에 대해 인문학적인 얘기보다는 기술적인 내용을 담고 작동 원리에 대한 지적 호기심을 해결하려고 노력했다. 물론 인터넷에 샤프 관련 정보가 넘쳐나지만 가급적 쉽게 접할 수 없는 내밀하고 세밀한 정보를 전달하려고 최선을 다했다. 그러다 보니 천상 엔지니어인 필자의 평소 탐구심과 관찰력이 총동원되었고 그 결과 어디에서도 구할 수 없는 정보도 싣게 되었다.(필자는 세계 유일의 샤프 펜슬 전문 탐구서라고 생각하지만 세상의 모든 책을 확인하지는 못했기에 아쉽게도 주장할 수는 없다.)

필자는 특히 와쿠이 요시유키, 와쿠이 사다미 형제의 ≪문구의 과학≫과 데이비드 리스의 ≪연필 깎기의 정석≫에서 큰 영감을 받았는데, 이들 책만큼이나 독창적이고 실용적일 수 있도록 노력했다. 사물의 움직임과 원리를 이해하는 데 남다른 호기심과 열정을 가진 독자라면 이 책을 더욱 반기리라 생각한다.

이 책은 현재 시중에서 정상 가격으로 구할 수 있는 샤프를 중심으로 다루었다. 하지만 매년 많은 모델이 단종되고 있으므로 읽는 시점에 따라 책에 등장하는 샤프 중 일부는 구하기 어려운 기종일 수 있다. 기회가 된다면 개정판을 통해 보완해가고자 한다.

덧붙여, 공식적인 자료가 없거나 일부 예외적인 경우엔 이 책의 내용에 부족함이나 오류가 있을 수 있다. 이 점 미리 양해를 구한다.

## ● 미술학원에 등록한 사연

본문 속 모든 샤프 그림과 사진은 필자가 직접 그리고, 찍고, 그래픽화했다. 그래픽 이미지의 경우 파워포인트로 작업을 하면서 샤프의 구조와 원리를 한눈에 알아보기 쉽게 하는 데 특히 주의를 기울였다. 하지만 동작 설명의 경우 역시 지면의 한계를 느껴야 했다. 진짜 도전은 샤프를 직접 그리기로 결심한 일이었다. 그림을 배우지도, 평소에 그려보지도 않았기에 미술학원부터 등록했다. 선긋기에서 시작해 연필 소묘를 하기까지 1년 동안 꾸준히 연습한 후에야 본문에 실을 120여 개의 샤프를 직접 그릴 수 있게 되었다.

한편 샤프에 대한 책답게 그림을 그릴 때 가급적 연필보다는 샤프를 많이 사용하려고 했다. 주로 사용한 필기구는 제도 샤프 2자루(제노 XD 0.5mm, 0.3mm)와 미술 연필 2자루(파버카스텔 9000 HB, 4B)이다.

# 2장 ▷ 기능과 지식
## : 날 어디까지 반하게 할 건데?

# 3장 ▷▷ 80개의 샤프 80개의 세계
## : 당신이 갖고 있는 샤프는 세상에 딱 하나밖에 없다

# 4장 ▷ 문제 해결과 튜닝
## : 오랫동안 함께하는 방법

0.5장

# 샤프 펜슬이
# 순 엉터리라고?

이 책을 집필하는 데 많은 영감을 주었고
개인적으로 존경해마지 않는 연필 깎기 장인인
데이비드 리스David Rees는 그의 명저《연필 깎기의
정석》에서 굳이 한 챕터를 추가하여 샤프 펜슬에
대해 다음과 같이 한 문장으로 표현했다.

## 샤프 펜슬은 순 엉터리다.*

Mechanical pencils are bullshit.

*《연필 깎기의 정석》, 데이비드 리스 지음, 정은주 옮김, 프로파간다, 2013,
p.120

이에 필자도 별도의 챕터를 만들어 다음과 같이
바로 잡고자 한다.

연필은 감성 덩어리 유물이다. 그 자체로
완성체인 이 유물은 사라지지 않을 것이다.
그러나 연필의 미래는 샤프 펜슬이다.
샤프 펜슬은 연필에 없는 재능을 부여하여
보다 생산적인 일을 가능하게 했다. 무엇보다
깎여져 짜리몽땅하게 버려지는 연필보다 훨씬
자연친화적이다.

## 샤프 펜슬은 지구를 살린다.

Mechanical pencils save the planet.

# 구조와 용어

: 꼴과 이름을 아는 데서 애정은 시작된다

# 주요 부품과 명칭

샤프 펜슬Mechanical Pencil은 지극히 과학적인
도구지만 신비로움을 느끼게 한다. 작고 좁은
몸통 안에서 만들어지는 일련의 동작들은
신기하고 샤프마다 그 느낌이 다르기도
해서 도대체 무슨 원리이고 어떤 차이인지
알고 싶어진다. 특수하거나 복잡한 여러
기능을 매끄럽게 구현하는 샤프를 만날 때면
감탄스럽기까지 하다. 샤프 펜슬은 기능 면에서
다분히 기계적이지만 디자인 요소 및 감촉과
조화를 이루면서 감성의 영역까지 건드리는 묘한
구석이 있다.

이 책은 너무 익숙하고 흔해서 대부분의 사람은
눈여겨보지 않는 필기구, 바로 이 샤프를 깊숙이
들여다보고자 한다. 이를 통해 과학적 원리와
인사이트를 전달하고자 한다. 그러기 위해서는
가장 먼저 샤프에 대한 기초적인 이해가

필요하므로 1장에서는 샤프의 기본 구조와 용어를 소개한다. 엄밀하게는 국제 규격ISO에서 정의한 용어가 있지만 국내 필기구 관련 커뮤니티에서 이미 흔하게 사용 중인 것과 다른 경우가 많고, 같은 부품이나 기능이더라도 여러 용어가 혼용되고 있는 실정이다. 그래서 필자가 판단하기에, 이들 용어 중에서 국내에서 일반적으로 가장 많이 사용된다고 생각하는 용어를 대표로 선택했다. 샤프의 주요 부품과 명칭을 그림으로 설명한 다음 페이지에서 이를 확인할 수 있다. 예를 들어, 흔히 샤프 뚜껑을 지칭하는 '노브'는 푸시 버튼, 지우개 캡으로도 불리는데 필자는 '노브'로 선택 표기한다. 덧붙여, 샤프마다 구조나 구성이 제각각이라 특정 샤프를 대표로 내세워 일괄적으로 설명하기는 어렵지만, 쉬운 이해를 위해 가장 흔하고 표준적이라고 할 수 있는 소위 '제도 샤프'를 기준으로 샤프의 기본 구조를 설명했다는 점 또한 미리 일러둔다.

이제 본격적으로 샤프의 세계로 들어가보자. 먼저 외부 부품과 내부 부품으로 나눠 대략 살펴보고 뒤이어 각각의 부품을 자세히 들여다보기로 한다.

## 외부 부품

### 노브 Knob

- **or** 푸시 버튼 Push Button
- **or** 지우개 캡 Eraser Cap

샤프심을 배출(노크 Knock) 하기
위해 누르는 곳으로,
지우개를 사용하거나 샤프심을
넣고 뺄 때 마개의 역할

### 배럴 Barrel

- **or** 몸통 또는 바디 Body
- **or** 슬리브 Sleeve

샤프의 외곽으로, 내부의 부품을
보호

### 클립 Clip

샤프를 포켓이나 다이어리에
고정하고 책상 위에서 쉽게
구르지 않게 하는 역할

### 그립 Grip

필기를 위해 손으로 쥐는 부위로,
미끄러지지 않고 잡기에도 편한
모양, 굵기, 소재 등이 적용됨

### 선단부 Tip

- **or** 팁 Tip  **or** 콘 Cone

슬리브를 고정하는 부품으로,
내부 메커니즘이 제대로
동작하게 하고 흔들림이 없도록
지지하는 역할(슬리브까지 포함하여
통칭할 수도 있음)

### 슬리브 Lead Sleeve

- **or** 가이드 파이프 Guide Pipe
- **or** 촉

샤프심의 배출구로, 시야 확보와
심의 보호를 위해서 뾰족하게
돌출되면서도 튼튼한 구조

# 내부 부품

### 지우개 옷 Eraser Ferrule
지우개가 심 보관통 깊숙이
박히지 않게 하고 지우개
마모 시 지우개의 돌출량을 조정

### 지우개 Eraser
너무 작고 품질이 조악해서 임시·비상용으로 적당
샤프심이 빠지지 않도록 하는 마개 역할도 수행

### 클리너 핀 Cleaning Pin, Clean out Pin
심이 막혔을 때 빼내는 도구
(점차 사라지는 추세)

### 심 보관통
Lead Tube, Lead Storage Chamber
or 샤프트 Shaft
여분의 샤프심을 보관하고 노크의
힘을 메커니즘에 전달

### 메커니즘 Mechanism
샤프심이 방출되도록 하는
기구 유닛을 통칭

### 클러치 Clutch
or 척 Chuck or 디스펜서 Dispenser
심을 붙잡아서 물고 있는 정밀 부품으로,
보통 세 갈래 또는 두 갈래의 나팔꽃
형상

### 스프링 Spring
노크가 작동되고 심이 안 밀리게
잡아 주는 장력 유지

### 클러치 링 Clutch Ring
or 척 링 Chuck Ring
or 디스펜서 링 Dispenser Ring
클러치를 감싸면서 노크 시 클러치를
조였다 벌렸다를 반복하면서 심을
전진시킴(노크음 발생원)

### 보유척 Lead Retainer
심이 미끄러져서 흘러내리지 않게
잡아 주는 역할(보통 깨알만 한 고무로
선단부 깊숙이 끼워져 있음)

# 노브

*Knob*

▷▷

노브는 크게 두 가지 중요한 역할을 한다. 첫째, 샤프심을 방출하는 노크를 담당하고(노브를 눌렀을 시) 둘째, 지우개 및 심 보관통의 뚜껑 역할을 한다.

노크를 하면, 엄지손가락을 통해서 통상 400~800그램의 무게에 해당하는 힘이 전달된다. 또한 노크 시 발생한 진동이나 메커니즘 반동은 다시 손가락을 타고 전해진다. 이렇게 노브는 샤프와 사람 사이 상호 작용을 불러오는 접점이다. 따라서 무엇보다 크기나 감촉이 중요하다. 실제로 노브가 지나치게 작거나 뾰족한 경우 손가락에 가해지는 압박이 커서 통증을 유발할 수 있고, 표면이 매끈하지 않은 경우 이질감 때문에 상당한 거슬림을 느끼게 된다. 또한 노브가 너무 헐겁거나 살짝만 끼워져 있으면 쉽게 빠져서 잃어버리게 되며, 배럴과의 간격이 크고 쉽게 흔들리면 필기 중 달그락거리기도 한다. 이렇듯 단순해 보이는 노브 하나도 세심한 설계가 필요하다.

▶ 삼켰을 때 질식을 막기 위해 구멍을 뚫어 놓은 노브들

최근엔 구멍을 뚫어 놓은 노브를 심심찮게 볼 수 있다. 아무데다 놓기 마련인 필기구의 특성상 혹시라도 영유아가 샤프를 입에 넣을 경우 일어날 수 있는 사고를 예방하기 위한 방책이다. 샤프 위쪽을 물거나 삼키려고 할 경우 노브가 분리되어 입안으로 들어올 수 있는데, 이때 노브가 기도에 걸려도 질식하지 않도록 적당한 크기의 구멍을 뚫어 놓은 것이다. 그런데 이 구멍의 크기가 보통은 샤프심이 통과할 정도가 되서 지우개로 막아 놓지 않으면 노브를 통해서 샤프심이 빠져나오기 쉽다. 특히 흔들이 샤프라면 이 문제가 심각하기 때문에 샤프심이 빠져나오기 힘든 형태로 구멍을 만들기도 한다.

한편 기능성을 탑재한 노브도 있다. 대표적으로 심경도계(HB, H, B 등을 표시하는 창)나 클립 또는 트위스트형 지우개와 일체화한 노브를 예로 들 수 있다. 다음의 샤프들에서 그 사례를 확인할 수 있다.

기능성을 탑재한 노브들

심경도계를 장착한 노브

클립이나 트위스트형 지우개와
일체화한 노브

# 클립
# 리립

*Clip* ▷

클립은 디자인적으로도 중요하지만 기능 면에서 크게 두 가지 역할을 한다. 먼저, 어딘가에 고정시켜서 휴대를 용이하게 한다. 샤프를 옷의 포켓이나 책 또는 다이어리에 끼워야 할 때 클립이 사용된다. 샤프에 따라서 일정 두께 이상도 끼울 수 있도록 바인더Binder형 클립을 장착하기도 한다. 이렇게 되면 클립이 커진다는 단점이 있다.

둘째, 책상에서 구르지 않도록 한다. 대부분의 샤프는 배럴이 원형이거나 원형에 가까운 다각형이기 때문에 클립이 없다면 굴러 떨어져 손상 등의 문제가 생길 가능성이 크다.

샤프에 따라서는 클립에 추가적인 역할이나 기능을 부여하기도 한다. 예를 들어 클립이 노브의 역할까지 맡기도 하고 특정 기능의 On/Off 스위치 역할을 담당하기도 한다.

다양한 재질과 모양의
클립들

그런데 클립이 필기를 방해할 때도 많다. 클립으로 인해 무게 중심이 상부로 이동하는 경우가 그렇다. 길이가 너무 긴 클립도 문제가 된다. 필기 시 보통은 심을 골고루 마모시키기 위해서 샤프를 돌려가면서 쓰기 마련인데, 이때 클립이 손등에 닿아 걸리적거리면 몹시 불편하다. 그래서 클립을 제거하고 사용하는 사람도 있으며, 어떤 샤프는 아예 클립이 없는 상태로 출시되기도 한다. 이런 샤프의 경우 클립이 없어도 구르지 않도록 별도의 작은 돌기를 만들기도 한다. 다음의 샤프들이 좋은 사례다.

클립이 없는 대신 별도의 돌기를 만들어 구름을 방지한 샤프들

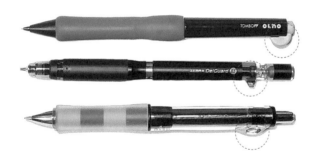

일반적으로 클립의 소재는 스틸이거나 플라스틱이다.(알루미늄은 보지 못했다.) 아무래도 스틸 클립이 디자인이나 사용성 및 내구성 면에서 유리하지만 저가형 모델일수록 플라스틱 클립이 많이 적용된다. 플라스틱 클립은 무는 힘이 약하고 쉽게 부러진다는 단점이 있다.

# 배럴

*Barrel*

배럴은 샤프의 바디 또는 몸통을 가리키는 용어로, 그립과 노브 사이의 구간에 해당한다. 즉 클립이 있는 부분이다. 하지만 그립과 배럴의 구분 없이 일체화되어 있는 샤프도 많다. 배럴은 속이 빈 튜브 형태이고, 그 내부에는 심 보관통이 자리하고 있다. 배럴의 형태는 보통 원형이지만 6각형인 경우도 흔하며 심지어 12각형, 8각형, 3각형인 것도 있다. 주로 플라스틱, 금속, 나무로 만들어지지만 감촉과 그립감 등을 고려해서 고무 또는 실리콘 등이 함께 사용되는 경우도 많다.

## ● 플라스틱 배럴

배럴이 플라스틱인 경우 ABS Acrylonitrile+Butadiene+Styrene, 폴리카보네이트Polycarbonate, 아크릴Acrylic 등 다양한 소재가 사용된다. 투명 또는 반투명하게 제작해서 내부를 보는 재미를 주거나 디자인을 차별화하기도 한다. 배럴이 투명한 경우 내부가 훤해 작동 원리가 보인다는 의미를 담아 만년필에서는 이를 데몬스트레이터Demonstrator, 줄여서 데몬Demon이라고 하며, 샤프에서는 클리어Clear라고 하고 투명한 배럴 색을 클리어 색상이라고 한다. 예를 들어 클리어 블루Clear Blue라고 하면 투명한 파란색을 말한다. 이러한 투명 배럴은 국가별로 선호도가 갈린다고 하는데 국내에서는 인기가 있는 편이다.

최근 출시되는 기능성 샤프 중에는 의도적으로 투명한 배럴을
사용하는 경우가 많다. 기능이 동작하는 모습을 실제 보여줌으로써
주목을 끌고 기술 수준을 어필하기 위해서다. 예를 들면 미쓰비시
유니의 쿠루토가나 제브라의 델가드 등은 배럴 전체를 투명한 재질로
만들고, 불투명한 색상이 필요한 부분만 페인팅 처리한다. 비슷하게는
플래티넘 오레누 시리즈의 경우 가장 핵심인 선단부를 투명하게 하고
있다. 그런데 투명한 재질은 경도가 강해서 실금이 가기 쉽고(특히 나사
등 힘을 많이 받는 부분) 내부 오염 시 지저분해 보인다는 단점이 있다.

## ◖ 금속 배럴

금속 배럴은 주로 고급 샤프에 적용된다. 샤프가 너무 무거워지면
필기에 지장이 있으므로 얇고 가벼운 알루미늄 합금류가 많이
사용되고 있지만 드물게는 동합금도 있다. 금속 특유의 미끄러움을
보완하고자 그립부를 널링(Knurling: 표면을 사각형, 다이아몬드형 등의 요철
형태로 가공하는 공작법)과 같은 별도의 홈 파기 가공법으로 처리하거나
아예 그립부의 소재를 달리하기도 한다. 결과적으로 가장 무거운
샤프들은 배럴이 금속이라고 보는 게 합당하다. 일단 배럴이 금속이면
선단부, 그립부, 클립, 노브 등 거의 모든 부품을 금속으로 만들기
때문에 무게가 나갈 수밖에 없다. 그래서 금속 배럴의 샤프는 차갑고
기계적인 느낌을 준다. 페인팅을 안 한 경우는 더더욱 그렇다.

## ● 나무 배럴

배럴 소재 중 나무는 틈새 제품에 주로 사용된다. 다만 자작(자체 제작)한 샤프나 공방에서 판매용으로 만든 수제 샤프인 경우 나무 배럴이 많다. 나무 배럴이라도 원목 상태 그대로 마감을 한 샤프는 거의 없다. 흔히 연필도 표면을 코팅이나 페인팅 등으로 가공 처리하듯이 나무 배럴의 샤프 또한 마찬가지다. 극심한 오염을 막고 약한 내구성을 보완하기 위해서다. 가령 스테들러의 최저가 연필인 123 60의 경우 표면을 별도의 가공 처리 없이 나무 자체로만 사용하는데, 손의 감촉에서 오는 감성적 느낌은 좋은 반면 외부 오염과 흠집에는 약하다. 연필도 이렇다면 각종 부품이 정교하게 맞물려 있는 샤프는 더더욱 원목 그대로 사용하기 어렵다. 게다가 나무만으로는 강도가 취약한데, 그렇다고 너무 두껍게 하거나 나사산Screw Thread까지 내기는 어려우므로 많은 경우 배럴 내부를 금속 튜브 등으로 보강한다. 몇몇을 제외한 보통의 나무 샤프가 보기보다 무거운 이유가 여기에 있다. 고급 샤프일수록 더 무거운 편이다.

나무 배럴 샤프들

# 그립

*Grip*

필기 시 손으로 쥐는 부위인 그립은 샤프와 사용자의 연결점이다. 이 그립감의 수준에 따라 관상용 샤프가 되기도 하고 실사용 샤프가 되기도 한다. 즉 수집용이나 장난감이 되기도 하고 일상의 필기 도구가 되기도 하는 것이다. 하지만 샤프의 많은 것이 그렇듯 그립에 정답은 없다. 사용자의 취향이나 습관이 제각각이기 때문이다. 어떤 사람은 샤프가 가벼워서 좋다고 하고 어떤 사람은 가벼워서 싫다고 한다. 그립이 굵어서 좋다고 하는 사람이 있는 반면 투박해서 싫다고 하는 사람도 있다.

그립부의 굵기는 심리적, 시각적인 차원과 관련이 깊다. 그립부가 다소 굵어도 배럴이 가늘면 그립부가 그리 굵다고 느껴지지 않지만

정답이 없는 만큼
답안도 많은 그립

배럴까지 굵으면 더 굵게 느껴진다.

그립부가 따로 없는 연필처럼 일부 샤프 역시 그립부와 배럴의 구분이 없기도 하지만 대부분의 경우 소재나 표면 가공을 달리함으로써 구분 짓는다.

일반적으로 그립감에는 소재에 따른 특성이 있다. 별도의 가공 없이 매끈한 표면이라면 고무 또는 실리콘류의 그립감이 가장 좋고 다음으로는 나무, 플라스틱, 금속 순이다. 손에 습기나 땀이 차면 그립감의 좋고 나쁨의 정도는 확 벌어진다. 이때 금속의 경우 별도의 가공 처리를 하지 않았다면 쥐기 어려울 정도로 미끌거린다. 그래서 미끄러운 소재일수록 표면에 가공을 하는데, 가령 플라스틱 소재에는 애뉼러 링Annular Ring이라고 하여 여러 줄의 가로 홈을 넣는 경우가 많다. 대표적으로 펜텔의 제도 샤프인 P205가 그렇다. 아니면 로트링의 티키나 제브라의 델가드처럼 물결 무늬의 굴곡을 넣기도 한다.

### ◑ 손에 착 감기는 그 느낌적인 느낌을 위해서

홈의 깊이나 간격에 따라서 그립감이 모두 다르기 때문에 이 부분은 상당히 신중하게 접근해야 한다. 홈을 깊고 촘촘하게 가공하면 미끄러움을 방지하고 안정감을 높일 수 있지만 장시간 필기 시 오래 쥐는 데서 오는 통증을 유발할 수 있다. 물론 어떤 가공도 없이 매끈하다고 해서 장시간 필기 시 손이 아프지 않은 것도 아니다. 세계

쥐고 필기하는 경우 그립부가 매끄러워도 손가락이 눌리는 힘 만으로
아프다. 그런 경우는 실리콘과 같이 물렁한 소재가 해법이 된다. 실제로
그립감에 특화된 파이롯트 닥터그립, 미쓰비시 유니 알파겔, 제브라
에어피트 등의 샤프는 연질의 두툼한 실리콘 소재를 사용하고 있다.
한편 고무나 실리콘이라고 해도 같은 느낌이 아니며, 미묘한 촉감의
차이가 그립의 만족도를 높이기도 떨어뜨리기도 한다. 그래서 깊은
홈은 아니지만 미세한 표면 처리를 통해서 그립감을 극대화하기도
한다. 펜텔의 카르므 볼펜이 아주 좋은 사례로, 최상의 그립감을 느낄
수 있다.

금속 그립은 그 자체가 상당히 미끄러우므로 표면 가공 없이 사용하는
경우는 많지 않다. 대부분 널링(또는 룰렛Roulette) 가공이라고 해서
표면을 깎거나 자국을 내어 홈을 만드는 기계 가공을 거친다. 보통은
다이아몬드형, 가로 홈(애뉼러 링)의 요철 형태로 가공하며, 적당히
까끌거리고 부드럽도록 홈의 깊이나 간격을 맞추고 버Burr: 가공으로 생긴
거친 모서리 제거 등의 후처리를 한다.


## ● 감성은 덤

나무 그립은 이질감이 적고 자연스러운 촉감을 주기 때문에 특별한
감성을 불러온다. 나무의 특성상 손에 물기가 있어도 잘 흡수할 것
같지만 플라시보 효과일 뿐 실제로는 미미하다. 샤프에 사용되는
나무는 수지에 함침시키거나 표면 처리 등으로 기공이 거의 없는

상태라서 내추럴 우드와는 많이 다르기 때문이다.

심지어 목재 샤프의 대명사인 기타보쉬의 우드노트도
나무 표면이 코팅되어 있어서 땀 흡수가 전혀 안된다.
이는 일반 연필이 땀 흡수와는 무관한 것과 같다.
게다가 보기보다 나무의 두께가 매우 얇기 때문에
수분을 담을 만한 공간도 여의치 않다. 만약 기대한
만큼 수분 흡수가 잘 된다면 나무 샤프는 찌든 오염과
세균의 온상이 될 것이다.

한편 서로 다른 재질의 특성이 복합된 듀얼 그립Dual
Grip을 적용하기도 한다. 일례로 펜텔의 그래프
1000이나 스매쉬는 금속 그립의 표면에 구멍을 낸
후 그 사이로 고무가 돌기처럼 튀어나오게 하였다. 또
칫솔처럼 플라스틱 표면의 일부에 고무 종류를 입힌
샤프도 있다.

그런데 그립감은 평소 자신의 손 상태와 관련이
깊다. 손이 심하게 건조하거나 습하지 않은, 적당한
상태라면 같은 그립이라도 그립감이 개선되기도
한다.

목재 샤프의 대명사
기타보쉬 우드노트

# 선단부

*Tip*

⟩⟩

선단부는 슬리브를 지지하고 내부의 메커니즘이 제 역할을 수행하도록 잡아주며, 주요 부품을 그립부와 결합시키는 역할을 하는, 샤프에서 가장 흔들림이 없고 튼튼해야 하는 정밀 부품이다. 샤프 구조에서 허브 위치에 있는 만큼 대개 선단부를 풀면 샤프의 주요 부분들이 분해된다.

실제로 선단부는 샤프에서 가장 많은 역할과 기능을 수행하고 있는 부품이다. 주요한 몇 가지만 나열하면 다음과 같다.

- 슬리브 고정 및 지지
- 보유척 내장(노크 동작에 필요)
- 메커니즘 작동 보조(대부분의 메커니즘은 선단부 없이는 작동 불가)
- 심 방출량 결정

과거 부러진 심을 제거하느라 종종 풀러야 했던 선단부

- 무게 중심 조정
- 내부 부품의 분해 통로

샤프에 따라서는 많은 특수 기능이 선단부 안에서 구현된다. 예를 들면 슬라이딩Sliding 슬리브, 슬리브 수납, 심 보호, 심 절약, 오토매틱(자동 심배출) 등이 그렇다. 이렇게 되려면 선단부는 일정 이상의 기술적인 완성도를 갖춰야 한다. 예전엔 지금보다 훨씬 단순한 구조였음에도 불구하고 일주일에 한두 번은 선단부를 분해해서 부러진 심을 제거하는 등의 잔손질을 해야 하는 불편함이 있었다.

선단부는 튼튼함과 정교함, 이 두 가지 요구조건을 충족하기 위해 금속(황동)을 깎아서 만드는 경우가 일반적이다. 그러나 저가형 샤프에선 플라스틱인 경우가 많아서 선단부 재질이 고가와 저가의 샤프를 구분하는 하나의 척도가 되기도 한다. 아울러 정확성, 정밀성이 요구되는 제도 샤프에선 날렵한 형태의 금속 선단부가 대부분인 반면 일반 필기용에서는 형태가 무난하고 떨어져도 파손 위험이 낮은 플라스틱 선단부도 많다.

# 슬리브

*Lead Sleeve*

▷▷

슬리브는 샤프심이 방출되는 말단의 부품으로, 보통은 금속(스테인리스 스틸) 파이프의 뾰족한 형태이지만 개중에는 플라스틱 재질도 있고 콘형Cone Type으로 제작돼 덜 뾰족한 것도 있다.

슬리브의 형태와 길이는 용도에 따라서 달라질 수 있다. 제도와 같은 정교한 작업을 하거나 작은 글씨를 쓸 경우엔 시야 확보가 중요하므로 슬리브가 가늘고 긴 샤프가 적당하다. 반대로 일반 필기용으로는 너무 길지 않은 슬리브가 내구성 면에서 더 뛰어나고 휴대도 편리하다.

샤프심이 통과해야 하는 만큼 슬리브의 내경은 샤프심 외경보다 살짝 커야 한다. 너무 크면 샤프심이 흔들리면서 필기감이 나빠지고 쉽게 부러진다.

다양한 모양과 재질의 슬리브

따라서 샤프가 유격(흔들림) 없는 안정적인 품질을 확보하려면

무엇보다 우선 샤프심이 규격에 잘 맞는 굵기여야 한다. 그래야

슬리브도 거기에 딱 맞추어 만들어질 수 있다. 한국, 일본, 독일 등의

메이저 업체에서 생산한 절대 다수의 샤프는 구매자가 슬리브의

내경을 특별히 신경쓸 필요가 없다. 하지만 중국 업체에서 생산한

샤프는 슬리브 내경이 큰 경우가 많아 주의를 요한다. 중국에서

사용하는 샤프심 중에는 표준보다 굵은 것도 있기 때문에 슬리브

내경을 충분히 크게 만든다. 그렇지 않으면 아예 샤프심이 슬리브에

들어가지 않거나 심할 경우 단단히 박혀서 샤프에 고장을 일으킬

수 있다. 그러니까 슬리브 내경이 너무 큰 샤프는 기술력 부족

때문이라기보다는 그럴 수밖에 없는 제작 사정이 있는 것이다.

참고로 펜텔에서는 0.5mm 샤프심을 실제로는 0.565mm 굵기로 생산

관리를 하고 있다. 또한 필자의 실측 결과 대부분의 0.5mm 샤프심의

굵기는 0.57mm 내외로, 펜텔의 슬리브 내경은 0.59~0.60mm,

다른 업체들의 슬리브 내경은 대부분 0.60~0.62mm로 나타났다. 이

수치들로 봤을 때 펜텔 샤프는 다른 샤프에 비해 흔들림은 덜하겠지만

샤프심을 좀 더 엄격하게 가릴 것이라고 예상할 수 있다.

# 샤프심 및
## 슬리브의 규격

▷▷

외부 부품에 이어서 내부 부품을 설명하기 전에 샤프심과 슬리브의 규격에 대해 마저 언급하는 것이 나을 듯하다.

샤프심이나 슬리브의 치수는 메이저 업체의 경우 자율적으로 정하기보다는 국제 규격으로 정해진 값에 따르고 있다. 그런데 출처를 알 수 없는 중국산 저가 샤프와 샤프심의 경우 규격에서 벗어나기도 해서 심 흔들림이나 부러짐, 노크 불가, 막힘 등의 문제가 생기기도 한다. 따라서 가급적 규격에 맞게 생산된 제품을 구입하는 것이 중요하다. 샤프심 및 슬리브 치수 관련 국제 규격은 ISO 9177-1, 2, 3에 나와 있다. 우리나라(KS G ISO 9177-1, 2, 3)는 ISO 규격을 준용하고 있고, 일본(JIS S 6005)도 대부분 ISO 규격과 유사하다. 다만 ISO 규격은 일반 샤프가 아닌 제도나 도안용(Mechanical Pencils for Technical Drawings)을 대상으로 한다는 점과 우리나라 규격에선 샤프를 기계식 연필이라고 명하고 있다는 점을 참고해 알아두면 된다.

● KS G ISO 9177-1 기계식 연필: 분류, 치수, 성능

요구조건 및 시험

● KS G ISO 9177-2 기계식 연필: 흑연 심(분류와 치수)

● KS G ISO 9177-3 기계식 연필: 흑연 심(HB 심의 굽힘
강도)

한편 국제 규격은 샤프심의 표준 길이를 60mm로
명시하고 있다. 따라서 우리나라에서 많이 판매되는
70mm 샤프심은 국제 규격을 벗어난다. 실제로 몇몇
샤프(특히 사이드 노크 방식이나 멀티펜 등)에는 10mm나 더
긴 국산 샤프심을 온전히 넣기가 어렵다.
또한 국제 규격은 제도 샤프의 경우 슬리브의 최소
길이를 3.0mm로 정해 놓았고, 샤프심의 강도 측정에
대한 방법 또한 규정하고 있다.
다음의 표를 보면 규격(국제 규격ISO과 일본산업규격JIS)의

샤프심 및 슬리브 규격의 표기값과 규격값 비교

| 샤프심 | | | 슬리브 | |
| 표기 | | 굵기(mm) | 내경(mm) | 외경(mm) |
| JIS | ISO | | | |
|------|-----|----------|----------|----------|
| 0.3 | 0.35 | 0.37~0.39 | 0.40~0.44 | 0.81~0.84 |
| 0.5 | 0.5 | 0.55~0.58 | 0.59~0.63 | 0.92~0.95 |
| 0.7 | 0.7 | 0.69~0.73 | 0.74~0.78 | 1.08~1.12 |
| 0.9 | 1 | 0.88~0.92 | 0.93~0.97 | 1.26~1.30 |
| 2.0 | 2 | 1.95~2.05 | – | – |

표기값과 규격값이 적잖이 차이가 난다. 예를 들어 0.3mm 샤프심은 실제로는 0.4mm에 더 가깝고 0.5mm 샤프심도 0.6mm에 더 가깝다.

주요 업체들은 이러한 규격값에 따르고 있다. 예컨대 펜텔의 0.5mm 샤프심의 경우 규격의 중앙값인 0.565mm에 맞춰 관리 생산 중이고, 슬리브 내경의 경우 (필자가 수십 종의 펜텔 샤프를 측정한 결과에 따르면) 0.59~0.60mm의 수치를 보인다. 그러므로 굵기가 0.63mm나 되는 '묻지마표' 중국산 샤프심의 경우 펜텔 샤프에 들어가지 않거나 들어가다가 박혀서 고장을 일으키기 쉽다.

한편 0.2mm 및 0.4mm 샤프심은 국제 규격이 없어서 JIS나 업체 자체 규격에 따르고 있는데, 각각 0.27~0.29mm, 0.45~0.48mm라고 알려져 있다. 따라서 슬리브 내경은 0.2mm 심경에선 0.31mm, 0.4mm 심경에선 0.51mm 정도로 추정할 수 있다. 슬리브 외경은 실측 결과, 0.2mm 심경은 0.62mm(펜텔)이고, 0.4mm 심경은 0.84mm(파이롯트) 또는 0.94mm(펜텔)로 측정된다.

# 지우개와 클러너핀

*Eraser & Cleaning Pin*

## 🔵 지우개

샤프 펜슬에 내장된 지우개는 일반 지우개에 비해서 크기가 너무 작고 지우개 본연의 성능도 떨어져서 일상적인 용도보다는 임시 또는 응급 시 보조 역할에 적합하다. 게다가 리필 지우개를 구하기도 어려운 만큼 꼭 필요할 때만 간헐적으로 사용하거나 아예 쓰지 않는 것이 좋다. 그럼에도 지우개는 샤프에서 없어서는 안 되는 중요 부품이다. 유아의 질식사 방지 목적으로 노브에 뚫어 놓은 구멍 사이로 샤프심이 빠져나오지 않도록 하는 마개 역할을 맡고 있기 때문이다.

샤프 부품으로서 지우개는 그 역할이 무엇이던, 쓰임이 많던 적던, 사용 시 불편이 없도록 세심하게 설계되어 있다. 가령 지우개가 심 보관통에서 쉽게 빠지지 않도록 지우개에 옷을 씌워놓은 것도 한 예가 될 수 있다. 또 지우개 옷이 없어서 심 보관통 안에 깊숙히 박히거나 지우개가 심하게 마모되어 잡아 당길 부분이 남아 있지 않은 경우를 대비하여 심 보관통 끝단에 작은 슬릿 또는 홈을 만들어서 박힌 지우개를 꺼낼 수 있도록 하고 있다.

한편 실용성을 고려해서 트위스트형 지우개가 탑재된 제품도 회사마다 판매하고

마모된 지우개를 쉽게 빼기 위해서
슬릿 또는 홈을 만들어 놓은 심 보관통

있다. 모노 지우개로 유명한 톰보 사만 해도
모노그래프 시리즈 모든 모델에 트위스트형 지우개를
탑재했다.

## ● 클리너 핀

최근 거의 사라지는 추세지만 과거 샤프들은 지우개에

가느다란 핀이 꽂혀 있는 것이 일반적이었다.

바로 클리너 핀이다. 길이 20~30mm 내외에

굵기 0.35mm(가장 흔함) 또는 0.55mm 정도 되는

스테인리스 철사로, 이름답게 막힌 샤프심을 빼내거나

메커니즘을 청소하는 데 유용했다. 이제는 샤프

품질이 좋아져 과거처럼 분해하여 수리할 일이 적은

만큼 클리너 핀의 존재 여부가 크게 중요하지 않지만

필자처럼 샤프를 분해하고 조립하는 일을 즐기는

사람에겐 여전히 유용한 부품이다.

▶ 트위스트형 지우개를
탑재한 톰보 샤프

클리너 핀이 사라지는 현상을 두고 많은 샤프

애호가들이 업체의 원가절감 차원에서 비롯됐다고

생각해 아쉬워한다. 하지만 클리너 핀의 유무에 따른 원가절감 효과는

미미하며, 그 근거는 많은 샤프에서 찾아볼 수 있다. 일례로 제브라의

드라픽스 300의 경우 클리너 핀은 없지만 원가가 더 비싼 지우개 옷은

있다. 원가절감의 잣대로 보면 말이 안된다.(이런 사례는 다른 샤프에서도

흔하게 볼 수 있다.) 원가절감의 목적이라면 지우개 옷이 클리너 핀보다 우선적으로 사라져야 할 부품이다. 또한 그 정도의 원가에 연연하지 않는 수만 원대 고가 샤프에서도 클리너 핀이 없는 경우가 훨씬 많다. 클리너 핀이 사라지고 있는 결정적인 이유는 앞서 언급한 안전 문제가 크다. 노브에서의 경우처럼 샤프에서 빠져나온 지우개를 아기가 물고 삼키는 일은 언제든 발생할 수 있다. 이때 만약 지우개에 클리너 핀이 단단히 박혀 있다면 어떤 치명적인 사고가 발생할지 생각만해도 섬뜩하다. 바늘을 아무데나 둔 것과 다르지 않다. 이렇게 보면 클리너 핀이 없는 게 차라리 낫고, 오히려 다행으로 생각해야 할 것이다.

어떤 샤프는 애초부터 아기가 삼키기 어려운 구조로 만들어지기도 한다. 펜텔의 PG5가 여기에 해당한다. 이 샤프는 배럴 상단의 나사를 풀어야만 노브가 분리되는 안전한 구조이기 때문에 매우 긴 클리너 핀을 자신있게 노브 밑에 꽂아 두었다. 고가의 샤프가 아님에도.

▶ 클리너 핀을 안전하게 사용할 수 있는 펜텔 PG5

# 심 보관통 ▷▷

*Lead Tube*

심 보관통을 총에 비유하면 탄창과 같다. 기본적으로 예비의 샤프심을 보관하는 통이지만 노브와 메커니즘 사이에 위치해서 노크의 전달력을 메커니즘으로 보내는 축의 역할도 한다. 이를 위해 기다란 튜브의 형태를 띠고 있다. 재질은 대부분 플라스틱이고, 일반적인 볼펜심 정도의 굵기와 내경으로 되어 있어서 샤프심을 아주 많이 담지는 못한다. 펜텔의 샤프 개발자 의견으로는, 여분의 샤프심은 6개 이하가 적당하다고 한다. 너무 많이 넣으면 심들끼리 꽉 끼게 되면서 메커니즘 쪽으로 원활히 방출되기 어렵기 때문이다. 이런 문제는 실제로 흔하게 발생하는데, 비단 여분 샤프심의 개수만이 원인은 아니므로 6개 이하가 정답은 아니겠으나, 샤프심으로 꽉 찬 내부 때문에 발생하기 쉬운 것도 사실이다. 심지어 0.9mm처럼 굵은 샤프심은 2개를 넣기 어려운 샤프도 있다. 플라스틱 재질의(경우에 따라서는 치명적인) 단점으로는, 아주 가는 샤프심은 정전기에 의해서 심 보관통 벽면에 달라붙기도 한다는 것이다.

한편 몇몇 고급 샤프는 스테인리스 스틸 튜브이기도 한데, 사용상 플라스틱 튜브와의 차이점은 거의 없다. 다만 샤프 기능을 포함한 멀티펜이라면 샤프 유닛이 금속인 경우가 더 적합하다. 멀티펜은 구조상 샤프 유닛을 사용할 때 심 보관통이 휘기 쉬운데 플라스틱 보관통이라면 휘면서 내부의 심이 부러질 수 있기 때문이다.

심 보관통의 색상은 배럴의 색상에 많이 좌우된다. 만약 투명한 배럴이라면 검은색보다는 흰색 내지 투명한 심 보관통이 어울릴 것이다. 샤프에 따라서는 부품 공용화로 검은색이던 심 보관통이 흰색으로 바뀌기도 한다.

## 메커니즘 ▷▷

*Mechanism*

메커니즘은 노크 시 샤프심을 일정하게 배출하고 필기 시에는 배출된 심이 밀리지 않도록 단단하게 잡아주는 정밀 부품으로, 샤프에서는 기계적인 성능을 결정짓는 가장 중요한 부분이다. 자동차에 비유하면 엔진이고 자전거에 비유하면 구동계라고 할 수 있다.

메커니즘은 몇 개의 부품으로 구성되지만 개별 부품이 분해되지는 않는 방식으로 심 보관통과 함께 조립된 유닛이다. 그런데 이 유닛마저도 샤프 생산 시 배럴 내부에 영구 고정을 시켜서 분리 자체가 안되는 경우가 많다.

메커니즘은 공통적으로 클러치, 클러치 링, 스프링으로 기본 구성이 되어 있다. 보통 이 메커니즘 유닛은 단독으로 동작하지 못하고, 샤프 전체가 조립된 상태에서 선단부 내부의 단차 부위 및 보유척 등과 상호 작용하면서 역할을 수행한다.

현대의 노크식 샤프는 동작 원리와 구성이 가장 지혜롭고 생산적인
방향으로 수렴되었기 때문에 샤프마다 메커니즘의 구조가 유사하다.
구조가 뻔하다고 하지만 실제 제작이 쉽지 않은 게 메커니즘이기도
하다. 그래서 신제품 샤프를 개발할 때 메커니즘을 새로
개발하기보다는 이미 개발해 적용 중인 메커니즘을 여러 샤프와 함께
공용하거나 일부 부품만 변경해 다른 조합으로 구성하는 방식을 많이
사용한다.

한편 요즘은 기능성 샤프의 경쟁이 치열하고, 실제로 기능의
성능이나 효과도 대단해서 과거처럼 심 배출 역할에만 충실한 단순
메커니즘보다는 특수 기능을 구현하는 메커니즘이 더욱 중요해지고
있다. 업체들 역시 고부가가치 샤프 시장을 성장시키기 위해
오토매틱과 같이 좀 더 진화한 방식의 메커니즘에 집중하고 있다.

## 스프링

*Spring*

특별한 기능을 갖춘 샤프라면 여러
개의 스프링이 필요하겠지만 기본
샤프라면 메커니즘에 들어가는
스프링은 1개면 된다. 그런데
샤프에 따라서는 이 스프링이 눈에

보일 수도 있고 보이지 않을 수도 있다.

평상시 스프링은 클러치를 꽉 조이고 있음으로써 샤프심이 움직이지 않도록 잡아준다. 구체적으로 말하면, 뒤에서 설명할 클러치 링Clutch Ring을 밀고 있다. 그런데 만약 스프링의 장력보다 큰 힘으로 노브를 누르면 조이고 있던 클러치가 전진하면서 붙잡고 있던 샤프심을 놓아주고 노크가 된다. 즉 샤프심이 일정 길이만큼 배출되는 것이다. 노크가 완료되어 노브에서 힘을 풀면 스프링의 복원력에 의해 클러치가 다시 조여지면서 심을 잡아주는 상태로 돌아간다.

스프링의 장력 수준은 노크감에 큰 영향을 끼친다. 일반적으로 장력이 클수록 노크가 단단하고 끊기는 느낌이 증가하는 반면 심을 세게 잡기 때문에 정밀하게 제작되지 않은 심이라면 부러지기 쉽다. 반대로 장력이 약할수록 끊김이 약해지는 이른바 물노크가 되거나 찰진 느낌이 강해지는데, 심을 지지하는 힘도 줄기 때문에 세게 누르고 필기를 하면 심이 뒤로 밀릴 수 있다. 아무튼 스프링 장력을 바꿔서 노크감을 바꿀 수 있지만 이는 메커니즘이 완전히 분해되는 경우에나 가능하다.

한편 클러치가 심을 문 상태와 아닌 상태의 스프링 장력이 다른데, 심을 문 상태는 클러치 링이 스프링을 더 조이는 작용을 하기 때문에 장력이 강해진다. 그래서 심을 문 상태에서의 노크가 더 단단하고 끊기는 느낌이 강하게 전달된다. 그리고 샤프를 장기 보관할 때 심을 문 상태로 보관하는 것이 더 낫다는 이야기도 있는데, 스프링은 탄성 영역에서만 작동을 하기 때문에 의미없는 얘기에 가깝다.

# 클러치

*Clutch*

클러치는 심을 물었다 났다 하는 부분으로 메커니즘 중에서도 코어core, 즉 심장부다. 이 역할을 수행하기 위해 클러치는 나팔꽃 형상을 띠고 있는데 샤프 부품 중에서 가장 정밀하게 가공된다.

황동 아니면 플라스틱으로 만들어지며, 그에 따라서 샤프의 특성이 상당히 달라진다. 우선 황동이 플라스틱 재질보다 성능과 내구성 면에서 우수하다. 특히 더 높은 수준의 정밀함이 요구되는 0.3mm 샤프의 경우 거의 황동 재질을 적용하지만, 파이롯트 사의 에어블랑이나 고쿠요 사의 엔피츠처럼 0.3mm임에도 플라스틱 클러치가 사용되는 예외도 있다.

노크감도 클러치 재질에 따라서 큰 차이가 생긴다. 황동을 사용하면 노크 특성을 다양하게 설계할 수 있다. 단단하게 끊기는 노크도 가능하고 얌전하고 찰진 노크는 물론 방정맞고 요란한 노크도 가능하다. 반면 플라스틱 클러치는 짧고 단단한 노크는 가능하지만 경쾌하거나 찰진 느낌을 구현하기는 어렵다. 게다가 클러치가 벌어지는 힘이 약하기 때문에 반동감과 노크음도 황동에 비해서 작다. 그래서 무뚝뚝한 노크가 되거나 소위 물노크가 되기 쉽다. 대신 금속 클러치에 비해서 샤프심이 덜 부러진다는 장점이 있다.

## ● 샤프심을 밀당

노크 시에는 심을 배출하는 현상뿐만 아니라 끌어당기는 현상도 발생한다. 즉 노크를 하면 실제로는 심이 들락날락하는데, 배출되는 양이 더 많기 때문에 심이 나오는 것이다. 이 현상은 노크가 끝난 직후 클러치가 후퇴하면서 심을 다시 물기 때문에 발생한다. 이때 당김 정도가 작을수록 정교하고 우수한 메커니즘이 된다. 그런데 플라스틱 클러치는 황동에 비해 당김 정도를 생산 과정에서 관리하기 어렵다고 한다.

## ● 샤프심! 너를 놓치지 않을게

황동은 클러치 코어의 내면을 가공할 수 있다는 장점도 있다. 일반적인 세 갈래 클러치가 샤프심을 물고 있을 때 샤프심 둘레를 모두 잡고 있는 것이 아니라 6군데 지점에서만 심이 밀리지 않게 잡게 된다. 그런데 만약 더 여러 곳에서 심을 잡는다면 스프링 장력이 다소 약해도 심이 밀리지 않게 된다. 그래서 클러치 코어의 내부 표면에 톱니, 메쉬Mesh, 딤플Dimple, 헤어라인Hairline 등의 형태로 거친 홈을 만드는 경우가 많다. 즉 황동 클러치 코어의 내면을

클러치 코어 내면의
여러 홈 가공 사례

미세하게 널링 가공하는 것이다. 그런데 이런 가공 자체가 상위의
기술은 아니라서 최저가형 샤프에도 흔하게 적용되고 있다. 아니면
파이롯트 샤프의 클러치처럼 코어 구멍을 원형이 아닌 6각형으로
만들어서 샤프심과의 접촉 면적을 늘리기도 한다.

그런데 주목할 점은, 샤프 제조 기술의 정점에 있다고 할 수 있는
펜텔이나 코토부키에서는 이와 같은 별도의 표면 가공을 하지
않는다는 사실이다. 펜텔에서는 자기들이 고수하는 (표면에 홈 가공이
없는) 전통적인 방식이 정밀 가공 기술의 쾌거라고 이야기한다.

## ◑ 빈틈없이 잡아줄게

클러치가 샤프심을 단단히, 상처 없이 잡기 위해서는 클러치 코어의
형상도 중요하다. 만약 클러치 코어가 심을 물기 전 진원眞圓의
구멍이었다면, 심을 물어서 클러치가 조금 벌어진 상태에서는
샤프심의 곡면과 일치하지 않기 때문에 앞서 말한 6군데 지점에서만
심을 물게 된다. 다음 그림에서 이 상태를 볼 수 있는데, 너무 세게 물면
샤프심이 부러질 것 같고 샤프심 가루도 많이 생길 것처럼 보인다.

▶ 클러치 코어 형상 Ⅰ

물기 전
(진원 형상)

문 후
(밀착 불량)

그래서 샤프심의 곡률에 맞추기 위해서 다음과 같은 형상을 많이 적용하고 있다. 외부 충격에도 강할 듯하고 상당히 안정적으로 보인다.

클러치 코어 형상 Ⅱ

물기 전          문 후

다음 그림은 필자가 확인한 모든 금속 메커니즘의 파이롯트 샤프에 적용되는 6각형 코어 형상이다. 물론 파이롯트의 흔들이 샤프도 이 형상인데, 6개 면에서 심과의 확실한 밀착을 의도하고 있다.

클러치 코어 형상 Ⅲ (파이롯트 방식)

물기 전          문 후

## ● 플라스틱 클러치도 다 계획이 있다

플라스틱 클러치는 내면 홈 가공을 하기 어려우므로 필압이 센 경우 심이 밀려 들어가기 쉽다는 단점이 있다. 그래서 플라스틱 클러치에서는 홈 가공 대신 앞서와 같이 클러치 코어의 형상을

두 갈래 플라스틱 클러치의 코어 형상

물기 전　　　문 후

샤프심의 곡면과 가급적 일치시키는 방법이 적용된다. 일례로 위
그림은 두 갈래 플라스틱 클러치에서의 코어 형상이다.

한편 플라스틱 클러치를 의도적으로 적용하는 샤프도 있다. 주로 저가형
샤프나 독일에서 생산한 샤프, 저소음이 목적인 샤프, 오토매틱 샤프,
컬러심 전용 샤프 등이 해당된다. 단 흔들이 샤프는 메커니즘의 스프링
장력이 매우 약하기 때문에 메커니즘이 플라스틱인 경우는 보지 못했다.
금속 클러치가 아니라면 심을 제대로 물지 못할 것이다.

대표적으로 플라스틱 메커니즘을 적용한 샤프로는 유미상사의
수능(e미래) 샤프, 제노의 파스텔 Q, 스쿨메이트 등이 있다. 이들 샤프는
코토부키와 코토부키의 자회사에서 생산하고 있다. 모두 저가 샤프이지만
이미 수많은 사용자에 의해서 성능과 내구성이 입증되었다. 또한
펜텔의 플라스틱 메커니즘 역시 최저가임에도 품질이 출중하여 아인
샤프(A125)의 경우 노크감이나 노크음이 웬만한 금속 메커니즘에
버금가는 수준이다. 즉 품질이 낮아서 저렴한 것이 아니라 기술력이
탁월해서 저렴하게 만들 수 있음을 실감한다.

# 클러치 링

*Clutch Ring*

클러치 링은 클러치를 둘러싸고 있으면서 노크 동작의 핵심 역할을 담당하는 부품이다. 노브가 총에서 방아쇠라면 클러치 링은 공이 Firing Pin: 탄약의 뇌관을 때려서 폭발시키는 금속 핀이다. 노크의 동작 과정을 요약하면 다음과 같다.

① 평상시: 링이 클러치를 조여서 심을 잡고 있음(필기 모드)

→ 스프링 힘이 링에 작용 중인 상태

② 노브를 누를 때: 클러치가 조여진 상태로 메커니즘 전진(심 배출)

③ 노크 작동: 링이 클러치에서 빠지면서 클러치가 벌어짐(노크음 발생)

④ 위치 복귀 : 노브에서 손을 떼면 스프링 복원력으로 메커니즘만 후퇴(누름 해제)

: 링이 다시 클러치를 조여 심을 잡음(과정 완료)

클러치 링은 작고 얇은 황동 튜브를 짤막하게 자른 듯한 형태가 일반적인데 모자 모양인 것도 있다. 또한 메커니즘이 플라스틱이라고 해도 클러치 링은

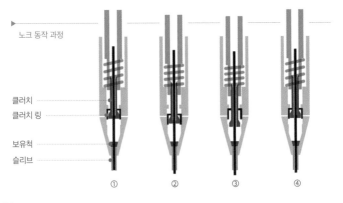

노크 동작 과정

클러치
클러치 링

보유척
슬리브

① ② ③ ④

금속(황동)으로 보면 맞는데, 아주 드물게는 클러치 링까지 플라스틱인 샤프도 있다. 클러치 링의 안쪽으로 클러치가 관통해 서로 상대 운동을 하는 과정에서 클러치 링이 클러치를 벌렸다 조였다를 반복하기 때문에, 클러치 링은 정밀성과 내구성 모두 갖춰야 한다. 또한 노크감과 노크음에 결정적인 역할을 하므로 어찌보면 샤프 전체에서 가장 정밀하고 예민한 부품이 바로 클러치와 클러치 링이다. 같은 모델이라고 해도 개체마다 노크감이나 노크음이 조금씩 다른 이유 역시 클러치 링의 민감한 차이가 원인일 가능성이 크다.

### ◖ 노크감을 들었다 놨다…

노크감의 경우 보통 클러치 링의 형태나 가공 상태가 각이 잡혀 있으면 끊기는 느낌을 주는 편이고, 모서리가 부드럽거나 완만하면 끊기는 느낌이 덜한 편이다. 또한 메커니즘의 스프링 장력이 클수록 끊기는 느낌이 나고 단단한 편이다. 만약 사용 중인 샤프의 노크감이 아주 불만족스럽다면, 클러치 링을 아주 살짝만 찌그러트리는 등의 변형만으로도 느낌을 달리할 수 있다. 하지만 더 나빠지거나 망가질 가능성이 크기 때문에 버릴 위험도 감수해야 한다.

노크음의 경우 앞의 ③번 과정과 관련이 깊다. 즉 노크가 작동할 때 클러치가 벌어지면서 클러치 링을 뒤로 튕겨내는데, 이때 링이 주위 부품이나 바디에 부딪히면서 나는 소리와 반동이 전체 노크음에 지대한 영향을 준다. 물론 클러치가 벌어지면서 주변을 타격하기도 한다.

# 보유척

*Lead Retainer*

보유척은 샤프 부품 중에서 가장 작고 은밀해서 대부분의 사람은 존재조차도 모르지만 샤프에서 없으면 절대로 안 되는 구성품이다. 보유척의 역할은 노크할 때 심이 그냥 쑥 빠지거나 배출되었던 심이 다시 들어가지 않도록 잡아주는 것이다. 즉 심의 움직임에 살짝(경우에 따라서는 강하게) 저항을 주는 것이다. 보유척이 없다면 샤프 펜슬은 빨대 신세로 전락하게 되어 노크할 때 샤프심이 줄줄 흘러내리게 된다.

외려 보유척의 존재가 문제의 원인일 때도 있다. 노크를 아무리 해도 샤프심이 나오지 않을 때 보유척 때문인 경우가 많다. 메커니즘에서 정상적으로 배출된 샤프심이 보유척을 관통하는 것이 아니라 그 입구 턱에 걸려서 전진을 못하는 것이다. 이 때문에 샤프가 고장난 것을 모르고 엉뚱한 곳에서 원인을 찾는 경우가 있다.

보유척은 일반적으로 좁쌀만 한(대략 1.5×2.5mm) 알갱이 모양의 고무로, 선단부 내 슬리브가 시작되는 근처에 박혀 있는데 중앙에 구멍이 뚫려 있어서 샤프심이 관통된다. 보유척은 보통 동그랗게 보이는 검정색 고무지만 실리콘 튜브 형태이거나 플라스틱 사출물인 경우도 많다. 일례로 수능(e미래) 샤프는 플라스틱이며, 펜텔의 캐플릿 시리즈는 보유척이 없는 대신 선단부 내 정교한 탄성 구조가 심을 잡아주게끔 선단부와 일체화되어 있다.

숨어서 자기 역할을 하는 부품이니만큼 밖에 나와

있다면 걱정스러운 상태로 봐야 한다. 그나마

눈에 띈 게 불행 중 다행이다. 너무 작아서 한번

잃어버리면 못 찾을 가능성이 크기 때문이다.

따라서 눈에 띈다면 조심스럽게 선단부 속에 다시

집어 넣은 후 성냥 굵기의 막대로 꾹꾹 눌러서

빠지지 않도록 다져줘야 한다. 너무 세게 누르면

심이 통과하기가 어려울 정도로 뻑뻑해지지만

그 자체가 큰 문제는 아니다. 심이 흘러내리거나

보유척이 다시 빠져서 잃어버리는 것보다야 낫다.

보유척(왼쪽)과 샤프
심이 보유척을 관통
할 때의 모습

오히려 보유척이 뻑뻑할수록 노크가 안정적이고

균일하며 절도감이 강해지는 경향이 있다. 그래서일까 펜텔의 샤프는

공통적으로 보유척이 심을 강하게 잡아주는 편이다. 특히 노크를

일정하게 콘트롤하기 어려운 플라스틱 메커니즘의 경우 펜텔 샤프의

보유척은 대단히 뻑뻑하다.

보유척은 일부러 빼내기도 쉽지 않은 부품이다. 그냥은 잘 안 빠져서

아주 가늘고 날카로운 바늘 같은 것의 끝단을 초소형 갈고리 모양으로

구부려서 보유척을 끄집어내야 할 때도 있다.


## ◐ 기능 샤프 속 숨은 조역

일반 샤프에서는 보유척이 심을 잡아주는 정도가 크게 중요하지

않지만 일부 기능 샤프에서는 그 정도가 대단히 중요한critical 경우가

있다. 특히 슬라이딩 슬리브Sliding Sleeve인 경우 보유척의 저항이

슬리브의 슬라이딩 저항보다 크면 안 된다. 튀어나온 심을 심

보관통 쪽으로 다시 넣을 때 심만 들어가는 것이 아니라 슬리브까지

같이 들어가는 현상이 발생하기 때문이다. 비슷하게는, 노크를

할 때 메커니즘이 심을 당기는 현상이 동반되는데 이때 슬리브의

슬라이딩 저항보다 보유척의 저항이 더 크면 슬리브까지 당겨지는

문제가 생긴다. 이는 펜텔의 오렌즈 시리즈나 쿠루토가의 어드밴스

시리즈처럼 슬라이딩 슬리브를 적극 이용한 기능 샤프의 경우 더더욱

예민한 문제다. 보유척이나 슬리브의 저항이 너무 크면 필기 시 긁히는

느낌이 심해지고, 그만큼 필압도 높여야 하는 불편함이 생기므로 이런

샤프는 저항이 최소화되도록 설계되어야 한다. 즉 저항이 최대한

없어야 하면서도 보유척보다는 슬리브의 저항이 커야 한다는 까다로운

조건을 충족시켜야 한다.

참고로 펜텔의 오렌즈(세미 오토매틱이라서 스프링이 슬리브를 밀고 있는

오렌즈 네로와 오렌즈 AT는 제외)는 샤프를 거꾸로 들고 노브를 눌렀다 떼면

슬리브가 선단 속으로 들어간다. 반대로 샤프심 절약(소위 리드 맥시마이저

Lead Maximizer) 기능이 있는 샤프에선 심이 짧아져도 쉽게 빠지지 않아야

하기 때문에 보유척이 샤프심을 꽉 붙잡게 설계되어야 한다. 이렇듯

보유척은 샤프에서 차지하는 중요성이 큰 만큼 약간의 개선이나

튜닝만 해도 샤프 성능을 크게 바꿀 수 있는 부품이다.

# 샤프심
# 장착 과정

▷▷

앞서 노크 과정에 대해서 설명을 했으나 샤프심이 장착되는 최초의 과정을 별도로 기술한다. 심 보관통에 있던 샤프심이 어떤 과정을 통해 전진해서 바깥으로 나오는지 알면 샤프의 내부 구조에 대한 이해가 깊어진다.

먼저 심을 넣으면 그림 ②번과 같이 클러치 입구까지 내려와서 대기한다. 노브를 누르면 심이 그대로 낙하하여 ③번과 같이 보유척 입구에서 멈춘다. 즉 첫 동작에서 이미 슬리브의 코앞에 와 있는 것이다. 이제 반복해서 노크를 하면 밖으로 튀어나오게 된다.

샤프심 배출 과정

클러치
클러치 링

보유척
슬리브

①   ②   ③   ④

① 샤프심 넣기 전   ② 클러치 입구에 대기 중인 샤프심
③ 낙하하여 보유척 입구에 있는 샤프심   ④ 노브를 뗀 후

심경도

*Lead Grade*

심경도는 연필심 또는 샤프심의
진하기를 나타내는 척도로,
연필심의 재료인 흑연과 점토
비율에 따라서 달라진다. (단 현대의
샤프심은 점토 대신 플라스틱 수지를
사용하는 것이 일반적이다.)

심경도는 H와 B의 조합으로 구분한다. H는 Hardness의 머리자로,
'강도' 즉 단단함의 정도를 나타낸다. H가 높을수록 점토 성분이
많아서 글자는 흐리지만 심의 강도는 높고 단단하다. B는 Blackness의
머리자로, '농도' 즉 진함과 무르기의 정도를 나타낸다. B가 높을수록
흑연 성분이 많아져서 글자가 진하고 잘 번지며 심은 무르고 약하다. 그
중간에 표준격인 HB가 있고 HB와 H 사이에는 F 등급이 별도로 있다.
F는 Firm 또는 Fine Point의 머리자로, HB보다는 단단하면서 H보다는
진한 심경도를 나타낸다. 그런데 진하기 정도에 정량적인 표준이 있는
것은 아니라서 같은 심경도라도 업체마다 진하기가 다르다.

H와 B의 조합으로 구분하는 심경도

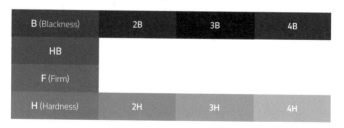

한편 HB는 흑연과 점토의 비율이 약 7:3이고
4B는 약 5:1, 7H는 약 1:1인데, 실제로는
진할수록 그 차이를 체감하기 어렵다. 예를 들어
2B와 8B의 차이가 아주 클 것 같지만 어느 이상이
되면 아무리 칠해 봐야 더는 진해지지 않기
때문에 별 차이가 없고, 특히 흑연은 새까맣게
칠하면 번들거리므로 맨눈으로는 구별하기
어렵다. 다시 말해 흑연심의 진하기에는 한계가
있다.

### ◖ 연필심은 24단계, 샤프심 0.5mm는 10단계

그런데도 연필심은 진하기가 무려
24단계(H~10H, F, HB, B~12B)나 되는데,
시중에서 0.5mm 샤프심은 가장 많이 판매되는
제품이라도 10단계(H~4H, F, HB, B~4B) 정도다.
특히 0.3, 0.7, 0.9mm 등은 수요가 적으므로
0.5mm 샤프심보다 훨씬 적은 종류의 심경도만
출시되어 있다. 그래서 굵은 심에서 흐린
심경도를 구하기란 구하기란 무척 어렵다.

# 중결링과 심경도계

*Insert Ring & Degree Indicator*

## ● 중결링

바디의 중간이 분해 가능한 구조에서 그 사이에 링 형태로 삽입되는 부품이다. 그립이 착탈식으로 분해 또는 조립될 때 그립과 배럴 사이나 그립과 선단부 사이에 중결링이 끼어 들어가는 경우도 있다. 보통은 디자인 요소이거나 제작 시의 공차를 보완하는 용도일 뿐이지만 색상을 달리해서 심경을 구분하기 쉽게 하거나 고무 재질 등으로 그립감을 좋게 하기도 한다.

▶
중결링을 장착한 샤프들

## ● 심경도계

심경도계는 제도나 설계 등이 활발하던 시절의 유산이다. 제도 시 2H, H, HB, B 등 다양한 심경도가 필요하다. 그런데 예전엔 제도 샤프가

검은색 일색이어서 서로 다른 경도의
심을 넣고 작업을 하면 샤프를
구별할 수 있는 방법이 필요했다.
그렇게 고안된 것이 심경도계다.
현재는 그 실용성이 많이 사라졌지만
아직도 중급 이상의 제도 샤프에는
많이 장착되고 있다.

심경도계는 손으로 지시부를
돌려서 심경도를 표시한다. 샤프의
어느 부위에나 배치할 수 있어서
중결링처럼 샤프의 상·중·하부에

▶ 다양한 위치에 심경도계를 장착한 샤프들

자리할 수도, 노브 일체형으로 만들 수도 있다. 심지어 선단부나
클립에 넣기도 한다.

한편 샤프의 표시 부위가 비좁아서 모든 심경도를 못 싣다 보니, 종종
흔한 심경도가 빠져 있거나 비현실적인 심경도가 포함되어 있기도
한다. 예를 들어 많이 사용하는 4B를 누락하거나, 0.3mm에서는 3H
샤프심이 시중에 없는데도 심경도계에는 표시된 경우를 들 수 있다.

심경도계는 그립감을 방해하거나 디자인이 복잡해진다는 단점도
있지만 추가 기능을 탑재한 상위 제품이라는 인상을 준다. 그래서 다른
사양은 동일한데 심경도계가 포함된 모델인 경우 가격이 더 비싸기도
하다.

# 유격

*Looseness*

유격은 샤프의 부품이나 기능은 아니지만 샤프에 조금이라도 관심 있는 사람이라면 반드시 알고 있어야 할 일반 용어이므로 마지막으로 살펴보기로 한다.

샤프에서의 유격은 구조상 간격이 있거나 강성이 충분하지 못해서 헐겁거나 흔들리는 정도를 의미한다. 아쉽지만, 완전히 없앨 수는 없다. 유격을 반기는 사용자도 있지만 일반적으로는 유격이 없는 편을 선호한다. 제도 샤프나 0.3mm처럼 가는 심을 사용하는 경우 흔들림 없는 정밀함이 요구되기 때문에 유격 문제는 중요할 수밖에 없다. 물론 일상생활에서 특별할 것 없는 필기라 하더라도 노브의 흔들림 때문에 딸그락거리는 소리가 난다면 상당히 거슬릴 것이다.

유격 문제가 가장 중요한 경우는 선단부나 슬리브에서 발생하는 좌우 유격이지만, 메커니즘이 유발하는 경우도 있고 클립이나 노브에서도 생길 수 있다.

## ◑　좌우(수평) 유격

좌우 유격은 가장 흔하지만 완전히 없애기는 어렵다.

일단 슬리브의 구멍이 샤프심 굵기보다 크기 때문에

정도의 차이는 있지만 심이 흔들릴 수밖에 없다.

또한 선단부의 강성이나 선단부와 배럴(바디) 간 결합

수준에 따라서도 유격에 차이가 있다. 물론 필압이

세다면 더 크게 발생할 것이다.

일반적으로 금속 소재의 선단부가 유격이 덜하고,

선단부와 그립이 일체화된 샤프라면 더욱 흔들림이

없다. 이런 샤프의 대표적인 예로 펜텔의 스매쉬가

있다.

한편 수납형 슬리브나 슬라이딩 슬리브처럼

슬리브가 선단부에 고정되어 있지 않다면 슬리브

자체가 흔들리기도 한다. 반면 구조적으로 좌우

유격을 최소화할 수 있는 방식도 있는데 파이롯트

클러치 포인트 샤프처럼 소위 탑척Top Chuck(또는

톱챠크)이라고 불리는 것이 그것이다. 심을 물고 있는

클러치가 선단부 밖으로 튀어나와 있어서 심을 그냥

통과시키는 게 아니라 꽉 물고 있기 때문에 좌우

유격이 최소화된다.

한편 심 쿠셔닝Lead Cushioning 기능(심 보호)이 있는

샤프에서 좌우 유격이 클 것이라는 선입견이 있는데,
실제로 측정을 해보면 심 쿠셔닝 샤프의 슬리브
내경이 더 넓은 것이 아니므로 유격이 증가할 이유가
없다.

그런데 구조적으로 공차가 전혀 없다고 해도 그립에
의해서 유격이 발생할 수 있다. 만약 그립부가 너무
물컹하고 두툼한 소재라면 필기 중에 샤프 전체가
흔들리게 된다.


## ◗ 상하(수직) 유격

상하 유격은 조립 불량이 아니라면 주로 메커니즘
자체에 의해서 발생한다. 특이하지만 미쓰비시
유니의 쿠루토가처럼 의도적으로 상하 유격을
발생시켜서 필압에 의해 발생하는 힘으로 샤프심을
회전시키는 경우도 있다. 이 혁신적인 기능으로
쿠루토가 샤프는 (일본 기준) 판매량 1위에 올랐지만
유격에 적응하지 못해서 선호하지 않는 사람도 아주
많다.


## ◗ 상부 유격

상부 유격은 클립이나 노브에서의 헐거움 때문에

발생하는 경우가 대부분이다. 그러나 노브에서

유격이 너무 없으면 부드러운 노크가 안되고 거칠고

뻑뻑해진다. 그래서 어느 정도는 유격이 있기

마련인데, 소음을 유발할 정도가 아니면 별 문제가

안된다.

소음이라 하면, 필기 시 샤프가 흔들리면서 노브

쪽에서 딸그락거리는 소리가 나는 경우를 가장 먼저

꼽을 수 있다. 이런 소음은 테이프 등으로 감싸서

헐거운 부위의 틈새를 줄이면 대부분 개선된다. 보통

스카치 테이프를 많이 사용하지만 배관용 테프론

테이프로 감아줘도 효과를 볼 수 있다.

2판

# 기능과 지식

## : 날 어디까지 반하게 할 건데?

# 샤프 펜슬의 주요 역사

서구에서 통용되는 샤프의 정식 명칭은 'Sharp
Pencil'이 아니고 'Mechanical Pencil'이다. 샤프라는
말은 일본 최초의 제품명에서 유래했고, 현재 한국과
일본에서 일반 용어로 통용되고 있다.
2장에서는 지금의 샤프가 되기까지 주요 역사를
간단히 정리하고* 샤프의 공학적 원리를 본격적으로
탐구해간다.


● 1565년  홀더형 펜슬을 묘사한 문헌 존재
● 1822년  리필심의 기구적인 배출(노크) 개념에 관한 영국
　　　　특허 등록(이후 영국에서 1874년까지 160개 이상의 특허가 등록)
● 1913년  찰스 키런Charles R. Keeran이란 발명가가


\* 명확하지 않은 부분은 생략했다. 예를 들어 최초의 후단 노크식 샤프에 관한
논란 등이 그렇다. 현재와 같은 클러치 링 방식을 두고도 펜텔이 최초라는
주장이 있는가 하면 이미 1933년에 독일에서 발명되었다는 주장도 있다.

'EVERSHARP'라고 명명한 트위스트식 샤프를 최초

발명하고 대량 생산(1915년 특허 등록) → 기계식 연필의

태동으로 인정되고 있음

- 1915년  21세 일본인 하야카와 토쿠지Tokuji Hayakawa가

  EVERSHARP를 모방한 트위스트식 샤프 'Ever-Ready

  Sharp Pencil'을 동양권 최초 출시하여 성공시킴(하야카와

  토쿠지는 이후 SHARP사 창립)

- 1960년  펜텔 하이폴리머 샤프심 최초 개발(0.9mm)

- 1960년  0.5mm 샤프 개발(큐펠 & 에세르 리로이KEUFFEL

  & ESSER LEROY "020")

- 1968년  0.3mm 샤프 개발(일본 펜텔 메카니카Mechanica)

- 1971년  0.2mm 샤프 개발(미국 뉴먼 Super-2)

# 슬라이딩 슬리브 & 수납형 슬리브

▷▷ 보통 슬리브는 선단부에 단단하게 고정되어 있지만 들락날락하면서 길이가 줄었다 늘었다 하는 슬리브도 있다. 이를 슬라이딩 슬리브라고 한다. 아예 슬리브가 선단 내부로 수납되기 때문에 슬라이딩 슬리브와 수납형 슬리브는 동일한 기능을 갖고 있다고 봐도 무방하다. (물론 슬라이딩 슬리브 기능 없이 슬리브 수납만 되는 샤프도 있다.) 슬라이딩 슬리브를 장착한 대표적인 샤프로, 수능(e미래) 샤프와 펜텔의 오렌즈 시리즈 등이 있다.

## ◑ 슬리브가 어떻게 안으로 들어갈까

휴대성을 확보하기 위한 목적으로 개발된 슬라이딩 슬리브는 크게 파이프형과 콘형으로 나뉜다. 다음 그림을 통해 일반적인 고정형 슬리브(보유척과 분리)와 슬라이딩 슬리브(보유척과 결합) 구조를 단면으로

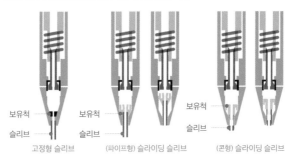

고정형 슬리브 및 슬라이딩 슬리브와 보유척과의 맞물림 비교

보유척
슬리브
고정형 슬리브

보유척
슬리브
(파이프형) 슬라이딩 슬리브

보유척
슬리브
(콘형) 슬라이딩 슬리브

비교해 놓았다. 슬라이딩 슬리브 기능이 제대로 구현되려면 슬리브만

움직여서는 안 되고 보유척이 슬리브와 일체화되어 움직여야 한다.

그래서 보통은 기존의 고무 보유척 대신 플라스틱으로 작고 정교하게

사출 제작된 보유척을 사용한다.

슬라이딩 슬리브의 장점 중 하나는 추가 노크 없이도 많은 양의 필기를

할 수 있다는 사실이다. 보통 슬리브 끝단에서 돌출된 샤프심이 필기로

인해 마모되면 슬리브가 종이에 닿게 된다. 이럴 때 고정형 슬리브라면

추가 노크를 통해 샤프심을 배출한 후에야 필기를 이어갈 수 있지만

슬라이딩 슬리브는 그 상태로 필기를 계속해도 심이 마모되는 만큼

슬리브가 선단부로 밀려 들어가기 때문에 필기가 가능하다. 즉

슬리브가 끝까지 들어갈 때까지 추가 노크 없이도 필기할 수 있다. 다음

그림은 이 과정을 보여준다.

여기서 주목해야 할 점은, 샤프심이 돌출되지 않은 채 슬리브가

끌리면서 필기가 이어진다는 사실이다. 다시 말해 필기 중에 슬리브

끝이 계속 종이면에 닿게 된다는 얘기다. 그래서 보통은 슬리브 끝단의

슬리브가 선단부 안으로 들어가는 과정

날카로운 모서리로 인해 종이가 심하게 긁힌다.
슬라이딩 슬리브라고 해도 헐렁하지 않은 데다 선단
내부의 보유척 저항까지 더해지면서 긁히는 느낌이
심해진 결과, 글자가 흐리게 써진다. 따라서 슬리브
끝단의 모서리를 가급적 둥글게 연마하고, 선단부로
삽입 시의 마찰도 최대한 줄이면(보유척의 저항을
최소화하는 것도 포함) 종이 긁힘을 최소화할 수 있다.
이게 바로 펜텔 오렌즈 시리즈의 핵심이다.

한편 펜텔 오렌즈 시리즈는 슬리브의 슬라이딩
저항이 매우 작기 때문에 샤프를 거꾸로 들고
노크를 하면 심 배출이 안되고 오히려 들어가는

날카로운
모서리

둥근
모서리

슬리브 모서리와 종이 긁힘

기현상이 발생한다.(미쓰비시 쿠루토가 어드밴스에서도 같은 현상이 나타난다.)
왜냐하면 거꾸로 든 상태에서 노브를 눌렀다 떼면 슬리브가 자체
무게에 의해서 선단 속에 수납되면서 심을 후퇴시키기 때문이다.
슬리브의 슬라이딩 저항을 줄인다고 무조건 좋은 것만은 아니다.
샤프가 제대로 작동하지 않을 수도 있다. 앞서 보유척 관련해 설명한
바와 같이 보유척의 저항보다는 슬라이딩 저항이 커야 정상적인
작동이 되는데, 이를 단순히 마찰력의 크기로 콘트롤하기가 쉽지 않다.
그래서 펜텔 오렌즈의 경우 슬리브 유닛을 황동으로 무겁게 만들어서
중력의 도움을 받는 방식을 사용한다. 거꾸로 들면 작동이 안되는
이유도 여기서 찾을 수 있다.

## ● 샤프심도 구하고 노크 수도 줄이고

슬라이딩 슬리브가 가진 뜻밖의 장점도 있다. 샤프심이 밖으로
돌출되지 않은 상태에서 필기를 하므로 샤프심이 거의 부러지지
않는다는 사실이다. 슬리브가 샤프심 전체를 감싸고 있기 때문이다.
그래서 0.3mm 또는 0.2mm와 같은 극세심경의 샤프심도 부러짐
걱정 없이 사용할 수 있다. 펜텔 사는 오렌즈의 경우 아예 샤프심을
슬리브에서 돌출시키지 말고 사용하라고 권유하고 있다. 물론 일반
샤프처럼 사용한다고 해서 문제될 것은 없다. 실제로 많은 사람이
그렇게 사용 중이다.

이와 관련해서 필자의 경험을 말하자면, 슬라이딩 슬리브 기능이 있는
샤프를 구입해서 슬리브 끝단을 부드럽게 연마하면 펜텔의 오렌즈
방식으로 사용 가능하다. 문구점에서 흔하게 판매하는 스쿨메이트(또는
스쿨 프랑세), 제노 파스텔 Q, 파버카스텔 폴리매틱 2329 등을 개조해서
사용하면 오렌즈 시리즈만큼의 부드러움은 아니지만 의외로 쓸
만하다.

한편 슬라이딩 슬리브 기능이 있는 샤프에 심 쿠셔닝 기능을 추가하면,
소위 포인트 푸시매틱Point Pushmatic이라고 불리는 기능이 구현된다.
즉 필기 중 샤프심이 마모됐을 때 샤프를 꾹 누르면 슬리브가 선단부
속으로 들어가서 짧아지지만 샤프심은 쿠셔닝 기능에 의해 다시
튀어나와 슬리브 밖으로 노출되므로 노크와 비슷한 효과가 나는
것이다. 그 결과 슬리브가 선단부 속에 완전히 들어가기 전까지는 추가

노크 없이 필기가 가능하다. 이 기능이 있는 샤프로는
플래티넘 하야이, 유미상사 뮤직파라다이스,
파버카스텔 그립매틱 2018, 라이프앤피시스
제도 샤프, 제노 XG 등이 있다. 수능 샤프로도
어설프게나마 가능하다. 그런데 이들 샤프는
모두 일본의 코토부키 및 한국의 수한에서 생산한
제품이다. 결국 같은 업체의 샤프라고 볼 수 있다.
아래 그림은 포인트 푸시매틱의 작동 과정을
나타낸 것이다. 눌렀다가 떼면 슬리브가 누른 만큼
들어가면서 샤프심이 노출된다.

이러한 슬라이딩 슬리브가 구현되려면 메커니즘도
일부 달라져야 한다. 일단 노브를 눌렀을 때 슬리브가
완전히 돌출되어야 하므로 노크가 깊게 작동해야
한다. 만약 슬리브 길이가 4mm라면 노브가 4mm
이상 눌려야 한다는 얘기다. 그러나 일반 샤프의
메커니즘으로는 그렇게 깊숙히 눌리지 않는다.

포인트 푸시매틱 작동 과정

# 노크감과 노크소음

좋은 노크감 내지 노크음이란 어떤 것인지 한마디로 말하기란 어렵지만 '계속 노크하고 싶어지는 느낌과 소리' 정도가 아닐까 한다. 정말 좋은 노크는 중독성까지 있어서 실없이 계속 노브를 누르게 한다. 개인의 취향을 많이 타지만 일반적으로는 딱딱 끊기는 절도 있는 노크감과 약간 쫀득하고 찰진 느낌을 선호한다. 물론 정반대로 물컹한 물노크를 좋아하는 사람도 있다. 그래서 여기서는 가급적 어떤 편향 없이 노크에 대해서 기계적인 분석과 설명을 하려고 한다.

## ◑ 노크 느낌이 제각각인 이유

'샤프심 배출'을 의미하는 노크Knock는 샤프 내부에서 발생하는 단순하고 매우 짧은 과정이다. 그러나 노크 시 심 보관통(또는 배럴)이나 그립을 거쳐서 손으로 전달되는 어떤 느낌과 소리는 상당히 많은 요인에 영향을 받는 매우 복잡한 과정이기도 하다. 노크로 인한 느낌과 소리는 샤프마다, 심지어 같은 모델, 같은 포장 박스 안에 있는 각 샤프마다 서로 미묘하게 다르다.(플라시보가 아니다! 정말 다르다.) 실제로 동일 샤프를 두고서도 사람마다 노크감에 대한 의견이 제각각인 경우가 많다. 이는 노크감에 관해 객관적이고 통일된 평가 방법이 없고 인간의 감각이 부정확하다는 점도 이유일 수 있지만, 실제로 샤프 개체 간 차이가 적지 않게 날 수 있다는 점 또한 중요한 이유다. 그래서 펜텔처럼 최고 수준의 생산기술을 갖춘 업체가 만든 동일 모델의 샤프를 비교하더라도 노크감이 크게 다른 경우가 있다.

노크감을 간단하게 설명하면, 노브를 누를 때 클러치 링이 클러치에서 빠져나오기 전까지 생긴 저항감의 정도(끊김)와 링이 빠져서 뒤로 팅겨나갈 때 주변을 타격하면서 발생하는 충격(반동) 및 소음(노크음)의 연쇄 반응이다. 그러나 노크감은 이 과정에서 단순히 메커니즘뿐만 아니라 스프링의 장력, 선단부 및 배럴의 재질과 무게, 내부 공간 등 샤프의 모든 부분으로부터 영향을 받는다. 그래서 100퍼센트 동일한 메커니즘을 사용하더라도 모델마다 노크감이 다르다. 예컨대 같은 메커니즘이라고 해도 펜텔의 그래프 1000과 스매쉬의 노크감이 다르고, 펜텔 P205와 P365, 슈타인이 서로 다르다. 하지만 노크를 발생시키는 메커니즘이 동일한 만큼 판이하게 다르지는 않고 어떤 공통 성향은 있다.

노크감에서 큰 차이를 만드는 것은 메커니즘의 소재이다. 황동이냐 플라스틱이냐에 따라서 근본적으로 달라진다. 일단 황동은 금속성의 움직임이나 탄성 및 소리가 확실하게 느껴져 산뜻한 반면 플라스틱은 경쾌하지 않고 무뚝뚝한 느낌을 준다. 그래서 보통은 소재 차이가 뚜렷하게 구분되지만 펜텔의 아인 샤프(A125)처럼 플라스틱 메커니즘임에도 금속성 노크감을 띠는 경우도 있다.

## ◑ 노크는 두 번 소리를 낸다

노크 시 나는 소리는 엄격히 말해 2번에 걸쳐 난다. 첫 번째 소리는 클러치가 벌어지면서 난다. 이때 발생하는 소리는 무척 작거나 무음이다. 두 번째는 빠져나간 클러치 링이 주변을 타격하면서 발생하는 소리로, 실제로 우리 귀에 들리는 소리는 대부분 이 두 번째 것이다. (물론 벌어진 클러치가 주변에 부딪히는 소리가 포함되기도 한다.) 그래서 노크를 아주 천천히 하면서 주의깊게 들어보면 2번의 소리를 구별할 수 있지만 일반적으로는 두 과정의 소리가 동시에 들린다. 그런데 이 소리는 단순히 타격 지점과만 연관되지 않는다. 통울림 및 전파 효과에 크게 좌우되며, 실제로 귀를 대보면 오히려 노브 끝에서 큰 소리로 들린다.

첫 번째 소리는 노크 초기에 클러치가 심을 물고서 전진하다가 클러치 링이 빠지면서 클러치가 벌어지는 순간, 클러치 링이 클러치에서 빠지지 않으려는 저항감 때문에 발생하는데(즉 마찰음) 실제로는 소리보다는 손으로 전달되는 감각이 더 크다. 만약 이 과정에서 클러치 링이 별다른 저항 없이 밀려난다면 이른바 물노크가 된다. 참고로 로트링이나 스테들러, 파버카스텔 등 독일에서 생산한(일본에서의 OEM 생산이 아닌) 샤프에서 물노크가 많고, 일본 제품이라도 흔들이 샤프가 대체적으로 그렇다. 소음이 작아서 독서실이나 도서관 등에서 사용하기 좋기 때문인지 의외로 이런 노크감을 선호하는 사람도 있다. 반대로 클러치 링의 저항이 크다면 노크 시 단단하거나 끊기는 느낌이 든다. 이런 절도감은 금속 메커니즘일수록, 메커니즘에 걸리는 스프링의 장력이 강할수록 다시 말해 노브를 누를 때 힘이 많이 들수록 강하게 느껴진다. 펜텔, 제브라, 제노 등의 제도 샤프가 여기에 해당한다.

한편 스프링 장력이 노크감에 영향을 준다는 사실에 비춰보면, 클러치가 심을 문 상태일 때 스프링 장력이 증가하게 되고 그 결과 노크가 더 단단해지고 끊기는 느낌도 강해진다는 것을 알 수 있다. 비슷하게는, 노브를 잠깐 잡아 당겼다가 노크하거나 잠깐의 필기를 한 후에는 클러치 링이 더 세게 끼워지는 상태가 되므로 끊기는 느낌이 심해지는 것을 들 수 있다.

그렇다고 스프링 장력을 너무 세게 하면 심에 상처를 주거나 부러지기 십상이다. 그래서 0.3mm 샤프는 0.5mm 샤프보다 장력을 약하게 설계하는 경우가 많고, 클러치가 샤프심을 문 상태에서는 0.5mm보다 스프링의 조임량이 줄기 때문에 일반적으로는 0.3mm 샤프의 노크감이 0.5mm 샤프보다 좋지 않다.


## ◑ 예민한 녀석을 이해하는 방법

금속 메커니즘을 사용하는 샤프 중에서 조용하지만 찰지거나 쫀득함이 느껴지는 경우가 있다. 이런 샤프들의 일반적인 공통점은 스프링 장력이 약한 편에 속한다는 것이다. 그러나 스프링 장력이 약하더라도 샤프심을 확실하게 물고 있어야 심이 밀리지 않으므로 이들 샤프는 클러치 코어의 내면이 매끄럽지 않도록 특수 가공 처리한다. 제브라의 타프리클립, 에어피트, 에스피나 등이 여기에 해당된다.

금속 메커니즘이라고 해도 뭔가 물컹하거나 텅빈 느낌이 날 수 있는데, 이는 주로 저가형 샤프(1천 원대의 제도 샤프류에 많다.)에서 흔하게 발생한다. 이런 샤프는 스프링 장력이 약하고 끊기는 감이 거의 없어서 노크 느낌은 공허하지만 클러치 링의 타격 효과는 상당해서 주변에 민폐가 될 정도의 큰 소리를 내기도 한다. 이런 샤프의 경우 스프링 장력만 높여도(그런 작업이 가능하다는 전제하에) 노크감이 달라진다.

플라스틱 메커니즘은 아무래도 동작이 푸석한 느낌이고, 클러치가 벌어지는 힘이 약한 만큼 클러치 링의 타격감도 약해서 소리가 작은 편이다. 한마디로 무뚝뚝한 느낌이다. 보통은 저가형 샤프에 많이 적용되지만 샤프에 따라서는 의도적으로 플라스틱 메커니즘을 사용하기도 한다.(저소음용 샤프, 컬러심 전용 샤프 등이 그렇다.) 특히 독일산 샤프는 플라스틱 메커니즘을 많이 사용한다. 그래서 그런가 일부러 물노크를 만들었다는 생각이 들 정도로 끊기는 느낌이나 반동 및 소음이 없다.

한편 클러치 링의 형태와 무게도 노크감에 영향을 준다. 황동 메커니즘이건 플라스틱 메커니즘이건 상관 없이 클러치 링은 99퍼센트 이상의 제품에서 황동 재질로 되어 있다.

클러치 링의 형태도 중요하다. 링이 끼워지는 부분에서 각이 살아 있을수록 끊기는 느낌이 생기고 부드럽게 곡면 처리가 되어 있을수록 물노크에 가깝게 된다.

## ● 싸구려 샤프도 사랑하는 마음

지나치게 노크감을 의식하지 않는 게 샤프의 세계를 오래 즐길 수 있는 길이다. 필자도 초기엔 플라스틱 메커니즘이 주는 퍽퍽한 느낌이 거슬려서 외면했었다. 그러다 편향을 지우고 그들 나름의 개성을 즐겨 보자고 마음먹게 되었고, 실제로 생각을 바꾼 단 하루 만에 취향이 180도 바뀌어 노크감의 호불호가 사라졌다. 덜 까다로운 덕후가 된 지금은 몇백 원짜리 저가 샤프도 기꺼이 사랑하면서 즐거운 필기 생활을 이어나가고 있다.

결론적으로, 특정 노크감을 편애하지 않고 열린 마음으로 다양한 노크를 받아들이면 애정하는 샤프가 많아질 것이다.

# 제도용
## VS 필기용

제도용 샤프와 필기용 샤프를 가르는 명확한 기준이 있는 것은 아니다. 그러나 일반적으로 인정하는 두 샤프의 특징 및 차이점은 있다. 먼저 제도용은 정밀하고 정확해야 하는 작업에 많이 사용되므로 흔들림이 없어야 하고 정교함을 가져야 하며, 필기 시 샤프가 주변 시야를 가려서는 안 된다. 필기용 샤프는 제도용에 비해 휴대성, 내구성, 그립감, 장시간 필기 적합성 등이 두드러진다. (물론 제도용을 일반 필기에 사용해도 무방하다.) 두 용도와 특성을 모두 가지고 있어서 경계가 모호한 샤프도 있다.

정리하면, 대체로 다음 표의 조건이 제도용에 해당된다. 특히 슬리브 길이는 제도용 샤프의 대표적 특성이다. 즉 다른 모든 특성을 갖추어도 슬리브가 너무 짧으면 제도용이라고 하지 않으며, 다른 조건을 모두 충족 못해도 슬리브가 길면 제도용으로 보기도 한다.

제도용 샤프의 조건

| 항목 | 내용 |
| --- | --- |
| 디자인 및 배럴 | 디자인이 너무 요란스럽지 않을 것 |
| 슬리브 | 길이 4.0mm 내외(최소 3.0mm)의 파이프형이 표준<br>(자를 대고 작도 시 필요, 시야 확보 목적) |
| 선단부 | 가늘고 예리하거나 계단식 단차 구조 (시야 확보 목적) |
| 심경도계 | 생략된 저가형 모델도 많지만 일단 심경도계가 있다면 제도용에 해당<br>(예외: 펜텔 스매쉬) |
| 그립부 | 너무 푹신하거나 물렁하지 않을 것 (흔들림 방지 목적) |

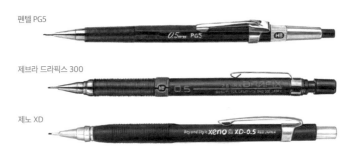

펜텔 PG5

제브라 드라픽스 300

제노 XD

또한 제도용은 유격이 가급적 없고 견고해야 하므로 금속제 메커니즘과 선단부가 일반적이다. 게다가 작업의 집중을 위해 투명하거나 화려하고 복잡한 디자인은 피한다. 시중에 제도용이라고 판매되는 샤프를 보면 대체로 이런 공통점을 발견할 수 있다.

전형적인 필기용 샤프들

미쓰비시 유니 쿠루토가

파이롯트 닥터그립 풀블랙

수능(e미래) 샤프

## 드로잉용

원래 드로잉Drawing이란 단어에는 기계·건축 분야에서 말하는 도면 및 도안 작업의 의미도 있으나 우리나라에서는 보통 미술 작업을 뜻한다. 그런데 미술 작업이라도 일러스트(도안, 삽화 등)라면 일반 필기와 별 차이가 없으므로 어떤 샤프를 사용해도 괜찮지만, 주로 선으로 이미지를 나타내고 명암을 표현하는 소묘(데생) 작업을 한다면 드로잉용 샤프가 필요하다. 드로잉용에 적합한 샤프의 특징은 다음과 같다.

- 드로잉 작업 시 연필처럼 끝을 잡고 빠르게 흔들면서 명암 작업을 하는 경우가 많다. 따라서 샤프가 너무 무겁거나 특히 무게 중심이 지나치게 아래에 있으면 곤란하다. 참고로 연필의 무게는 4~5그램, 일반적인 샤프는 평균 13그램 정도이다.
- 필기 시에는 그립부만 잡지만 드로잉 시에는 배럴의 상단도 잡아야 한다. 따라서 클립이 있어야 안정적으로 편하게 잡을 수 있고 심이 마모되는 위치도 쉽게 파악할 수 있다.
- 최대한 눕혀서 사용해야 하는 경우가 많으므로

선단과 슬리브가 길고 날씬해야 한다. 즉 제도용
샤프의 형태가 적합하다.

● 힘주어 그리는 경우가 흔하다는 점을 고려하면
종이에 덜 긁히도록 슬리브 끝단이 날카롭지 않은
것이 좋다. 펜텔의 오렌즈 시리즈처럼 모서리를
둥글게 연마할 것을 추천한다.

국내외의 많은 사람이 드로잉용 샤프로 펜텔 P205
또는 파이롯트 S3 등의 가벼운 제도용 샤프를 흔히
사용한다. 참고로 필자는 이 책에 삽입된 샤프를
드로잉하기 위해서 제노 XD(0.3mm, 0.5mm)를
메인으로 사용했고 미술 연필(파버카스텔 9000 HB,
4B)을 병용했다.

이 책에 실린 샤프를 드로잉 시 필자가 사용한 제노 XD 샤프

# 노크방식

노크라 하면 배럴 상부의 노브를 누르는 방식이 일반적이다. 그러나 실제로는 다양한 노크 방식이 존재한다. 이 책에서는 10개의 방식을 다룬다. 먼저 나름 친숙한 5개부터 살펴보자.

낯설지 않은 5개 노크 방식

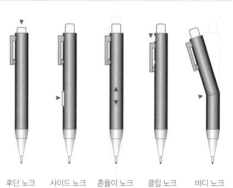

후단 노크    사이드 노크    흔들이 노크    클립 노크    바디 노크

## 1. 후단 노크

배럴 상부의 노브(또는 푸시 버튼)를 누르는 방식으로, 90퍼센트 이상의 샤프가 여기에 해당한다. 상단 노크가 아닌 후단 노크라고 지칭하며, 선단부의 반대쪽이라는 의미로 보면 된다. 노크를 하려면 엄지 손가락을 이동해야 하는 불편이 있음에도 이미 표준으로 자리잡은 지 오래고 사용자도 적응한 방식이라 특별한 단점이나 불만이 없다.

흔히 고급 샤프일수록 정통 후단 노크 방식을 채택한다. 변형된 다른 방식은 주로 보급형 제품에 많이 사용된다. 다른 방식을 사용하는 많은 샤프가 후단 노크 방식을 함께 장착하곤 한다.

## 2. 사이드 노크

필기 모드에서 샤프를 쥐었을 때 엄지손가락이 자연스럽게 닿기 좋은 중간 정도의 위치에 푸시 버튼이 있어서 이것을 누르면 노크가 되는 방식을 말한다. 옆노크 또는 옆샤프라고도 한다. 필기를 멈추지 않고도 노크가 가능해 매우 편리하고 효율적이다. 이 방식에 익숙해지면 후단 노크가 불편하게 느껴질 정도다.

사이드 노크는 제도용보다는 전형적인 필기용의 성격이 강해서 저가형 또는 보급형 모델에 주로 적용된다. 특히 이 방식은 북미에서 인기가 많은데 해당 샤프 중에서도 펜텔의 테크니클릭이 오랜 베스트셀러다.

심 보관통의 길이가 짧은
사이드 노크

이 방식의 특징으로 노크가 심 보관통의 후단이 아니라 그립부 근처에서 이루어진다는 점을 들 수 있다. 이것으로 메커니즘이 달라지지는 않지만 심 보관통의 길이가 짧아진다.

저렴한 샤프에 적용한다는 점 외에 이 방식의 단점으로는, 버튼의

펜텔 테크니클릭

펜텔 사이드 FX

사이드 노크를 적용한 샤프

위치가 고정되어 있어 샤프심의 편마모 방지 목적으로 샤프를

돌려가며 쓰기가 불편하다는 점과, 국내에서 많이 판매되는 70mm의

긴 샤프심(국제 표준이 아님)이 들어가지 않는다는 점을 꼽을 수 있다.

## 3. 흔들이 노크

말그대로 흔들어서 노크가 되는 방식이다. 쉐이크 노크Shake

Knock라고도 하는데 제조업체마다 달리 지칭하기도 한다. 가령

파이롯트는 '후레후레フレフレ', 유니는 '샤카샤카シャカシャカ',

제브라는 '프리샤Frisha'라고 부른다.

작동 원리는 지극히 간단하고 원초적이다. 그립부 근처의 내부에

무거운 금속 튜브나 스프링이 있어서 흔들림에 의해 메커니즘을

타격함으로써 노크가 작동되게 하는 것이다.

이 방식의 대표적인 장점은 편하다는 것이다. 또 자연스럽게 저중심이

되어 필기감도 좋다. 하지만 희생되는 것도 꽤 많다. 우선 상당히

시끄러워서 조용한 장소에선 사용하기 어렵다. 물론 조용한 모델도 있지만 한계가 분명하다. 그래서 대부분의 흔들이 샤프는 후단 노크도 가능하도록 설계한다. 또 다른 단점은 의도치 않게 노크가 작동되곤 한다는 것이다. 특히 포켓이나 가방 속 필통에 보관한 샤프가 이동 중 흔들림으로 저절로 노크되는 바람에 샤프심이 부러져 난리가 나는 경우가 흔하다. 그래서 노크 기능을 잠글 수 있게 하거나 심지어 분해하여 무게추를 제거할 수 있도록 한 샤프도 있다.

흔들이 노크

또 흔들이 샤프에 적용된 후단 노크는 물노크라서 노크의 즐거움이 덜하다는 것도 단점이다. 흔들이 샤프는 작은 힘으로도 노크가 돼야 하기 때문에 단단하게 끊기는 노크가 되기 어렵다. 같은 이유에서 흔들이 샤프의 메커니즘은 하나같이 금속이다. 노크감도 노크감이지만 플라스틱이면 심이 밀려 들어가서 사용하기 어려울 것이다. 또 다른 단점으로, 심의 배출 길이가 후단 노크를 할 때와 흔들이 노크를 할 때 서로 달라진다는 점을 들 수 있다. (참고로 세게 흔들면 더 많이 나오는 게 일반적이다.)

▶ 파이롯트 닥터그립 CL 플레이보더

이러한 단점들에도 사용이 편하다는 압도적인 장점 때문에 선호하는 사용자층이 있다. 그래서 사이드 노크와 마찬가지로 대부분의 업체에서는 흔들이 노크 기능을 장착한 샤프를 판매한다. 다만 고급 모델은 아니고, 보급형 및 필기용 라인업에 적용한다. 특히 파이롯트는 흔들이 샤프를 세계 최초로 적용한 회사답게 이 기능에 진심이다. 그래서 대표 샤프 중 하나인 닥터그립 시리즈에 마치 상징과도 같이 꾸준히 탑재하고 있다.

## 4. 클립 노크

후단의 버튼 대신에 클립의 상부를 눌러서 노크가 되는 방식이다. 대부분 플라스틱 클립이고 비교적 저가형, 보급형 모델에 적용한다. 클립으로 노크를 하기 때문에 후단의 노브를 다른 용도나 기능으로 활용하기 좋은데, 모델 중에는 클립과 노브를 아예 일체화한 것도 있다. 스테들러 777, 파버카스텔 폴리매틱 2329, 스쿨메이트, 제노 파스텔 Q 등이 여기에 속한다. 톰보의 모노그래프 스탠다드 샤프는 흔들이 노크와 클립 노크 모두를 장착한 대표적인 예이다. 한편 볼펜과 샤프가 복합된 멀티펜은 샤프의 노크를 클립으로 하는 경우가 많은데, 아무래도 후단 노크보다는 누르기가 불편한 것이 사실이다.

톰보 모노그래프(스탠다드)

## 5. 바디 노크

배럴의 중간을 꺾으면 노크가 되는, 나름 참신하고
흔하지 않은 노크 방식이다. 사이드 노크처럼 필기
중에 손의 위치를 바꾸지 않고도 샤프를 세게 쥐는
동작만으로 노크가 된다. 이 방식이 최초 등장한
지는 매우 오래됐으나 대중화되지 않다가 톰보의
오르노를 통해서 널리 알려지게 되었다.

작동 원리는 이렇다. 심 보관통 끝이 항상 경사면에
닿아 있다가 바디 배럴 중간을 꺾으면 경사면에
의해 눌려지면서 노크가 작동한다. 내부의 심

바디 노크 동작 방식

보관통까지 너무 쉽게 휘지 않도록 금속 튜브를 사용하며, 심 보관통의
길이가 짧아서 70mm의 긴 샤프심은 넣지 못한다. 하지만 아무렇게나
쥐어도 어느 방향에서나 동작된다는 점에서 사이드 노크보다 편하다.

바디 노크를 적용한 톰보 오르노

이제 나머지 5개 노크 방식을 소개한다. 비록 주류가 되진 못하지만
나름의 장점을 갖고 있고, 노크 방식 자체가 부가 기능의 역할을
하기도 한다.

## 6. 트위스트 노크

돌리면 심이 나오는 방식으로, 돌돌이 색연필을 생각하면 된다. 트위스트 노크는 후단 노크보다 먼저 출현했으나 현재는 샤프심 1.0mm 이상의 샤프에만 적용한다. 따라서 글자가 가늘고 복잡한 동양권 나라에선 거의 사용하지 않는 노크 방식이다. 돌리기 위해서 양손 모두를 사용해야 한다는 불편함이 있지만 그만큼 아날로그적인 매력도 있어 빈티지 샤프에 어울린다.

## 7. 홀더 노크

서너 갈래의 클러치가 심을 물었다 놓았다 하면서 심을 배출하는 방식으로, 홀더형 지우개의 작동 원리를 떠올리면 된다. 이러한 홀더 노크 방식의 샤프를 홀더 펜슬Holder Pencil이라고 하며, 주로 2.0mm 정도의 굵은 심에 적용된다. 심이 나오는 경로에 저항이 없다면(드롭Drop 방식) 노크 시 심이 쑥 빠져 버리므로 손으로 적당한 길이가 되도록 잡아줘야 한다. 즉 양손이 필요하다.

홀더 노크의 작동 단면

기타보쉬 어른의연필

스테들러 마스 테크니코

홀더 노크를 적용한 샤프들

일반 샤프와 똑같은 클러치와 클러치 링 방식의 메커니즘임에도 홀더 펜슬이라고 부르는 경우가 있다. 기타보쉬의 어른의연필大人の鉛筆이 그렇다.

한편 뭉툭한 굵은 심을 날카롭게 깎아야 하는 불편을 해소하고자 모델에 따라서는 심을 깎는 심연기Lead Sharpener를 제품에 포함하거나 노브와 일체화하기도 한다. 스테들러 마스 테크니코Mars Technico가 대표적인 예이다.

## 8. 선단 노크

FF 매틱Finger Fit autoMatic 또는 손가락 노크라고도 한다. 선단부에 링처럼 생긴 부위가 있어서 필기를 하면서 손으로 당기면 심이 배출된다. 오래 전에 단종되었지만 미쓰비시 유니의 플래그십 제도 샤프에 있던 기능이다.

작동 원리는 뒤에서 자세히 설명할 세미 오토매틱 방식의 변형

버전이라 할 수 있다. 세미 오토매틱은 샤프심이

배출 방향으로만 지나가게 만든 단방향

메커니즘인데, 보유척이 심을 잡고 있어서

흘러내리지는 않는다. 이 보유척을 움직이면 심이

배출되는, 즉 노크가 되는 것이다. 따라서 선단

노크를 적용한 샤프는 선단부에서 보유척을 상하로

움직일 수 있는 링이 부착된 것이라 할 수 있다.


## 9. 푸시매틱 노크

푸시매틱Pushmatic 역시 세미 오토매틱의 변형으로,

선단 노크와 유사하다. 보유척이 들어 있고

스프링으로 지지되는 슬리브를 꾹꾹 눌러주면

보유척이 아래쪽 방향으로만 심을 물고 나오는

원리에 의해 노크가 된다. 이 방식의 샤프로는

펜텔의 QX(풀 오토매틱)와 테크노매틱(세미 오토매틱)

등이 있다.(둘 다 오래 전에 단종되었다.)


## 10. 포인트 푸시매틱 노크

엄밀히 말해 포인트 푸시매틱Point Pushmatic은

노크 기능이라기보다는 노크 횟수를 줄이는 편의

기능이다. 실제로는 노크가 발생하지 않기 때문이다.

포인트 푸시매틱 작동 과정

만약 슬라이딩 슬리브와 심 쿠셔닝 기능을 모두 갖춘 샤프라면 샤프심이 마모되어 짧아졌을 때 바닥에 대고 꾹 누르면, 심은 쿠셔닝 기능에 의해서 들어갔다가 제자리로 다시 튀어나오지만 슬리브는 눌러서 들어간 후에 다시 나오지 않으므로 누른 깊이만큼 샤프심이 슬리브 밖으로 노출된다. 따라서 노크와 비슷한 효과가 생기고 슬리브가 선단부에 완전히 수납되기 전까지는 추가 노크 없이 필기가 가능하게 된다.

일본 코토부키 및 한국의 수한에서 생산한 일부 샤프에 이 기능이 있다. 대표적인 예로 플래티넘 하야이, 파버카스텔 그립매틱 2018, 라이프앤피시스 제도 샤프, 제노 XG 등을 꼽을 수 있다. 하지만 이들 샤프는 그런 장점을 드러내놓고 홍보하지는 않아서 보통은 모르고 사용하는 경우가 많다. 수능(e미래) 샤프도 기능상으로는 가능하지만 일반적으로 그런 식으로 사용하진 않는다.

# 오토매틱 ▷▷

오토매틱Automatic은 필기 시 심이 자동으로 배출되는 것을 말한다. 새 샤프심을 넣은 후 수동으로 노크해서 배출시키느냐 아니냐에 따라 풀Full 오토매틱과 세미Semi 오토매틱으로 나뉜다.

## ● 풀 오토매틱

필기와 함께 심이 자동으로 배출되는 것은 물론이고, 다 쓰면 노크 없이도 새 심이 자동으로 나온다. 샤프심 무게에 가해지는 중력으로 내려오는 것이다. 아주 저가의 모델도 있는 세미 오토매틱 샤프와는 달리 풀 오토매틱은 최상위 모델에 포진돼 있고, 과거 몇 종의 샤프가 있었으나 전부 단종되어 현행 샤프로는 없다.

## ● 세미 오토매틱

이미 장착된 샤프심은 노크 없이도 마지막까지 자동으로 나오지만 새로운 심은 수동으로 노크해야 배출되는 방식이다. 대표적으로 펜텔의 오렌즈 네로와 오렌즈 AT, 파이롯트의 S30, 미쓰비시 유니의 쿠루토가 다이브, 오토의 호라이즌과 노-노크 등이 있다. 파버카스텔의 폴리매틱 샤프 같은 저가의 샤프를 포함해 주위에 꽤 많이 있다. 세미 오토매틱은 슬리브 재질에 따라 플라스틱인 경우와 금속

세미 오토매틱에 금속 파이프 슬리브를 장착한 샤프 중 최고 품질의 펜텔 오렌즈 네로

미쓰비시 유니의 플래그십 쿠루토가 다이브

파이프인 경우 두 가지로 나눌 수 있다. 플라스틱 슬리브는 보통 저가 및 보급형에 적용되는 만큼 성능이나 필기감이 썩 좋지 않다. 반면 고급형에선 대부분 금속 파이프를 적용하며, 슬리브 끝단이 부드럽고 둥글게 연마되어 있다. 금속 파이프를 사용하는 모델 중에서 펜텔의 오렌즈 네로와 오렌즈 AT는 최고 품질로 평가받는다. 특히 오렌즈 네로는 0.2mm, 0.3mm의 극세경심 모델이 있다는 점에서 돋보인다. 세미 오토매틱 샤프들은 원리와 구조가 비슷하다. 핵심 역할을 하는 2개의 유닛, 즉 선단부와 메커니즘이 샤프심을 서로 밀고 당기는 관계로 보면 된다. 먼저 선단부의 구조와 원리를 살펴보자. 일반적으로 선단부가 슬라이딩 슬리브인데 슬리브가 선단부 내부의 스프링에 의해 항상 선단부 밖으로 튀어나와 있고, 보유척은 선단부가 아니라 슬리브에 고정되어 있다. 이런 구조이기 때문에 슬리브가 눌려졌다가 다시 회복될 때, 슬리브와 함께 움직이는 내부의 보유척이 심을 물고 나오면서 노크 없이 심을 배출할 수 있는 것이다. 즉 <구조

보유척

슬리브

수축

복원

세미 오토매틱의 일반적인 선단부 구조 및 원리

▶

및 원리> 그림에서 가운데 일러스트처럼 슬리브 끝단이 종이면에 닿은

상태에서 글씨를 쓰면 심이 마모되면서 슬리브가 들어가는데, 이때

선단부 내부의 스프링은 수축된다. 그러다가 종이면에서 슬리브를

떼는 순간 맨 오른쪽 일러스트처럼 스프링의 복원에 의해 슬리브가

원래의 길이만큼 심과 함께 튀어나온다. 세미 오토매틱의 메커니즘은

샤프심이 한 방향으로 일방통행 하도록 되어 있다. 대부분 작은 쇠구슬

2개와 쐐기 형태의 샤프심 통로로 구성되는데, 아래 그림의 왼쪽

일러스트처럼 필기 중에는 심에 작용하는 힘으로 통로가 꽉 눌려져

있지만, 만약 아래(선단부)에서 심을 당기면

오른쪽 일러스트와 같이 통로가 벌어지면서

심이 빠져나오게 된다. 원리상 클러치 링에

의해서 노크가 되는 것이 아니므로 하나같이

물노크에 가깝고 노크음도 거의 없다. 물론

설계 의도에 충실하게 사용을 한다면 일부러

노크를 할 일도 별로 없다.

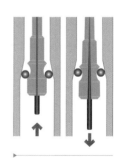

세미 오토매틱의 메커니즘
단면

# 샤프심 보호 ① 심 쿠셔닝 & 슬라이딩 슬리브

▷▷

부러지지 않는 샤프심은 꿈의 샤프심이다. 품질 좋은 심이 계속 개발돼 강도가 많이 나아졌지만 아직까지는 업계의 영원한 숙제다.(하지만 풀리지 않는 편이 샤프 장사를 하는데는 이득일 수도 있다.)

요즘은 심경도가 B나 2B처럼 HB보다 약하고 무른 심의 사용이 늘어나는 추세라서 심 보호가 더더욱 중요하다. 그래서 업체마다 나름의 심 보호 기능을 갖춘 샤프를 개발·판매하고 있다. 어떤 업체는 심 보호 샤프가 주력 모델이기도 하다. 현재 주요 업체에서 적용하고 있는 심 보호 기능의 원리와 특징을 살펴보면서 샤프 이해도를 높여보자.

## ● 심 쿠셔닝

심 쿠셔닝Lead Cushioning은 가장 오래되고 보편적인 심 보호 기능이다. 심 보관통을 포함한 메커니즘 유닛 전체가 스프링의 장력을 받고 있어서 일정 이상의 필압을 가하면 심이 선단부 속으로 들어갔다가 힘을 빼면 다시 원상태로 튀어나오게 하는 기능을 말한다. 심을 물고 있는 메커니즘 유닛 전체가 움직이는 것이다.

보유척

메커니즘 유닛

심 쿠셔닝용 스프링

▶ 심 쿠셔닝 기능과 메커니즘 유닛

이는 샤프가 수직으로 낙하했을 때 쇼크 업소버 Shock Absorber: 스프링의 신축 작용으로 외적인 충격을 흡수하는 장치 역할을 한다고 볼 수 있다. 그런데 샤프는 보통 실수로 떨어뜨렸을 때 수직 방향보다는 비스듬하거나 뉘여져 떨어지는 경우가 훨씬 많기 때문에 스프링에 의한 심 보호 기능이 크게 효과적이지는 않다. 물론 필압이 강해서 심이 부러지는 경우엔 심 쿠셔닝 기능이 먼저 활성화되므로 분명 효과가 있지만 사용자로서는 들락거리는 심 때문에 다소 불편감을 느끼게 된다.(그럴 때는 스프링 부분에 1mm 두께 정도의 가는 링을 끼워서 쿠셔닝 기능을 잠그면 불편감을 줄일 수 있다.)

그러나 다른 한편에서 보면, 들락거리는 심은 필기감을 부드럽게 해주는 효과가 있어 장점으로 볼 수도 있다. 즉 필기 시 종이의 미세한 요철 및 마찰에 의해서 발생하는 잔 진동이나 거친 느낌을 쿠션이 완화해 준다. 그래서 심 쿠셔닝 기능이 있는 샤프의 필기감은 사각거리는 느낌이 덜하고 부드러운 편이다.

한편 심 쿠셔닝 기능은 일본의 코토부키나 우리나라의 수한에서 생산한 샤프에 상당히 많다. 대표적으로는 수능(e미래) 샤프가 있다. 다만 수능 샤프의 심 쿠셔닝은 일반적인 스프링 대신 플라스틱으로 성형된 스프링이라서 뭔가 뻑뻑한 쿠션이다. 또한 심 보호 기능에 특화된 제브라의 델가드도 심 쿠셔닝 기능을 갖고 있는데, 이 샤프의 특징은 쿠션이 상당히 깊게 들어간다는 것이다. 일반적으로 1~2mm 정도인데 반해 델가드는 4mm 이상까지 들어간다.

이해를 높이기 위해 코토부키의 메커니즘을 기준으로 심 쿠셔닝의
구조를 설명한다. 다음 그림은 심 쿠셔닝 기능이 없는 샤프의
메커니즘을 보여준다. 노크의 원리가 같더라도 업체에 따라 구조는
조금씩 다를 수 있는데, 해당 그림은 스프링이 밖으로 드러나지 않고
플라스틱 하우징(유닛) 내에 내장된 형태다. 이런 구조라면 심 쿠셔닝을
적용하기가 수월하다.

▶

심 쿠셔닝 기능이 없는 샤프의 메커니즘 단면

다음 그림은 위의 메커니즘 하우징에 스프링을 배치한 것이다.
일반적으로 금속 스프링을 사용하지만 경우에 따라서는 플라스틱
하우징 자체를 주름형으로 만들어서 스프링 역할을 하게끔
일체화하기도 한다. 그렇게 하면 다소 퍽퍽한 쿠셔닝이 되지만
제조원가를 낮출 수 있다. 대표적으로 수능(e미래) 샤프의 내부
메커니즘이 그렇다.

▶

금속·플라스틱 스프링 배치 단면

금속 스프링

플라스틱 스프링

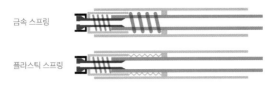

금속 스프링

플라스틱 스프링

전체 메커니즘 하우징을 배럴 내 조립했을 때 단면

마지막으로 이 메커니즘이 배럴 안에서 조립될 때의 모습은 위와 같다. 조립 후에는 스프링이 메커니즘 전체를 밀게 되는데, 이보다 큰 필압이 작동하면 심 쿠셔닝이 작동되는 것이다.

## ◑ 슬라이딩 슬리브

앞에서 자세하게 설명했으나(72쪽 참조) 심 보호 측면에서 간단히 기술한다. 슬라이딩 슬리브 본연의 목적은 슬리브 수납에 있다. 필기를 하지 않는 동안은 내구성이 가장 취약한 슬리브를 선단부에 넣어서 슬리브 자체는 물론이고 샤프심까지 보호하자는 것이다. 이렇게 하면 휴대 중 날카로운 슬리브 끝에 찔려서 다칠 위험도 낮아진다. 슬라이딩 슬리브 기능에는 심 보호 효과도 있다. 슬리브 밖으로 샤프심이 튀어나오지 않은 상태에서 필기를 하면 슬리브 끝이 종이에 닿지만 여전히 써진다. 이때 힘을 줘 필기를 해도 슬리브가 샤프심 전체를 감싸고 있어 심이 부러지지 않는다. 이를 적극 적용하여 성공한 샤프가 펜텔의 오렌즈 시리즈다. 참고로 펜텔의 오렌즈 샤프는 0.2mm와 같은 극세경 샤프심을 사용할 수 있는 유일한 현행 샤프다.

# 샤프심 보호 ② 오레누 시스템

▷▷

오레누OLEeNU는 샤프심의 부러짐 방지에 특화된 일본 플래티넘 사의 라인업이다. 몇 번의 업그레이드를 통해서 심 보호 기능이 개선된 오레누 샤프의 대표 기술을 알아보도록 한다.

사실 오레누는 라인업 명칭이기도 하지만 이 샤프를 실제 생산하는 일본 코토부키 사의 심 보호 기술과 기능을 의미하는 용어이기도 하다. 그래서 오레누 라인업 역시 코토부키의 샤프에 많이 적용되는 심 쿠셔닝 기능을 기본적으로 갖고 있다. 그 외 심 보호 기능은 선단부 개선의 결과인 것이 많다.

먼저 좌측 그림을 보면서 일반 샤프의 선단부와 오레누의 선단부를 비교해보자. 일반 샤프의 선단부 내부를 보면 샤프심이 허공에 덩그러니 있다. 즉 심의 상당 부분이 어떤 지지대도 없이 노출되어 있어서 샤프가 충격을 받으면 부러지기 쉽다. 반면 오레누의 경우 오레누 가드라는 심 지지부가 노출 공간을 채우면서 충격 방지 기능을 수행한다. 게다가 매 노크 시 이 공간의 크기가 변할 것을 고려하여 스프링에 의해 지지부(가드)의 길이도 가변되도록 하였다.

일반 샤프

오레누 샤프

▶ 일반 샤프와 오레누 샤프의 선단부 비교

샤프심이 부러지는 원인 중 하나는 선단부 자체의 흔들림이다.
튼튼하고 유격 없는 금속 선단부라면 흔들림이 거의 없겠지만
플라스틱 선단부는 취약할 수밖에 없다. 흔들림에 약한 플라스틱
선단부를 2중(2겹)으로 만들어 강도를 개선한 것이 오레누
실드Shield이다. 마치 선단부 바깥에 외벽 하우징이 하나 더 있는 것과
같다.

즉 오레누 실드는 다음 그림과 같은 2중 구조 선단부를 말한다. 내부에
있는 것이 실제 노크가 되도록 하는 부분이고, 바깥에는 나사산이 있는
하우징이 있어서 강도를 보완하고 바디와 결합되도록 한다. 그런데
이 방식은 오레누 실드만의 것은 아니다. 수능(e미래) 샤프에도 그대로
적용되어 있다.(선단부 호환 가능) 이런 2중 구조가 얼마나 효과가 있는지
정량적으로 확인하기는 어렵지만(업체 홍보 자료에선 50퍼센트 개선),
실제로 수능 샤프는(세게 던지는 강도가 아니라면) 일부러 낙하시켜도 심이
잘 안 부러진다. 물론 샤프가 워낙 가볍기 때문일 수도 있다.

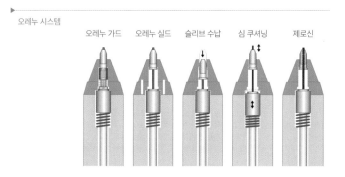

오레누 시스템

오레누 가드　　오레누 실드　　슬리브 수납　　심 쿠셔닝　　제로신

앞의 그림을 보면 오레누 시리즈의 선단부에
적용하고 있는 다른 기능도 확인할 수 있다. 슬리브
수납(슬라이딩 슬리브), 심 쿠셔닝, 제로신(심 절약
기능) 등이다. 이 모든 기능을 적용하고 그립부까지
보완했다는 오레누 플러스의 선단부 구조는 옆의
그림과 같다.

끝으로 오레누의 심 보호 기능이 적용된 형제
샤프를 정리하면 다음 표와 같다. 결국 기본적으로는
일본 코토부키 및 그 계열사에서 생산한 동일
샤프군이다.

오레누 플러스의
선단부 구조

오레누 심 보호 기능이 있는 형제 샤프

| 기능 | 샤프 모델 |
| --- | --- |
| 촉 수납 및<br>심 쿠셔닝 기능 | ● 플래티넘 오레누 / 오레누 실드 / 오레누 플러스<br>● 제노 챌린지 / CCH-3 / XT / OLP<br>● 유미상사 수능(e미래) 샤프<br>● 모닝글로리 독도 프로텍션 / 블랙 프로텍션 |
| 심 중간 지지 기능<br>(오레누 가드) | ● 플래티넘 오레누 / 오레누 실드 / 오레누 플러스<br>● 제노 OLP<br>● 모닝글로리 독도 프로텍션 / 블랙 프로텍션 |
| 이중벽 선단부 구조<br>(오레누 실드) | ● 플래티넘 오레누 실드 / 오레누 플러스<br>● 유미상사 수능(e미래) 샤프<br>● 제노 챌린지 / CCH-3 / XT / OLP<br>● 모닝글로리 독도 프로텍션 / 블랙 프로텍션 |

# 샤프심 보호
# ③ 델가드 &
# 모굴에어

⬤ **제브라 델가드**

델가드Delguard 시스템은 제브라의 주력 샤프 라인업에 적용하고 있는 샤프심 보호 기구를 의미한다. 이 시스템은 두 가지 장치(메커니즘 상단의 스프링, 특수한 형태의 슬리브)를 통해 샤프심이 수직 방향으로 힘을 받을 때는 물론 경사 방향으로 힘을 받을 때 모두 샤프심을 보호할 수 있도록 했다. 샤프심에 수직 방향의 힘이 가해질 때 델가드 시스템은 옆의 그림처럼 메커니즘 상단의 스프링에 의해서 일반적인 심 쿠셔닝 기능과 동일하게 대응하는데, 이 기능에 의해서 심이 들어가는 길이가 무려 4mm 이상이 된다. 심 쿠셔닝에 관한 한 챔피언이라고 할 수 있다.

경사 방향의 힘이 가해지면 델가드 시스템은 특수한 형태의 슬리브를 활용한다. 이것이 델가드 시스템의 핵심이다. 경사 방향의 큰 힘이 작용하면 다음 페이지에 있는 그림처럼 선단부 내부에서 모서리와 굴곡부의 미끄러짐이 발생하면서 슬리브가 돌출된다. 이때 튀어나온 슬리브가 샤프심을 완전히 감싸게 되므로 심이 부러지지 않고 보호된다.

샤프심이 수직의 힘을 받을 때 델가드 시스템 작동 단면

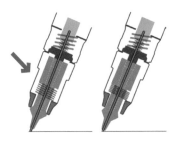

샤프심이 경사 방향의 힘을 받을 때 델가드
시스템 작동 단면

그래서 만약 필기 중에 이 기능이 동작되면 사용자는 멈칫하게 되어 필압을 줄이게 된다. 사용자로서는 뭔가 이질적인 느낌이 들므로 약간의 적응 과정이 필요하다.

물론 이들 기능이 샤프심을 100퍼센트 보호하지는 못한다. 업체도 이를 의식해서인지 심 보호 차원에서 노크를 3회 이하로 할 것을 권하고 있다. 심이 너무 길게 방출된 상태에서 필기를 하면 심 보호 효과가 감소하기 때문이다. 한편 0.3mm의 가는 심은 약한 필압에도 쉽게 부러지므로, 0.3mm 심경의 델가드 샤프는 스프링 장력을 0.5mm 심경보다 줄여서 더 약한 경사 방향의 힘에서 보호 기능이 작동하도록 하였다. 대신 수직 방향의 심 쿠셔닝 기능은 0.3mm나 0.5mm나 차이가 없다.

### ◑ 파이롯트 모굴에어

파이롯트의 모굴에어Mogulair는 제브라의 델가드 기능과 디자인을 벤치마킹한 것으로 보인다. 첫인상만으로는 너무 똑같아서 특허라도 침해한 것이 아닌가 하는 생각마저 든다. 하지만 모굴에어는 경사 방향으로 힘을 받을 때 델가드처럼 슬리브가 튀어나오는 방식이 아니라 힘을 주는 방향으로 상하좌우 밀리는 구조를 이용했다. 그래서 구조적으로 유격이 더 많이 발생한다.

한편 모굴에어는 수직으로 세게 누르면 심이 먼저 들어가고, 거기서 더 힘을 주면 슬리브까지 들어간다. 즉 심 쿠셔닝과 슬리브 쿠셔닝 기능이 모두 있는 것이다. 2개의 스프링을 사용하여 외부 충격과 필기 시 필압을 구별하여 대응한다는 전략이다. 한편 슬리브는 수평 방향으로도 탄성이 있어서 경사 방향의 큰 힘을 완충하는데, 이러한 노력에도 불구하고 모굴에어는 제브라 델가드의 심 보호 성능에는 못 미치면서 좌우 유격은 업계 톱 수준이라는 오명을 듣고 있다

다음의 그림은 모굴에어의 심 보호 장치 작동 모습을 보여준다. 수직 방향의 힘은 델가드처럼 심 쿠셔닝으로 대응을 하고, 경사 방향의 힘은 선단부 내면의 굴곡부를 따라서 메커니즘이 밀리도록 고안한 구조다. 다시 말해 내부 메커니즘 전체가 좌우방향으로도 움직일 수 있도록 유연하게 되어 있다.

모굴에어의 심 보호 작동 단면

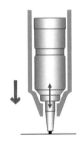

# 샤프심
# 편마모 방지:
# 쿠루토가 엔진

샤프로 필기를 하다 보면 샤프심의 한 쪽 면만 마모됨에 따라 단면이 편평해져 글자가 굵게 써진다. 이를 편마모라고 한다. 편마모 현상이 생기면 깔끔한 필기가 어려워진다.

그래서 많은 사람이 한 쪽 면만 심이 마모되지 않도록 샤프를 돌려가면서 필기하곤 한다. 아무래도 신경쓰이고 불편한 일이다.

이렇게 편마모를 피하고자 손으로 샤프를 돌리는 대신 샤프심을 자동으로 돌려주는 샤프가 있다. 바로 미쓰비시 유니의 쿠루토가이다. 쿠루토가는 샤프 이용자의 오랜 숙원 사항을 해결한 모델로, 샤프 펜슬 역사에 방점을 찍은 혁신품이다. 시장의 판도를 바꾸었다고 할 정도다. 워낙 획기적이고 편리해서 쿠루토가는 일본 샤프 판매량 1위를 연속 기록 중이며, 인기에 힘입어 여러 파생 모델이 출시된 상태다. 미쓰비시 유니는 쿠루토가에 적용된 편마모 방지 기능을 일컬어 쿠루토가 엔진이라고 부른다.

샤프심 편마모 현상

## ● 절대반지를 가진 샤프

쿠루토가 엔진의 핵심은 필기 시 생기는 필압을

쿠루토가 엔진 작동 시 심 마모 모습

샤프심을 회전시키는 데 이용한다는 것이다. 파카의 조터Jotter
볼펜처럼 노브를 누르면 볼펜심이 회전하는 것과 비슷한 원리라고
보면 된다. 촘촘한 톱니 구조를 가진 3개의 반지 모양 기어가 살짝
간격을 띄우고 포개져 있고, 상하 기어는 고정된 상태에서 가운데
기어가 움직이는데, 이 기어가 샤프심과 연결되어 회전한다.
필기를 시작하면 샤프심이 들썩거리는 중에, 가운데 기어가 상하의
고정 기어에 번갈아 물리면서 살짝 미끄러지는데 이에 의해 돌아간다.
표준형 모델의 경우 기어의 이빨이 40개라서 40번 눌려지면 1회전을

쿠루토가 엔진을 구성하는 3개의 기어

고정 기어

회전 기어

고정 기어

하게 된다. 일반적으로는 적당한 회전수이지만,
마모 속도가 빠른 무른 심이나 가는 심경에서는 회전
속도를 2배로 한 어드밴스Advance 모델도 있다.

### ● 보는 재미 추가요

쿠루토가는 가운데 기어를 오렌지 색으로 입히고
알파문자 비슷한 마킹으로 구별해두는데, 필기 중에
이 부위가 회전하는 모습을 볼 수 있다.
쿠루토가의 회전 과정을 각 단계마다 보여주는 다음
그림을 보면 중간 기어가 위아래로 한 번 들썩이는
동안 기어 한 칸만큼 미끄러지며 회전하는 것을 알 수
있다.
샤프심이 회전을 하면 0.3mm 심경의 가는 샤프심
대신 0.5mm의 일반 샤프심을 사용해도 충분히
가늘게 나오고 심이 한 쪽으로 마모되지 않으므로

▶
쿠루토가 엔진의 단계별 회전 과정

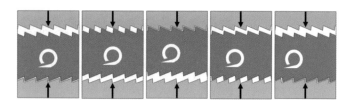

글자가 일정한 농도로 써진다는 장점이 있다. 아울러 글자의 굵기도 일정해져 깔끔한 필기가 된다. 대신 뾰족해진 샤프심이 종이를 긁을 수 있으므로 단단하고 거친 심보다는 부드러운 심이 더 적합하다.

이 기능이 제대로 발휘되려면 샤프를 지나치게 뉘여서 사용하지 말고 가급적 세워 사용해야 하며, 필압도 강하게 가하는 게 좋다. 또한 영어권의 필기체처럼 쭉 이어서 쓸 때 사용하기보다는 한·중·일 문자처럼 또박또박 끊어 쓰는 글자에 사용하는 게 훨씬 효과적이다.

쿠루토가의 선호도는 필기 성향에 따라 다른데, 불호인 경우는 대부분 심한 상하 유격 때문이다. 참고로 이러한 상하 유격의 단점을 크게 개선한 쿠루토가 KS 모델(New Standard)이 쿠루토가 탄생 15년 만에 출시되어 인기가 높다. 최초 모델이 1세대, 어드밴스 모델이 2세대라면, KS는 3세대를 여는 제품으로 보인다.

미쓰비시 유니 쿠루토가 KS

# 샤프심
## 절약

▷▷

흔히 연필은 심을 날카롭게 깎아서 사용한다. 실제 흑연 사용량은 3분의 1도 채 되지 않고 대부분은 깎여 나간다. 최대한 쓰겠다고 연필 깍지에 끼워보지만 완전한 사용에는 역시 한계가 있다. 반면 샤프심은 뾰족하게 깎을 필요가 없다. 그래서 깎아 버리는 것은 없지만 샤프 구조상 끝까지 쓸 수 없기는 연필과 매한가지이고, 15mm 정도로 짧아지면 역시 버려야 한다. 새 샤프심의 길이가 60~70mm이니까 15mm면 20퍼센트 이상의 짧지 않은 길이가 낭비되는 셈이다. 업체들은 버려지는 샤프심의 길이를 최대한 줄이고자 다양한 기능을 개발해왔다.

### ● 밀어내기 방식: 제로신 & 리드 맥시마이저

심 절약 기능을 플래티넘 사에서는 제로신ZeroShin이라고 하고, 펜텔 사에서는 리드 맥시마이저Lead Maximizer라고 한다. 두 기능 모두 밀어내기 방식을 사용한다는 점에서 함께 묶어 설명한다.(참고로 플래티넘은 '밀어내기'와 '더블 클러치'라는 서로 다른 두 가지 방식으로 심 절약을 구현한다.)

일반적인 샤프의 경우 심이 짧아져 클러치에서 빠졌을 때 뒤에서 새 심이 잘 밀고 나온다면 별다른 조치 없이 필기를 이어갈 수 있다. 그러나 많은 경우 두 샤프심이 맞닿은 상태를 견고하게 유지하지 못하거나 짧아진 심이 그냥 빠져 나오는 등의 현상이 빚어진다. 만약 두 샤프심이 이탈하지 않고 잘 물리도록 가이드나 홀더가 클러치 앞에 있다면 짧아진 심도 문제없이 쓸 수 있을 것이다. 이에 슬리브로 하여금 심의 홀더와 보유척의 역할을 모두 하도록 한 것이 플래티넘의 제로신 샤프이다. 제로신은 영어 제로Zero와 일본어 심Shin의 복합어로, 현재 우리나라에서 심 절약 기능을 의미하는 일반 용어가 되었다.

플래티넘은 이 샤프로 0.5mm까지 쓸 수 있다고 홍보한다. 그런데 상식적으로 0.5mm라는 길이는 과장된 것 같다. 단적으로 슬리브 길이가 3.0mm가 넘는데 어떻게 그것보다 짧은 샤프심을 물고 있을 수 있을까? 최소한 슬리브 끝단에서 보유척까지의 거리보다 짧은 샤프심은 쓰기 어려울 것이다.

아무튼 플래티넘이 말하는 밀어내기식 제로신은 플래티넘의 오레누 시리즈나 유미상사의 수능(e미래) 샤프에도 있는 기능이다. 하지만 대부분의 사용자는 그런 기능이 있는지도 모를 정도로 효과는 미비하다. 여기에는 근본적인 이유가 있다. 단순히 두 샤프심이 이탈되지 않도록 하는 것만으로는 자연스러운 노크가 되지 않기 때문이다. 모든 샤프는 노크 시 샤프심이 튀어나오기만 하는 것이 아니라 살짝 다시 들어간다. 그래서 플래티넘처럼 일반적인 방식이라면 노크할 때마다 두 샤프심 사이에 빈 공간이 생기고, 이어서 필기 시 샤프심이 살짝 들어가는 문제가 발생하기 마련이다. 결과적으로 플래티넘이나 수능 샤프의 제로신은 완벽하지 못하며,

심 당김 없을 때(특수 설계 샤프)　　　심 당김 있을 때(거의 모든 샤프)

심 당김 유무에 따른 두 샤프심 간격

단순한 마케팅용 문구에 가깝다.

펜텔의 샤프 중에서 이러한 문제를 해결한 모델이 있다. .e-sharp(다띠),

.e-click, 롤리, 플렉스핏, 트랜지션 등이 여기에 해당한다. 이들 샤프는

노크 후 심 당김이 생기지 않는다. 슬리브가 선단부에 고정된 것이

아니라 클러치에 결합되어 있어서 노크 후 클러치가 후진할 때도 서로

상대 운동을 하지 않기 때문에 심이 당겨지지 않는다. 대신 노크를 할

때 슬리브가 클러치와 붙어서 들락날락한다. 게다가 슬리브가 너무

헐겁지 않도록 고무링이 슬리브 둘레에 끼워져 있다. 그리고 보유척이

일반 샤프에 비해 훨씬 뻑뻑해서 샤프심도 쉽게 빠지지 않는다. 결국

펜텔의 리드 맥시마이저가 진정한 심 절약 기능인 셈이다. 펜텔은

펜텔의 리드 맥시마이저 구조

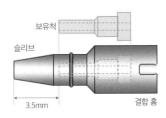

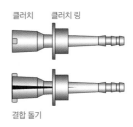

잔심 3.5mm까지 쓸 수 있다고 홍보하는데, 필자가 사용해본 결과 실제 그 정도까지 가능하다. 슬리브 끝과 보유척까지의 거리가 3.5mm이기 때문이다. 참고로 펜텔이 심 당김 문제를 어떻게 해결했는지 노크를 단계별로 구분해서 나타내면 다음 그림과 같다. 그림만으로 이해가 쉽지 않겠지만, 이 구조의 핵심은 플라스틱 클러치에 돌기가 나와 있고, 캡형의 슬리브가 그 돌기와 결합함으로써 심 당김 없는 노크가 구현된다는 점이다. 물론 후단에서 새로운 샤프심이 밀어줘야 하는 것은 마찬가지다.

심 당김 문제를 해결한 펜텔 샤프의 단계별 노크 과정

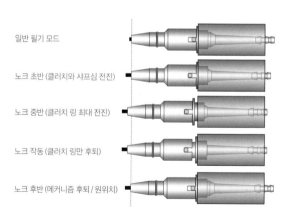

일반 필기 모드

노크 초반 (클러치와 샤프심 전진)

노크 중반 (클러치 링 최대 전진)

노크 작동 (클러치 링만 후퇴)

노크 후반 (메커니즘 후퇴 / 원위치)

## ◖ 클러치형 슬리브 방식: 더블 클러치(or 더블 척,

탑척, 트윈 지퍼)

클러치형 슬리브도 업체마다 부르는 이름이

제각각이다. 플래티넘은 더블 클러치Double Clutch,

페낙은 더블 척Double Chuck, 파이롯트는 탑척 내지

톱챠크Top Chuck, 미쓰비시 유니는 트윈 지퍼Twin Zipper

등으로 명명한다. 이 방식 역시 후단에서 새 샤프심이

밀어줘야 가능하지만 가장 중요한 역할은 선단의

클러치가 맡고 있다.

▶ 클러치형 슬리브의 구조 단면

내부 클러치

선단 클러치

클러치형 슬리브 방식의 핵심은 선단부의 슬리브를

일반적인 홀더형(드롭 방식) 펜슬의 클러치 형태로

대체하는 것이다. 그런데 클러치가 선단부 끝단에만

있으면 샤프심 배출량을 통제하기 어려우므로,

일정한 배출을 위해서는 기존의 메커니즘도

필요하다. 이렇게 원래 내부에 있던 노크 메커니즘과

함께 총 2개의 클러치로 구성되기 때문에 더블 클러치

또는 더블 척, 트윈 지퍼라고
불리는 것이다. 결과적으로
샤프심을 잡는 위치가 선단부의
끝단에도 있게 되므로 샤프심이
1mm 정도까지 짧아져도
사용할 수 있다. 또 슬리브

클러치형 슬리브 방식을 적용한 샤프의 선단부

때문에 발생하는 좌우 유격이 사라진다는 점도 특징 중 하나이다.
그렇다고 완전히 없다고 말할 수 없는 것이, 선단 클러치 자체가
흔들리는 경우는 어쩔 수 없기 때문이다.

클러치형 슬리브를 적용한 샤프로는 파이롯트 클러치 포인트,
무인양품의 '마지막 1mm까지 쓸 수 있는 샤프', 미쓰비시 유니
밀리노Milino, 페낙 프로티Protti PRD105, 플래티넘 제로신 MZ-500A
등이 있다. 모두 개성 만점이고 재미도 있지만 주류가 되기는 어렵기
때문에 오프라인 매장에서 쉽게 볼 수 없다.

## 길이 조정 가능한 슬리브

슬리브의 길이는 용도에 따라
적당한 정도가 있다. 대표적으로
제도용은 4mm가 표준처럼 되어
있다. 이는 정교한 작업을 할 때
시야를 확보하기 위함이고, 자를

대고 선을 긋는 경우가 많기 때문이다. 이때 슬리브가 너무 길면 흔들리거나 찔릴 위험이 커진다. 일상에서 필기를 하거나 휴대할 때도 슬리브가 너무 길면 부러질 가능성이 높다. 슬라이딩 슬리브를 장착한 샤프는 미사용 시 슬리브를 수납할 수 있어서 휴대성은 좋지만 필기 시 원하는 길이로 슬리브를 맞출 수는 없다.

샤프 중에는 필기 중 슬리브 길이를 조절할 수 있는 모델도 있다. 이들 샤프의 경우 흔들림 없는 필기를 위해 슬리브는 단단하게 고정하되 선단부를 이동시켜 슬리브의 노출 정도를 조정한다. 한마디로 슬라이딩 선단부 또는 이중 선단부라고 할 수 있다.

이런 기능을 갖춘 샤프로 플래티넘 프로유즈 171, 오토 슈퍼 프로메카(MS01), 오토 프로메카 1000 등을 꼽을 수 있는데, 무겁다는 공통점이 있다. 정밀도와 내구성을 고려하여 금속 부품을 많이 사용하기 때문에 무거워질 수밖에 없다. 그렇다고 실용성 면에서 탁월한 기능이라고 할 수도 없어서 대중성보다는 소수 마니아층의 충성도가 높은 편이다.

슬리브 길이 조정이 가능한 샤프들

플래티넘 프로유즈 171

오토 슈퍼 프로메카(MS01)

# 샤프심
# 배출량

▷▷

샤프 애호가들이 가장 선호하는 심 배출량은 샤프심의 굵기 정도가 된다. 즉 0.5mm 심경이라면 한 번 노크할 때 0.5mm씩 배출되는 것을 좋아한다.

한편 0.5mm 샤프의 경우 필기에 적합한 샤프심의 노출 길이는 슬리브 끝단에서 약 1mm 정도이다. 최초로 심을 배출할 때는 2번의 노크로 이 정도 길이가 나오고, 필기 중 추가 배출 시에는 1번 노크로 이 정도 길이가 된다면 적당한 배출량이 된다. 노크를 자주 해야 하거나 심이 지나치게 많이 나와서 다시 넣어야 한다면 불편하기 그지 없다. 특히 저가형 샤프에서 배출량이 과다하거나 노크할 때마다 배출량이 제각각인 경우가 많다.

용도에 따라 적당한 배출량도 달라진다. 제도 작업을 할 때는 일반 필기를 할 때보다 배출량을 더 정교하게 자주 조정할 필요가 있다. 따라서 필기용 샤프보다는 배출량이 조금 적은 샤프가 적합하다.

심 배출량이 적당하고 균일한 샤프 제작 업체는 역시 펜텔이다. 제도용은 1회 노크당 0.5mm(0.7mm 샤프에선 0.6mm), 필기용은 0.6~0.8mm로 관리되고 있다. 특히 근본 샤프인 펜텔 P205의 경우 선단부 없이 노크가 가능한데, 이는 심 배출량이 선단부 가공 상태에 영향을 받지 않고 자체 메커니즘에 의해 결정되게 하기 위함이라고 한다. 참고로 필자가 65종의 0.5mm 샤프를 직접 측정한 결과 전체 평균은 0.615mm로 나왔다.

심 배출량을 설계하는 것 자체는 기술이라 할 수도 없지만, 의도한 배출량을 제품에서 균일하게 구현하기 위해서는 높은 수준의 생산 기술이 필요하다. 특히 플라스틱 메커니즘의 경우 품질 관리가 더 어렵다고 알려져 있다.

## 샤프심 배출량 조절: 레귤레이터

노크 시 심 배출량은 클러치 링의 전진 거리에 비례하므로 원하는 대로 설계하는 것이 어려운 일은 아니다. 보통은 선단부 내부에 가공된 단차(말하자면 스토퍼(Stopper)가 있어서 그 깊이에 따라서 배출량이 달라진다. 어떤 제품은 단지 선단부를 더 조이거나 덜 조이는 것만으로도 배출량이 달라지는데, 이는 조립 정도에 따라 클러치와 단차 사이의 거리가 변하고 그 결과 클러치 링의 전진 거리도 달라지기 때문이다. 이를 적극적으로 이용하면 배출량을 의도적으로 조절할 수 있다.

레귤레이터Regulator는 샤프심 배출량을 조절하는 기능을 말하며, 무려 0.1~2.0mm 정도의 다소 비현실적으로 넓은 범위로 배출량 조절이 가능하다. 이런 레귤레이터는 오토매틱과 함께 가장 높은 수준의 기능에 해당한다. 하지만 기술이나 기능의 수준이 대단하더라도 실용성이 떨어져 시장에서 인기가 없다면 생산량도 적기 때문에 한계에 봉착하게 된다. 한 가지 예로, 쿠루토가의 심 회전 기능은 오토매틱이나 레귤레이터보다 월등히 상위의 기술이지만, 폭발적인 성공에 힘입어 훨씬 저렴하고 안정적으로 판매가 가능하게 된 것을 들 수 있다. 즉 규모의 경제를 실현한 것이다.

어찌됐건 현재 레귤레이터는 마이너층에게나 사랑받는 기능이다. 이 기능이 탑재된 샤프로는 톰보의 베리어블Variable, 오토의 슈퍼 프로메카(MS01) 등이 있고, 오토 사가 생산·공급한 스테들러 925 85가 있다. 또한 현재 기능적으로 정점이라고 할 수 있는 미쓰비시 유니의 쿠루토가 다이브Dive에도 세미 오토매틱 심 배출 기능에 레귤레이터가 적용되어 있다.

레귤레이터 기능이 있는 오토 슈퍼 프로메카(MS01)

# 널링 or 룰렛 가공

금속 재질은 매우 미끄럽기 때문에 그립부에 사용할 때는 별도의 가공 처리를 하는 것이 일반적이다. 단순히 굴곡을 주는 정도로는 미끄러움이 개선되지 않으므로 홈을 촘촘히 새기는 가공을 많이 한다. 보통은 다이아몬드(크로스) 모양이거나 애뉼러 링 형상을 새기지만 여러 형상을 복합적으로 새기기도 한다. 이렇게 금속 표면에 미끄러지지 않게 홈이나 요철 가공을 하는 것을 널링Knurling 또는 프랑스어로 룰렛Roulette 가공이라고 한다. 두 용어 모두 같은 의미이지만 국내에서는 널링을 더 표준적인 용어로 사용하고 있다.

그립부를 널링 가공한 샤프들

가공 방식은 크게 두 가지이다. 홈을 깎아내는 절삭 방식과 요철을 찍어내는 전조 방식이 있다. 전조 방식으로 만약 다이아몬드 형상을 새긴다면 경사가 반대인 2개의 롤링 다이스Rolling Dies: 금속 가공에 쓰이는 공구 중 하나를 사용하게 된다. 널링 가공 직후엔 심하게 까끌거리거나 날카로울 수 있기 때문에 후공정을 통해서 적당히 부드럽게 마무리하기도 한다. 그래서 널링 가공한 어떤 그립부는 플라스틱 그립 수준으로 부드럽게 느껴지기도 한다.

널링 가공을 거치면 그립감은 눈에 띄게 개선되고 저중심이 되는 장점이 있지만 단점 역시 두드러져서 호불호가 갈린다. 샤프 무게가 증가하고 제거하기 힘든 때가 잘 끼며, 세게 쥐면 손에 자국이 생기거나 아프고, 오래 사용하면 변색되거나 쇠 냄새가 난다는 점을 들 수 있다.

널링 그립의 대표적인 샤프로, 로트링 500 및 600과 스테들러 925 25 및 925 35 등의 제도 샤프가 있다. 샤프 업체마다 널링 가공을 적용한 샤프가 몇 모델은 있다.

# 필기감

▷▷

샤프의 필기감을 결정하는 것은 무엇일까? 부드럽다 또는 거칠다고 표현되는 필기감은 샤프심에 큰 영향을 받는다. 그러나 필기감은 각 샤프 모델이 가진 고유의 특성이기도 하다. 같은 메커니즘을 사용하더라도 모델마다 노크감이 다르듯 같은 샤프심이라도 샤프 모델마다 필기감이 다르다.(샤프와 달리 연필은 연필심이 전적으로 필기감을 좌우한다.) 필기감을 크게 나누어 부드러움과 사각거림으로 구분하면, 이를 결정하는 요인은 복합적이다. 예컨대 샤프의 무게, 재질, 구조, 심 쿠셔닝 여부 등이 연관되어 있다.

우선 부드러운 필기감은 무겁고, 저중심에, 금속 재질(특히 금속 선단부)을 많이 사용한 샤프일수록 더 뚜렷하게 드러나는 특성이다. 심 쿠셔닝 기능을 장착한 샤프 역시 부드러운 필기감을 보인다. 자동차 바퀴에서 쇼크 업소버의 역할과 같다고 보면 된다. 그래서 코토부키의 경우 최저가의 경량 샤프에도 간단한 플라스틱 스프링을 이용한 심 쿠셔닝 기능을 많이 탑재하고 있다.

반면 사각거리는 필기감은 가볍고, 플라스틱 재질을 사용하고, 샤프 내부에 빈 공간이 많은 샤프일수록(즉 그립부가 굵을수록) 더 뚜렷하게 드러나는 특성이다. 필기 시 종이면에서 발생하는 마찰이나 요철이 통울림을 통해 증폭된 결과 더욱 사각거리게 느껴지는 것이다. 참고로

펜텔의 테크니클릭이나 제브라의 모노그래프 라이트 등은 최고 수준의
사각거림을 선사하는 샤프다. 라미 사파리도 비슷하다.

사각거림보다는 부드러움이 좋다면 B, 2B 등의 무른 샤프심을
사용하는 것도 방법이다. 같은 심경도라도 샤프심마다 부드러운
정도가 다른데, 일반적으로 파이롯트의 네옥스 그라파이트 샤프심이
부드럽다고 알려져 있고, 펜텔의 아인 샤프심이 상대적으로
사각거리는 경향이 있다.

# 오프라인 구입

▷▷

여러 샤프를 구입하다 보면
오프라인 구매로는 한계를
느낀다. 높은 가격도 부담이지만
판매 자체를 안 하는 샤프가 너무
많기 때문이다. 하는 수 없이
온라인 구매를 자주 하지만 이 또한 불만족스럽기는
마찬가지다. 직접 고를 수가 없어 같은 모델이라도
뽑기 운에 따라 복불복이 갈리기 때문이다. 그래서
원하는 샤프를 오프라인에서 살 수 있다면 다소
비싸더라도 감수할 이유가 충분하다. 직접 만져보고
고를 수 있기 때문이다.

같은 포장 박스 안에 있는 샤프라고 해도 개체마다

품질은 같지 않다. 가령 노크감이나 심 배출량의 경우 적지 않게 차이가 나기도 한다. 특히 저렴한 샤프일수록 차이가 심하기 때문에 가능하면 오프라인에서 직접 하나하나 확인하면서 최상의 것을 골라 구입하는 것이 좋다. 물론 오프라인이 온라인보다 비싼 편이지만 차액을 감수할 가치가 있다.

한편 오프라인 매장에 비치한 샤프는 여러 사람의 손을 탄다는 점도 고려해야 한다. 이사람 저사람 만지고 눌러보는 바람에 표면에 스크래치가 있거나 때가 탄 샤프도 있을 수 있고 품질이 떨어질 수도 있으니 각별히 주의해서 살펴보아야 한다. 특히 수입 샤프의 경우 좋은 품질의 샤프심이 1~3개 내장되어 있는데, 별도로 구입하려면 개당 50~100원 꼴임을 감안해 심이 부러지지 않았는지 확인하고 샤프를 흔들어 봐서 내장 샤프심이 온전한지도 체크하는 게 좋다. 심지어 지우개가 없어진 경우도 있으니 지우개 유무도 확인해보길 권한다.

아쉬운 것은, 요즘 많은 샤프(특히 5천 원 이상의 제품)가 개별 포장되어 있거나 쉽게 만지지 못하도록 진열장 안에 들어가 있는 경우가 많다는 점이다.

# 샤프심 ▷▷

연필심은 흑연과 점토(바인딩
재료)를 혼합하여 만든다. 흑연이
많을수록 무르고 진하다. 참고로
HB 심경도의 경우 흑연의 함량이
약 70퍼센트가 된다.

샤프심의 경우 점토와 혼합을 하면 충분한 강도가 나오지 않는다.
그래서 점토 대신 합성수지(폴리머, 결국은 플라스틱) 분말을 혼합하여
성형을 한 후 고온에서 구워서 만든다. 이 과정에서 플라스틱 수지가
100퍼센트에 가까운 탄소가 되면서 가늘어도 강도가 유지되는
샤프심이 완성된다. 이 제조법으로 처음 만든 당시의 샤프심은 점토로
만든 샤프심보다 1.5배 강했다고 한다.

한편 샤프심에 함유된 흑연 자체가 윤활 역할을 하지만 더욱 매끄럽게
하기 위해서 샤프심을 오일에 담궈서 스며들게 하는 후공정을 거치게
한다.

폴리머로 바인딩하는 기술은 펜텔이 개발해서 1960년 0.9mm
샤프심에 세계 최초로 적용했고, 1962년에는 0.5mm와 0.7mm
샤프심에, 1968년에는 0.3mm 샤프심에 적용해서 출시했다. 이는
샤프 역사에서 큰 획을 그은 혁신으로 평가받고 있다. 특허 권한이
만료된 현재는 샤프심의 보편적인 제조 방법으로 자리잡았다. ISO-
9177-2 규격에는 1mm 이하의 샤프심은 아예 폴리머심이라고
명기되어 있다.(참고로 2mm는 세라믹심으로 명기되어 있다.) 시중의

샤프심에 폴리머라는 용어가 많이 쓰이는 이유가
바로 여기에 있다. 이제는 거꾸로 연필심 제조에 이
방법이 사용되기도 한다. 한편 국내 샤프심 이름에는
세라믹이라는 용어도 많이 등장한다. 아마도 원료
중에 세라믹(결국은 점토)이 일부 포함되었기 때문으로
추정된다.

또한 배합하는 재료의 종류와 구조, 또는 윤활용 오일
등을 개선해서 샤프심을 개선하려는 노력도 꾸준히
진행되고 있다. 샤프심 시장 또한 샤프 만큼이나
경쟁이 아주 치열한 곳이다.


### ● 왜 0.5mm 샤프만 파는 거야?

일본 샤프심의 생산량 통계를 보면 실제 샤프의 사용
현황을 짐작할 수 있다. 왜 업체들은 0.4mm처럼
매력적으로 보이는 샤프엔 별 관심이 없는지도 통계
자료를 보면 이해할 수 있다. 다음의 데이터는 일본
HB 샤프심의 생산량 중에서 심경별 비율을 나타낸다.
샤프 펜슬 전문 블로그인 Dave's Mechanical Pencils
(davesmechanicalpencils.blogspot.com)에서 참조하였음을
밝힌다.

- 0.3mm = 4.3%

- 0.4mm = 0.3%

- 0.5mm = 67.8%

- 0.7mm = 24.8%

- 0.9mm = 2.7%

보는 바와 같이 0.5mm 미만의 세경심은 판매 비중이 매우 낮다. 특히 0.4mm는 샤프심 시장에서 수익성을 기대하기 어려울 듯하다. 한편 0.7mm와 0.9mm 샤프심은 대부분 일본 내수용이 아닌 수출용인데 서구에서는 문자 특성상 0.7mm와 0.9mm의 수요가 많기 때문이다.(비교하자면, 호주의 경우 절반 정도가 0.5mm이고 나머지는 다른 심경이다.)

참고로 위 블로그 자료의 원출처는 일본필기구공업회JWIMA이다. 이 기관의 홈페이지(http://www.jwima.org)를 방문해 공개된 통계 자료를 살펴보니, 매년 전 세계적으로 1억 자루 남짓 샤프가 생산되고 있고 일본 샤프 펜슬 업체에게 한국은 중국, 미국과 함께 3대 수출 시장임을 알 수 있었다.

3장

# 80개의 샤프 80개의 세계

## : 당신이 갖고 있는 샤프는 세상에 딱 하나밖에 없다

# 1. 세계 사람들은 무슨 샤프를 쓸까

우리가 주변에서 보거나 국내 온라인 매장에서 구할 수 있는
샤프는 전체 샤프의 극히 일부에 불과하다. 나라마다 선호하는
모델도, 유통되는 모델도 달라서 우리로서는 완전 생소한 샤프가
다른 나라에서는 인기 아이템으로 손꼽힌다. 구글 검색창에 "best
mechanical pencils"로만 찾아봐도 알 수 있다.

다음에 소개하는 순위는 이렇게 검색한 결과물 중 흥미로운 것을
골라본 것이다. 물론 여기에는 선정한 사람의 편향과 업체의 홍보
의도가 섞여 있겠지만 국가별로 샤프 사용자 사이에 성향 차이가
존재한다는 것은 분명해보인다. 이를테면 서양의 경우 금속성 샤프를
좋아하는 사람이 우리나라보다 많은 듯하고, 특히 미국의 사용자는
유독 사이드 노크 샤프를 애용하는 듯하다. 챗GPT 답변 기준 옆샤프가
미국에서 판매량 1, 2위를 차지한 데서 이를 짐작할 수 있다.

한편 미국, 유럽, 일본 내 판매량 상위 10위까지의 샤프가 거의 일본
업체의 생산이라는 점도 주목할 만하다. 전 세계 샤프는 일본이
주름잡는다는 정도를 넘어서 압도적으로 군림하고 있다고 해도 과언이
아니다.

과학 기술 잡지 '파퓰러 사이언스Popular Science' 선정

2024년 샤프 펜슬 베스트 5

---

- 종합 최우수Best Overall: 펜텔 그래프기어 500

- 최고의 정밀성Best for Precision: 로트링 600(검은색 배럴)

- 최고의 드로잉용Best for Drawing: 코이누어 리드 홀더

- 최고의 인체공학 디자인Best Ergonomic Design:

  파이롯트 닥터그립 G스펙

- 최고의 가성비Best Budget: 톰보 모노그래프

미국 일간지 'USA 투데이' 선정

2024년 샤프 펜슬 베스트 9

---

- 펜텔 케리

- 로트링 600

- 로트링 800+

- 파이롯트 닥터그립 G스펙

- 미쓰비시 유니 쿠루토가

- 스테들러 925 25

- 라미 사파리(노란색)

- 펜텔 트위스트 이레이즈 클릭

- 톰보 모노그래프

휴대용 도구·장비 판매 사이트 '에브리데이 캐리Everyday Carry' 선정

2024년 샤프 펜슬 베스트 5

- 종합 최우수Best Overall: 미쓰비시 유니 쿠루토가 룰렛

- 최고의 지름용Best Upgrade: 택타일턴Tactile Turn 펜슬Pencil

- 최고의 전문가용Best Technical: 로트링 800

- 최고의 실사용Best for EDCEvery Day Carry: 스테들러 마스 780

- 최고의 품질Best Value: 펜텔 그래프기어 1000

필기구류 판매 사이트 '제트펜즈JetPens' 선정

2024년 샤프 펜슬 베스트 6

- 가장 근사한The Coolest: 펜텔 케리

- 가장 멋드러진Best Fancy: 카웨코 스페셜

- 가장 견고한Best Unbreakable: 제브라 델가드

- 최고의 일본제Best Japanese: 미쓰비시 유니 쿠루토가

- 가장 쓰기 편안한Most Comfortable: 미쓰비시 유니 알파겔

- 최고의 멀티펜Best Multi: 선스타Sun-Star 니콜로Nicolo

챗GPT 선정

미국 내 샤프 펜슬 판매 순위 톱 10

- 펜텔 트위스트 이레이즈 클릭

- 페이퍼메이트Paper Mate 클리어포인트Clearpoint

- 미쓰비시 유니 쿠루토가

- 펜텔 그래프기어 500

- 제브라 M-301 / M-701

- 파이롯트 G2

- 펜텔 케리

- 로트링 600

- 펜텔 P205

- 파이롯트 닥터그립

챗GPT 선정

유럽 내 샤프 펜슬 판매 순위 톱 10

- 펜텔 그래프기어 1000(그래프 1000의 오류로 보임)
- 미쓰비시 유니 쿠루토가
- 파이롯트 닥터그립
- 펜텔 오렌즈
- 로트링 600
- 제브라 델가드
- 파버카스텔 TK-FINE 바리오 L
- 스테들러 마스 마이크로
- 톰보 모노그래프
- 파이롯트 S20

챗GPT 선정

일본 내 샤프 펜슬 판매 순위 톱 10

- 미쓰비시 유니 쿠루토가
- 펜텔 그래프기어 1000(그래프 1000의 오류로 보임)
- 파이롯트 닥터그립
- 제브라 델가드

- 펜텔 오렌즈
- 파이롯트 S20
- 로트링 600
- 펜텔 스매쉬
- 플래티넘 프로유즈 171
- 톰보 모노그래프

## 2. 샤프 시장과 톱7 업체

디자인 말고는 더는 바꿀 필요가 없어 보이지만 놀랍게도 샤프 펜슬은
여전히 진화 중이다. 어떤 식으로 어디까지 변화할지는 아무도 모른다.
예를 들어 현재는 자체 동력 없이 수동적(패시브passive)으로 작동하지만
동력 기구나 전자 회로를 내장한 자율적(액티브active)인 샤프가 등장할지
누가 아는가.

3장에서는 계속 발전하는 샤프의 기술과 아이디어를 엿볼 수 있는
80여 종을 선별해 개별 리뷰를 한다. 여기에 실린 거의 모든 내용이
필자의 직접 관찰과 분석을 통한 결과물이므로 시중에 알려지지
않았거나 언급조차 되지 않았던 정보가 많을 것이다.

## ● 똑같이 만들 수 있으면 만들어 보던가

'기술이랄 게 있나, 이런 연필(볼펜, 수성펜…)은 그냥 따라 만들면 되는
거 아냐?' 필기구가 잔뜩 진열되어 있는 문구점 매대를 둘러보다
보면 요즘 세상에 이 정도는 마음만 먹으면 만들 수 있는 것이 아닌가
하는 생각이 든다. 그래서 자랑할 만한 한국 업체가 없다는 현실이
안타깝기도 하다.

실제로 어떤 필기구는 부품 수가 적고 구조도 단순해서 대단한
기술력과 자본이 없어도 제작 가능하다. 하지만 샤프 펜슬은 얘기가
다르다. 볼트와 너트처럼 마음 먹는다고 뚝딱 만들 수 있는 물건이
아니다. 작고 흔하다고 만만히 볼 게 아니다.

샤프는 적당히, 대충, 싸게 만들어도 기능이 구현되는 제품도 아니고
쓰면서 길들여지는 기계와도 다르다. 가장 저렴한 샤프군에 속하는
수능 샤프만 하더라도 부품 수가 13개, 그중 5개 이상이 초정밀 부품에
속한다. 기능적 측면은 물론 사용자의 정서적 측면도 만족시켜야
한다. 샤프의 모든 동작이 사용자의 감각에 예민하게 전달되므로 아주
작은 차이로도 느낌은 확연히 달라진다. 같은 업체의 설비로 같은 날
만들어져 함께 포장된 샤프인데도 개개 샤프의 노크감이 다를 정도다.
그래서 샤프 시장의 진입 장벽은 매우 높다. 들어와도 낮은 기술력과
엉성한 라인업으로는 기존 주류 샤프와의 품질 비교에서 턱없이
밀린다. 20개들이 종이 진열대에 1갑씩 꽂혀서 팬시류 코너에서
판매되고 있는 영세 업체의 제품만 봐도 이를 알 수 있다. 심지어 유수

업체라도 자체 생산이 어려워 샤프 전문 생산업체에 의뢰해 OEM주문자 개발 후 위탁 생산, ODM생산자 개발 및 생산 등으로 공급받는 경우가 허다하다.

## ● 샤프 세계의 절대 강자들

샤프 시장은 일본 업체가 독주하고 있다. 일본과 한국 시장은 물론이고 미국, 유럽 등 다른 지역도 마찬가지다. 특히 로트링, 스테들러, 파버카스텔 등 쟁쟁한 독일 업체도 대부분의 샤프 생산을 일본 업체에 맡기고 있다. 그래서 서로 다른 업체의 샤프들에서 동일 부품이 사용된 경우를 쉽게 볼 수 있다. 물론 일본 업체가 생산한다고 해서 생산지가 전량 일본인 것은 아니다. 보급형 모델의 경우 중국, 한국, 멕시코 등 제3국에서 생산되기도 한다.

필자는 샤프 애호가로서 우리나라에 이렇다할 만한 샤프 생산업체가 없다는 사실이 매우 안타깝다. 필자가 말하는 '이렇다할 만한' 샤프란 최소한 수출 가능한 품질의 샤프를 말한다. (1천 원대 최저가 품질의 샤프도 나름의 역할이 있음을 부인하지 않는다.) 내수 시장에서 영세 업체의 어려움을 알기에, 그래서 필자의 마음은 실망이 아닌 안타까움이다. 저가, 저품질의 샤프는 중국제와 일본제 사이에서 더 힘들어질 것이다. 심지어 일본 샤프의 경우 가격이 꼭 비싼 것만도 아니다. 오히려 놀랄 정도로 저렴하기도 하다.

물론 우리나라 생산품 중에는 품질이 아주 좋은 샤프도 꽤 있다.

하지만 들여다 보면 거의 일본 기술로 생산된 것임을 알 수 있다. 즉 일본 코토부키의 한국 내 공장 및 유통회사를 통해서 공급되는 제품들이다. 그 덕에 일본 자국보다도 가성비 좋은 샤프를 쉽게 구할 수 있기는 하다. 자바, 제노, 수한 등의 샤프가 그렇고 유미상사의 수능(e미래) 샤프도 여기에 해당한다. 그래서 심지어 어떤 모델의 경우 일본에서도 한국산 제품을 찾는다.

일본에서도 모든 문구회사가 샤프를 만들 수 있는 것은 아니다. 현재 펜텔, 미쓰비시 유니, 제브라, 파이롯트, 톰보, 오토, 코토부키 정도를 꼽을 수 있다. 결국 전 세계 샤프를 이 7개 회사가 지배 중이다. 당연히 우리나라도 이들 업체가 쥐락펴락하고 있다.

## ● 샤프의 역사, 펜텔Pentel

역시 업계 1위는 펜텔이다. 제도 샤프 시장이 활발했던 때에 비해 위상이 많이 떨어졌고, 샤프 외 필기구에서는 지위가 더 낮지만 샤프 관련 기술력과 품질은 단연 톱임을 누구나 인정하고 있다. 펜텔 샤프는 디자인과 아이디어 면에서 튀는 편은 아니다. 다만 샤프 마니아가 빠질 수밖에 없을

정도로 품질이 감탄스럽기 때문에 다른 업체보다
신뢰도가 높다. 하지만 언제나 1위였던 것이
독이였을까. 현재 베스트셀러 1위는 펜텔 샤프가
아니다. 바뀌는 사용자 취향과 요구에 맞추려는
노력이 후발 주자에 비해 부족하지 않았나 싶다.
누가 더 기계적이고 품질 면에서 정밀한가를 다투던
시대에서 누가 더 기능이 뛰어나고 감성적인가를
경쟁하는 시대로 바뀌었건만, 펜텔은 여전히 오렌즈
시리즈 중심의 '초정밀 기술 중심'을 외치고 있다.
또한 한 사람의 팬으로서 필자는 심하다 싶을 정도로
과거 모델을 한정판이나 색깔놀이로 우려먹는 판매
행태에 안타까운 마음이 든다. 이미 펜텔도 미쓰비시
유니의 쿠루토가 샤프가 대성공을 거두는 모습을
보고 절치부심하고 있지 않을까 싶다.

### ◑ 실속 강자, 미쓰비시 유니Mitsubishi Uni

제도 샤프가 대세였던 과거에는 펜텔 외 다른
업체의 존재감은 미약한 편이었다. 미쓰비시 유니
또한 마찬가지였지만 2008년 쿠루토가 샤프를
출시하면서 대반전이 일어났고, 현재 가장 많이
팔리는 샤프를 보유한 유력 업체가 되었다. 쿠루토가

샤프가 보여준 혁신은 샤프 역사에서 가히 한 획을 그었다고 할 만한 수준이기에 당분간 이런 우세가 이어가리라고 예상한다. 게다가 쿠루토가 초창기 모델이 가진 자잘한 단점을 크게 개선하고 다양한 기능을 적용하는 것은 물론 새로운 디자인으로 단장한 파생 모델을 출시하면서 판매량 1위 자리를 공고히 하고 있다. 즉 쿠루토가 엔진을 샤프 군단의 플랫폼으로 삼고 모든 기술과 기능을 통합하고 있는 중이다. 필자가 보기에 이 전략이야말로 지금의 샤프 시장을 관통하는 가장 강력한 무기라고 본다.

## ● 갓성비, 제브라Zebra

제브라는 실용성과 가성비가 뛰어난 샤프를 다수 보유하고 있다. 우리나라 중고등학교 학생이 가장 많이 사용하는 샤프 중 하나가 제브라 샤프다. 상대적으로 열혈팬은 많지 않고 판매량에 비해 존재감은 약하지만 제브라는 시장에서 자기만의 자리를 갖고 있다. 제브라 샤프는 기본에 충실해 실제 사용 시 더 빛을 발하며, 가격도 보급형 수준이라 특히 학생들의 애정템이다.(품질은 말할 것도 없다. 현재 샤프의 제조 기술은 이미 상향 평준화되어 어떤 샤프건 고품질을

담보한다.) 또한 제브라는 여성 고객을 사로잡는 것이
관건인 문구 시장에서 에어피트, 에스피나와 같은
팬시형 디자인의 모델을 선보이는 등 유연한 제품
전략으로 타겟을 공략한다. 제브라 샤프의 노크감은
너무 강하지 않으면서 찰진데, 이는 제브라의 많은
샤프들이 가진 공통적 특성이기도 하다. 한편 보급형
제도 샤프의 대표라고 할 수 있는 드라픽스 300이
인상적이지만 제브라는 펜텔의 오렌즈 및 미쓰비시
유니의 쿠루토가처럼 제브라 고유의 샤프심 부러짐
방지 기능을 가진 델가드를 주력으로 밀고 있다.

### ● 무림 고수, 파이롯트Pilot

파이롯트는 샤프보다는 만년필이나 볼펜 시장에서 더
인기있지만, 알고 보면 다양한 샤프를 출시하고 있다.
우리나라에서는 닥터그립과 S시리즈의 제도 샤프가
특히 인기가 있다. 파이롯트는 다른 업체과 비교했을
때 신제품 개발 시 혁신적인 변화에 인색한 편이다.
예를 들어, 대표 라인업인 닥터그립 시리즈의 경우
그립 성능이나 흔들이 기능을 전통으로 유지하면서
다른 부분에 소극적인 바리에이션을 적용하는 수준에
그친다. 하지만 닥터그립이나 S시리즈 모두 기본기가

매우 훌륭하기 때문에 장수 모델로 자리잡고 있다.

### ◗ 지우개에 진심, 톰보Tombow

일본에서 국민 지우개로 불리는 '모노'를 만든
업체가 바로 톰보다. 톰보는 지우개의 명성에
힘입어 샤프에서도 모노그래프 라인업을 주력으로
삼고 있다. 즉 트위스트형 모노그래프 지우개를
장착하고, 배럴(바디, 몸통)에는 모노그래프 고유의
삼선 무늬를 넣고 있다. 전체적으로 제도 샤프로
보이지만 실사용으로도 손색이 없는 필기감을 갖고
있으며, 가격도 보급형에 준한다. 그런데 재미있게도
샤프는 자체 생산이지만 정작 톰보의 상징과도 같은
지우개는 위탁 생산이다. 특히 제로 모델의 지우개는
한국 생산이다.

### ◗ 팬덤 가득, 오토OHTO

샤프계를 지배하고 하는 7개 업체 중에서 가장
개성 강한 곳이 바로 오토다. 오토가 만든 기능성
정밀 샤프를 사용하다 보면 필기구라기보다는 어떤
공구를 쥔 느낌이 든다. 샤프심 배출량이나 슬리브
길이를 조절할 수 있는 것도 그렇고, 지나치게

기계적이고 차가운 느낌하며, 무겁다는 생각이 들
정도의 무게감이 분명 그런 인상을 준다. 그래서
오토는 주류가 될 순 없지만 열광적인 소수의
마니아층이 따라다닌다. 한편 오토는 자체 상표로도
만들어 판매하지만 다른 업체의 제품을 위탁
생산OEM, ODM하기도 한다.

### ● 절대 용병, 코토부키Kotobuki

코토부키는 샤프 업계에서 조용한 강자다. 자체
상표(페낙)를 달고 출시된 샤프가 적기 때문에 많은
사람이 이 업체를 잘 모른다. 하지만 코토부키는
샤프 시장에서 세계 최대 및 최고의 OEM, ODM
전문 회사이다. 알고 보면 시중의 샤프 중 상당
수가 이 업체에서 생산한 제품이다. 대표적으로
일본의 플래티넘, 고쿠요, 사쿠라는 물론이고 독일
브랜드인 로트링, 스테들러, 파버카스텔 등의 많은
모델이 코토부키의 위탁 생산으로 공급되고 있다.
우리나라의 경우 수한, 유미상사 등이 코토부키의
자회사인데, 제노나 자바펜 같은 샤프가 이들을 통해
생산 및 유통된다. 모닝글로리 등 다른 업체의 샤프
일부도 코토부키가 생산한다. 우리에게 가장 친숙한

모델은 아무래도 매년 수십만 자루씩 팔리는 수능 샤프이다. 그런데 국내 생산 공장 역할을 하는 수한의 경우 필자가 보기에는 메커니즘 등의 핵심 부품까지 한국에서 전량 생산하는 것은 아니고 일본에서 들여와 조립 위주로 운영되는 것이 아닌가 싶다.

코토부키는 세계 유수의 정상급 업체의 제품을 위탁 생산할 정도로 고품질에 공급도 안정적이지만 원가 경쟁력도 뛰어나다. 워낙 대량으로 생산하는 데다 공용화가 잘 되어 있어서 어느 업체보다도 생산원가가 낮을 것으로 보인다. 이는 국내 수능 샤프의 공급가가 500원대라는 사실만 봐도 알 수 있다.

# 3. 베스트셀러 샤프 리뷰 개요

3장에서는 인기 있고, 많이 사고, 자주 언급되는 샤프 80여 종을 하나하나 살펴본다. 오래전에 단종되어 구매 불가거나 웃돈을 줘야 구입 가능한 샤프는 여기서 제외했다. 그러나 단종됐더라도 온·오프라인을 통해서 정상적으로 구할 수 있는 샤프는 리뷰 대상에 포함시켰다.(독자가 읽는 시점에서는 사정이 다를 수 있다.) 또한 가격 변동이 거의 없는 일본에서도 요즘 들어 가격을 인상하는 경우가 많으므로 리뷰에 표시된 가격이 부정확할 수 있음을 미리 말씀드린다.

한편 각 샤프의 리뷰에는 필자가 직접 그린 이미지(가급적 실물 크기)와

실측을 통해 기록한 34개 항목의 상세 사양표가
포함되어 있다. 다음 표는 34개 항목에서 수치화한
값들의 전체 평균값을 나타낸다. 해당 샤프가 평균과
비교해서 어느 정도인지 판단하는 데 기준이 될
것이다. 참고로 표에 나타난 값은 0.5mm 심경 제품의
평균값이며, 이질적인 형태나 크기를 가진 샤프(예컨대
제브라의 미니 샤프, 기타보쉬 우드 샤프 등)는 평균값
산출에서 제외하였다.

0.5mm 주요 샤프 65종의 측정 평균값

| 항목 | 평균값 |
| --- | --- |
| 길이 | 144.9mm |
| 무게(심 제외) | 13.0g |
| 무게 중심(선단의 슬리브 끝에서) | 69.5mm |
| 그립부 길이 | 33.5mm |
| 그립부 평균 지름 | 9.7mm |
| 클립 길이 | 38.6mm |
| 클립(선단의 슬리브 끝에서) 시작 위치 | 90.4mm |
| 슬리브(촉) 길이 | 3.208mm |
| 슬리브(촉) 내경 | 0.608mm |
| 노크 강도 | 620gf * |
| 1회 노크당 심 배출량 | 0.615mm |
| 심을 넣은 후 배출되기까지의 노크 횟수 | 14.1회 |

* gf(그램힘): 그램 무게에 상당하는 힘

Bestseller

# 1 펜텔 P20x <sup>*</sup> 일본 내수용은 P32x

| | | |
|---|---|---|
| 1 | 출시년도 | 1970년 |
| 2 | 소비자 가격 | 500엔 (초기엔 300엔) |
| 3 | 심경 | 0.3 / 0.5 / 0.7 / 0.9mm |
| 4 | 생산지 | 일본 |
| 5 | 실측 길이 | 142mm |
| 6 | 실측 무게(심 제외) | 8.95g |
| 7 | 무게 중심(심 1개 포함) | 슬리브 끝에서 70mm |
| 8 | 배럴 재질 | 플라스틱 |
| 9 | 배럴 및 그립부 단면 | 12각형 |
| 10 | 그립부 재질 / 길이 | 플라스틱 / 21mm |
| 11 | 그립부 평균 지름 | 8.3mm |
| 12 | 그립면 | 11줄의 얕은 홈 애뉼러 링 |
| 13 | 클립 재질 / 길이 | 금속 / 37.6mm |
| 14 | 클립 시작 위치 | 슬리브 끝에서 85mm |
| 15 | 클립 탄력성(강도) | 보통 |
| 16 | 심경도계 | 없음 |
| 17 | 지우개 | 있음 |
| 18 | 클리너핀 | 없음 (0.3mm 심경 모델은 있음) |
| 19 | 선단부 재질 | 금속 |
| 20 | 슬리브(촉) 재질 / 구조 | 금속 / 고정 파이프형 |
| 21 | 슬리브(촉) 길이 | 4.0mm |
| 22 | 슬리브(촉) 내경 | 0.59mm |

| 23 | 선단부 없이 노크 | 가능 |
|----|----------------|------|
| 24 | 노크 강도 | 650g |
| 25 | 노크감 | 적당히 끊기는 절도감, 반동감 |
| 26 | 노크음 | 중간 |
| 27 | 노크 후 심 당김 수준 | 적은 편 |
| 28 | 메커니즘 분해 수준 | 완전 분해 가능 |
| 29 | 메커니즘 재질 | 전부 금속 |
| 30 | 클러치(척) 내부 표면 | 다소 애매하지만 헤어라인 가공으로 보임 |
| 31 | 심 배출량 | 노크 1회당 0.5mm |
| 32 | 심 배출까지의 노크 횟수 | 약 16회 |
| 33 | 유격(심 흔들림 중심) | 없는 편 |
| 34 | 기타 기능 및 참고 | – |

※ 위 내용은 심경 0.5mm 모델 기준

*모든 샤프 업체들은 샤프 심경에 따라서 모델명을 다르게 정한다. 예를 들어, 펜텔 제도 샤프의 경우 0.3mm 심경이면 P203, 0.5mm 심경이면 P205 이런 식이다. 이후 등장하는 샤프 모델명 속 소문자 'x'는 심경을 나타낸다. 본문에선 주로 0.5mm 모델을 기준으로 설명한다.

### ● 판매량 2억 자루의 위엄

첫 리뷰 샤프는 역시 펜텔이고 가장 대중적인 샤프인 P205이다.

P205가 대중적이라는 평가를 넘어서 제도용으로 뿐만 아니라 일반용으로도 글로벌 표준이라는 데 이의가 없을 것이다. 우리나라는 물론이고 다른 나라의 사용자들도 펜텔하면 P205(또는 P207)를 가장 먼저 떠올릴 것이다. 출시 이후 50여 년 동안 약 2억 자루가 팔렸다고 하니 말이 필요 없는 베스트셀러다.

펜텔은 필기구를 중심으로 하지만 종합 문구회사이다. Pentel이라는 이름은 Pen과 Tell을 합성한 것으로, 1911년 펜텔 창업자의 부친이 일본에서 붓, 벼루, 잉크 도매상을 설립한 데서 펜텔이 태동되었다고 본다. 하지만 펜텔 홈페이지에는 1946년 일본 문구 주식회사의 창립을 펜텔의 공식적인 시작점으로 소개하고 있다.

펜텔의 시작을 두고는 이견이 있지만 지금의 샤프 모양을 표준으로 자리잡게 한 데에 펜텔의 공이 컸다는 주장에는 대체로 동의할 것이다. 클러치 링 방식의 후단 노크 샤프를 1960년에 세계 최초로 개발(펜텔의 주장)한 것도, 같은 해 폴리머 샤프심을 세계 최초 개발한 것도 펜텔이다. 펜텔과 함께 현대 샤프의 역사가 시작된 것이다.

홈페이지에 개제된 펜텔의 역사에는 몇 개의 샤프가 등장한다.

- 1960년　세계 최초의 래칫형 노크형 샤프와 하이폴리머 샤프심 개발

  → 래칫(클러치 링) 방식의 노크형으로 최초인지 확인하기 어려움
- 1968년　세계 최초의 0.3mm 샤프인 '메카니카' 개발
- 1971년　'케리' 샤프 개발
- 1973년　세계 최초의 0.2mm 샤프 'PS1042' 개발

  → 1971년 뉴먼 사의 'Super-2'가 세계 최초임이 확인됨. 게다가 펜텔의 PS1042, PG2, 오렌즈에 앞서서 심 보호를 위한 슬라이딩 슬리브 방식 적용
- 1986년　표준적인 제도 샤프인 '그래프 1000' 개발
- 1987년　디자인, 내구성, 필기감을 만족시키는 샤프 '스매쉬' 개발

1987년 이후 수십 년이 지난 지금까지 펜텔의 새로운 샤프 역사는 쓰여지지 않고 있다.(필자가 추가한다면 오렌즈 네로 정도다.) 1990년대 CAD 확산으로 제도 샤프 시장이 사라진 이후 펜텔은 정밀성에서 기능성으로의 관심 이동이나 팬시 문구로의 전환에 제대로 대처하지 못했다. 그러는 동안 펜텔의 수많은 명기가 단종됨에 따라 펜텔의 위상도 점차 떨어졌다. 물론 샤프 시장이 커지지 않은 것도 문제였다. 일정한 크기의 시장에 매년 신제품이 쏟아져 나온다면 기존 제품은 아무래도 덜 팔릴 테고, 이런 상황에서 수익률 낮은 모델의 생산라인을 유지하거나 유통을 관리하는 것은 손실로 이어질 수밖에 없다. 그러므로 단종 모델이 꾸준히 발생하는 현상은 다른 업체도 마찬가지다. 여기에 과거에 없던 재택근무와 원격수업이 도입되고 오피스 용품 및 문구 수요가 감소하는 상황까지 겹치면서 단종을 가속화시켰다.

현재 펜텔은 볼펜 전쟁에서도 밀려나고 있다. 미쓰비시 유니의 제트스트림, 제브라의 사라사, 파이롯트의 프릭션 등이 포진해 있는 볼펜 시장에서 펜텔은 비쿠냐, 에너겔, 카르므 등을 대항마로 출시했으나 최고 타이틀을 얻지 못했다. 일본과 한국에서는 더 힘을 못 쓰고 있다. 펜텔의 화려한 명성과 명예가 흔들리면서 최근 매우 고전 중이다. 필기구 애호가들은 펜텔의 이러한 상황을 안타까워하며 지켜보고 있다. 게다가 학령 인구의 급감으로 필기구 시장 자체가 어두운 것이 현실이다.

한편 단종 모델이 많아질수록 컬렉션 시장은 더 활발하게 돌아간다. 많은 웃돈을 얹어야 거래가 성사되는 경우도 심심치 않게 목격된다. 그래서 업체들은 아예 한정판을 적극적으로 출시하여 컬렉션 시장을 공략하기도 한다. 펜텔 역시 소위 한정판 놀이, 기념판 놀이, 색깔 놀이에 열심이다.

아무리 위상이 떨어졌어도 펜텔 샤프(그리고 샤프심)의 기술력과 품질은 여전히 최고 수준이다. 지금도 펜텔을 빼놓고는 샤프를 얘기할 수가 없다. 펜텔 샤프는 실제 필기를 하지 않더라도 자체 품질의 완성도로 인해 구석구석 들여다보고 그냥 매만지는 것만으로도 즐겁다. 샤프 업체마다 느껴지는 이미지가 있는데, 펜텔은 기계적으로 정밀하다는 인상이 어느 업체보다도 강하다. 그래서일까 펜텔은 일반적으로 남성팬이 많다. 미쓰비시 유니가 일상적인 필기 상황에서의 편의성과 기능성을 중요시하는 인상이라면, 제브라나 톰보는 감성적인 소구력과 여성적인 감각이 강하게 느껴진다. 오토는 극단적으로 기계적이라 문구라기보다 공구 같아서 차가운 느낌마저 든다.(소수 마니아층을 사로잡는다는 점에서 오토는 틈새 시장을 공략하고 있는 셈이다.)

### ◗ 샤프계 명예의 전당에 마땅히 첫 번째 등극할 샤프

필자가 P205를 첫 번째 리뷰 샤프로 선택한 데는 이유가 있다. 펜텔에서 가장 많이 팔린 샤프이기도 하지만 샤프를 평가할 때 거의 모든 면의 비교 기준Reference으로 삼을 만한 샤프이기 때문이다.(실제로

이 책에서 클립 탄성력은 P205의 탄성력 수준을 기준으로 삼았다.) P205는

세대를 막론하여 가장 널리 알려져 있고 더할 나위 없는 품질로 검증된

샤프이다. 그래서 대표 샤프, 표준 샤프, 근본 샤프, 샤프의 정석이라고

불린다. 디자인적으로 최고는 아니지만 오랜 시간 두고 봐도 질리지

않으니 훌륭한 디자인임에는 분명하다. 샤프계 명예의 전당이 있다면

가장 먼저 등극할 샤프로 선정될 자격이 충분하다.

물론 P205(참고로 초기엔 P205가 아닌 'Pentel Sharp'라고 표시되어 있었다.)

이후에도 뛰어난 제품이 수없이 등장했다. 하지만 이 가격대에서

P205의 품질과 대중성을 능가하는 모델은 없어 보인다. 실용적인

가격대에서 최상위로 추천되는 샤프다 보니, 메커니즘과 디자인을

그대로 가져오거나(데드 카피) 상당 부분 모방한 샤프가 계속 등장

중이다. 그래서 P205는 아무데나 두어도 분실의 우려가 적다는 웃지

못할 장점도 갖고 있다.(그 이전엔 단골 도난 대상이었다.) 성능, 디자인, 가격,

범용성 등을 모두 만족시키는 최고의 실용품임에도 정작 일본에서는

판매 저조로 내수 모델이 단종돼 해외 판매용으로만 생산되고 있으니

이 또한 아니러니하다. 하지만 펜텔에서 색상 정도만 바꿔 한정판 및

기념판으로 출시하고 있고, P205의 메커니즘을 다른 현행 모델에도

사용하고 있으니 P205가 사라질 일은 없을 것이다.

P205는 구조적으로도 무엇 하나 부족함 없이 기본에 충실한 샤프다.

슬리브 길이 4mm에 형태상 전형적인 제도 샤프로서, 기계적으로

정교하고 외관 또한 유려하면서도 튀는 부분이 없어서 오래 사용해도

질리지 않는다. 즉 중성적인 디자인이다. 또한 제도용뿐만 아니라 필기 및 드로잉에도 적합해 범용 샤프라고 할 수 있는데, 개중에서 특히 드로잉 사용자의 호응도가 높다. 가벼워서 빠른 소묘에 유리하고 흔들림 없이 예리해서 정밀한 작업에 적합하기 때문이다.

이 샤프의 진가는 메커니즘에서도 드러난다. 샤프계의 AK47(어떤 가혹한 환경에서도 작동되는 것으로 유명한 러시아산 자동 소총)이라고도 불리는 P205의 메커니즘은, 선단이나 클립 등의 금속 부분이 녹슬어서 검게 변하기는 하지만 잔고장 없이 10년 이상 거뜬히 사용할 수 있다. 참고로 P365, 슈타인, 오렌즈, PG-METAL 350(그래프기어 300과 동일 모델) 샤프가 P205와 기본적으로 같은 메커니즘이라서 100퍼센트 호환된다. 케리 샤프도 같은 메커니즘이지만 그대로 부품 호환이 되지는 않는다. 단 P205 메커니즘의 경우 예외적으로 클러치 코어의 내면을 약간 거칠게 헤어라인 가공을 해서 샤프심을 더 확실하게 잡아주게끔 했는데, 모든 P205 샤프의 메커니즘에 헤어라인 가공을 했는지는 확인할 수 없다.(펜텔의 공식 홈페이지에는 코어에 별도 가공을 하지 않는다고 게재돼 있다.)

P205의 메커니즘이 인정받는 이유 중 하나는 정밀한 심 배출량 때문이다. 품질이 매우 균일해서 10번을 노크할 때 배출되는 심의 길이가 편차 없이 5mm 정도가 된다.(다른 많은 샤프들은 개체마다 심 배출량이 들쑥날쑥한 경우가 많다.) 또한 노크한 후 다시 심이 당겨져서 슬리브 안으로 밀려 들어가는 정도도 아주 작다. 이렇게 P205 한 자루만 살펴봐도 펜텔의 설계 및 정밀 제조 기술 수준을 알 수 있다. 노크감 역시 표준으로 삼아도 될 정도로 좋다. 끊기는 손맛이 있으면서 경박하지 않은 노크음이 인상적이다. R&D에 상당한 투자가 있었음을 짐작케 한다. 한편 수제(주로 목재) 및 공방 샤프에는 P205와 PG5의 메커니즘이 가장 많이 사용된다. 메커니즘에 금속 나사산이 이미 나 있어서 배럴에 나사산을 만들지 않아도 되는 제작 용이성 때문이다. 장점만 있는 샤프는 없으니 단점을 꼽자면, 그립부를 들 수 있다. 그립부가 연필보다는 두툼하고 샤프치고는 가는데, 특히 아래쪽으로 갈수록 가늘어져 불편해 하는 사람이 있다. 게다가 정석대로 샤프를 쥐는 경우만을 고려해서 만든 것처럼 그립의 구간이 좁다.(대체로 많은 펜텔 샤프가 그러하다.) 즉 엄지와 검지를 얌전하게 모아서 잡는 스타일이 아니면 너무 좁은 그립이다. 필자도 샤프를 쥐는 모양이 일반적이지 않은 탓에 이 샤프의 그립 범위를 벗어난다. 또한 클립이 너무 아래쪽까지 내려와 있어서 필기 시 손등에 걸리적거림에 따라 불편감을 주고 집중력을 방해한다. 그래서 개중에는 아예 클립을 제거하고 사용하는 사람도 있다.

# 펜텔 PG5

| | | |
|---|---|---|
| 1 | 출시년도 | 1972년 |
| 2 | 소비자 가격 | 800엔 |
| 3 | 심경 | 0.5mm (0.2/0.4/0.7mm는 단종) |
| 4 | 생산지 | 일본 |
| 5 | 실측 길이 | 147.5mm |
| 6 | 실측 무게(심 제외) | 9.53g |
| 7 | 무게 중심(심 1개 포함) | 슬리브 끝에서 69mm |
| 8 | 배럴 재질 | 플라스틱 |
| 9 | 배럴 및 그립부 단면 | 12각형 배럴 / 원형 그립부 |
| 10 | 그립부 재질 / 길이 | 플라스틱 / 24mm |
| 11 | 그립부 평균 지름 | 8.2mm |
| 12 | 그립면 | 애뉼러 링 가공 (매우 촘촘한 홈) |
| 13 | 클립 재질 / 길이 | 금속 / 37.6mm |
| 14 | 클립 시작 위치 | 슬리브 끝에서 76mm |
| 15 | 클립 탄력성(강도) | 보통 (기준: 펜텔 P205) |
| 16 | 심경도계 | 있음 (4H/3H/2H/H/HB/B) |
| 17 | 지우개 | 있음 |
| 18 | 클리너핀 | 있음 |
| 19 | 선단부 재질 | 금속 |
| 20 | 슬리브(촉) 재질 / 구조 | 금속 / 고정 파이프형 |
| 21 | 슬리브(촉) 길이 | 4.0mm |
| 22 | 슬리브(촉) 내경 | 0.59mm |

| 23 | 선단부 없이 노크 | 가능 |
|---|---|---|
| 24 | 노크 강도 | 640g |
| 25 | 노크감 | 적당히 끊기는 절도감, 반동감 |
| 26 | 노크음 | 중간 |
| 27 | 노크 후 심 당김 수준 | 적은 편 |
| 28 | 메커니즘 분해 수준 | 완전 분해 가능 |
| 29 | 메커니즘 재질 | 전부 금속 |
| 30 | 클러치(척) 내부 표면 | 별도 가공 없이 매끈 |
| 31 | 심 배출량 | 노크 1회당 0.5mm |
| 32 | 심 배출까지의 노크 횟수 | 약 17회 |
| 33 | 유격(심 흔들림 중심) | 거의 없음 |
| 34 | 기타 기능 및 참고 | – |

※ 위 내용은 심경 0.5mm 모델 기준

펜텔의 3대 명기(그래프Graph 1000, 스매쉬Smash, 메커니카Mechanica)에 포함되지는 않으나 단종된 메커니카를 계승한 샤프라는 점에서 PG5는 현행 샤프의 3대 명기에 근접해 있다고 말할 수 있다. 무려 50년 넘게 장수하는 동안 변화를 맞고 일부 변형을 겪었지만 샤프계 '할아버지'라 할 만하고, 분명 레전드급 샤프 중 하나다.

PG5의 PG는 'Pentel Graph'의 약자로 펜텔 제도 샤프의 라인업을 뜻한다. 원래는 0.2, 0.4, 0.7mm 심경(각각 PG2, PG4, PG7)도 있었으나 오래 전(2006년경)에 단종되어 지금은 희귀 아이템이 되었다. 0.3mm는 처음부터 출시하지 않은 사정으로(대신 PMG 모델이 있었음) 현재 0.5mm 심경(PG5)만 생산 중이다.

## ● **클리너 핀이 있는 세련된 샤프, PG5**

PG5는 빈티지스럽지만 세련되고 기계적인 매력이 넘치는 샤프이다.
세키구치 유조関口友三라는 분이 메카니카와 함께 디자인했으며
1966년 일본 굿디자인상(PG4)을 수상한 바 있다. 독창적인 디자인의
이 샤프는 형태가 날렵하고 가늘면서도 흔들림 없이 단단해서 다량의
일반 필기보다는 정밀 작업에 더욱 적합하다. 실제로 건축 설계 등의
전문 분야에서 많이 사용한다. 또한 복잡한 수식을 다루거나 숫자와
기호를 빈번히 사용하는 다른 직종에서도 많이 사용한다.

PG5는 P205와 닮은 부분이 많다. 부품 호환이 될 정도는 아니지만
기본적으로 동일한 메커니즘을 사용하고 있고 선단부 및 클립 등도
P205와 동일하다.(심 보관통이 금속이라는 점이 P205와 다르다.) 게다가
PG5 역시 P205처럼 선단이 메커니즘 쪽의 나사산과 직접 물리는
구조이기에 배럴 쪽에 나사부를 제작할 필요가 없어서 수제(주로 나무)
샤프용 메커니즘으로 많이 사용된다. 그런데 수제 샤프에서도 배럴은
변형해도 이 샤프 디자인의 장점인 기다란(노브 고정용) 알루미늄 캡은
그대로 적용되고 있다.

PG5는 지우개도 없고 나사를 풀지 않고는 노브가 분리되지 않아 심을
넣을 때 불편하지만, 달리 생각하면 이렇게 설계한 덕에 아기가 노브를
삼킬 수 있는 위험이 줄었다고 볼 수도 있다. 결과적으로 그런 불편함
덕(?)에 클리너 핀이 존재할 수 있었으니 다행이기도 하다. 게다가 이
클리너 핀은 꽤 길고 멋지기까지 해서 이 샤프의 아이덴티티 중 하나가

되고 있다.

아쉬운 점은 클립 위치이다. 클립이 너무 내려와 있어서 필기 시 걸리적거리는 불편의 정도가 P205보다 심하다. 그래서 PG5 역시 아예 클립을 제거하고 사용하는 사람이 많다. 특히 샤프심이 한 쪽만 마모돼 뭉툭하게 써지지 않게 하려면 샤프를 돌려가면서 필기해야 하는데 이때 PG5의 클립은 큰 방해가 된다.

기본적으로 P205와 동일한 메커니즘인 만큼 노크감은 딱딱 끊기는 절도감이 느껴진다. 여기에 스테인리스 심 보관통과 작은 노브의 영향으로 차이가 더해지면서 감도가 더 좋아졌다. 딱딱한 느낌을 넘어서 쫀득한 후반동이 느껴지는 PG5의 노크감은 최상위급 군으로 평가받고 있다. 하지만 노크 시 단점도 있다. 일반적으로 노크 시 엄지손가락을 이용하지만 때에 따라서 이마, 턱으로도 하고 심지어는 인중이나 쇄골로도 한다. 그럴 경우 PG5의 작은 노브는 피부를 세게 찌르고, 변칙적으로 노크를 하면 고통스럽기까지 하다. 그립부는 촘촘한 애뉼러 링의 홈 가공인데, 배럴 일체형 플라스틱 그립인 것치고는 꽤 까끌까끌하면서 그립감이 나쁘지 않다. 그립부 직경이 P205보다도 가는 편이라서 장기간 필기할 때는 불편할 수 있다.

신기한 것은, 수많은 한정판으로 색깔놀이를 하고 있는 P205와는 다르게 PG5에는 한정판이나 파생 모델이 거의 없다는 사실이다. 이는 펜텔 나름의 정책일 수 있으나 합리적인 추론은 이 모델이 샤프 덕후에게나 인기 있는 샤프라는 것, 다시 말해 낮은 대중성 때문일 것이다.

## 3 펜텔 그래프 1000 PG100x*

| | | |
|---|---|---|
| 1 | 출시년도 | 1986년 |
| 2 | 소비자 가격 | 1,000엔 |
| 3 | 심경 | 0.3 / 0.4 / 0.5 / 0.7 / 0.9mm |
| 4 | 생산지 | 일본 |
| 5 | 실측 길이 | 147.5mm |
| 6 | 실측 무게(심 제외) | 11.0 g |
| 7 | 무게 중심(심 1개 포함) | 슬리브 끝에서 71mm |
| 8 | 배럴 재질 | 플라스틱 |
| 9 | 배럴 및 그립부 단면 | 원형 |
| 10 | 그립부 재질 / 길이 | 듀얼 (알루미늄, 고무) / 33mm |
| 11 | 그립부 평균 지름 | 8.8mm |
| 12 | 그립면 | 고무돌기 18개 |
| 13 | 클립 재질 / 길이 | 금속 / 29.3mm |
| 14 | 클립 시작 위치 | 슬리브 끝에서 103mm |
| 15 | 클립 탄력성(강도) | 보통 (기준: 펜텔 P205) |
| 16 | 심경도계 | 있음 (3H/2H/H/F/HB/B) |
| 17 | 지우개 | 있음 |
| 18 | 클리너핀 | 없음 |
| 19 | 선단부 재질 | 금속 |
| 20 | 슬리브(촉) 재질 / 구조 | 금속 / 고정 파이프형 |
| 21 | 슬리브(촉) 길이 | 4.0mm |
| 22 | 슬리브(촉) 내경 | 0.60mm |

| 23 | 선단부 없이 노크 | 가능 |
|---|---|---|
| 24 | 노크 강도 | 730g |
| 25 | 노크감 | 적당히 끊기는 절도감, 반동감 |
| 26 | 노크음 | 중간 |
| 27 | 노크 후 심 당김 수준 | 적은 편 |
| 28 | 메카니즘 분해 수준 | 분해 불가능 |
| 29 | 메카니즘 재질 | 전부 금속 |
| 30 | 클러치(척) 내부 표면 | 별도 가공 없이 매끈 |
| 31 | 심 배출량 | 노크 1회당 0.5mm |
| 32 | 심 배출까지의 노크 횟수 | 약 15회 |
| 33 | 유격(심 흔들림 중심) | 거의 없는 편 |
| 34 | 기타 기능 및 참고 | - |

※ 위 내용은 심경 0.5mm 모델 기준

* 그래프 1000은 제품명, PG100x는 모델명이다. 이후 등장하는 샤프명 표기도 이렇게 이해하면 된다.

간단히 '그천'이라고도 불리는 그래프 1000은 크게 'Graph 1000 for Pro'와 'Graph 1000 CS'의 두 가지 모델이 있다. 전자를 지칭하는 '포프로'는 매트(무광)한 블랙 색상으로, 보통 그래프 1000이라 하면 포프로를 말한다. 후자를 가리키는 CS는 Creator Style의 약자로, 컬러플하고 광택이 있다는 점 말고는 포프로와 구조나 부품이 같다.

그래프 1000은 스매쉬, 메카니카와 함께 펜텔의 3대 명기에 속한다. 그 명성에 맞게 최고 존엄, 레전드,

머스트해브, 샤프의 교과서, 돌고돌아 그래프 1000 등의 칭송이 따라다닌다. 실제로 많은 사람이 인생 샤프로 꼽고 있고, 국내에서 실사용 샤프 선호도 투표를 하면 대부분 1위를 차지한다. 2014년 기준 전 세계 누적 판매 1천만 자루 이상을 기록할 정도로 대중적으로 큰 성공을 거둔 모델이다.

그래프 1000의 성공에 고무된 다른 업체도 정가 1천 엔을 매긴 제도 샤프를 잇따라 내놓았지만 힘 한번 못 쓰고 모두 단종되었다. 미쓰비시 유니 Mx-1052, 제브라 드라픽스 1000, 톰보 모노 테크 1000 등이 여기에 속한다. 즉 그래프 1000 하나가 제도 샤프 시장을 평정한 것이다. 그나마 로트링 500 정도가 살아 남았다고 할 수 있을 것이다. 그런데 필자가 생각하기에 경쟁업체의 메인 제도 샤프(저가형 제외)를 단종시킨 그래프 1000의 성공이 펜텔에게는 오히려 독이 되지 않았나 싶다. 왜냐하면 펜텔이 이 샤프로(추가한다면 스매쉬) 시장을 주름잡고 있을 때 경쟁사는 제도용을 포기하는 대신 필기 및 팬시문구 시장에서의 경쟁력을 찾는 노력을 필사적으로 하게 됐고, 그 결과 미쓰비시 유니의 쿠루토가나 제브라의 델가드와 같은 샤프 역사에 남을 걸출한 제품이

탄생했기 때문이다. 결과적으로 이는 펜텔에게 큰 타격을 주었고 현재도 고전 중이다. 심지어 펜텔의 다른 제도 샤프 라인업도 손상된 것을 보면 일종의 카니발라이제이션cannibalization, 동족포식이었다고 생각한다.

이러니저러니 해도 그래프 1000은 명기로 불리면서 놀라운 판매량을 보인다. 차별화된 고유 디자인, 기계적 완성도, 기분 좋은 노크감, 감성적인 즐거움 등 거의 모든 면을 만족시키지 않고서는 불가능한 결과다.


● **환상의 콜라보, 듀얼 그립**

우선 이 샤프의 상징이자 개성은 금속과 고무의 듀얼 그립이다. 즉 펀칭 가공된 스틸 배럴의 표면으로 튀어나온 18개의 고무 돌기를 말한다. 다소 이질적이면서 기계적이고 남성적인 디자인의 듀얼 그립은 그래프 1000 특유의 이미지를 만든다. 만약 그립이 고무로만 되어 있다면 꽉 쥘 때 물컹거리면서 찌그러졌겠지만 금속부가 튼튼하게 잡아주면서 찌그러짐을 방지해 흔들림 없는 안정적인 필기가 가능하다. 듀얼 그립을 적용한 첫 샤프가 그래프 1000은 아니다. 펜텔의 이전 필기용 모델인 P115가 최초다.

듀얼 그립은 생산라인에서 수작업으로 조립된다고 알려져 있다. 분해가 가능하므로 방법을 알면 샤프를 청소할 때 유용하다. 무턱대고 빼다가는 고무가 찢어질 수도 있으니 코바늘이나 이쑤시개, 핀셋과 같은 도구를 이용해 그립을 분리하기를 권한다. 넣을 때는 고무 그립을 가늘게 접어서 삽입한 후 펴면 된다. 한편 그립의 고무 돌기를 누르면 부시럭거리는 소리가 나는데, 이는 고무 그립이 꽉 끼워져 있지 않고 배럴과의 사이가 살짝 떠 있기 때문이다.(이는 스매쉬 샤프에서도 마찬가지다.) 오래 사용하면 소리가 줄지만 당장 해결하고 싶은 사용자를 위해 팁을 소개한다. 그립을 분해한 후 드러난 배럴에 배관용 테프론 테이프를 1~2겹 얇게 감은 후 재조립을 하면 잡소리가 없어지거나 훨씬 나아진다. 이 현상이 더욱 심한 스매쉬에는 테프론 테이프 대신 복사지나 포스트잇 정도의 종이를 말아서 끼우면 된다.

이 샤프의 선단을 펜텔에서는 스텝 헤드Step Head라고 부르는데, 계단식 단차가 있어서 선단 때문에 시야가 가려지는 것을 방지한다. 사용 시 시야를 방해하지 않아야 한다는 것은 정밀 작업용으로 사용되는 제도 샤프의 가장 중요한 요구조건 중 하나다.

그래프 1000의 메커니즘은 분해가 안되고 부품 호환도 안되지만 기본적으로 스매쉬와 같다. 선단부가 조립되지 않은 상태에서도 노크가 가능한데, 펜텔의 개발자가 직접 밝히기로는 그런 방식이 1회 노크 시 정확히 0.5mm씩 배출되는 데 더 유리하다고 한다. 즉, 심 배출을 전적으로 메커니즘이 담당하기 때문에 선단 부품의 가공 품질이나 공차에 영향을 받지 않게 된다는 것이다. 이런 식으로 선단부 없이 노크가 되는 모델로는 P205, 스매쉬, PG5, 케리, 오렌즈 등이 있다. 모두 하나같이 정밀하고 균일한 메커니즘으로 평가받는 샤프들이다.

그래프 1000의 노크감은 P205 및 PG5와는 차이가 있지만 스매쉬와는 아주 비슷하다. 다시 말해 노크 시 노브를 누를 때 전달되는 단단한 끊김보다는 메커니즘 내 스프링 효과에 의한 후반동이 더 크게 느껴진다. 즉 클러치 링이 클러치를 벗어나는 저항은 상대적으로 작지만 클러치가 벌어져서 발생하는 주변에의 타격감이 더 큰 것 같다. 노크감 또한 호불호 영역이지만 일반적으로 단단한 끊김과 찰진 후반동이 균형 있게 잘 어울리는 것이 좋다고 평가하는데, 최상위 노크감을 이야기할 때 빠지지 않고 표준처럼 언급되는 모델이 바로 그래프 1000이다.

노브에 부착되어 있는 심경도계는 파손에 취약하니 사용 시 유의해야 한다. 참고로 그래프 1000의 노브는 그래프기어 500, 그래프 600의 노브와 동일하다. 다시 말해 호환 가능하다.

하지만 모든 사람을 만족시키는 샤프란 없다. 관객 1천만 영화에도 평점 1점이 있듯이 이 샤프에 전혀 관심 없는 사람도 많다. 회사 연혁에 등장할 만큼 펜텔의 대표적 모델이고 최고의 인기템인 만큼 수많은 한정판이 나왔지만, 색상만 다양화하는 방식으로 출시한다는 이유로 소위 색깔놀이가 심하다는 비난을 받기도 한다. 경우에 따라서는 극찬 일색인 시장에서 작은 실망감이 크게 증폭되어 나타나기도 했을 것이다. 듀얼 그립이 취향에 안 맞는다는 지적도 많지만 아직까지 이 샤프의 품질까지 부정하는 사람은 보지 못했다.

# 펜텔 그래프기어 1000 PG101x

**4** Bestseller

| | | |
|---|---|---|
| 1 | 출시년도 | 2002년 |
| 2 | 소비자 가격 | 1,000엔 |
| 3 | 심경 | 0.3 / 0.4 / 0.5 / 0.7 / 0.9mm |
| 4 | 생산지 | 일본 |
| 5 | 실측 길이 | 148mm |
| 6 | 실측 무게(심 제외) | 20.4g |
| 7 | 무게 중심(심 1개 포함) | 슬리브 끝에서 79mm |
| 8 | 배럴 재질 | 스테인리스 |
| 9 | 배럴 및 그립부 단면 | 원형 |
| 10 | 그립부 재질 / 길이 | 듀얼 그립(금속 + 고무) / 38mm |
| 11 | 그립부 평균 지름 | 9.5mm |
| 12 | 그립면 | 널링 가공 + 고무 돌기 24개 |
| 13 | 클립 재질 / 길이 | 금속 / 42mm |
| 14 | 클립 시작 위치 | 슬리브 끝에서 96mm |
| 15 | 클립 탄력성(강도) | 조금 약함 (기준: 펜텔 P205) |
| 16 | 심경도계 | 있음 (H / HB / B / 2B) |
| 17 | 지우개 | 있음 |
| 18 | 클리너핀 | 없음 |
| 19 | 선단부 재질 | 금속(알루미늄) |
| 20 | 슬리브(촉) 재질 / 구조 | 금속 / 고정 파이프형 |
| 21 | 슬리브(촉) 길이 | 4.0mm |
| 22 | 슬리브(촉) 내경 | 0.60mm |

| 23 | 선단부 없이 노크 | 불가능 |
| 24 | 노크 강도 | 560g |
| 25 | 노크감 | 적당히 끊기면서도 찰진 느낌 |
| 26 | 노크음 | 중간 |
| 27 | 노크 후 심 당김 수준 | 매우 적은 편 |
| 28 | 메커니즘 분해 수준 | 완전 분해 가능 |
| 29 | 메커니즘 재질 | 전부 금속 |
| 30 | 클러치(척) 내부 표면 | 별도 가공 없이 매끈 |
| 31 | 심 배출량 | 노크 1회당 0.5mm |
| 32 | 심 배출까지의 노크 횟수 | 약 17회 |
| 33 | 유격(심 흔들림 중심) | 약간 있는 편 |
| 34 | 기타 기능 및 참고 | 슬리브 수납 (보호) 기능 |

※ 위 내용은 심경 0.5mm 모델 기준

그래프기어GraphGear 1000을 줄여 '그기천'이라고도
부른다. 우리나라에서는 호불호가 심하게 갈리면서
크게 인기 있는 모델은 아니지만 북미에서는
존재감이 상당하다. 디자인이나 색상 등 태생 자체가
북미를 타겟으로 한 모델이다.
동양권에서는 가벼운 무게의 그래프 1000이
인기가 있는 반면 서양에서는 묵직한 그래프기어
1000이 인기가 있다. 그 이유로, 세필의 필요성이
적은 서양에서는 0.7~0.9mm 심경을 선호하는데
굵은 심경에 너무 가벼운 샤프를 사용하면 흐린

글자가 되므로 무게감 있는 샤프를 좋아한다는 분석을 하기도 한다. 하지만 펜텔 영업 담당자의 설명에 따르면, 북미는 유독 장난감 같은 제품을 선호하는 경향이 있는데 이 점이 그래프기어 1000의 인기와도 무관하지 않다고 한다.

제품명으로만 보면 그래프 1000과 부품이나 구조가 비슷할 것 같지만 전혀 그렇지 않다.(1000은 유사성보다는 가격을 나타낼 뿐이다.) 그래프기어 1000은 그래프 1000과는 물론 일반적인 샤프와도 내부 구조나 형태가 완전히 다르다. 우선 풀full메탈이라 무겁기도 하지만 커다란 바인더형 클립 탓에 무게 중심이 높다. 기능 면에서도 그래프기어 1000 나름의 것이 있다. 슬리브 수납(보호) 기능, 널링 가공한 금속면과 실리콘 돌기로 이루어진 듀얼 그립, 바인더형 클립, 더블 노크 등이 그렇다. 참고로 이와 비슷한 콘셉트(클립으로 슬리브 수납을 조정)의 저렴이 버전으로 펜텔의 트랜지션Tranxition이 있다.

2002년 일본 굿디자인상을 받을 만큼 개성 강한 외관도 눈에 띈다. 또한 스매쉬처럼 선단부와 그립부가 일체형이므로 원천적으로 유격이 최소화되어 있다. 물론 더블 노크(수납식 슬리브)로 인한 유격이 있으나 아주 예민한 사람이 아니면 신경 쓰일 정도는 아니다.

단점으로는, 무거운 데다 꽤 많은 부품이 사용되서 반복적인 충격에 내구성이 약하다는 것이다. 특히 상단이 무겁고 샤프가 길어서 장시간 필기는 힘들고, 오래 사용 시 쇠냄새가 난다는 얘기도 있다. 또한 심경도계 조절이 다른 샤프에 비해서 힘들다는 점도 지적된다.

# 펜텔 그래프기어 500 PG-51x

| | | |
|---|---|---|
| 1 | 출시년도 | 2001년 |
| 2 | 소비자 가격 | 500엔 |
| 3 | 심경 | 0.3 / 0.4 / 0.5 / 0.7 / 0.9mm |
| 4 | 생산지 | 일본 |
| 5 | 실측 길이 | 148mm |
| 6 | 실측 무게(심 제외) | 14.9g |
| 7 | 무게 중심(심 1개 포함) | 슬리브 끝에서 62mm |
| 8 | 배럴 재질 | 플라스틱 |
| 9 | 배럴 및 그립부 단면 | 6각형 배럴, 원형 그립 |
| 10 | 그립부 재질 / 길이 | 금속 / 32mm |
| 11 | 그립부 평균 지름 | 9.5mm |
| 12 | 그립면 | 널링 가공 |
| 13 | 클립 재질 / 길이 | 금속 / 29mm |
| 14 | 클립 시작 위치 | 슬리브 끝에서 95mm |
| 15 | 클립 탄력성(강도) | 보통 (기준: 펜텔 P205) |
| 16 | 심경도계 | 있음 (3H / 2H / H / F / HB / B) |
| 17 | 지우개 | 있음 |
| 18 | 클리너핀 | 없음 |
| 19 | 선단부 재질 | 금속 (그립과 선단 일체형) |
| 20 | 슬리브(촉) 재질 / 구조 | 금속 / 고정 파이프형 |
| 21 | 슬리브(촉) 길이 | 4.0mm |
| 22 | 슬리브(촉) 내경 | 0.60mm |

| 23 | 선단부 없이 노크 | 불가능 |
|---|---|---|
| 24 | 노크 강도 | 740g |
| 25 | 노크감 | 적당히 끊기면서도 찰진 느낌 |
| 26 | 노크음 | 중간 |
| 27 | 노크 후 심 당김 수준 | 매우 적은 편 |
| 28 | 메커니즘 분해 수준 | 분해 불가능 |
| 29 | 메커니즘 재질 | 전부 금속 |
| 30 | 클러치(척) 내부 표면 | 별도 가공 없이 매끈 |
| 31 | 심 배출량 | 노크 1회당 0.5mm |
| 32 | 심 배출까지의 노크 횟수 | 약 17회 |
| 33 | 유격(심 흔들림 중심) | 거의 없는 편 |
| 34 | 기타 기능 및 참고 | - |

※ 위 내용은 심경 0.5mm 모델, 샤프 이미지는 수출용 기준

그래프기어 500은 일본 내수용과 해외 수출용에
따라 노브, 색상 등이 조금씩 다르다. 이 샤프는 흰색
배럴로 무인양품에 OEM으로 공급하고 있기도 하다.
메커니즘과 클립, 노브가 그래프 600과 동일하며,
수출용은 심경도계가 없는 노브가 적용되고 있다.
선단부 디자인은 그래프기어 1000과 같지만 부품은
호환되지 않는다.

## ● 숨겨진 명작으로 불리는 이유
그래프기어 500은 '숨겨진 명작'으로 평가받기도

하는데, 그래프 1000보다 높게 보는 사람도 적지 않다. 그래프 1000과

나란히 놓고 보면 가격이 반값인 그래프기어 500이 오히려 비싸

보이기도 한다. 이 샤프를 숨겨진 명작이라고 하는 이유는 다음과 같다.

- 딱 잡으면 저중심이 잘 느껴짐
- 널링(룰렛) 가공을 해서 그립감이 좋음

  : 그립부는 황동봉을 통짜 절삭 가공

  : 가공의 깊이나 간격, 그립 범위가 적당
- 스매쉬나 그래프기어 1000처럼 선단과 그립이 일체형

  : 필기 시 유격이 거의 없음
- 펜텔의 다른 제도 샤프들과 동등 수준의 메커니즘과 노크감

총평을 하면, 밸런스가 매우 잘 잡힌 제품이라 실사용으로 우수하다.

즉 호불호가 덜 갈릴 만한 제품이다. 많은 장점에도 인지도가 낮은

이유는 애매한 포지션 때문으로 보인다. 널링 그립을 가진 다른 제도

샤프들과 경쟁해야 하는 상황에서 로트링 500이나 스테들러 925 25와

같은, 가격은 더 비싸지만 그만큼 걸출한 제품들이 포진되어 있어 자리

잡기가 쉽지 않은 탓이지 않을까 한다.

# 그외 펜텔의 제도 샤프

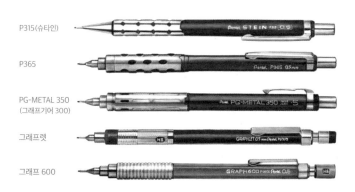

P315(슈타인)

P365

PG-METAL 350
(그래프기어 300)

그래프렛

그래프 600

여기서 소개하는 5개 모델 중에서 P315(슈타인),

P365, PG-METAL 350(그래프기어 300) 세 모델은 모두

P205의 메커니즘을 사용하고 있고 모양이 달라도

선단의 호환이 가능하며, 노브와 지우개도 동일한

제도 샤프이다. 노크감은 오히려 오리지널인 P205를

능가하는 듯하다. 모두 스테인리스 스틸을 그립부에

사용했고, P315와 P365는 클립까지도 동일하다. 세

샤프는 형제들로 봐도 된다. 심지어 가격대도 거의

같다. 단, 심 보관통 색상에서 다른 경우가 있다. 이는 배럴이 반투명이라 심 보관통을 흰색으로 해야 할 필요가 있어서이다.

한편 이 세 모델은 대체로 기본기와 가성비가 매우 우수하고 밸런스도 잘 잡혀 있으나 아쉽게도 인기는 스펙에 미치지 못한다.

### ● 펜텔 P315 (슈타인)

아인 슈타인Ain Stein 샤프심이 출시될 당시 기획 출시된 모델이다. 정가는 330엔인데, 우리나라에서 P205보다 저렴하게 구입할 수 있는 만큼 가성비가 높은 제도 샤프라 할 수 있다.

전체적으로 밸런스가 좋은 편이지만 매끈한 금속에 작은 구멍이 뚫려 있는 소위 펀칭 그립은 다소 미끄럽고 장시간 필기 시 불편할 수 있어서 최대 단점으로 꼽힌다. 표면이 금속일 경우 손에 물기가 있으면 그립감이 더욱 나빠지는데, 이 샤프는 6각형 홈까지 있어서 오래 쥐고 있으면 손에 6각형 자국이 생긴다. 이러한 단점 때문에 큰 인기나 존재감이 없지만 샤프 자체로만 보면 탄탄하게 잘 만들어진 샤프다.

참고로 그립 관련 팁을 소개하자면, 투명한 수축 튜브로 그립부를 씌우면 그립감이 개선되고 펀칭으로 발생한 이질감도 줄어든다.

## ● 펜텔 P365

일본 내에서는 판매하지 않는다. 한국과 대만에선 P365, 북미에선

그래프기어 800이라는 이름으로 10.5달러에 판매 중이다.

앞서 살펴본 슈타인 샤프와 동일한 클립을 사용해 형제 샤프라고 할 수

있는 만큼 P365 또한 저중심임이 바로 느껴진다. 선단의 모양은 그래프

1000과 매우 흡사하지만 호환은 안된다. 또한 그래프기어 1000과

비슷한 모양의 듀얼 그립을 가지고 있는데, 젖은 손으로 쥐면 튀어나온

고무 그립도 별 힘을 못 쓰고 미끄러진다. 결국 P205, 그래프 1000,

그래프기어 1000을 섞어 놓은 듯한 모습의 샤프지만 각각의 장점을

섞진 못한 듯하다. 대중적으로 인기가 낮다고 해서 품질이 낮다는

의미가 아니듯 P365 또한 펜텔의 다른 제도 샤프들처럼 인기와는

별도로 훌륭한 메커니즘과 노크감, 내구성을 갖고 있다.

## ● 펜텔 PG-METAL 350 (그래프기어 300)

2021년 정가 350엔으로 출시된 모델이다. 내수용은 PG-METAL 350,

해외용은 그래프기어 300이란 이름으로 선보였다. 북미에서 먼저

그래프기어 300으로 론칭했는데 인기가 있어서 일본 내수용으로 PG-

METAL 350이 후속 출시된 것이다.

얼핏 보기엔 듀얼 그립의 모습이지만 단지 스테인리스를 가공한

것으로, 그립면에 양각 요철을 만들고 구멍도 뚫은 것이다. 보기보다

그립감이 썩 좋은 편은 아니다. 특히 매끄러운 금속 표면의 특성상 손이

젖으면 매우 미끄럽다. 클립이 의아할 정도로 매우 작다는 점도 눈에

띈다.

## ◗ 펜텔 그래프렛

그래프렛Graphlet의 원형은 무려 1985년에 탄생한 그래프 500이다.

현재는 이름이 바뀌어 그래프렛으로 나오고 있다. 초기엔 0.4mm

심경도 있었으나 단종되어 지금은 0.3, 0.5, 0.7, 0.9mm 모델이

존재한다. 매우 오래된 모델이라 디자인이 레트로하지만 무난한

수준이다.

그래프렛의 차별점으로는 그립을 들 수 있다. 얇은 스테인리스

파이프의 소재로 되어 있고 전조와 절삭을 혼합하여 제작한 널링(룰렛)

그립이라서 상당히 가볍지만 미끄러워서 쥐고 있으면 금속보다는

플라스틱 느낌이 난다. 필자의 개인적 의견이지만, 절삭 가공을 그립의

하부 절반만 하지 말고 전체를 절삭으로 널링 가공을 했더라면 훨씬

좋지 않았을까 싶다.

## ● 펜텔 그래프 600

이름에서 알 수 있듯이 정가 600엔으로 2008년 출시된 제도
샤프이다. 2008년 일본 굿디자인상을 받은 세련된 디자인이고
외형은 그래프기어 500과 유사하다. 실제로 메커니즘, 클립, 노브가
동일하므로 친형제와 같다.

한편 이 샤프는 애뉼러 링 모양으로 널링 가공이 된 그립부를 가지고
있음에도 다소 매끄러워 그립감이 나쁘다는 것이 최대 단점으로
꼽힌다. 그립감이 나쁘다는 것은 손 상태가 안 좋을수록 악화된다는
의미인데, 외형에서 익히 짐작할 수 있듯이 젖은 손에는 취약이다.

그래프 600은 밸런스도 좋고 펜텔의 제도 샤프답게 메커니즘과
기본기도 아주 탄탄하지만 100엔 더 저렴한 그래프기어 500보다
특별히 나은 점이 없어서 시장에서 애매한 포지션에 있다. 품질이 좋고
가격도 나쁘지 않은데 인기가 없는 것이다. 그런 제품을 소수의 애호가
사이에서는 '숨겨진 명작'이라고 부르는데 그래프 600도 여기에
속한다.

# 펜텔 스매쉬 Q100x

| 1 | 출시년도 | 1987~2004년, 2006년(재출시) |
|---|---|---|
| 2 | 소비자 가격 | 1,000엔 |
| 3 | 심경 | 0.3 / 0.5mm (0.7 / 0.9mm는 단종) |
| 4 | 생산지 | 일본 |
| 5 | 실측 길이 | 139mm |
| 6 | 실측 무게(심 제외) | 12.4g |
| 7 | 무게 중심(심 1개 포함) | 슬리브 끝에서 66mm |
| 8 | 배럴 재질 | 황동 |
| 9 | 배럴 및 그립부 단면 | 원형 |
| 10 | 그립부 재질 / 길이 | 듀얼(황동+고무) / 33mm |
| 11 | 그립부 평균 지름 | 9.3mm |
| 12 | 그립면 | 42개의 사각 고무 돌기 |
| 13 | 클립 재질 / 길이 | 금속 / 30mm |
| 14 | 클립 시작 위치 | 슬리브 끝에서 93mm |
| 15 | 클립 탄력성(강도) | 보통 (기준: 펜텔 P205) |
| 16 | 심경도계 | 있음 (4H / 3H / 2H / H / F / HB / B / 2B) |
| 17 | 지우개 | 있음 |
| 18 | 클리너핀 | 없음 |
| 19 | 선단부 재질 | 금속 |
| 20 | 슬리브(촉) 재질 / 구조 | 금속 / 고정 파이프형 |
| 21 | 슬리브(촉) 길이 | 4.0mm |
| 22 | 슬리브(촉) 내경 | 0.60mm |

| 23 | 선단부 없이 노크 | 가능 |
|---|---|---|
| 24 | 노크 강도 | 830g |
| 25 | 노크감 | 적당히 끊기면서도 찰진 느낌 |
| 26 | 노크음 | 중간 |
| 27 | 노크 후 심 당김 수준 | 매우 적은 편 |
| 28 | 메커니즘 분해 수준 | 분해 불가능 |
| 29 | 메커니즘 재질 | 전부 금속 |
| 30 | 클러치(척) 내부 표면 | 별도 가공 없이 매끈 |
| 31 | 심 배출량 | 노크 1회당 0.5mm |
| 32 | 심 배출까지의 노크 횟수 | 약 17회 |
| 33 | 유격(심 흔들림 중심) | 거의 없음 |
| 34 | 기타 기능 및 참고 | 펌프(또는 자바라) 노브 |

※ 위 내용은 심경 0.5mm 모델 기준

## ● 필기에 최적합한 샤프의 조건

펜텔의 3대 명기 중 그래프 1000과 메카니카는 제도용 샤프인 반면 스매쉬는 필기용 샤프이다. 우리나라 필기구 커뮤니티에서 실사용 샤프를 추천할 때마다 그래프 1000, 오렌즈 네로와 함께 항상 최상위에 자리하는 샤프로, 샤프를 좋아한다면 반드시 소장해야 할 아이템이다. 성향으로 보면 남자가 더 선호할 만한 제품이다.

그래프 1000을 베테랑 디자이너가 개발했다면, 스매쉬는 입사한 지 몇 년 안된 20대 신참 디자이너 마츠자키松崎가 개발·기획한 것이라고 한다. 개발 전 진행했던 수많은 설문 조사와 토론 결과를 토대로 '샤프 펜슬이나 연필로 글을 쓰는 일에 적극적인 학생과 직장인을 위한 견고하고 신뢰할 수 있는 샤프 펜슬'이라는 제품 콘셉트를 도출했다고 한다. 그래서 개발자가 생각한 최초의 이름도 'Smash'가 아니라 'Writing'이었다.

스매쉬가 필기용 샤프임은 모델명이 P(제도용)가 아닌 Q로 시작한다는 점에서도 알 수 있다. 하지만 필기용이면서도 제도용 샤프의 상징과도 같은 4mm 슬리브를 적용한 데다 심경도계까지 있어서 어찌보면 필기용과 제도용의 특징을 함께 갖고 있다고 볼 수 있다. 제도 샤프도 아닌데 심경도계까지 넣으려던 것 때문에 개발 과정에서 펜텔 사장을 직접 설득했다는 일화가 있다. 아마 당시 최고였던 그래프 1000의 아성을 넘어보고 싶어던 젊은 신입 특유의 도전 정신과 승부욕이 크게 작용했던 것 같다. 결과는 대성공이었다. 펜텔 홈페이지의 회사 연혁에 오를 정도가 되었으니 펜텔 샤프 역사에 큰 성취임은 분명하다.

스매쉬는 원래 0.3, 0.5, 0.7, 0.9mm까지 있었으나 현재 0.3mm, 0.5mm만 생산 중이다. 이 샤프도 인기에 걸맞게 수많은 한정판이 발매되고 있다. 기본은 검은색 단일색이지만 한정판은 수없이 많은 색상으로 출시되었다.

그런데 스매쉬가 한결같이 인기가 있었던 것은 아니다. 판매가 정체되어 단종까지 갔다가 재판매, 그후 또 부진을 겪는 우여곡절의 시간도 있었다. 사그라들던 스매쉬가 극적인 부활을 할 수 있었던 데는 온라인의 힘이 컸다. 일본 아마존에서 2013년 필기구 부문에서 랭킹 1위를 한 것이다.(샤프 부문이 아니라 필기구 전체 부문임에 주목하라.)

회사가 무엇을 해서가 아니라 사용자의 입소문으로 일약 스타가 되는 상황을 보며 당시 펜텔의 마케팅 담당자는 어떤 영업적인 노력 없이도 베스트셀러가 될 수 있다는 사실에 마케터로서의 좌절감, 당혹감은 물론 만감이 교차했다고 한다.

## ◑ 특유의 고무 주름 스프링 노브는 어떻게 탄생했나

1987년 출시한 해 스매쉬는 개성 강한 멋진 디자인으로 일본의 굿디자인 어워드에서 금상을 받았다. 특히 노브에 있는 자바라じゃ-ばら: 사진기 등의 주름 상자를 뜻하는 일본어 모양의 고무 주름 스프링은 이 샤프의 디자인 특징이자 상징인데, 이는 오토바이 바퀴의 쇼크 업소버에서 영감을 받아 디자인했다고 한다. 한편 비슷한 디자인으로, 라미 사파리 볼펜과 스테들러 트리플러스 마이크로Triplus Micro 샤프 등이 있다.

스매쉬는 독특하고 개성 강한 듀얼 그립 때문에 호불호가 갈리지만 맞는 사람에게는 극상의 만족도를 안겨준다. 불호인 경우, 42개의 사각형 고무 돌기로 인해 초기 그립감은 좋지만 장시간 필기 시 손에

▶ 스테들러 트리플러스 마이크로

국부적인 통증을 유발한다는 이유가 크다.

선단부와 그립부가 일체형이라 구조적으로 유격이 최소라는 것 또한 이 샤프가 가진 큰 장점이다.

거기다가 그래프 1000과 동일한 메커니즘이라 최고 수준의 내구성과 기구적 성능이 보장된다. 당연히 노크감도 그래프 1000과 비슷하다. 클립도 그래프 1000과 모양은 비슷하지만 크기는 더 크다. 오렌즈 네로와 동일한 클립이다.

전체적으로 밸런스가 좋지만 단점을 꼽자면, 사용하다 보면 무광의 배럴이 유광화된다는 점과 필기 시 클립이 걸리적거린다는 점이다.

한편 그래프 1000과 마찬가지로 듀얼 그립을 분해할 수 있으나 찢어지지 않도록 조심해야 한다. 분해해 보면 돌기가 있는 고무 튜브의 형태임을 알 수 있으며, 다시 넣을 때는 가늘게 접어서 삽입한 후 펴주면 된다. 그립의 고무 돌기를 누르면 역시 부시럭거리는 소리가 나는데 소리 정도가 그래프 1000보다 더 심하다. 마찬가지로 이는 고무 그립이 딱 맞게 끼워진 것이 아니라 배럴과의 사이가 약간 떠 있기 때문이다. 따라서 해결 방법도 그래프 1000과 같다.

# 펜텔 케리 P103x

| | | |
|---|---|---|
| 1 | 출시년도 | 1971년 |
| 2 | 소비자 가격 | 1,500엔 |
| 3 | 심경 | 0.5 / 0.7mm |
| 4 | 생산지 | 일본 |
| 5 | 실측 길이 | 132mm (후단에 캡 씌운 필기 모드)<br>105mm (후단에 캡 안 씌운 필기 모드)<br>124mm (휴대 시) |
| 6 | 실측 무게(심 제외) | 21.3g |
| 7 | 무게 중심(심 1개 포함) | 슬리브 끝에서 63mm (후단에 캡 씌웠을 때) |
| 8 | 배럴 재질 | 플라스틱 (캡은 알루미늄) |
| 9 | 배럴 및 그립부 단면 | 원형 |
| 10 | 그립부 재질 / 길이 | 플라스틱 / 24mm |
| 11 | 그립부 평균 지름 | 9.6mm |
| 12 | 그립면 | 무늬나 요철 없이 매끈 |
| 13 | 클립 재질 / 길이 | 금속 / 42mm |
| 14 | 클립 시작 위치 | 슬리브 끝에서 78mm |
| 15 | 클립 탄력성(강도) | 강한 편 (기준: 펜텔 P205) |
| 16 | 심경도계 | 없음 |
| 17 | 지우개 | 있음 |
| 18 | 클리너핀 | 없음 |
| 19 | 선단부 재질 | 금속 |
| 20 | 슬리브(촉) 재질 / 구조 | 금속 / 고정 파이프형 |
| 21 | 슬리브(촉) 길이 | 2.0mm |

| 22 | 슬리브(촉) 내경 | 0.60mm |
| --- | --- | --- |
| 23 | 선단부 없이 노크 | 가능 |
| 24 | 노크 강도 | 520g |
| 25 | 노크감 | 적당히 끊기면서도 찰진 느낌 |
| 26 | 노크음 | 중간 |
| 27 | 노크 후 심 당김 수준 | 매우 적은 편 |
| 28 | 메커니즘 분해 수준 | 완전 분해 가능 |
| 29 | 메커니즘 재질 | 전부 금속 |
| 30 | 클러치(척) 내부 표면 | 별도 가공 없이 매끈 |
| 31 | 심 배출량 | 노크 1회당 0.5mm |
| 32 | 심 배출까지의 노크 횟수 | 약 15회 |
| 33 | 유격(심 흔들림 중심) | 거의 없는 편 |
| 34 | 기타 기능 및 참고 | 70mm의 긴 샤프심은 저장 못함 |

※ 위 내용은 심경 0.5mm 모델 기준

케리Kerry 샤프는 출시된 지 반세기가 넘은 최장수 샤프 중 하나이다. 아예 배럴에 'Since 1971'이라고 자랑스럽게 표기해 놓았다. 아직도 매달 1만 자루 정도가 판매된다고 한다. 펜텔 역사의 자랑스러운 샤프임은 당연하고, 필자 개인적으로도 샤프 펜슬의 걸작이라고 생각한다. 비유적으로 말해 PG5가 샤프계의 할아버지라면 케리는 할머니이다.

펜텔에서는 이 샤프를 만년실Mannenncil, 万年CIL 이라고 부른다. 만년필과 펜슬을 합성한 이 용어에서 제품 콘셉트가 그대로 드러난다. 즉 만년필에 촉 보호와 잉크 마름 방지를 위해 캡(뚜껑)이 있는 것처럼 케리 샤프에도 캡을 도입했다는 것을 의미한다. 케리는 후단에 캡을 씌우건 안 씌우건 노크를 할 수 있도록 매우 정교하게 설계되었다. 캡을 선단에 씌우면 샤프 길이가 짧아지기 때문에 포켓이나 다이어리에 끼워서 휴대하기 좋다. 이와 비슷한 만년필형 샤프가 미쓰비시 유니에도 있다. 바로 오크나무로 만든 프리미엄 모델인 퓨어몰트Pure Malt M5-5015가 그것이다.

## ● 케리는 검은 소?

케리 샤프가 롱셀러가 될 수 있었던 가장 큰 이유는 여러 기능적인 면보다도 시대를 관통하는 아름다운 디자인 때문일 것이다. 사실 만년필은 외견상으로도 멋을 풍기는 특별한 소지품인데 케리는 그 점까지 닮았다. 디자인 관점에서 보면 감성 충만한 여성성을 띠는데, 실물로 보면 생각한 것보다 훨씬 아름답고 우아하다. 살짝 빈티지하고 어딘가 어른스러움을 풍기는 케리는, 디자이너가 아일랜드 남부의 케리 카운티에 있는 케리라는 검은 소에서 영감을 받아 디자인했다고 한다. 그래서 샤프의 이름도 케리가 됐고, 최초 모델의 색상도 검은색으로 출시되었다.(참고로 초기엔 배럴에 'Kerry' 대신 'Pentel 5'라고 프린팅되어 있었다.) 어찌됐건 케리는 디자인 측면에서 최상위급임은 분명하다.

케리의 구조는 일반 샤프에 비해 복잡해서 분해하면 10개 이상의

유닛이 나온다. 그러나 하나하나 세분화하면 실제로
쓰인 부품은 20개가 넘는다. 메커니즘은 P205와 같다.
비록 심 보관통이 달라서 그대로 부품 호환이 되는 것은
아니지만 P205와 마찬가지로 내구성과 노크감이 좋다.
또한 유격이 거의 없어서 필기할 때 흔들림이 없다.
광택이 나는 중결링이 3개(스테인리스 1개, 알루미늄
2개)나 되는 것도 눈에 띈다. 특히 중앙의 스테인리스
중결링은 격자 모양의 광택과 반사광이 아름다워서
디자인의 핵심이 되고 있다. 2개의 알루미늄 중결링은
오래 사용 시 캡을 여닫을 때 닿는 부분이 마모되기도
한다.

그립부는 그냥 매끄러운 플라스틱이라서 오랜 시간
필기할 때는 적합하지 않을 수 있지만 휴대용 및
비즈니스 목적으로는 아주 좋다. 다만 길이가 짧아
우리나라에서 많이 판매되는 70mm 길이의 샤프심은
심 보관통에 온전히 들어가지 않음을 유의해야 한다.
한편 이 샤프 또한 오랜 역사와 꾸준한 인기에 걸맞게
수많은 한정판이 존재한다. 펜텔이 한정판 및 기념판
출시 전략을 구사할 동안 경쟁사들은 팬시 문구
디자인으로 여성 사용자의 마음을 사로잡고자 애쓰고
있다.

# 9 펜텔 오렌즈 시리즈 개요

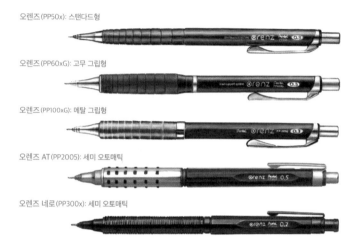

오렌즈(PP50x): 스탠다드형

오렌즈(PP60xG): 고무 그립형

오렌즈(PP100xG): 메탈 그립형

오렌즈 AT(PP2005): 세미 오토매틱

오렌즈 네로(PP300x): 세미 오토매틱

오렌즈Orenz 시리즈는 샤프 업체 간 특수 기능 경쟁이 치열하던 시기에
탄생했다. 2008년 미쓰비시 유니는 심의 편마모를 획기적으로 개선한
쿠루토가를 출시하면서 경쟁의 신호탄을 쏘아올렸다. 쿠루토가의
폭발적인 인기에 뒤늦게나마 대항마들이 등장하기 시작했다. 제브라는
2014년 독창적인 심 보호 기능을 적용한 델가드를 출시했고, 톰보
역시 2014년 일본의 국민 지우개인 모노를 탑재한 모노그래프를
선보였다. 펜텔 또한 2014년 오렌즈 시리즈를 앞세우고 경쟁에

뛰어들었다. 슬라이딩 슬리브를 장착함으로써 극세경심이 쉽게 부러지지 않으면서 한 번의 노크만으로 장시간 필기가 가능한 샤프, 그것이 바로 오렌즈 시리즈이다. 오렌즈가 대단한 것은 아예 없던 방식을 개발했기 때문이 아니다. 기존의 샤프에서 찾아낸 보완점을 펜텔의 생산 기술로 해결하여 이전에 생각지도 못했던 품질 수준을 만들어낸 것이기에 찬사를 받는 것이다. 오렌즈 시리즈가 출현하지 않았다면 기존의 슬라이딩 슬리브 방식에서 벗어나지 못했을 것이다. 최초의 오렌즈는 0.2mm로 출시되었다. 이후 0.3, 0.5, 0.7mm가 순차적으로 나왔다. 굵은 심경은 원래 잘 부러지지 않으므로 오렌즈 샤프의 장점이 잘 드러나는 가는 심경이 역시 인기가 많다. 오렌즈가 출시됐던 당시의 인기는 가히 역대급이었다. 품절 사태는 물론이고 출시 1년 만에 100만 자루가 넘는 판매고를 기록했다.

● 슬리브 끝단의 혁명

오렌즈의 제품 콘셉트는 '슬라이딩 슬리브를 이용해서 심을 보호하고 노크를 덜 해도 되는 샤프'이다. 또한 일반 샤프처럼 심이 슬리브 밖으로 0.5~1mm 가량 튀어나와야만 필기가 가능하다는 상식을 뛰어 넘어 슬리브 끝에 심이 나오지 않은 채로도 필기가 가능하게 하는 것이다. 방법은 이렇다. 필기 시 심이 돌출되지 않아 슬리브 끝단이 종이면에 닿으면, 슬리브가 선단부로 밀려 들어가게 하고 슬리브 안에 들어 있던 잔심이 드러나면서 추가 노크 없이 필기를 이어갈 수 있도록 하는 것이다.

오렌즈 방식대로라면 심이 돌출되지도 않을 뿐더러 슬리브가 심 전체를 감싸서 지지하므로 잘 부러지지도 않는다. 따라서 0.2, 0.3mm 같이 심이 자주 부러지는 극세심경 샤프의 경우 획기적인 사용성 개선이 가능하고, 극세심경인 만큼 마모 속도에 따라 빈번했던 노크 횟수도 확 줄일 수 있어 사용자 편의성도 높아진다. 그런데 이런 아이디어는 새로운 것이 아니었다. 슬라이딩 슬리브를 장착한 일반 샤프가 이미 잠재적으로 가지고 있던 기능이었다. 또 발전된 형태로 푸시매틱 또는 슬리브 노크(이미 단종된 로트링 400 오토매틱이나 펜텔 테크노매틱, 펜텔 QX 모델처럼 샤프심을 종이면에 눌러서 노크하는 방식) 제품도 이미 있었다. 하지만 기존의 샤프들은 이 기능을 오렌즈처럼 사용할 수 있으리라고는 생각지 못했다. 그래서 슬리브 끝단을 날카롭고 슬라이딩 시 저항이 큰 상태 그대로 둔 것이다. 펜텔은 슬리브 끝단을 둥글고 부드럽게 가공함으로써 슬리브 끝단이 종이면을 긁으면서 발생하는 불편과 거슬리는 느낌을 감소시켰다. 또한 심을 잡아주는 보유척의 조임을 최소화해서 심이 슬리브 내부를 최대한 부드럽게 통과할 수 있도록 했다. 그렇다고 이

오렌즈의 슬리브 끝단이 밀려 들어가는 과정

과정에서 슬리브의 슬라이딩 마찰력까지 극단적으로 감소시켜서 노크를 해도 심 방출이 제대로 되지 않고 들락날락하게 해서는 곤란했다.

## ● 중력은 내 친구

보유척의 저항은 최소한으로 줄이되 슬리브의 슬라이딩 저항은 보유척의 저항보다 살짝 크게 해서 노크에서 손을 떼도 심이 도로 들어가지 않는 정도가 되어야 한다. 만약 기존의 슬라이딩 슬리브 샤프들처럼 슬라이딩을 뻑뻑하게 만들면 심이 종이면에 심하게 긁힌다. 오렌즈는 이렇게 매우 미묘한 저항 수준을 공차로 관리하는 대신 슬리브의 무게를 이용해 원활한 동작이 이뤄지도록 했다. 즉 슬리브 자체는 슬라이딩 시 거의 마찰이 없을 정도로 두는 대신 다소 무겁게 만들어서 노크 후 당겨지지 않도록 했다. 슬리브를 분해해 보면 황동으로 된 부분이 있어서 무게감을 느낄 수 있다. 그런데 이는 샤프가 수직으로 서 있어야만 설계 의도대로 동작하는 것이어서 만약 샤프를 거꾸로 잡고서 노크를 하면 심이 방출되지 않고 오히려 쑥 들어간다. 실생활에서 거꾸로 잡고 노크를 하는 경우는 거의 없지만 비스듬하게 잡고 노크를 하는 경우는 흔한데, 이때 오렌즈 샤프의 심 방출이 원활하지 않음을 발견하게 된다.(참고로 이런 현상은 세미 오토매틱 메커니즘을 적용한 오렌즈 AT와 오렌즈 네로에선 발생하지 않는다.)

정리하면, 오렌즈 샤프의 핵심은 움직이는 부품들의 정밀 가공과 공차 최소화에 있다. 그리고 펜텔은 자체 기술력으로 이를 현실 세계에서

구현해냈다. 비록 슬리브 가공에 드는 시간이 다른 일반 샤프에 비해
10배나 많이 든다고 해도 말이다. 완전히 새로운 아이디어는 아니지만
차별점을 찾아내 혁신 제품으로 개발한 펜텔은 이러한 슬라이딩
슬리브 구조를 오렌즈 시스템이라고 부른다. 더군다나 오렌즈 등장
이전에는 슬라이딩 슬리브가 0.5mm 샤프에선 흔했지만 0.3mm
이하의 심경 샤프에서는 드물었다는 사실을 고려하면, 극세심경
샤프의 경우 오렌즈 고유의 장점이 더 도드라진다.
현재 판매되는 0.2mm 심경의 샤프로는 오렌즈가 유일하다.

### ◖◗ 오렌즈엔 디테일이 있다

오렌즈는 선단부 디자인에도 각별히 신경을 썼다. 케리의 선단을
닮았으면서도 더 날씬하고 오목하게 곡면을 형성해서 깨알 같이
정밀한 필기를 할 때 선단이 시야를 방해하지 않도록 했다. 이는
일반적인 제도 샤프가 갖는 대표적인 특징인데, 제도용처럼 보이지
않기 위해 다소 감각적인 형태로 디자인되었다. 한편 슬리브 길이는
제도용보다 약간 짧아서 0.2mm와 0.3mm 모델은 3.0mm이고 0.5mm
모델은 3.5mm이다.
그립은 애뉼러 링 형태를 띤다. 그 간격이 아래쪽으로 갈수록
촘촘해지는 것은 정밀한 필기를 할 때 집중력을 높여주기 위해서라고
한다. 이 애뉼러 링은 선단부에도 형성되어 있다.
오렌즈 시스템에도 단점은 있다. 슬리브가 종이면과 닿으면서 필압이

분산됨에 따라 일반 샤프보다는 글자가 흐리게 써진다. 물론 오래

사용하면 길이 들어서 나아지기는 하지만 시간이 걸린다. 그래서

흐리고 사각거리는 심보다는 진하고 부드러운 심과의 궁합이 좋다.

결국 0.3mm 이하의 심경에서 심경도 B 이상의 진한 심을 오렌즈

샤프에 사용하는 것이 최고의 선택 중 하나라고 할 수 있다. 물론

오렌즈 샤프도 일반 샤프처럼 심을 슬리브에서 0.5~1mm 정도

튀어나오게 한 후 사용해도 아무 문제가 없다. 그러나 심이 가늘거나

무른 경우 쉽게 부러질 수 있기 때문에 펜텔에서는 심이 나오지 않은

상태로 필기할 것을 권하고 있다. 이 외에도 오렌즈의 단점 중에는,

펼쳐진 책의 안쪽과 같은 곡면에는 필기하기 어렵다는 점이 있다.

종이면과 이루는 필기 각도가 뉘어져서 더 심하게 종이를 긁기

때문이다. 그 밖에도 슬라이딩 슬리브라서 유격이 있을 수밖에 없다는

점도 지적되지만, 너무 예민하지 않다면 크게 거슬리지 않을 정도다.

오렌즈 시스템을 견제하는 샤프가 있는데 바로 미쓰비시 유니의

쿠루토가 어드밴스 시리즈다. 오렌즈와 같이 부드러운 끝단의

슬라이딩 슬리브를 적용하면서 오렌즈의 기능을 흡수한 제품이다.(이

샤프 역시 거꾸로 잡고 노크를 하면 심 배출이 되지 않고 쏙 들어간다.) 여기에

심 회전까지 되어 편마모가 없다는 점을 고려하면 기능적으로는

오렌즈보다 우월하다고 할 수 있다. 게다가 세미 오토매틱 기능을

탑재한 쿠루토가 다이브라는 플래그십 모델도 출시되어 기능 샤프의

경쟁은 한층 치열해졌다.

# 펜텔 오렌즈 PP50x

| | | |
|---|---|---|
| 1 | 출시년도 | 2014년 |
| 2 | 소비자 가격 | 500엔 |
| 3 | 심경 | 0.2 / 0.3 / 0.5 / 0.7mm |
| 4 | 생산지 | 일본 |
| 5 | 실측 길이 | 147mm |
| 6 | 실측 무게(심 제외) | 10.48g |
| 7 | 무게 중심(심 1개포함) | 슬리브 끝에서 67mm |
| 8 | 배럴 재질 | 플라스틱 |
| 9 | 배럴 및 그립부 단면 | 원형 |
| 10 | 그립부 재질 / 길이 | 플라스틱 / 43mm |
| 11 | 그립부 평균 지름 | 8.7mm |
| 12 | 그립면 | 애뉼러 링 가공(11줄의 얕은 홈) |
| 13 | 클립 재질 / 길이 | 금속 / 38mm |
| 14 | 클립 시작 위치 | 슬리브 끝에서 96mm |
| 15 | 클립 탄력성(강도) | 보통 (기준: 펜텔 P205) |
| 16 | 심경도계 | 없음 |
| 17 | 지우개 | 있음 |
| 18 | 클리너핀 | 없음 |
| 19 | 선단부 재질 | 금속 |
| 20 | 슬리브(촉) 재질 / 구조 | 금속 / 슬라이딩 파이프(수납 기능) |
| 21 | 슬리브(촉) 길이 | 3.0mm |
| 22 | 슬리브(촉) 내경 | 0.42mm |

| 23 | 선단부 없이 노크 | 가능 |
| --- | --- | --- |
| 24 | 노크 강도 | 490g |
| 25 | 노크감 | 적당히 끊기면서도 찰진 느낌 |
| 26 | 노크음 | 중간 |
| 27 | 노크 후 심 당김 수준 | 전혀 없음 |
| 28 | 메커니즘 분해 수준 | 완전 분해 가능 |
| 29 | 메커니즘 재질 | 전부 금속 |
| 30 | 클러치(척) 내부 표면 | 별도 가공 없이 매끈 |
| 31 | 심 배출량 | 노크 1회당 0.45mm |
| 32 | 심 배출까지의 노크 횟수 | 약 15회 |
| 33 | 유격(심 흔들림 중심) | 적은 편 |
| 34 | 기타 기능 및 참고 | 슬라이딩 슬리브 |

※ 위 내용은 심경 0.3mm 모델 기준

오렌즈 시리즈는 가격대에 따라서 몇 개의 모델로
나눠진다. 모델에 따라서는 그립의 재질을
달리하거나 세미 오토매틱과 같은 고급 기능을
탑재하기도 한다. 그 중에서 PP50x는 최초의
모델이자 보급형으로 최적인 스탠다드형 모델이다.
모던한 디자인으로 2014년 일본 굿디자인상을
수상했으며, 최초의 기본 색상은 컬러 인쇄의
기본색인 CMYKCyan, Magenta, Yellow, Key
Plate(Black)에서 영감을 받아서 하늘색, 자홍색,
노란색, 검정색, 흰색의 다섯 가지였는데 이후 여러

색이 추가되었다.

오렌즈 스탠다드형은 오렌즈 시리즈의 입문 모델로 구매하는 경우가 많다. 훨씬 고가의 오렌즈 네로를 구입하기 전 오렌즈를 경험하는 차원에서 선택하는 제품이다. 이보다 상위 모델의 경우 플라스틱 그립이 아닌 러버rubber 그립 또는 메탈(널링 가공) 그립이고, 오렌즈 네로와 오렌즈 AT처럼 세미 오토매틱 기능이 탑재되어 있다. 이 중에서 세미 오토매틱 기능이 있는 모델을 제외한 3개 모델(스탠다드형 모델, 러버 그립을 적용한 모델, 메탈 그립을 적용한 모델)은 구성이 유사하므로 메커니즘과 클립, 노브 등의 부품이 호환된다. 선단부 역시 서로 교환해도 조립과 작동은 되지만 디자인이 미세하게 달라서 엄격하게 말하면 100퍼센트 같지는 않다. 또한 이들 3개 모델의 내부 메커니즘은 P20x와 동일하다.(단 0.2mm 심경은 제외한다.)

오렌즈 시스템에 만족도가 높은 사람은 상위 모델인 오렌즈 네로나 오렌즈 AT를 훨씬 많이 사용한다. 그러나 가벼운 무게와 높은 가성비를 장점으로 내세운 스탠다드형을 비롯한 하위 모델 또한 꾸준히 사랑받고 있다. 특히 0.2mm 심경의 경우 PG2의 단종 이후 현재 생산 중인 샤프는 오렌즈 시리즈가 유일하므로 선택의 여지가 없다. 가는 심경의 샤프는 로마자 기반의 서양에서는 인기가 덜 하지만 한자 문화권이나 기호와 수식, 첨자처럼 작게 써야 하는 영역(예: 수학 풀이)에서는 호응이 높다.

# 펜텔 오렌즈 네로 PP300x

| | | |
|---|---|---|
| 1 | 출시년도 | 2017년 |
| 2 | 소비자 가격 | 3,000엔 |
| 3 | 심경 | 0.2 / 0.3 / 0.5mm |
| 4 | 생산지 | 일본 |
| 5 | 실측 길이 | 147mm |
| 6 | 실측 무게(심 제외) | 17.0g |
| 7 | 무게 중심(심 1개 포함) | 슬리브 끝에서 63mm |
| 8 | 배럴 재질 | ABS |
| 9 | 배럴 및 그립부 단면 | 12각형 |
| 10 | 그립부 재질 / 길이 | ABS와 금속 분말 합성 / 30mm |
| 11 | 그립부 평균 지름 | 9.4mm |
| 12 | 그립면 | 애뉼러 링 가공 (44줄의 홈) |
| 13 | 클립 재질 / 길이 | 금속 / 30mm |
| 14 | 클립 시작 위치 | 슬리브 끝에서 105mm |
| 15 | 클립 탄력성(강도) | 보통 (기준: 펜텔 P205) |
| 16 | 심경도계 | 없음 |
| 17 | 지우개 | 있음 |
| 18 | 클리너핀 | 없음 |
| 19 | 선단부 재질 | 금속 |
| 20 | 슬리브(촉) 재질 / 구조 | 금속 / 슬라이딩 파이프 (수납 기능) |
| 21 | 슬리브(촉) 길이 | 3.0mm |
| 22 | 슬리브(촉) 내경 | 0.42mm |

| 23 | 선단부 없이 노크 | 불가능 |
|---|---|---|
| 24 | 노크 강도 | 770g |
| 25 | 노크감 | 무뚝뚝한 끊김, 후반동은 없음 |
| 26 | 노크음 | 조용한 편 |
| 27 | 노크 후 심 당김 수준 | 전혀 없음 |
| 28 | 메커니즘 분해 수준 | 분해 불가능 |
| 29 | 메커니즘 재질 | 전부 금속 |
| 30 | 클러치(척) 내부 표면 | 별도 가공 없이 매끈 |
| 31 | 심 배출량 | 노크 1회당 0.5mm |
| 32 | 심 배출까지의 노크 횟수 | 약 16회 |
| 33 | 유격(심 흔들림 중심) | 살짝 있는 편 |
| 34 | 기타 기능 및 참고 | 세미 오토매틱, 심 쿠셔닝 |

※ 위 내용은 심경 0.3mm 모델 기준

오렌즈 네로는 펜텔의 다양한 샤프 기술이 집약된 플래그십 모델로, 출시 이후 최고의 인기를 구가 중이다. 샤프에 관심 있는 사람이라면 명성에 대한 호기심 때문이라도 구입하게 되는 머스트해브 아이템이다. 2017년 일본 굿디자인상을 수상할 정도로 최고 수준의 디자인으로 평가받고 있으며, 매우 남성적이고 기계적인 이미지라 필기구가 아닌 정밀 기계공구를 연상케 한다.

제품명 Nero는 이탈리아어로 검정이란 뜻인데, 재미있게도 로마자 orenznero오렌즈 네로는 거꾸로 써도 orenznero오렌즈 네로가 된다. 이름 자체가 블랙이니만큼 색상 역시 무광 블랙이고, 슬리브 외엔 올블랙이다. 이름 때문인지 다른 인기 모델처럼 색상을 다양하게 입힌

한정판은 출시하지 않는다.(블랙의 범위를 크게 벗어지지 않는 선—진남색인

블루블랙, 그레이색인 건메탈 등—에서 출시한 한정판은 있다.) 또한 가격대에

걸맞게 번들로는 판매하지 않고 보증서가 들어 있는 별도의 포장

케이스에 담겨 판매된다.


## ◑  새로운 명기의 탄생

출시 초기 오렌즈 네로는 폭발적인 인기를 끌었다. 수요를 따라가지

못해 일본 현지에서는 품절 사태가 빚어졌고, 심지어 웃돈까지 얹어서

거래될 정도였다.(슬리브 끝단의 부드러운 곡면 가공이 수작업인 점도 생산

지연의 한 원인이었다.) 이후 0.5mm가 출시되면서 생산이 안정되었고

불균일했던 품질 문제도 개선되었다.

보통 시중에서 구하기 힘들게 되면 인기와 평가에 거품이 생기기

마련인데, 오렌즈 네로는 관상용, 수집용으로 남지 않고 실제 필기에

널리 사용되면서 성능을 인정받았고 그 결과 수많은 사람의 인생

샤프가 되었다.(물론 취향에 전혀 맞지 않는다는 사람도 아주 많다.)

우리나라 필기구 커뮤니티에서 일반적으로 가장 많이 추천되는 베스트

3 샤프를 꼽으라면 펜텔에 국한하지 않더라도 그래프 1000, 스매쉬,

오렌즈 네로 정도를 들 수 있다. 만약 필자에게 펜텔의 3대 명기(그래프

1000, 스매쉬, 메카니카)를 현행 샤프 중에서 선정하라고 한다면, 단종된

메카니카 자리에 오렌즈 네로를 앉힐 것이다.

세미 오토매틱 기능
이 있는 파버카스텔
의 폴리매틱

## ◐ 지금까지 이런 세미 오토매틱은 없었다

네로가 오렌즈 시리즈의 다른 샤프와 비교했을 때
크게 다른 점은 무엇일까? 바로 세미 오토매틱이
된다는 점이다. 다시 말해 심을 넣고 노크를 통해
일단 심을 장착시키고 나면 그 심을 전부 사용할
때까지 추가 노크 없이 심이 슬리브의 끝단에 항상
걸쳐 있게끔 자동으로 배출된다는 사실이다.(슬리브에
스프링이 내장되어 있어서 슬리브가 다시 튀어 나올 시 볼 클러치
등의 기구에 의해 줄어든 심의 길이만큼 심을 물고 나온다.)
세미 오토매틱 자체는 최고급, 첨단 기능은 아니다.
1천 원대의 저렴한 샤프에도 이미 오래 전부터
적용되어 있었다. 원리나 설계도 어느 것이나
대동소이하다. 세미 오토매틱이 적용된 대표적
모델로는 파버카스텔의 폴리매틱 샤프가 있지만
인기나 평가 면에서 좋은 점수를 받고 있지는 않다.
그렇다면 오렌즈 네로의 세미 오토매틱은 무엇이
다를까? 결국 정교한 설계 및 제조 기술로 품질을
한 단계 끌어올린 것에 있다. 그것도 기존 제품과는
비교할 수 없는 수준으로 말이다.

## ◐ 많은 부품만큼 할 말도 많은 샤프

오렌즈 네로는 세미 오토매틱 기능을 탑재한 만큼 다른 하위 오렌즈 시리즈와는 메커니즘 자체가 완전히 다르다. 부품 수도 펜텔 샤프 중에서 가장 많다. 다른 펜텔 샤프가 10개 정도의 부품을 사용한다면 오렌즈 네로는 28개(업체측 설명 기준)이다. 그러다 보니 내구성이 약할 수밖에 없어 잔고장이 많고 외부 충격에 취약해 고장 나면 고치기 어려운 경우가 종종 있다. 게다가 촉에 샤프심이 끼거나 샤프심 분말이 내부 메커니즘에 쌓이면서 문제를 일으키기도 해서 정기적으로 분해하여 청소해 주는 것이 좋다.

오렌즈 네로의 배럴 소재는 ABS이고, 그립부는 금속 분말과 나일론을 합성한 재질이다. 겉보기는 배럴과 그립부가 일체화되어 있어서 동일한 것처럼 보이지만, 자석을 갖대 대면 배럴부는 달라붙지 않고 그립부만 달라붙는다. 수지와 금속의 복합 소재를 사용함으로써 흔들림 없는 정밀한 메커니즘에 필요한 강건한 구조를 확보하면서도 경량화와 저중심화를 동시에 이뤘다고 할 수 있다.

플라스틱 배럴이라고 해도 일반 샤프보다는 확연히 무게감이 있으므로 가벼운 샤프를 좋아하는 사용자에게는 맞지 않을 수 있다. 그런 사람은 오렌즈 네로의 보급형(실제 가격 차이는 별로 안 난다.) 모델인 오렌즈 AT가 더 맞을지 모른다.

그립은 12각의 애뉼러 링 그립으로, 샤프 길이의 절반을 차지하므로 샤프를 쥐는(파지) 습관이 어떻든 잘 대응된다. 그립의 홈은 약간 깊어서 때가 쉽게 끼지만 절삭에 의한 널링 가공은 아니라서 까끌거리지 않고 마치 플라스틱 그립처럼 표면이 부드럽다. 얼핏 보면 P205의 그립부와 비슷하지만 그보다는 조금 더 굵고 넓어서 잡기 편하다. 그리고 실제로 쥐어 보면 그립부가 매우 단단하고 마치 돌 표면 같은 느낌이 들면서 다소 묵직하게 다가온다. 한편 그립과 배럴의 표면은 무광인 상태로 출시되지만 시간이 지남이 따라 유광화된다. 다른 많은 제품도 오래 사용하면 이러한 변화를 피할 수 없지만 오렌즈 네로는 그 정도가 심하다는 평이다.

## ● 가늘고 무른 심도 환영

클립은 작고 짧으며, 스매쉬 및 그래프 1000과 동일한 부품이다. 필기 시 전혀 걸리적거리지 않으므로 샤프를 돌려가면서 사용하는 데 아무 불편이 없다. 지우개의 클리너 핀은 0.2mm 심경에서만 클로버 모양으로 장난스럽게 달려 있고 다른 심경의 모델에는 아예 없다.(이는 오렌즈 시리즈의 공통점이다.) 시각적인 센스가 돋보인다.

0.2mm 심경 오렌즈 모델의 클로버형 클리너 핀

노크감은 다른 펜텔 샤프와 확연히 다르고, 일반적인 오토매틱 샤프와도 사뭇 다르다. 물노크는 아니고 걸리는 느낌도 분명하게 있지만 반동이나 타격감은 없다. 물론 오렌즈 네로 자체가 노크를 거의 하지 않고 사용하게끔 되어 있어서 노크감이 크게 중요하진 않을 것이다.

한편 어떤 샤프들은 특정 심경에서 유달리 좋다거나 특정 심경도와 궁합이 맞는다는 평이 있기 마련이다. 오렌즈 네로의 경우 0.3mm 모델이 압도적으로 많이 추천되며, 심의 경도는 B~2B와 궁합이 좋다. 게다가 오렌즈 시리즈는 슬리브 수납 기능이 있어서 가늘고 무른 심도 대체적으로 안심하고 다룰 수 있다. 반면 0.5mm 심경의 샤프에서는 심 보호 기능이나 오토매틱의 필요성이 0.2~0.3mm 심경보다 덜하므로 오렌즈 네로 대신 그래프 1000이나 스매쉬가 더 추천 받고 있다.

오렌즈 네로는 전체적으로 밸런스가 좋고 필기에 편한 저중심 샤프이다. 물론 다른 오렌즈 시리즈처럼 심이 종이에 긁히는 느낌이 있다. 필각을 높일수록 종이에 긁히는 거슬림은 줄겠지만 펜텔에선 오렌즈 네로 샤프 특유의 구조적인 문제로 지나치게 높은 필각은 권하지 않고 있다. 펜텔은 이에 대해 자세히 설명하지는 않지만 필자가 추정컨대, 메커니즘 내부의 클러치를 작은 구슬이 잡아주면서 세미 오토매틱 방식의 심 배출에 핵심적인 역할을 하는데, 수직으로 세워서 사용할수록 구슬 주변에 집중적인 힘을 받게 되어 내구성이 약해질 우려가 있기 때문이 아닐까 한다. 이유야 어찌됐건 오렌즈 네로는 일반 샤프에 비해서 내구성이 취약해 메커니즘 부분에서 고장나는 사례가 많다.

# 펜텔 오렌즈 AT PP2005

| 1 | 출시년도 | 2023년 |
|---|---|---|
| 2 | 소비자 가격 | 2,000엔 |
| 3 | 심경 | 0.5mm |
| 4 | 생산지 | 일본 |
| 5 | 실측 길이 | 144mm |
| 6 | 실측 무게(심 제외) | 12.8g |
| 7 | 무게 중심(심 1개 포함) | 슬리브 끝에서 54mm |
| 8 | 배럴 재질 | 플라스틱 |
| 9 | 배럴 및 그립부 단면 | 12각형 |
| 10 | 그립부 재질 / 길이 | 금속+고무 듀얼 그립 / 40mm |
| 11 | 그립부 평균 지름 | 10.0mm |
| 12 | 그립면 | 작은 고무 돌기 36개 |
| 13 | 클립 재질 / 길이 | 금속 / 30mm |
| 14 | 클립 시작 위치 | 슬리브 끝에서 103mm |
| 15 | 클립 탄력성(강도) | 보통 (기준: 펜텔 P205) |
| 16 | 심경도계 | 없음 |
| 17 | 지우개 | 있음 |
| 18 | 클리너핀 | 없음 |
| 19 | 선단부 재질 | 금속 |
| 20 | 슬리브(촉) 재질 / 구조 | 금속 / 슬라이딩 파이프 (수납 기능) |
| 21 | 슬리브(촉) 길이 | 3.0mm |
| 22 | 슬리브(촉) 내경 | 0.60mm |

| 23 | 선단부 없이 노크 | 불가능 |
| --- | --- | --- |
| 24 | 노크 강도 | 680g |
| 25 | 노크감 | 완전 물노크 |
| 26 | 노크음 | 소음 없음 |
| 27 | 노크 후 심 당김 수준 | 전혀 없음 |
| 28 | 메커니즘 분해 수준 | 분해 가능 |
| 29 | 메커니즘 재질 | 플라스틱 |
| 30 | 클러치(척) 내부 표면 | 별도 가공 없이 매끈 |
| 31 | 심 배출량 | 노크 1회당 0.7mm |
| 32 | 심 배출까지의 노크 횟수 | 약 17회 |
| 33 | 유격(심 흔들림 중심) | 별로 없는 편 |
| 34 | 기타 기능 및 참고 | 세미 오토매틱 |

※ 위 내용은 심경 0.5mm 모델 기준

오렌즈 AT는 오렌즈 네로의 대성공에 고무되어 네로 출시 후 6년 만에 나온 샤프로, 세미 오토매틱의 대량 생산을 염두에 두고 개발되었다. 가격 차이가 크지 않지만 오렌즈 네로의 보급형 모델로 볼 수 있다. 0.5mm 심경만 출시되었으며, 네로의 디자인이나 완성도에 높은 점수를 준 사용자라면 AT의 마감 수준이 다소 실망스러울 수 있다.

애당초 펜텔에게는 플라스틱 재질의 세미 오토매틱 개발 계획이 있었으나 난이도가 높아서 포기했다고 한다. 그래서 오렌즈 네로는 금속 메커니즘을 장착해야 했다. 결과적으로 네로에서 최고 수준의 품질을 이끌어냈지만 생산성과 제조원가 면에서 부담은 컸다. 그래서 다시 플라스틱 메커니즘 개발에 나섰고 결국은 성공. 오렌즈 AT는 이렇게 해서 출시됐다.(참고로 세미 오토매틱의 메커니즘은 독립된 부품 모듈이므로 이후에 펜텔의 여러 샤프에 공용될 가능성이 크다.)

기능 면에서 AT가 네로와 크게 다른 점은, AT는 심 쿠셔닝 기능이 없다는 것과 네로 외 다른 세미 오토매틱처럼 슬리브가 수납되었다가 튀어나올 때 심이 살짝 돌출되므로 필기가 편하다는 것이다. 배럴 전체가 플라스틱으로 바뀌었다는 것도 차별화된 요소이다. AT가 듀얼 그립이라는 사실 또한 네로와 다른 점이다. 펜텔의 스매쉬와 유사한 듀얼 그립이며, 펀칭된 금속 표면 밖으로 작은 고무 돌기가 나와 있어서 네로보다 덜 미끄럽지만 그렇다고 착 달라붙은 느낌은 아니다. 대신 그립부가 네로보다 0.6mm 굵고, 4.2그램 가벼우며, 저중심이라 일반 필기용으로는 더 낫다. 작은 글씨에는 네로 0.3mm가 어울리고, 일상에서 장시간에 걸쳐 필기를 한다면 0.5mm인 AT가 적합해 보인다. 한편 개체에 따라서는 슬리브 끝단이 거칠어 길들임이 필요하기도 하다. 필자는 4000방 사포로 부드럽게 연마해서 아주 만족스럽게 사용 중이다. 그러나 종종 오작동하여 심이 쑥 밀려 들어가기도 하고, 노크 후 심이 다시 살짝 들어가는 현상이 생기기도 한다.(사포 가공과는 무관한 현상이다.)

# 펜텔 캐플릿 A105

| 1 | 출시년도 | 2000년 전후(캐플릿) / 2014년(캐플릿 2) |
|---|---|---|
| 2 | 소비자 가격 | 100엔 |
| 3 | 심경 | 0.5mm |
| 4 | 생산지 | 일본 |
| 5 | 실측 길이 | 155mm (후단에 캡 씌운 필기 모드)<br>141mm (후단에 캡 안 씌운 필기 모드)<br>144mm (휴대 시) |
| 6 | 실측 무게(심 제외) | 7.35g |
| 7 | 무게 중심(심 1개 포함) | 슬리브 끝에서 87mm |
| 8 | 배럴 재질 | 플라스틱 |
| 9 | 배럴 및 그립부 단면 | 원형 |
| 10 | 그립부 재질 / 길이 | 플라스틱 / 23mm |
| 11 | 그립부 평균 지름 | 8.3mm |
| 12 | 그립면 | 애뉼러 링 홈 가공 |
| 13 | 클립 재질 / 길이 | 플라스틱 / 38mm |
| 14 | 클립 시작 위치 | 슬리브 끝에서 106mm |
| 15 | 클립 탄력성(강도) | 약함 (기준: 펜텔 P205) |
| 16 | 심경도계 | 없음 |
| 17 | 지우개 | 있음 |
| 18 | 클리너핀 | 없음 |
| 19 | 선단부 재질 | 플라스틱 |
| 20 | 슬리브(촉) 재질 / 구조 | 플라스틱 / 콘형 |
| 21 | 슬리브(촉) 길이 | 2.5mm |

| 22 | 슬리브(촉) 내경 | 0.60mm |
|----|----------------|--------|
| 23 | 선단부 없이 노크 | 불가능 |
| 24 | 노크 강도 | 680g |
| 25 | 노크감 | 단단하게 끊기고, 후반동은 작음 |
| 26 | 노크음 | 조용한 편 |
| 27 | 노크 후 심 당김 수준 | 다소 있음 |
| 28 | 메커니즘 분해 수준 | 분해 불가능 |
| 29 | 메커니즘 재질 | 플라스틱 클러치, 황동 클러치 링 |
| 30 | 클러치(척) 내부 표면 | 별도 가공 없이 매끈 |
| 31 | 심 배출량 | 노크 1회당 0.65~0.8mm |
| 32 | 심 배출까지의 노크 횟수 | 약 16회 |
| 33 | 유격(심 흔들림 중심) | 별로 없는 편 |
| 34 | 기타 기능 및 참고 | 선단부 보호 캡 |

캐플릿Caplet은 펜텔의 최하위 모델로, 가장 가벼운
샤프 중 하나다. 일본 업체가 모두 이런 100엔대
모델을 내놓는 가운데 보통은 중국산인 경우가
많지만 캐플릿은 일본산이다. Caplet이라는
이름에서 알 수 있듯이 만년필처럼 캡(뚜껑)이 있어서
선단부를 보호하고 필기 시 노브 쪽에 씌울 수 있게
되어 있다. 물론 그 상태에서도 노크가 가능하다.
이 가격에 캡이 있다는 것이 캐플릿 샤프의 큰
매력이다.

캐플릿은 크게 두 가지 모델이 있는데 하나는

'캐플릿'이고 다른 하나는 '캐플릿 2'이다. 최초의 모델인 캐플릿은 전체가 투명한 색으로 출시됐고, 뒤에 나온 캐플릿 2는 불투명하고 비비드vivid한 다섯 가지 색상으로 출시됐다. 실제로 캐플릿 2를 보면 발색이 너무 예쁘고 표면 광택도 훌륭해서 보고만 있어도 기분이 좋다.

## ◑ 싸구려 샤프도 펜텔이 만들면 이렇게 다르구나

캐플릿은 (지우개, 클립과 같은 잉여 부품을 포함해) 모두 9개의 부품으로 만들어졌다. 보이는 모든 부분이 플라스틱이다. 물론 저가형답게 플라스틱 메커니즘을 적용하고 있다. 그런데도 노크감이나 작동 수준이 전혀 허접하지 않다. 보통 저가형 플라스틱 메커니즘은 물노크가 많은데, 이 샤프는 비록 금속성 느낌에 이르지는 못해도 딱딱 끊기는 절도감이 훌륭한 편이다. 역시 펜텔의 최상위 기술력은 저가형에서조차 일정 이상의 품질과 완성도를 보여준다.

물론 이 플라스틱 메커니즘이 캐플릿 전용으로 개발된 것은 아니다. 이미 오래 전부터 펜텔의 저가 라인업에서 많이 사용돼 왔던 것일 뿐이다. 펜텔은 원가절감 차원에서 다른 부품도 여러 샤프에 공용 적용하거나 아예 표준화 설계를 하는 경우가 많다. 예를 들어 캐플릿, A125, 120 A3 DX 등은 내부 메커니즘이 동일하고 선단부 및 노브가 상호 호환된다. 당연히 이들 샤프끼리는 노크감도 유사하다.

얘기를 더 하자면, 플라스틱 클러치가 적용된 펜텔 저가형 샤프의 메커니즘은 기본적으로 대부분 같다. 다시 말해 두 갈래로 벌어지는 플라스틱 클러치를 황동 클러치 링이 감싸고 있는 구조다. 참고로 테크니클릭TechniClick, 사이드Side FX 등 저가형 사이드 노크 방식의 샤프도 마찬가지다.

그립부는 지름이 8.3mm로, 펜텔 P205보다도 가는 편이고 미끄러워서 장시간 필기 시에는 적합하지 않을 수 있다. 게다가 P205처럼 그립 구간이 인색할 정도로 좁아서 손가락이 그립부를 벗어나기 쉽다. 그래서 필기 전용과 구별해서 간단한 메모용으로 사용하는 게 좋을 것이다. 특히 밑줄을 긋거나 수첩에 적을 때 적합하다. 반면 필기 시 클립이 걸리적거리지 않는다는 점은 장점이다.

슬리브는 선단부와 일체화되어 있는 플라스틱 재질이다. 그런데 슬리브 끝이 아주 뭉툭하고 짧아서 막 다루거나 휴대하기는 좋지만 필기 시에는 단점이 된다. 만약 슬리브가 투명하거나 밝은 색이라면 덜하겠지만 캐플릿 2처럼 검은색이라면 샤프심과 잘 구분되지 않아 그늘이 생기기 쉽고, 그렇게 되면 필기 위치를 가늠할 때 시야 확보가 되지 않아 불편하고 답답할 수 있다.

마지막으로, 다른 샤프는 별도로 장착하고 있지만 캐플릿에는 없는 부품이 있다. 바로 보유척이다. 샤프심을 잡아주는 별도의 고무 보유척을 대신해서 선단부 내 정밀 가공을 통해서 탄성으로 잡아 주게끔 설계되어 있다. 이 역시 펜텔의 높은 기술력을 보여준다.

# 펜텔 아인 & 샤프렛 &
## 샤프렛 2 A125

| | | |
|---|---|---|
| 1 | 출시년도 | 1981년 |
| 2 | 소비자 가격 | 150엔 |
| 3 | 심경 | 0.5mm |
| 4 | 생산지 | 중국(아인) / 일본(샤프렛 2, 아인) |
| 5 | 실측 길이 | 140mm |
| 6 | 실측 무게(심 제외) | 6.34g |
| 7 | 무게 중심(심 1개 포함) | 슬리브 끝에서 77mm |
| 8 | 배럴 재질 | 플라스틱 |
| 9 | 배럴 및 그립부 단면 | 원형 |
| 10 | 그립부 재질 / 길이 | 플라스틱 / 23mm |
| 11 | 그립부 평균 지름 | 8.4mm |
| 12 | 그립면 | 애뉼러 링 홈 가공 |
| 13 | 클립 재질 / 길이 | 금속 / 29mm |
| 14 | 클립 시작 위치 | 슬리브 끝에서 84mm |
| 15 | 클립 탄력성(강도) | 강한 편 (기준: 펜텔 P205) |
| 16 | 심경도계 | 없음 |
| 17 | 지우개 | 있음 |
| 18 | 클리너핀 | 없음 |
| 19 | 선단부 재질 | 플라스틱 |
| 20 | 슬리브(촉) 재질 / 구조 | 금속 / 고정 파이프형 |
| 21 | 슬리브(촉) 길이 | 2.5mm |
| 22 | 슬리브(촉) 내경 | 0.60mm |

| 23 | 선단부 없이 노크 | 불가능 |
| 24 | 노크 강도 | 660g |
| 25 | 노크감 | 단단하게 끊기고, 후반동은 작음 |
| 26 | 노크음 | 조용한 편 |
| 27 | 노크 후 심 당김 수준 | 다소 있음 |
| 28 | 메커니즘 분해 수준 | 분해 불가능 |
| 29 | 메커니즘 재질 | 플라스틱 클러치, 황동 클러치 링 |
| 30 | 클러치(척) 내부 표면 | 별도 가공 없이 매끈 |
| 31 | 심 배출량 | 노크 1회당 0.7mm 내외 |
| 32 | 심 배출까지의 노크 횟수 | 약 15회 |
| 33 | 유격(심 흔들림 중심) | 별로 없는 편 |
| 34 | 기타 기능 및 참고 | - |

※ 위 내용은 심경 0.5mm 모델 기준

동일한 샤프지만 생산지에 따라서 일본산은 샤프렛
2 Sharplet 2로, 중국산은 아인Ain으로 출시되고 있다.
단 흰색 모델은 일본 생산인데도 아인으로 나오고
있다.

펜텔 아인Ain은 그 원형이 나온 지 무려 50년이 넘은
만큼 많은 사람이 알 법하지만 오랜 역사에 비해
조용한(?) 편이다. 아인 또한 캐플릿처럼 최저가의
가장 가벼운 제품군에 속하지만 찬찬히 뜯어 보면
실용적인 성능에 감탄이 나오고 단점 찾기가 힘든

모델이다. 앞서 언급했듯이 아인은 캐플릿 및 120 A3 DX와 동일한 플라스틱 메커니즘을 사용하며 선단부와 노브가 상호 호환된다. 즉 플라스틱 클러치이지만 캐플릿과 마찬가지로 딱딱 끊기는 절도감을 느낄 수 있고 경우에 따라서는 웬만한 금속 클러치 제품보다도 노크감이 좋아서 놀라게 된다. 심지어 금속 메커니즘에서나 느낄 법한 종류의 반동까지 있다. 개체에 따라서 노크감에 편차가 있겠지만 한마디로, 플라스틱 클러치 제품 중에서 최상의 노크감을 선사한다. 플라스틱 메커니즘은 아무래도 금속 메커니즘에 비해서 품질 관리가 쉽지 않다. 일반적인 샤프의 메커니즘에서는 노크 직후에 클러치가 심을 다시 당기는 현상이 있는데, 플라스틱 클러치인 경우 이 당김량을 콘트롤하기 어렵다고 한다. 그런데 펜텔은 현재의 플라스틱 메커니즘을 꽤 오래전부터 설계 변경 없이 사용하고 있는데도 한결같이 이 품질을 유지한다는 점에서 '역시 펜텔'임을 인정하지 않을 수 없다. 예상컨대 펜텔 제품군에서는 이 플라스틱 메커니즘이 압도적으로 가장 많이 적용되는 공용 부품일 것이다.

아인의 그립은 특별할 게 없는 평범한 애뉼러 링 그립이다. 미끄러움 정도, 돌기 부위, 굵기 등이 캐플릿과 유사하다. 아인을 형님으로, 캐플릿을 동생으로 봐도 된다. 아인은 모든 면에서 동생 캐플릿보다 평범하지만, 이는 이질감이 적다는 장점으로 다가온다. 한편 사용성과는 무관하지만 보유척이 아주 뻑뻑한 편이라는 점도 특징 중 하나이고, 무게가 연필만큼이나 가볍다는 점 또한 눈에 띈다.

# 펜텔 120 A3 DX A31x

| # | 항목 | 내용 |
|---|------|------|
| 1 | 출시년도 | 미확인 |
| 2 | 소비자 가격 | 300엔 |
| 3 | 심경 | 0.3 / 0.5 / 0.7 / 0.9mm |
| 4 | 생산지 | 일본 |
| 5 | 실측 길이 | 140mm |
| 6 | 실측 무게(심 제외) | 8.15g |
| 7 | 무게 중심(심 1개 포함) | 슬리브 끝에서 66mm |
| 8 | 배럴 재질 | 플라스틱 |
| 9 | 배럴 및 그립부 단면 | 원형 |
| 10 | 그립부 재질 / 길이 | 고무 / 29mm |
| 11 | 그립부 평균 지름 | 9.5mm |
| 12 | 그립면 | 사각블록 고무 돌기 |
| 13 | 클립 재질 / 길이 | 금속 / 35mm |
| 14 | 클립 시작 위치 | 슬리브 끝에서 84mm |
| 15 | 클립 탄력성(강도) | 다소 약한 편 (기준: 펜텔 P205) |
| 16 | 심경도계 | 없음 |
| 17 | 지우개 | 있음 |
| 18 | 클리너핀 | 없음 |
| 19 | 선단부 재질 | 금속 |
| 20 | 슬리브(촉) 재질 / 구조 | 금속 / 고정 파이프형 |
| 21 | 슬리브(촉) 길이 | 4.0mm |
| 22 | 슬리브(촉) 내경 | 0.60mm |

| 23 | 선단부 없이 노크 | 불가능 |
| --- | --- | --- |
| 24 | 노크 강도 | 640g |
| 25 | 노크감 | 단단하게 끊기고, 후반동은 작음 |
| 26 | 노크음 | 조용한 편 |
| 27 | 노크 후 심 당김 수준 | 다소 있음 |
| 28 | 메커니즘 분해 수준 | 분해 불가능 |
| 29 | 메커니즘 재질 | 플라스틱 클러치, 황동 클러치 링 |
| 30 | 클러치(척) 내부 표면 | 별도 가공 없이 매끈 |
| 31 | 심 배출량 | 노크 1회당 0.7mm 내외 |
| 32 | 심 배출까지의 노크 횟수 | 약 15회 |
| 33 | 유격(심 흔들림 중심) | 별로 없는 편 |
| 34 | 기타 기능 및 참고 | – |

※ 위 내용은 심경 0.5mm 모델 기준

샤프 이름이 120 A3 DX이다. 숫자, 영어 알파벳의
복합적인 조합이고, 3개의 의미군 모두 서체와
크기가 달라서 호기심을 자극한다. 이보다 앞선
제품으로 120 A2와 120 A3 등이 있다. 120 A3 DX는
펜텔의 실용적인 필기용 샤프로, 우리나라 다이소와
이마트에서도 판매 중(2023년 기준)이다. 36개의
튀어나온 고무 그립 모양 때문에 '수류탄 샤프'라고도
불린다. 상위 모델인 스매쉬가 연상되는 부분이 많다.
메커니즘은 0.3mm 모델(금속 메커니즘)을 제외하고는
플라스틱이다. 0.5mm의 경우 캐플릿, A125, 120

A3 DX의 내부 메커니즘과 동일하고 선단부 및 노브를 상호 교환해도 정상적으로 동작한다. 비록 플라스틱 메커니즘이지만 끊기는 맛이 있는 뛰어난 노크감을 갖고 있어 경우에 따라서는 금속 메커니즘과 별 차이를 못 느낀다. 참고로 이 샤프의 선단을 파이롯트 S20에 끼워서 사용할 수 있다.(단 약간 덜 조여진다.)

## ● 세상에 나쁜 샤프는 없다

고무로 되어 있는 그립의 느낌도 괜찮은 편이다. 실제로 쥐어 보면 손에 착 감기기 때문에 편하다는 느낌이 딱 든다. 물론 이 샤프도 오래 사용하면 고무 그립이 늘어난다. 고무 그립의 일반적인 특성이라고 보면 된다.

한마디로 평한다면, 전체적으로 제도 샤프의 정밀성이 느껴지면서 필기용 샤프의 기본에 충실한 제품이라고 할 수 있다. 그래서 이 샤프를 사용해 본 사람이라면 후한 점수를 줄 수밖에 없다. 단점을 찾기도 어려워 저가형 중 가성비 최고로 평가받기도 한다.

한편 일본 기준으로 가격이 300엔이면 아무래도 기대치가 올라간다. 비슷한 가격대에 포진해 있는 꽤 출중한 샤프가 많기 때문이다. 익히 잘 알려진 제브라의 드라픽스 300, 에스피나, 에어핏과 파이롯트의 S3 등 만만찮은 상대가 비교군을 형성하고 있다. 심지어 톰보의 모노그래프 라이트는 더 저렴하기까지 하다. 필자의 생각으로는 300엔 세상에서 나쁜 샤프는 없다.

# 펜텔 테크니클릭 PD105

| 1 | 출시년도 | 1998년 |
|---|---|---|
| 2 | 소비자 가격 | 150엔 |
| 3 | 심경 | 0.5 / 0.7mm |
| 4 | 생산지 | 일본 |
| 5 | 실측 길이 | 148mm |
| 6 | 실측 무게(심 제외) | 11.4g |
| 7 | 무게 중심(심 1개 포함) | 슬리브 끝에서 79mm |
| 8 | 배럴 재질 | 플라스틱 |
| 9 | 배럴 및 그립부 단면 | 반원형 배럴, 원형 그립 |
| 10 | 그립부 재질 / 길이 | 플라스틱 / 25mm |
| 11 | 그립부 평균 지름 | 11.1mm |
| 12 | 그립면 | 애뉼러 링 홈 가공 |
| 13 | 클립 재질 / 길이 | 플라스틱 / 49mm |
| 14 | 클립 시작 위치 | 슬리브 끝에서 99mm |
| 15 | 클립 탄력성(강도) | 약함 (기준: 펜텔 P205) |
| 16 | 심경도계 | 없음 |
| 17 | 지우개 | 있음 |
| 18 | 클리너핀 | 없음 |
| 19 | 선단부 재질 | 플라스틱 |
| 20 | 슬리브(촉) 재질 / 구조 | 금속 / 고정 파이프형 |
| 21 | 슬리브(촉) 길이 | 3.5mm |
| 22 | 슬리브(촉) 내경 | 0.60mm |

| 23 | 선단부 없이 노크 | 불가능 |
|----|----------------|--------|
| 24 | 노크 강도 | 460g |
| 25 | 노크감 | 약하게 끊기고, 후반동도 작음 |
| 26 | 노크음 | 보통 |
| 27 | 노크 후 심 당김 수준 | 다소 있음 |
| 28 | 메커니즘 분해 수준 | 분해 불가능 |
| 29 | 메커니즘 재질 | 플라스틱 클러치, 황동 클러치 링 |
| 30 | 클러치(척) 내부 표면 | 별도 가공 없이 매끈 |
| 31 | 심 배출량 | 노크 1회당 0.6~0.7mm |
| 32 | 심 배출까지의 노크 횟수 | 약 16회 |
| 33 | 유격(심 흔들림 중심) | 별로 없는 편 |
| 34 | 기타 기능 및 참고 | 사이드 노크<br>70mm의 긴 샤프심은 저장 못함 |

※ 위 내용은 심경 0.5mm 모델 기준

파이롯트가 흔들이 샤프에 진심이라면 펜텔은 사이드 노크 샤프(소위 옆샤프)에 진심이다. 실제로 아주 오래 전부터 많은 사이드 노크 제품을 출시해왔다. 그 중에서 테크니클릭Techniclick은 최저가의 기본형 모델이다. 참고로 테크니클릭은 메커니즘이 풀 금속인 피아니시모Pianissimo 샤프(PD205)의 저렴이 버전이다.

사이드 노크 샤프는 원래 손이 큰 사람을 위해 개발된 제품으로, 실제 해외에서도 큰 인기를 끌었다. 테크니클릭의 원형이라고 할 수 있는 피아니시모 샤프는 일본 내수용으로 1996년에 출시된 제품이다.
그런데 피아니시모가 대성공을 거두면서 출시 첫
해에만 800만 자루가 판매되었다. 당시 일본의
대학생 수가 250만 명이었다고 하니 대단한
판매량이다.

사이드 노크에 익숙해지면 기존의 후단 노크식
샤프는 불편해서 쓰기 힘들 정도가 된다. 노브를
누르기 위해 손가락을 움직일 필요가 없어 필기에 더
집중할 수 있기 때문이다. 테크니클릭은 그립부의
직경이 두툼해서 안정감이 있고, 플라스틱 배럴
치고는 그립감(애뉼러 링)도 나쁘지 않다. 클립도 다소
위쪽에 있어서 필기 시 걸리적거리지도 않는다.

한편 사이드 노크 샤프의 경우 버튼(노브)이
많이 튀어나와 있고 덜렁거린다는 지적이 많다.
테크니클릭 역시 여기서 자유로울 수는 없지만 다른
샤프에 비해 그 정도가 덜하다. 디자인도 좋아서
1999년에 일본 굿디자인상을 수상하였다.

메커니즘은 300엔 이하의 다른 저가형 샤프가
그렇듯 플라스틱이다. 기본적으로 캐플릿이나
아인(A125), 120 A3 DX 샤프 등에서 사용하는
메커니즘이다. 즉 오랜 시간 품질이 검증된

메커니즘이라고 할 수 있다. 약간의 끊김과 찰진 느낌이 나는 노크감에, 유격도 거의 없다. 참고로 메커니즘은 분해가 안 되지만 버튼은 맨손으로도 분해 가능하다. 따라서 오랜 사용으로 내부가 흑연가루로 오염됐을 때 버튼을 분해해 청소할 수 있다.

## ◑ 사각거림의 지존

특징이라면 가볍고 비어 있는 바디 구조로 인해 통울림이 크다는 점이다. 톰보의 모노그래프 라이트와 함께 샤프계에서 사각거림 부문 챔피언일 것이다. 여기에 사각거리는 샤프심까지 물리면 그 사각거림이 거칠게 증폭되어 피로감이 생길 수도 있다. 물론 이 샤프의 사각거림을 오히려 좋아하는 사람도 많다. 한편 샤프심은 60mm 표준 길이가 아닌, 우리나라에서 흔한 70mm 샤프심을 넣으면 길어서 안 들어가는 상황이 생긴다. 또한 샤프를 돌려가면서 쓰기가 불편하다는 점도 사이드 노크 방식의 공통점이다. 다른 플라스틱 클립이 그렇듯 테크니클릭의 클립도 약해서 쉽게 부러지므로 주의해야 한다.

# 펜텔 사이드 FX PD255

| 1 | 출시년도 | 2004년 |
|---|---|---|
| 2 | 소비자 가격 | 200엔 |
| 3 | 심경 | 0.5 / 0.7mm |
| 4 | 생산지 | 일본 |
| 5 | 실측 길이 | 144mm |
| 6 | 실측 무게(심 제외) | 13.8g |
| 7 | 무게 중심(심 1개 포함) | 슬리브 끝에서 85mm |
| 8 | 배럴 재질 | 플라스틱 |
| 9 | 배럴 및 그립부 단면 | 8각형 배럴, 6각형 그립 |
| 10 | 그립부 재질 / 길이 | 고무 / 25mm |
| 11 | 그립부 평균 지름 | 11.4mm |
| 12 | 그립면 | 미세 돌기 표면의 고무 그립 |
| 13 | 클립 재질 / 길이 | 플라스틱 / 40mm |
| 14 | 클립 시작 위치 | 슬리브 끝에서 94mm |
| 15 | 클립 탄력성(강도) | 약함 (기준: 펜텔 P205) |
| 16 | 심경도계 | 없음 |
| 17 | 지우개 | 트위스트형 (6.6×30mm) |
| 18 | 클리너핀 | 없음 |
| 19 | 선단부 재질 | 플라스틱 |
| 20 | 슬리브(촉) 재질 / 구조 | 금속 / 고정 파이프형 |
| 21 | 슬리브(촉) 길이 | 3.5mm |
| 22 | 슬리브(촉) 내경 | 0.60mm |

| 23 | 선단부 없이 노크 | 불가능 |
|---|---|---|
| 24 | 노크 강도 | 660g |
| 25 | 노크감 | 약하게 끊기고, 후반동도 작음 |
| 26 | 노크음 | 보통 |
| 27 | 노크 후 심 당김 수준 | 다소 있음 |
| 28 | 메커니즘 분해 수준 | 분해 불가능 |
| 29 | 메커니즘 재질 | 플라스틱 클러치, 황동 클러치 링 |
| 30 | 클러치(척) 내부 표면 | 별도 가공 없이 매끈 |
| 31 | 심 배출량 | 노크 1회당 0.7mm 내외 |
| 32 | 심 배출까지의 노크 횟수 | 약 14회 |
| 33 | 유격(심 흔들림 중심) | 별로 없는 편 |
| 34 | 기타 기능 및 참고 | 사이드 노크<br>70mm의 긴 샤프심은 저장 못함 |

※ 위 내용은 심경 0.5mm 모델 기준

## ◑ 내가 바로 아메리칸 스타일

펜텔 사이드Side FX는 투박한 외양과는 달리 지극히
실용적인 사이드 노크 방식의 샤프다. 배럴, 그립,
지우개 등 모든 요소가 다소 과장돼 보이는 이 샤프는
펜텔의 트위스트 이레이즈 클릭Twist-Erase Click(멕시코
생산)이라는 유사 모델의 큰Large Size 버전으로 봐도
무방하다. 노브 버튼도 큼지막하게 돌출되어 있다.
우리나라에서 사이드 노크 방식은 큰 인기가 없지만
미국에는 열광하는 사용자가 꽤 많다. 구글링만

해봐도 광팬임을 자처하는 사람의 수가 상당해서 놀랄 것이다. 개인

취향 외에도 손이나 손목 사용이 불편해 후단 노크 대신에 사이드

노크를 선택하기도 한다.

펜텔의 다른 저가형 샤프와 마찬가지로 플라스틱 메커니즘을 공용

부품으로 사용하며, 특히 형제 격인 테크니클릭 샤프와는 선단부도

100퍼센트 동일하다. 70mm 길이의 비표준 샤프심은 심 보관통에

들어가지 않는다는 점도 같다.

사이드 FX는 길이 조절과 리필이 가능한 30mm짜리 지우개를

내장하고 있다. 샤프가 굵은 만큼 내장 지우개도 가장 큰 편에 속한다.

시중에서 판매 중인 일반적인 트위스트형 지우개와 같은 6.7mm

굵기라서 꼭 펜텔의 전용 리필 지우개가 아니더라도 다른 업체의

것으로 교체할 수 있다.

이러한 트위스트형 지우개는 사이드 노크 방식 샤프와 잘 어울린다.

트위스트형 지우개를 후단 노크 방식에 적용했을 때 손으로 지우개를

만지게 됨에 따라 지우개는 기름과 땀에 쉽게 오염된다. 사이드 노크

방식이라면 손으로 건드릴 일이 없다.

그립은 미세한 돌기가 나 있는 6각형의 고무로 되어 있다. 모든 고무

재질이 그렇듯 오래 사용하면 역시 늘어난다. 마지막으로 사이드 노크

샤프의 공통적인 단점을 지적하지 않을 수 없다. 노브 버튼이 손가락에

걸리적거리고 샤프를 돌려가면서 필기하기가 불편하다는 점이다.

# 펜텔 비쿠냐 PX155

| 1 | 출시년도 | 2011년 |
|---|---|---|
| 2 | 소비자 가격 | 150엔 |
| 3 | 심경 | 0.5mm |
| 4 | 생산지 | 일본 |
| 5 | 실측 길이 | 146mm |
| 6 | 실측 무게(심 제외) | 11.3g |
| 7 | 무게 중심(심 1개 포함) | 슬리브 끝에서 69mm |
| 8 | 배럴 재질 | 플라스틱 |
| 9 | 배럴 및 그립부 단면 | 원형 |
| 10 | 그립부 재질 / 길이 | 엘라스토머 / 평균 29mm |
| 11 | 그립부 평균 지름 | 10.4mm |
| 12 | 그립면 | 지문 무늬의 홈 가공 |
| 13 | 클립 재질 / 길이 | 플라스틱 / 41mm |
| 14 | 클립 시작 위치 | 슬리브 끝에서 91mm |
| 15 | 클립 탄력성(강도) | 약함 (기준: 펜텔 P205) |
| 16 | 심경도계 | 없음 |
| 17 | 지우개 | 있음 |
| 18 | 클리너핀 | 없음 |
| 19 | 선단부 재질 | 플라스틱 |
| 20 | 슬리브(촉) 재질 / 구조 | 금속 / 고정 파이프형 |
| 21 | 슬리브(촉) 길이 | 1.9mm |
| 22 | 슬리브(촉) 내경 | 0.60mm |

| 23 | 선단부 없이 노크 | 불가능 |
|---|---|---|
| 24 | 노크 강도 | 520g |
| 25 | 노크감 | 약하게 끊기고, 후반동도 작음 |
| 26 | 노크음 | 조용한 편 |
| 27 | 노크 후 심 당김 수준 | 거의 없는 편 |
| 28 | 메커니즘 분해 수준 | 분해 가능 |
| 29 | 메커니즘 재질 | 전부 금속 |
| 30 | 클러치(척) 내부 표면 | 별도 가공 없이 매끈 |
| 31 | 심 배출량 | 노크 1회당 0.5mm 내외 |
| 32 | 심 배출까지의 노크 횟수 | 약 8회 |
| 33 | 유격(심 흔들림 중심) | 거의 없는 편 |
| 34 | 기타 기능 및 참고 | – |

비쿠냐Vicuna는 남미 안데스 산맥에 사는 낙타과 동물의 이름이다. 극상의 부드러운 털을 갖고 있지만 한 마리당 200그램밖에 얻을 수 없어서 하이엔드급 섬유로 명성이 높다. 너무 귀해서였을까. 펜텔 비큐냐는 많은(아니 소수의) 샤프 애용자 사이에서도 비운의 제품으로 불린다. 인기는커녕 인지도 자체가 거의 없어서 주목을 받고말고 할 것도 없기 때문이다. 우리나라에서만 외면받는 신세가 아니라 일본을 포함해 해외에서도 마찬가지다. 마이너 중의 마이너 샤프라 할 수 있다.

## ◑ 이름대로 비쿠냐가 된 샤프 명작

이 샤프의 원형은 앞서 출시된 비쿠냐 볼펜이다. 디자인과 구조가 동일한 두 필기구는 일반적인 볼펜이나 샤프라고 하기에는 어딘가 달라 보이지만 그렇다고 단박에 관심을 끌 만큼 눈에 띄는 부분이 있는 것도 아니다. 하지만 실제로 사용해보고 구석구석을 살펴보면 정말 잘 만든 샤프라는 것을 알 수 있다.

일단 배럴은 마치 칫솔처럼 플라스틱 재질 위에 경질의 고무와 비슷한 소재인 엘라스토머가 복합되어 있다. 그립부에는 지문 모양의 작은 골이 여러 개 있는데 아주 훌륭하진 않아도 적당하다. 고무나 실리콘 재질이 아니라서 먼지가 잘 달라 붙지도 않고, 그렇다고 일반 플라스틱처럼 흠집에 취약하지도 않기 때문에 막 굴리기에 좋다. 그립부 직경은 10~11mm라 장시간 잡기에도 편안한, 적합한 굵기다.

비쿠냐 샤프는 비쿠냐 볼펜의 바디 형상과 조립 방식을 모방해 설계되다 보니 구조적으로 일반 샤프와 사뭇 다르다. 먼저 선단부가 배럴과 일체화되어 있다. 스매쉬 샤프는 선단부가 그립부와 일체화되어 있는 반면 이 샤프는 아예 배럴까지 전부 일체화되어 있다. 유격이 거의 없음을 예상할 수 있다. 결과적으로 메커니즘의 분해 방법도 다르다. 클립 부분을 돌려서 빼야 빠진다.

비쿠냐는 분해하면 스프링 모양의 철심이 나오는데, 없어도 되는 부품이지만 저중심을 위해서 삽입한 것이다.(참고로 샤프의 총무게는 11.3그램인데 철심의 무게만 0.90그램이다.) 저가형 샤프에서 보기 힘든 완성도라 할 수 있다. 게다가 메커니즘 재질도 금속이다. 펜텔에서 200엔 이하의 저가 샤프 중에서 금속 메커니즘을 사용하는 유일한 제품일 것이다.

한편 이 샤프는 필기감도 정말 단단하다. 유격은 물론 통울림이 거의 없어서 사각거리는 샤프심도 비쿠냐에 물리면 부드럽게 느껴진다. 또한 클립이 약간 위쪽에 있어 필기 시 걸리적거리지도 않는다. (참고로 볼펜 스프링을 이용해서 내부를 간단히 개조하면 심 쿠셔닝 기능도 구현할 수 있다.)

노크감은 P205 등 펜텔의 다른 제도 샤프와는 조금 다르다. 기본 성향은 비슷하지만 끊기는 느낌이나 타격감이 절반 수준이다. 즉 얌전하고 정숙한 노크감인데 그 나름대로 우수하기 때문에 비슷한 가격대의 플라스틱 메커니즘 샤프와는 비교가 안된다. 심 배출량도 10회 노크 시 5mm로 통제되어 있다. 샤프심을 넣은 지 단 8회 노크만에 슬리브에서 심이 배출되기 시작하는 것도 사소하지만 뛰어난 점이다. 또한 구조 자체가 워낙 견고해서 심이 잘 부러지지도 않지만 설사 부러지더라도 짧게 끊어져서 심 낭비가 적다. 달리 얘기하면, 일반 샤프보다 더 짧게까지 샤프심을 쓸 수 있다. 개발한 엔지니어의 영혼이 전해질 정도로 잘 만든 샤프이다.

단점이라면 투명한 플라스틱 클립이 너무 약해서 쉽게 부러진다는 것과, 오래 사용하다 보면 노브가 잘 빠져서 잃어버리기 쉽다는 것이다. 그래서 노브의 경우 스카치 테이프 등으로 감아서 뻑뻑하게 만들어 사용해야 하는 불편함이 있다.

요약하면, 비쿠냐는 가성비를 떠나 흠을 찾기가 어려울 정도로 잘 만든 실사용 샤프다. 필자에게도 인생 샤프급의 명작이다.

# 미쯔비시 유니 쿠루토가 Mx-450

| | | |
|---|---|---|
| 1 | 출시년도 | 2008년 |
| 2 | 소비자 가격 | 450엔 |
| 3 | 심경 | 0.3 / 0.5 / 0.7mm |
| 4 | 생산지 | 중국 |
| 5 | 실측 길이 | 142mm |
| 6 | 실측 무게(심 제외) | 9.64g |
| 7 | 무게 중심(심 1개 포함) | 슬리브 끝에서 72mm |
| 8 | 배럴 재질 | 플라스틱 |
| 9 | 배럴 및 그립부 단면 | 원형 |
| 10 | 그립부 재질 / 길이 | 플라스틱 / 23mm |
| 11 | 그립부 평균 지름 | 10.2mm |
| 12 | 그립면 | 완만하고 부드러운 애뉼러 굴곡 |
| 13 | 클립 재질 / 길이 | 플라스틱 / 38mm |
| 14 | 클립 시작 위치 | 슬리브 끝에서 95mm |
| 15 | 클립 탄력성(강도) | 약함 (기준: 펜텔 P205) |
| 16 | 심경도계 | 없음 |
| 17 | 지우개 | 있음 |
| 18 | 클리너핀 | 없음 |
| 19 | 선단부 재질 | 플라스틱 |
| 20 | 슬리브(촉) 재질 / 구조 | 금속 / 고정 파이프형 |
| 21 | 슬리브(촉) 길이 | 3.0mm |
| 22 | 슬리브(촉) 내경 | 0.62mm |

| 23 | 선단부 없이 노크 | 가능 |
|---|---|---|
| 24 | 노크 강도 | 750g |
| 25 | 노크감 | 적당히 끊기는 표준적 이중 노크 |
| 26 | 노크음 | 중간 |
| 27 | 노크 후 심 당김 수준 | 약간 있음 |
| 28 | 메커니즘 분해 수준 | 분해 가능 |
| 29 | 메커니즘 재질 | 전부 금속 |
| 30 | 클러치(척) 내부 표면 | 별도 가공 없이 매끈 |
| 31 | 심 배출량 | 노크 1회당 0.55mm |
| 32 | 심 배출까지의 노크 횟수 | 약 15회 |
| 33 | 유격(심 흔들림 중심) | 심한 편 |
| 34 | 기타 기능 및 참고 | 심 회전 |

※ 위 내용은 심경 0.5mm 모델 기준

미쓰비시 연필Mitsubishi Pencil Co. Ltd.은 1887년 일본에서 설립되어 무려 130년 이상의 역사를 가진 기업이다. 필기구 시장에서 유명한 유니Uni가 바로 그들의 대표 브랜드이다.(참고로 유니는 유니크Unique에서 유래하였다.) 기업명이 말해주듯, 주력 사업은 연필 및 필기구이다.

특히 2006년 출시한 유성 볼펜 제트스트림JetStream은 20년 가까이 사랑받는 베스트셀러로, 연간 1억 자루 이상 판매되면서 일본은 물론 우리나라에서도 거의 국민 볼펜급에 올라 있다. 한편 한국인의 반일 정서를 자극하는 일본 기업 미쓰비시 그룹과는 이름은 물론 로고까지 동일하지만 실제로는 무관하다고 알려져 있다. 그래도 부정적 이미지를 의식해서인지 제품에 미쓰비시 연필이라는 표기를 없애거나 작게 하고, 대신 브랜드 '유니'를 내세우고 있다.

## ◑ 샤프심이 자동 회전하는 샤프의 탄생

미쓰비시 유니가 2008년에 출시한 쿠루토가Kuru Toga는 샤프 역사에 한 획을 그었다 평가받을 정도로 혁신적인 제품이다. 쿠루토가는 회전을 의미하는 의성어 쿠루クル와 가늘어지고 뾰족해진다는 의미의 동사 토가루とがる의 토가トガ를 조합해 만든 이름이다. 즉 필기 중에 샤프심을 자동으로 회전시켜 심이 편마모되지 않도록 함으로써 글자가 굵게 써지는 것을 방지하는 샤프라는 의미를 담고 있다. 따라서 쿠루토가로 쓰면 글자가 가늘고 진하게 써지고 글자 굵기도 일정하다.

샤프심을 회전시키자는 발상 자체는 새로울 것이 없다. 이미 1960년도에 특허까지 난 아이디어다. 놀라운 점은 아이디어를 제품으로 구현했다는 것이다. 복잡하고 혁신적인 기능임에도 아주 저렴하게, 학생도 큰 부담 없이 구입할 수 있도록 규모의 경제를 실현했다는 사실이 주목을 끈다. 그 결과 일본 내수시장 기준 샤프 판매 1위를 연속 달성 중이며 제트스트림, 알파겔Alpha Gel과 함께 미쓰비시 유니를 먹여 살리는 제품이 되었다.(물론 펜텔 등 경쟁사에겐 적지 않은 타격이었을 것이다.) 쿠루토가는 판매량은 물론이고 각종 매체가 선정하는 '최고의 샤프 펜슬' 순위에 꼭 포함된다.

쿠루토가의 샤프심 회전 기구를 '쿠루토가 엔진'이라고 부른다. 작동법은 다음과 같다. 표준형 모델의 경우 샤프 내부에 40개의

작은 톱니가 있다.(어드밴스 모델은

20개이다.) 필기를 하면 샤프심이

종이면에 눌렸다 떼어지는

동작이 내부 톱니의

경사면에 작용하여

톱니가 미끄러지면서

9도씩(=360/40)

쿠루토가의 구조 단면

회전을 한다. 이 톱니는 샤프심을 물고 있어서 심과 함께 돌아간다.

즉 샤프심이 40번 눌렸다 떼어지면 심이 한 바퀴 돌게 되는 것이다.

선단부에 작은 표시창이 있어서 돌아가는 모습도 볼 수 있다. 반듯한

글자 기준으로 '가나다라마바사아자차' 정도의 필기량에서 한 바퀴가

돌게 된다. 숫자로 따지면 1에서 22까지 쓰는 정도의 분량이다.

필기 중 샤프심의 눌림을 회전운동으로 바꾸는 원리이므로 필압이

너무 약하면 작동하지 않으며, 상하 유격이 필연적으로 발생한다.

또한 메커니즘 자체가 심을 물고 회전을 하기 때문에 수평 방향의 좌우

유격도 발생하나 상하 유격에 비해서는 작은 편이다. 결국 필기 중에

샤프심이 들썩거리고 좌우로도 살짝 흔들리게 되는데, 이것 때문에

쿠루토가를 꺼리는 사람도 많다. 예민한 사용자를 제외하고, 그럼에도

쿠루토가가 현재 샤프 시장에서 최고 베스트셀러로 자리매김할

수 있었던 이유는 이러한 유격 문제를 덮고도 남을 만큼 장점이

압도적이기 때문이다. 게다가 후속 모델(KS)을 출시하면서 유격을

획기적으로 개선하는 등 진화를 거듭하고 있다.

## ◑ 모든 것엔 이유가 있다

노크감 자체는 대단할 게 없지만, 후단의 노브를 누르자마자 노크가

되는 것이 아니라 일정 깊이까지 일정 시간 눌러야 작동되는 이중

노크라는 점이 독특하다. 이는 필연적인 설계라 할 수 있다. 지우개와

노브까지 회전할 이유는 없기에 이를 위해 내부의 심 보관통과

맞물리지 않도록 거리를 띄울(서로 분리할) 필요가 있었던 것이다.

스탠다드 모델의 경우 중국에서 만들어지며, 쿠루토가 시리즈 중에

가장 저렴한 모델이라 배럴, 클립, 선단부, 노브 등 대부분이 플라스틱

재질이다. 특히 쿠루토가 엔진이 보이도록 투명한 배럴이 적용되었고

그립 위쪽의 배럴은 색상별로 불투명 도색이 되어 있기 때문에

사용하다 보면 페인팅이 벗겨져 지저분해진다. 물론 보통의 플라스틱

제품과 마찬가지로 클립도 잘 부러진다.

한편 이 샤프와 궁합이 잘 맞는 샤프심이 있다. 쿠루토가 엔진의 회전

결과 샤프심이 날카로워져 종이를 긁을 수 있는데, B나 2B 정도의 무른

심을 사용하면 부드럽고 진한 필기감을 얻을 수 있다.

## ◑ 쿠루토가 시리즈의 라인업

쿠루토가 시리즈는 꾸준히 사랑받아온 만큼 라인업도 다양하여 무려

10개가 넘는 모델군이 있고 신제품도 계속 출시되고 있다. 2024년

현재 우리나라에서 가장 대중적인 모델은 스탠다드, 어드밴스, 어드밴스 업그레이드, KS 등이다.

- ● 쿠루토가 스탠다드 (M5-450)
- ● 무인양품 글씨가 두꺼워지지 않는 샤프펜 (E14A201)
- ● 쿠루토가 하이그레이드 (M5-1012)
- ● 쿠루토가 룰렛 (M5-1017)
- ● 쿠루토가 II / 쿠루토가 러버그립 (M5-656)
- ● 알파겔 쿠루토가 (M5-858)
- ● 알파겔 스위치 (M5-1009GG)
- ● 쿠루토가 파이프 슬라이드 (M5-452)
- ● 쿠루토가 어드밴스 (M5-559)
- ● 쿠루토가 어드밴스 업그레이드 (M5-1030)
- ● 쿠루토가 다이브 (M5-5000)
- ● 쿠루토가 신 스탠다드 (M5-KS)

미쓰비시 유니의 플래그십 쿠루토가 다이브

이 외에도 팬시형의 여러 스페셜 에디션도 있다.

- ● 디즈니, 지브리 스튜디오, 포켓몬 등

# 미쓰비시 유니 쿠루토가

## 어드밴스 Mx-559

| 1 | 출시년도 | 2017년 |
|---|---|---|
| 2 | 소비자 가격 | 550엔 |
| 3 | 심경 | 0.3 / 0.5 / 0.7mm |
| 4 | 생산지 | 일본 |
| 5 | 실측 길이 | 142mm |
| 6 | 실측 무게(심 제외) | 12.25g |
| 7 | 무게 중심(심 1개 포함) | 슬리브 끝에서 70mm |
| 8 | 배럴 재질 | 플라스틱 |
| 9 | 배럴 및 그립부 단면 | 원형 |
| 10 | 그립부 재질 / 길이 | 금속 / 17mm |
| 11 | 그립부 평균 지름 | 10.3mm |
| 12 | 그립면 | 완만하고 부드러운 애뉼러 굴곡 |
| 13 | 클립 재질 / 길이 | 금속 / 42mm |
| 14 | 클립 시작 위치 | 슬리브 끝에서 91mm |
| 15 | 클립 탄력성(강도) | 보통 (기준: 펜텔 P205) |
| 16 | 심경도계 | 없음 |
| 17 | 지우개 | 있음 |
| 18 | 클리너핀 | 없음 |
| 19 | 선단부 재질 | 금속 |
| 20 | 슬리브(촉) 재질 / 구조 | 금속 / 콘형(수납형) |
| 21 | 슬리브(촉) 길이 | 3.0mm |
| 22 | 슬리브(촉) 내경 | 0.61mm |

| 23 | 선단부 없이 노크 | 가능 |
| 24 | 노크 강도 | 870g |
| 25 | 노크감 | 적당히 끊기는 표준적 이중 노크 |
| 26 | 노크음 | 중간 |
| 27 | 노크 후 심 당김 수준 | 거의 없음 |
| 28 | 메커니즘 분해 수준 | 분해 불가능 |
| 29 | 메커니즘 재질 | 전부 금속 |
| 30 | 클러치(척) 내부 표면 | 별도 가공 없이 매끈 |
| 31 | 심 배출량 | 노크 1회당 0.5mm |
| 32 | 심 배출까지의 노크 횟수 | 약 12회 |
| 33 | 유격(심 흔들림 중심) | 심한 편 |
| 34 | 기타 기능 및 참고 | 심 회전, 슬라이딩 슬리브 |

※ 위 내용은 심경 0.5mm 모델 기준

쿠루토가 어드밴스Advance는 스탠다드의 여러 곳을 크게 개선했으면서도 가격 차이는 크지 않은, 가성비 높은 제품이라 인기가 많다. 일단 부품 대부분이 플라스틱인 스탠다드와는 달리 선단부, 클립, 노브 등이 금속이라는 점이 외형적으로 차별화되면서 고급스럽게 느껴진다. 또한 중국이 아닌 일본 생산이라는 점도 다르다.

### ◗ 어드밴스를 붙인 두 가지 이유

가장 중요한 개선은 쿠루토가 엔진이다. 이전보다

2배 더 빨리 돌아가는 W-스피드 엔진이 적용되었다. 기존 쿠루토가가 한 번 눌릴 때 9도씩 회전했다면 어드밴스는 18도씩 돌아간다. 글자를 또박또박 쓴다면 '가나다라마' 정도의 필기량에서 한 바퀴가 돈다.

숫자로 따지면 1에서 13 정도까지 쓰면 1회전 한다. 덕분에 한 번에 긴 길이를 쓰면서도 가는 글씨를 유지할 수 있게 돼 로마자 알파벳 필기는 물론이고 영문 필기체에도 적합해졌다. 또한 마모량이 커서 빨리 뭉툭해지는 무른 심이나 가는 심경도 효과적으로 사용하게 됐다.

두 번째 큰 개선은 슬라이딩 슬리브를 적용했다는 것이다. 이로써 펜텔 오렌즈의 기능을 손에 넣게 되었다. 다시 말해 샤프심이 슬리브 끝단에서 노출되지 않은 채로도 필기가 가능해졌고, 한 번의 노크로 장시간 필기를 이어갈 수 있게 됐다. 더불어 슬리브의 끝단도 둥글게 가공함으로써 종이에 가급적 긁히지 않도록 했다. 또한 슬리브가 심을 감싸서 보호하므로 0.3mm의 가는 심도 잘 부러지지 않게 되었다. 한마디로 펜텔의 오렌즈가 가는 심, 무른 심 가리지 않고 잘 어울리는 것과 같다고 보면 된다.

그립감은 스탠다드 모델과 별 차이가 없지만 금속 선단으로 인해 저중심이 되어 필기감도 개선되었다. 한편 선단이 알루미늄으로 바뀌면서 좌우 유격이 스탠다드보다 줄었으나 엔진의 회전 속도를 증가시키면서 상하 유격은 소폭 증가하였다.

# 미쓰비시 유니 쿠루토가
# 어드밴스 업그레이드 Mx-1030

| 1 | 출시년도 | 2020년 |
|---|---|---|
| 2 | 소비자 가격 | 1,000엔 |
| 3 | 심경 | 0.3 / 0.5mm |
| 4 | 생산지 | 일본 |
| 5 | 실측 길이 | 141mm |
| 6 | 실측 무게(심 제외) | 16.15g |
| 7 | 무게 중심(심 1개 포함) | 슬리브 끝에서 57mm |
| 8 | 배럴 재질 | 플라스틱 |
| 9 | 배럴 및 그립부 단면 | 원형 |
| 10 | 그립부 재질 / 길이 | 금속 / 42mm |
| 11 | 그립부 평균 지름 | 10.3mm |
| 12 | 그립면 | 112개의 작은 홀 펀칭 |
| 13 | 클립 재질 / 길이 | 금속 / 42mm |
| 14 | 클립 시작 위치 | 슬리브 끝에서 87mm |
| 15 | 클립 탄력성(강도) | 보통 (기준: 펜텔 P205) |
| 16 | 심경도계 | 없음 |
| 17 | 지우개 | 있음 |
| 18 | 클리너핀 | 없음 |
| 19 | 선단부 재질 | 금속 |
| 20 | 슬리브(촉) 재질 / 구조 | 금속 / 콘형(수납형) |
| 21 | 슬리브(촉) 길이 | 3.0mm |
| 22 | 슬리브(촉) 내경 | 0.41mm |

| 23 | 선단부 없이 노크 | 가능 |
| --- | --- | --- |
| 24 | 노크 강도 | 610g |
| 25 | 노크감 | 적당히 끊기는 표준적인 이중 노크 |
| 26 | 노크음 | 중간 |
| 27 | 노크 후 심 당김 수준 | 거의 없음 |
| 28 | 메커니즘 분해 수준 | 분해 불가능 |
| 29 | 메커니즘 재질 | 전부 금속 |
| 30 | 클러치(척) 내부 표면 | 별도 가공 없이 매끈 |
| 31 | 심 배출량 | 노크 1회당 0.4mm |
| 32 | 심 배출까지의 노크 횟수 | 약 13회 |
| 33 | 유격(심 흔들림 중심) | 심한 편 |
| 34 | 기타 기능 및 참고 | 심 회전, 슬라이딩 슬리브 |

※ 위 내용은 심경 0.3mm 모델 기준

쿠루토가 어드밴스 업그레이드Advance Upgrade는 이름에서 알 수 있듯이 쿠루토가 어드밴스의 기능과 장점을 그대로 갖고 있으면서 몇몇 부분을 개선해 출시된 상위 모델이다. 기능적인 측면보다는 디자인, 소재, 무게 중심 등에서의 업그레이드를 꾀한 제품으로, 일단 가격이 2배에 이르는 만큼 훨씬 고급스럽고 우아하다.

### ● 소재 바꾸고 펀칭 그립으로

가격에 맞게 그립부도 달라졌다. 투명한

플라스틱에서 알루미늄 재질의 펀칭 그립으로 개선되었다.(그래서 쿠루토가 엔진이 돌아가는 모습이 안 보인다.) 또한 선단부도 기존 1.88그램의 알루미늄 소재에서 3.85그램의 황동 소재로 바뀌었다.(그래도 선단부는 서로 호환된다.) 황동 선단으로 바뀌면서 확실히 저중심이 됨에 따라 보다 안정적인 필기감을 보여준다. 한편 상하 유격은 기존 어드밴스와 같지만 좌우 유격은 어드밴스보다 오히려 증가하였다. 이 변화를 체감하기는 어려워 사용자에 따라서는 오히려 감소했다고 느끼기도 한다.

금속제 그립부의 작은 펀칭 구조로 그립감에 변화가 생긴 것은 아니다. 쥐었을 때 부드럽지만 미끄러운 편이다. 펀칭 홀의 크기가 더 컸다면 그립감이 좋아졌을 것 같다. 쿠루토가 어드밴스를 그대로 계승한 만큼 그 외의 다른 특성은 어드밴스와 거의 같다. 특히 여타의 쿠루토가 시리즈처럼 이 샤프 역시 이중 노크다. 다시 말해 노브를 깊게 눌러야만 노크가 작동한다. 앞서 설명한 바과 같이 이는 쿠루토가의 작동 원리상 필연적인 것이다.

노브(푸시 버튼) 쪽의 심을 넣는 곳이 깔대기 형태인데, 많은 샤프에서 보이는 일반적인 특징이므로 특이할 게 없다. 참고로 깔때기 형태의 투입구는 심이 들어가기는 쉽지만 일부러 빼려고 해도 잘 안 빠지는 구조라 왕창 쏟아지는 일이 없다.(하지만 필자로서는 편리함보다 불편함이 더 크다.) 이 구조는 일부 샤프심 케이스에도 적용되고 있다.

# 미쓰비시 유니

## 쿠루토가 KS Mx-KS

| 1 | 출시년도 | 2023년 |
|---|---|---|
| 2 | 소비자 가격 | 550엔 |
| 3 | 심경 | 0.3 / 0.5mm |
| 4 | 생산지 | 일본 |
| 5 | 실측 길이 | 145mm |
| 6 | 실측 무게(심 제외) | 11.3g |
| 7 | 무게 중심(심 1개 포함) | 슬리브 끝에서 72mm |
| 8 | 배럴 재질 | 플라스틱 |
| 9 | 배럴 및 그립부 단면 | 원형 |
| 10 | 그립부 재질 / 길이 | 엘라스토머 / 37mm |
| 11 | 그립부 평균 지름 | 11.0mm |
| 12 | 그립면 | 무늬나 요철없이 매끈 |
| 13 | 클립 재질 / 길이 | 플라스틱 / 43mm |
| 14 | 클립 시작 위치 | 슬리브 끝에서 93mm |
| 15 | 클립 탄력성(강도) | 약함 (기준·펜텔 P205) |
| 16 | 심경도계 | 없음 |
| 17 | 지우개 | 있음 |
| 18 | 클리너핀 | 없음 |
| 19 | 선단부 재질 | 금속과 플라스틱의 2중 선단 |
| 20 | 슬리브(촉) 재질 / 구조 | 금속 / 고정 파이프형 |
| 21 | 슬리브(촉) 길이 | 3.0mm |
| 22 | 슬리브(촉) 내경 | 0.61mm |

| 23 | 선단부 없이 노크 | 가능 |
| --- | --- | --- |
| 24 | 노크 강도 | 780g |
| 25 | 노크감 | 약하게 끊기는 이중 노크 |
| 26 | 노크음 | 조용한 편 |
| 27 | 노크 후 심 당김 수준 | 적은 편 |
| 28 | 메커니즘 분해 수준 | 분해 불가능 |
| 29 | 메커니즘 재질 | 전부 금속 |
| 30 | 클러치(척) 내부 표면 | 별도 가공 없이 매끈 |
| 31 | 심 배출량 | 노크 1회당 0.45mm |
| 32 | 심 배출까지의 노크 횟수 | 약 22회 |
| 33 | 유격(심 흔들림 중심) | 살짝 있음 |
| 34 | 기타 기능 및 참고 | 심 회전 |

※ 위 내용은 심경 0.5mm 모델 기준

쿠루토가가 등장 15년 만에 뉴New 스탠다드 모델인 쿠루토가 KS가
출시되었다. 그동안 출시된 10종이 넘는 파생 모델 중 KS는 단연 눈에
띄는 변화를 보여준다. 메커니즘이 완전히 다르고 디자인도 확연히
차이난다. 보급형의 가격임에도 성능 개선의 정도가 상당히 큰데,
단적으로 쿠루토가의 고질적인 단점으로 지적돼왔던 수직 방향의
유격도 획기적으로 줄었다.

그동안 수직 유격은 쿠루토가의 작동 원리상 어쩔 수 없이 사용자가
감수하고 적응해야 하는 것으로 여겨졌었다. 심지어 2배속을 실현해서
수직 유격이 더 컸던 어드밴스를 사용하면서는 불만은커녕 2배속을
환영하기까지 했었다. 그러니 수직 유격을 확 줄인 KS가 출연했을 때

고장이 아닌가 의아해한 것도 이해가 간다. 물론 KS는 2배속이 아닌 표준형의 속도이지만, 아주 미세한 유격으로도 심을 회전시킨다. 이 말은 같은 필압이라면 더 확실하게 심을 회전시킨다는 얘기가 된다. 그래서일까 가격은 낮고 성능은 탁월한 KS에 밀려서 상위의 전작 모델이 장롱 신세로 전락할 상황이다.

KS는 맨 아래에 있던 메커니즘(쿠루토가 엔진)을 상단으로 옮기는 대대적인 구조 변경도 단행했다. 필자의 생각으로는, 상단에 위치했을 때 엔진의 무게 자체가 회전에 도움이 된다고 판단한 듯하다. 다시 말해 작동에 필요한 필압과 유격을 감소시키는 역할을 한다고 본 것이다. 그 근거로, 전통적인 쿠루토가 모델들과는 달리 거꾸로 들고 테스트를 해 보면 엔진의 작동이 원활하지 않게 된다는 사실을 들 수 있다.

반면 엔진의 회전 표시창(반바퀴마다 주황색 심볼이 나타남)은 배럴의 정중앙에 두었는데 너무 작아서 가시성이 나빠졌다. 그래서 사용자로서는 심 회전을 확인하는 소소한 재미가 줄었다. 특히 0.3mm 모델은 심볼이 노란색이라서 거의 안 보인다.

물론 스탠다드 모델과 동일한 사양도 있다. 이중 노크도 그대로고 좌우 유격의 정도도 큰 차이가 없다. 선단부와 클립이 플라스틱인 점도 같다. 그러나 그립의 경우 플라스틱 소재인 엘라스토머로 바꿨고 길이 또한 길어져 그립감이 훨씬 좋아졌다. 디자인과 색상도 더 심플하고 모던해졌다. 이 샤프를 갖고 있다면 최소한 기존의 스탠다드 모델을 구입할 이유가 없다.

# 미쓰비시 유니 알파겔

## 샤카샤카 M5-617 / 618

| 1 | 출시년도 | 2003년 |
|---|---------|--------|
| 2 | 소비자 가격 | 600엔 |
| 3 | 심경 | 0.5mm |
| 4 | 생산지 | 일본 |
| 5 | 실측 길이 | 139mm |
| 6 | 실측 무게(심 제외) | 17.4g |
| 7 | 무게 중심(심 1개 포함) | 슬리브 끝에서 73mm |
| 8 | 배럴 재질 | 플라스틱 |
| 9 | 배럴 및 그립부 단면 | 원형 |
| 10 | 그립부 재질 / 길이 | 연질 실리콘 / 40mm |
| 11 | 그립부 평균 지름 | 13.5mm |
| 12 | 그립면 | 무늬나 요철 없이 매끈 |
| 13 | 클립 재질 / 길이 | 금속 / 47.5mm |
| 14 | 클립 시작 위치 | 슬리브 끝에서 81mm |
| 15 | 클립 탄력성(강도) | 강한 편 (기준: 펜텔 P205) |
| 16 | 심경도계 | 없음 |
| 17 | 지우개 | 있음 |
| 18 | 클리너핀 | 없음 |
| 19 | 선단부 재질 | 플라스틱 |
| 20 | 슬리브(촉) 재질 / 구조 | 금속 / 고정 파이프형 |
| 21 | 슬리브(촉) 길이 | 2.5mm |
| 22 | 슬리브(촉) 내경 | 0.62mm |

| 23 | 선단부 없이 노크 | 불가능 |
| 24 | 노크 강도 | 580g |
| 25 | 노크감 | 전형적인 물노크 |
| 26 | 노크음 | 작음 |
| 27 | 노크 후 심 당김 수준 | 약간 있음 |
| 28 | 메커니즘 분해 수준 | 분해 불가능 |
| 29 | 메커니즘 재질 | 전부 금속 |
| 30 | 클러치(척) 내부 표면 | 모눈형 홈 가공 |
| 31 | 심 배출량 | 노크 1회당 0.5mm |
| 32 | 심 배출까지의 노크 횟수 | 약 16회 |
| 33 | 유격(심 흔들림 중심) | 없는 편 |
| 34 | 기타 기능 및 참고 | 흔들이 노크 방식 |

필기구에서 그립감은 절대적으로 중요한 요소라서 한동안 그립부를 인체공학적으로 만드는 경쟁이 치열했다. 선두주자는 90년대 초에 출시된 파이롯트의 닥터그립이었고, 대항마로 제브라에서 개발한 것이 '에어피트'와 미쓰비시 유니에서 개발한 '알파겔'이었다. 그래서 샤프 커뮤니티에서 그립에 특화된 샤프 선호도 조사를 해보면 알파겔과 닥터그립이 박빙의 결과로 나온다.

## ● 충격흡수제 알파겔, 샤프 이름이 되다

알파겔αGEL, Alphagel은 원래 일본 타이카Taica 사에서 개발한 충격 흡수제이다. 달걀을 무려 6층 높이(18m)에서 낙하시켜도 충격을 흡수한다는 연질의 실리콘 소재가 알파겔이다. 그리고 이 소재를 샤프의 그립부에 적용한 것이 미쓰비시 유니의 알파겔이다. 엄밀히 말해 알파겔은 소재의 이름이고, 미쓰비시 유니가 이 알파겔을 그립에 적용한 제품의 이름을 알파겔이라고 정한 것이라고 할 수 있다. 예를 들어 쿠루토가 샤프의 여러 버전 중에도 알파겔 그립이 적용된 모델이 있는데 이를 '알파겔 쿠루토가', '알파겔 스위치' 등으로 명명하고 있다. 같은 식으로 유성 볼펜인 제트스트림에도 알파겔을 적용해 '제트스트림 알파겔'로 부르고 있다.

알파겔 그립의 겉면은 실리콘이다. 그 안쪽에 젤리와 같은 알파겔이 들어 있다. 그런데 샤프를 오래 사용하다 보면 겉면의 실리콘이 누렇게 변색되고 약해져 찢어지는 경우가 있다. 그렇게 되면 내부의 알파겔이 새어 나오게 되어 사용이 어려울 수 있다. 따라서 더더욱 날카로운 물건에 베이거나 찢어지지 않도록 주의해야 한다.(심지어 손톱에 의해서도 손상될 수 있다.) 그립을 억지로 분해하려다 그립이 손상되면 샤프 수명이 단축되므로 이 또한 금해야 한다. 알파겔 시리즈의 수명은 그립의 수명이라고 보면 맞다.

알파겔에도 여러 파생 모델이 있다. 그 중에서 흔들이 샤프 기능이 있는 알파겔 샤카샤카Shaka Shaka, シャカシャカ가 주력 모델이다. 이 샤프는 노브를 깊게 누르면 흔들이 기능을 잠글 수 있다. 그런데 잠근다는 것은 노크를 이미 누른 상태가 되는 것이기 때문에 이때는 흔들어도 심이 안 나오고 필기도 할 수 없게 된다.

한편 알파겔의 스탠다드 버전은 그립이 너무 말랑말랑해서 쉽게
찢어지기 쉽다. 그래서 이보다 경질의 알파겔 HD 또는 알파겔 HDⅡ
버전도 판매 중이다. 또한 배럴이 두툼한 샤카샤카 대신 후단 노크식의
날씬한 알파겔 슬림Slim도 인기가 많다.

미쓰비시 유니 알파겔 슬림

## ● 젤리 좋아해?

알파겔의 큰 장점은 역시 편안한 그립감이라 필기량이 많은
학생층에게 특히 인기가 많다. 학생들 사이에서 '젤리 샤프'라는
애칭으로 불릴 정도다. 이 샤프에 익숙해지면 다른 샤프는 손이 아파서
오래 필기하기 힘들 정도다. 하지만 물컹한 느낌이 사용자에 따라서는
심한 이질감을 줄 수 있고 필기 시 안정감도 떨어뜨려 선호하지 않는
사람도 많다.

덧붙여, 알파겔은 쿠루토가 스탠다드처럼 플라스틱 배럴 전체에
페인팅이 되어 있다. 같은 회사가 만든 쿠루토가의 페인팅이 다소
부실한 것과는 다르게 알파겔의 페인팅은 야무지게 되어 있다.

# 미쓰비시 유니

## 퓨어몰트 M5-2005

| | | |
|---|---|---|
| 1 | 출시년도 | 미확인 |
| 2 | 소비자 가격 | 2,000엔 |
| 3 | 심경 | 0.5mm |
| 4 | 생산지 | 일본 |
| 5 | 실측 길이 | 138mm |
| 6 | 실측 무게(심 제외) | 21.5g |
| 7 | 무게 중심(심 1개 포함) | 슬리브 끝에서 69mm |
| 8 | 배럴 재질 | 나무 |
| 9 | 배럴 및 그립부 단면 | 원형 |
| 10 | 그립부 재질 / 길이 | 나무 / 그립부 별도 구분 없음 |
| 11 | 그립부 평균 지름 | 11.5mm |
| 12 | 그립면 | 무늬나 요철 없이 배럴과 일체형 |
| 13 | 클립 재질 / 길이 | 금속 / 40mm |
| 14 | 클립 시작 위치 | 슬리브 끝에서 79mm |
| 15 | 클립 탄력성(강도) | 보통 |
| 16 | 심경도계 | 없음 |
| 17 | 지우개 | 있음 |
| 18 | 클리너핀 | 없음 |
| 19 | 선단부 재질 | 금속 |
| 20 | 슬리브(촉) 재질 / 구조 | 금속 / 콘형 (선단부 일체) |
| 21 | 슬리브(촉) 길이 | 2.8mm |
| 22 | 슬리브(촉) 내경 | 0.60mm |

| 23 | 선단부 없이 노크 | 불가능 |
|---|---|---|
| 24 | 노크 강도 | 500g |
| 25 | 노크감 | 약하게 끊기지만 찰진 느낌 |
| 26 | 노크음 | 중간 |
| 27 | 노크 후 심 당김 수준 | 적은 편 |
| 28 | 메커니즘 분해 수준 | 분해 불가능 |
| 29 | 메커니즘 재질 | 전부 금속 |
| 30 | 클러치(척) 내부 표면 | 모눈형 홈 가공 |
| 31 | 심 배출량 | 노크 1회당 0.6mm |
| 32 | 심 배출까지의 노크 횟수 | 5~6회 |
| 33 | 유격(심 흔들림 중심) | 없는 편 |
| 34 | 기타 기능 및 참고 | - |

미쓰비시 유니의 퓨어몰트Pure Malt는 목제 샤프 제품군을 통칭하는 이름이다. 여기에 속한 제품으로는 M5-5015, M5-2005, M5-1015, M5-1025, 퓨어몰트 제트스트림(멀티펜) 등이 있다. 다른 많은 일본 샤프와 마찬가지로 퓨어몰트 또한 모델명에서 제품 가격을 추측할 수 있다. 가령 M5-2005라면 정가가 2천 엔이다.

미쓰비시 유니 퓨어몰트 1015

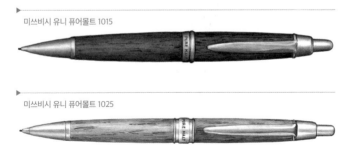

미쓰비시 유니 퓨어몰트 1025

## ◑ 나무와 샤프가 만났을 때

나무는 100년 이상 된 오크나무를 사용한다. 위스키용 오크통 상태 그대로 50년 이상 숙성시킨 소재라고 한다. 실제로 위스키 종류 중에는 퓨어몰트가 있다.

퓨어몰트 샤프는 유선형의 디자인에 중결링이 없어서 고급스러우면서도 군더더기가 없어 보인다. 라미의 2000 샤프와 외관이 많이 닮아서 비교대상으로 자주 언급된다.

라미 2000

목제 샤프라고 하니 거친 생나무의 느낌인가 하겠지만 퓨어몰트는 표면을 유광으로 마감 처리해서 매끈하다. 그래서 땀 찬 손으로 잡으면 땀이 흡수되지 않고 미끄러진다. 또 나무라서 가벼울 것 같지만 대개 목제 샤프들은 가볍지 않다. 나무만으로는 내구성이 약하고 나사산을 내기도 어렵기 때문에 안쪽을 금속으로 보강하기 때문이다.

퓨어몰트 시리즈 중에서 M5-2005, M5-1015, M5-1025는 외관도 비슷하지만 메커니즘이 동일하여 노크감과 소음 정도가 거의 같다. 클립은 나사 방식으로 조립되어 있어서 필기 시 불편하면 풀러서 제거하고 사용하면 된다. 중결링이 있는 모델은 중결링에 'PURE MALT'라고 인쇄되어 있는데 사용하다 보면 쉽게 지워진다.

슬리브는 선단부 일체형이라 내구성이 우수하다. 대신 짧은 콘 형태라서 필기할 때 답답함을 느낄 수 있다.

노크 시 스프링 장력은 강하진 않지만 노브의 끝단이 좁고 둥글기 때문에 여러 번 노크하면 손가락이 아프다.(특히 M5-1025가 그렇다.)

노크감은 찰지고 청량감이 있지만 소음이 꽤 크고 가벼운 느낌이 든다.


### ● 퓨어몰트에서 샤프심이 잘 부러진다?

퓨어몰트 사용자 후기 중에는 샤프심이 잘 부러진다는 얘기가 종종 있다. 유격이 크지 않고 선단부가 튼튼한 샤프에서 이런 현상은 좀처럼 일어나지 않지만, 만약 발생한다면 클러치 코어 내면이 매끄럽지 않고 거친 홈이 있기 때문일 가능성이 있다. 실제로 퓨어몰트 시리즈의 클러치 부분을 자세히 관찰해 보면, 심을 붙잡는 활동 코어의 표면에 X자 또는 모눈 형태로 깊은 홈이 패여져 있어서 약한 스프링 장력으로도 샤프심이 미끄러지지 않는다는 것을 알 수 있다. 그런데 이 상태에서 강한 필압으로 필기를 하면 코어부의 요철 표면에 의해 샤프심은 흠집이 나면서 부러지기 쉽게 된다.

마지막으로 퓨어몰트 역시 샤프심 넣는 곳이 깔대기 모양이라 한번 들어간 심은 쉽게 빠지지 않는다. 또한 5~6번의 매우 짧은 노크만으로 심 보관통의 심이 슬리브 밖으로 나온다.

# 미쓰비시 유니 Mx-552

| | | |
|---|---|---|
| 1 | 출시년도 | 미확인 |
| 2 | 소비자 가격 | 500엔 |
| 3 | 심경 | 0.3 / 0.4 / 0.5 / 0.7 / 0.9mm |
| 4 | 생산지 | 일본 |
| 5 | 실측 길이 | 143mm |
| 6 | 실측 무게(심 제외) | 12.4g |
| 7 | 무게 중심(심 1개 포함) | 슬리브 끝에서 60mm |
| 8 | 배럴 재질 | 플라스틱 |
| 9 | 배럴 및 그립부 단면 | 원형 |
| 10 | 그립부 재질 / 길이 | 금속 / 27mm |
| 11 | 그립부 평균 지름 | 9.0mm |
| 12 | 그립면 | 촘촘한 널링 가공 |
| 13 | 클립 재질 / 길이 | 금속 / 30mm |
| 14 | 클립 시작 위치 | 슬리브 끝에서 96mm |
| 15 | 클립 탄력성(강도) | 강한 편 |
| 16 | 심경도계 | 있음 (4H/3H/2H/H/F/HB/B/2B) |
| 17 | 지우개 | 있음 |
| 18 | 클리너핀 | 없음 |
| 19 | 선단부 재질 | 금속 |
| 20 | 슬리브(촉) 재질 / 구조 | 금속 / 고정 파이프형 |
| 21 | 슬리브(촉) 길이 | 4.0mm |
| 22 | 슬리브(촉) 내경 | 0.61mm |

| 23 | 선단부 없이 노크 | 불가능 |
|---|---|---|
| 24 | 노크 강도 | 620g |
| 25 | 노크감 | 미약하게 끊기고, 후반동도 작음 |
| 26 | 노크음 | 중간 |
| 27 | 노크 후 심 당김 수준 | 약간 있는 편 |
| 28 | 메커니즘 분해 수준 | 분해 불가능 |
| 29 | 메커니즘 재질 | 전부 금속 |
| 30 | 클러치(척) 내부 표면 | 톱니형 돌기 가공 |
| 31 | 심 배출량 | 노크 1회당 0.6mm |
| 32 | 심 배출까지의 노크 횟수 | 약 13회 |
| 33 | 유격(심 흔들림 중심) | 없는 편 |
| 34 | 기타 기능 및 참고 | – |

※ 위 내용은 심경 0.5mm 모델 기준

펜텔 그래프 1000의 대성공에 미쓰비시 유니는 제도 샤프 Mx-1052로 응수했다. 그러나 그래프 1000의 기세를 잠재우기에는 역부족. 오히려 다른 제도 샤프의 라인업까지 철수해야 하는 쓴맛을 봐야 했다. 결과적으로 미쓰비시 유니의 제도 샤프 가운데 현재 시중에서 구할 수 있는 모델은 엔트리급이라고 할 수 있는 Mx-552가 유일하다.(하나를 더 포함한다면, 전형적인 제도 샤프로 보기는 어렵지만 1천 엔짜리 시프트SHIFT가 있다.) Mx-552의 디자인은 딱 봐도 제도 샤프 그 자체이다. 배럴에 아예 '製圖用'제도용이라고 적혀 있다. 구형과

신형이 있으며, 구형의 경우 지우개 색상이 다르고
클리너 핀이 있었다.

Mx-552는 특별한 장점이나 단점이 없고 전체적으로
너무 평범하게 지금의 감각으로는 다소 올드하게
보인다. 특징이라면, 플라스틱 표면의 느낌이라
무게 중심이 내려온다는 점을 꼽을 수 있다. 한 가지
더 언급하자면, Mx-552는 엔트리급임에도 널링
가공된 그립을 갖고 있다는 사실이다. 그러나 요철이
까끌거릴 것 같지만 의외로 매끄럽다. 이렇게 널링
그립의 장점이 그다지 드러나지 않는 것도 Mx-552의
특징이라면 특징일까. 그립에 좀 더 신경 썼다면
느낌이 달라졌을 것이다. 실제로 시프트 샤프가
그렇다. 겉으로 보면 많이 비슷한 형태의 널링 가공을
했지만 그립감은 완전히 다르다.

사용자 중에는 Mx-552 그립부가 쉽고 깔끔하게
분리된다는 특성을 이용해 공방 등에서 그립만 별도
제작하여 교체하는 사람도 있다. 물론 시중에서 파는
연필용 고무 또는 스폰지 그립을 대신 끼워 사용해도
된다. Mx-552는 끊기는 느낌이 거의 없는 노크감에
클러치 링의 반동은 약간 있는데, 반동을 꼬집어
지적하기에는 뭔가 애매한 수준이다.

# 미쓰비시 유니

## 시프트 Mx-1010

| | | |
|---|---|---|
| 1 | 출시년도 | 미확인 |
| 2 | 소비자 가격 | 1,000엔 |
| 3 | 심경 | 0.3 / 0.4 / 0.5 / 0.7 / 0.9mm |
| 4 | 생산지 | 일본 |
| 5 | 실측 길이 | 144mm |
| 6 | 실측 무게(심 제외) | 19.3g |
| 7 | 무게 중심(심 1개 포함) | 슬리브 끝에서 58mm |
| 8 | 배럴 재질 | 플라스틱 |
| 9 | 배럴 및 그립부 단면 | 원형 |
| 10 | 그립부 재질 / 길이 | 금속 / 38mm |
| 11 | 그립부 평균 지름 | 9.5mm |
| 12 | 그립면 | 촘촘한 널링 가공 |
| 13 | 클립 재질 / 길이 | 금속 / 33mm |
| 14 | 클립 시작 위치 | 슬리브 끝에서 93mm |
| 15 | 클립 탄력성(강도) | 보통 |
| 16 | 심경도계 | 없음 |
| 17 | 지우개 | 있음 |
| 18 | 클리너핀 | 없음 |
| 19 | 선단부 재질 | 금속 |
| 20 | 슬리브(촉) 재질 / 구조 | 금속 / 수납형 파이프 |
| 21 | 슬리브(촉) 길이 | 3.7mm |
| 22 | 슬리브(촉) 내경 | 0.61mm |

| 23 | 선단부 없이 노크 | 불가능 |
|---|---|---|
| 24 | 노크 강도 | 680g |
| 25 | 노크감 | 딱딱 끊김은 있으나 반동은 없음 |
| 26 | 노크음 | 거의 무음 |
| 27 | 노크 후 심 당김 수준 | 거의 없음 |
| 28 | 메커니즘 분해 수준 | 분해 불가능 |
| 29 | 메커니즘 재질 | 전부 금속 |
| 30 | 클러치(척) 내부 표면 | 톱니형 돌기 가공 |
| 31 | 심 배출량 | 노크 1회당 0.5mm |
| 32 | 심 배출까지의 노크 횟수 | 약 18회 |
| 33 | 유격(심 흔들림 중심) | 약간 있음 |
| 34 | 기타 기능 및 참고 | - |

※ 위 내용은 심경 0.5mm 모델 기준

정식 명칭은 'Uni Shift Pipe Lock Drafting Pencil' 이지만 줄여서 'Uni Shift'로 부른다. 슬리브 수납 기능이 있는 기능성 제도 샤프로, 그립부를 돌려서(shift) 슬리브의 수납 여부를 조절한다. 슬리브가 들어간 상태에서는 노크가 되지 않기 때문에 필기를 하려면 슬리브를 반드시 노출시켜야 한다. 놀라운 것은, 이 전환 작동 중에 어떠한 긁힘이나 엉성함이 느껴지지 않는다는 사실이다. 단지 매우 부드럽고 고급스럽게 움직인다는 인상을 줄 뿐이다.

슬리브를 수납했을 때의 샤프 모습은 다소
기계적이고 남성적이다. 그러나 중간에 심경도를
표시하는 곳의 색깔이 감성을 자극해 딱딱함을
중화한다.

## ◖ 특이한 것 좋아하니?

그립부를 돌리면 슬리브가 나오고 심경도를 표시한
부위가 사라지면서 전형적인 제도 샤프가 된다.
이렇게 필기 모드가 되면 슬리브 길이가 3.7mm
정도 되므로 제도 샤프 범주에 들어간다.
시프트 샤프는 다이아몬드형 널링 가공을 해서 매우
우수한 그립감을 보여준다. 필자 개인으로서는
널링 그립 샤프 중에서 최상위 수준으로 본다. 그립
범위도 넓어서 어떤 파지把持 방식도 포용한다. 전체
무게는 무거운 편이지만 저중심으로 밸런스가 잘
맞고 클립이 작아서 필기 시 걸리적거리지 않는 등
좋은 필기감을 위한 여러 조건을 두루 갖춘 샤프임은
분명하다.
노크는 이중 노크 방식을 적용해, 노브를 눌러 약간
들어가게 한 상태에서만 작동된다. 이 과정에서
슬리브가 살짝 들락거린다. 이 현상은 수납식

슬리브를 구현하기 때문에 발생하며, 그 결과 슬리브가 최대 4.5mm까지 튀어나왔다가 최종 3.7mm 정도의 길이로 고정된다. 참고로 이것과 직접적인 관련은 없지만 시프트 샤프는 (일반 샤프에서 보이는) 노크 직후의 심 당김 현상이 거의 없다. 노크감은 딱딱 끊기는 맛이 있고, 클러치 링에 의한 타격감이나 소음은 매우 적어서 아주 조용하다. 노크감 자체로만 보면 플라스틱 메커니즘 샤프(가령 수능 샤프)와 유사하지만 그것과는 다른 나름의 개성이 있다. 특이한 외형 때문에 관상용이나 유희용 샤프가 아닐까 하겠지만 겉보기와 다르게 오히려 실사용으로 손색이 없다. 생각보다 내구성도 좋다. 성능에 비해서 인지도와 인기가 그에 못 미쳐 아쉬운 제품이 바로 시프트이다. 뛰어난 경쟁 샤프가 1천 엔의 동급 제품군에 다수 포진해 있는 시장 상황을 감안하더라도 말이다. 개성이 뚜렷하되 실사용으로도 적합한 샤프를 찾는다면 시프트에 관심 가져볼 만하다. 다만 수납형 슬리브이다 보니 좌우 유격이 발생한다는 사실을 고려해야 한다. 이 점 때문에 불호도 있다. 유격에 민감하지 않다면 전체적으로 호평인 사람이 많다.

# 제브라 델가드

| 1 | 출시년도 | 2014년 |
|---|---|---|
| 2 | 소비자 가격 | 450엔 |
| 3 | 심경 | 0.3 / 0.5 / 0.7mm |
| 4 | 생산지 | 일본 |
| 5 | 실측 길이 | 138.5mm |
| 6 | 실측 무게(심 제외) | 9.93g |
| 7 | 무게 중심(심 1개 포함) | 슬리브 끝에서 68mm |
| 8 | 배럴 재질 | 플라스틱 |
| 9 | 배럴 및 그립부 단면 | 원형 |
| 10 | 그립부 재질 / 길이 | 플라스틱 / 20mm |
| 11 | 그립부 평균 지름 | 10.2mm |
| 12 | 그립면 | 완만하고 부드러운 애뉼러 링 홈 |
| 13 | 클립 재질 / 길이 | 플라스틱 / 37mm |
| 14 | 클립 시작 위치 | 슬리브 끝에서 88mm |
| 15 | 클립 탄력성(강도) | 약함 |
| 16 | 심경도계 | 없음 |
| 17 | 지우개 | 있음 |
| 18 | 클리너핀 | 없음 |
| 19 | 선단부 재질 | 금속 |
| 20 | 슬리브(촉) 재질 / 구조 | 금속 / 콘형 |
| 21 | 슬리브(촉) 길이 | 3.0mm |
| 22 | 슬리브(촉) 내경 | 0.61mm |

| 23 | 선단부 없이 노크 | 불가능 |
|---|---|---|
| 24 | 노크 강도 | 850g |
| 25 | 노크감 | 강하고 짧게 딱딱 끊김 |
| 26 | 노크음 | 보통 |
| 27 | 노크 후 심 당김 수준 | 약간 있음 |
| 28 | 메커니즘 분해 수준 | 분해 불가능 |
| 29 | 메커니즘 재질 | 전부 금속 |
| 30 | 클러치(척) 내부 표면 | 톱니형 돌기 가공 |
| 31 | 심 배출량 | 노크 1회당 0.55mm |
| 32 | 심 배출까지의 노크 횟수 | 약 11회 |
| 33 | 유격(심 흔들림 중심) | 약간 있음 |
| 34 | 기타 기능 및 참고 | 샤프심 보호 기능 |

※ 위 내용은 심경 0.5mm 모델 기준

일본 문구업체 제브라Zebra는 1897년 '이시카와 펜촉 제작소'라는 이름으로 설립되었다. 1963년에 제브라로 회사명을 바꿔 현재까지 필기구 중심으로 사업을 이어가고 있다.

펜텔은 제도 샤프 이미지가 강하고 제브라는 팬시 샤프 이미지가 강하다. 그런데 제브라 샤프는 용도에 상관없이 가성비 좋기로 유명하다. 예컨대 제도 샤프 중 최고의 가성비는 제브라 드라픽스Drafix 300이, 필기 샤프에서는 제브라 에어피트Air Fit와 제브라 에스피나Espina가 꼽힌다. 심지어 수많은 100엔대 최저가 샤프 중에서도 단연 최고 가성비는 제브라의 타프리클립Tapli Clip과 짐메카Jimmeca이다. 제브라 샤프는 갓성비에 디자인까지 젊은 세대와 잘 맞아서 학생들이 많이 찾는다.

제브라의 대표적인 샤프로는 델가드DelGuard가 있고 볼펜에서는

사라사Sarasa와 스라리Surari가 있다. 샤프와 볼펜을 결합한

멀티펜에서는 1977년에 제브라가 세계 최초로 출시한 샤보Sharbo를

꼽을 수 있다. 현재까지도 샤보 시리즈의 명성이 높다.


## ● 심 보호 기능에 진심인 델가드

제브라의 델가드는 미쓰비시 유니의 쿠루토가의 대항마로 출시되었고,

실제로도 둘은 서로 자주 비교된다. 인기 면에서 쿠루토가만큼은

아니라는 것이지 델가드 또한 사랑받는 제품으로, 제브라의 현행 주력

모델이다. 델가드라는 이름은 '나오다'라는 뜻의 일본어 데루出る와

'보호하다'라는 의미의 영어 가드Guard의 합성어이다. 이름에서 알 수

있듯이 심을 부러뜨리지 않고 보호하는 것이 델가드의 핵심 기능이다.

물론 심 보호 기능이 델가드에만 있는 것은 아니다. 이미 많은 샤프

제품에 심 쿠셔닝이 적용되어 있고, 플래티넘 오레누OLEeNU처럼

선단부를 강화함으로써 심을 보호하는 샤프가 있는가 하면, 펜텔

오렌즈처럼 슬라이딩 슬리브를 통해 심을 강력하게 보호하는 샤프도

있다.

델가드 샤프는 가장 '적극적'이고 '공격적'으로 심을 보호한다. 심

쿠셔닝은 기본으로 장착되어 있어서 수직 방향의 힘을 완충한다. 수직

방향뿐만이 아니다. 필기 시 샤프가 기울어진 상태에서 심이 큰 힘을

받는 경우 슬리브가 자동으로 끌려 내려와 심 전체를 감싸서 부러짐을

방지한다. 다시 말해 델가드의 슬리브는 수평 방향의 힘을 받는 경우

아래로 튀어나오게 되어 있다. 참고로 0.3mm 샤프심은 0.5mm보다

더 낮은 필압에서도 상대적으로 더 부러지기 쉬우므로 슬리브가

튀어나오는 조건도 거기에 맞게 설계되어 있다. 이에 대해서는 2장에서

자세하게 설명한 바가 있다.(107쪽 참조)

▶

힘 방향(수직/경사)에 따른 델가드의 심 보호 기능

결과적으로 델가드 시스템은 샤프심의 부러짐 현상을 확실히 줄였다.

그렇다고 아예 없지는 않다. 펜텔 오렌즈나 미쓰비시 유니 쿠루토가

어드밴스와 비교하면 잘 부러지는 편이다. 게다가 요즘은 0.5mm

이상의 심경에서 강도 높은 샤프심이 많기 때문에 과거에 비해 심 보호

기능이 중요하지 않다. 또한 샤프심을 잘 부러뜨리지 않는 필기 습관을

가진 사용자에게는 별 효용이 없고 오히려 들락거리는 슬리브가 필기

시 방해거리만 될 뿐이다.

한편 선단 전체가 고정이 안 되어 있어 필기 시 흔들거림이 심할 것으로

예상되지만 실제로는 큰 힘을 주지 않는 한 유격 없는 필기가 가능하다.

물론 필압이 강하면 선단부가 들썩거리면서 흔들린다. 조금 과장해서 비유하자면 흔들리는 치아로 음식을 씹는 기분과 비슷하다.

델가드의 디자인은 현대적인 느낌이 물씬 난다. 다른 샤프에는 없는 특별한 기능이 있음을 어필하듯, 선단부를 투명하게 함으로써 기능이 동작하는 과정을 볼 수 있게 했다. 외형적으로는 미쓰비시 유니의 쿠루토가와 닮았다. 노크감은 매우 딱딱하고 강하게 끊기며, 여운이 적어서 더욱 짧게 느껴진다. 이런 노크감은 펜텔의 제도 샤프의 것과는 많이 달라서 호불호가 있을 수 있는데 필자로서는 매우 선호한다.

그립부는 투명한 배럴 표면에 물결 느낌의 완만한 굴곡을 형성시킨 것이라서 그립감이 특별히 좋다고 보기는 어렵다. 또한 그립부와 배럴 및 클립 모두 플라스틱이다 보니 내구성이 약하다는 단점이 있다. 특히 투명한 그립부는 금이 가거나 잘 깨지고, 클립은 쉽게 부러진다.

델가드는 제브라의 주력 제품인 만큼 파생 모델도 많다. 예를 들면, 투명한 바디에 스탠다드 모델을 살짝 경량화한 라이트 모델은 델가드 샤프심과 함께 대형마트나 다이소에서(2024년 현재) 5천 원에 판매되고 있다. 또한 고무 재질의 그립을 갖고 있고 샤프를 거꾸로 세우면 지우개가 자동으로 튀어나오는 델가드 ER도 델가드 파생 모델이다. 놀랍게도 델가드 기능이 있는 멀티펜 모델도 있다.

▶
제브라 델가드 ER

# 제브라 드라픽스 300 DMx-300

| | | |
|---|---|---|
| *1* | 출시년도 | 2004년 |
| *2* | 소비자 가격 | 300엔 |
| *3* | 심경 | 0.3 / 0.5 / 0.7 / 0.9mm |
| *4* | 생산지 | 일본 |
| *5* | 실측 길이 | 143mm |
| *6* | 실측 무게(심 제외) | 8.45g |
| *7* | 무게 중심(심 1개 포함) | 슬리브 끝에서 68mm |
| *8* | 배럴 재질 | 플라스틱 |
| *9* | 배럴 및 그립부 단면 | 원형 |
| *10* | 그립부 재질 / 길이 | 플라스틱 / 30mm |
| *11* | 그립부 평균 지름 | 8.9mm |
| *12* | 그립면 | 촘촘한 애뉼러 링의 홈 |
| *13* | 클립 재질 / 길이 | 금속 / 31mm |
| *14* | 클립 시작 위치 | 슬리브 끝에서 90mm |
| *15* | 클립 탄력성(강도) | 강한 편 |
| *16* | 심경도계 | 있음 (4H/3H/2H/H/F/HB/B/2B) |
| *17* | 지우개 | 있음 |
| *18* | 클리너핀 | 없음 |
| *19* | 선단부 재질 | 금속 |
| *20* | 슬리브(촉) 재질 / 구조 | 금속 / 고정 파이프형 |
| *21* | 슬리브(촉) 길이 | 4.0mm |
| *22* | 슬리브(촉) 내경 | 0.61mm |

| 23 | 선단부 없이 노크 | 불가능 |
| 24 | 노크 강도 | 730g |
| 25 | 노크감 | 짧게 딱딱 끊기는 편 |
| 26 | 노크음 | 보통 |
| 27 | 노크 후 심 당김 수준 | 매우 적은 편 |
| 28 | 메커니즘 분해 수준 | 분해 불가능 |
| 29 | 메커니즘 재질 | 전부 금속 |
| 30 | 클러치(척) 내부 표면 | 별도 가공 없이 매끈 |
| 31 | 심 배출량 | 노크 1회당 0.7mm |
| 32 | 심 배출까지의 노크 횟수 | 약 13회 |
| 33 | 유격(심 흔들림 중심) | 거의 없음 |
| 34 | 기타 기능 및 참고 | - |

※ 위 내용은 심경 0.5mm 모델 기준

제브라의 드라픽스Drafix 300은 실사용 제도 샤프
추천 리스트에서 펜텔의 P205와 함께 가장 많이
언급되는 제품이다. 절대적으로 성능도 빠지는
게 없지만 가성비도 제도 샤프 가운데 최강으로
평가받는다. 또한 강한 내구성은 수많은 사람의 오랜
사용 경험을 통해 입증되어 찬사를 받고 있다. 한편
드라픽스 300보다 상위 모델인 드라픽스 1000이
있었는데 펜텔 그래프 1000에 밀려서 일찌감치
단종되었다.

샤프의 기본 색상은 검정이고, 심경에 따라 심경도

표시링의 색상만 달리하고 있다.(다만 0.5mm 심경의

경우 바디 전체에 밝고 화려한 색상을 채용한 F 모델이 있다.)

또한 배럴에 글자와 함께 긴 직선이 인쇄되어 있는데

심경에 따라 직선 굵기에 변화를 주었다. 가령 0.5mm

모델이라면 굵기가 0.5mm 정도 된다.

메커니즘은 금속 소재로, 다소 짧고 딱딱한 느낌이다.

비교하자면 앞서 소개한 델가드와 비슷하고(그렇다고

델가드와 동일한 메커니즘은 아니다.) 뒤에 소개할 필기용

샤프(에어피트, 에스피나, 타프리클립, 짐메카 등)의

쫀득함과는 다른 느낌을 준다. 하지만 그 느낌은

개체마다 조금씩 달라서 같은 드라픽스 300이라도

어떤 것은 펜텔 P205와 비슷한 노크감을 내고, 어떤

것은 제브라 델가드와 유사한 노크감을 보여준다.


### ◉ 플라스틱 그립의 최고 맛집

그립부에는 수십 개의 홈이 애늘러 링 형태로

촘촘하게 나 있다. 이는 펜텔 PG5의 그립감과 매우

비슷한데, 플라스틱 그립으로 만들 수 있는 가장

훌륭한 그립감 중의 하나이다. 만약 드라픽스 300의

그립이 미끄럽게 느껴진다면 어떤 플라스틱 그립의

샤프도 만족스럽지 못할 것이다. 그만큼 플라스틱

그립 중에서 최상위 그립감을 자랑한다. 여기에 그립부의 직경이 P205보다 살짝 두툼해서 일상 속 필기 상황에 적합하고 클립이 좀 더 위에 있어서 덜 불편하다. 하지만 심경도계가 그립부에 붙어 있어서 필기 시 걸리적거릴 수 있다.

단점을 꼽는다면, 노브가 쉽게 빠져서 잃어버리기 쉽다는 것이다. 노브가 너무 작고 짧기 때문에 생기는 일이다. 만약 배럴에 깊숙하게 삽입되는 노브라면 잘 안 빠지는데, 드라픽스 300의 노브는 심하게 작고 짧아서 약하게 고정된다. 게다가 사용할수록 점점 헐거워진다. 그러므로 미리 스카치 테이프 등을 이용해서 노브를 뻑뻑하게 고정해두는 것이 좋다. 또 다른 단점으로, 배럴에 인쇄된 글자가 쉽게 지워진다는 것을 들 수 있다. 사용하다 보면 어느새 흔적 없이 사라져버린 것을 발견한다. 마지막으로 경량 샤프를 좋아하지 않는 사용자는 이 샤프가 너무 가볍다고 지적한다.

이러한 호불호에도 불구하고 분명한 것은, 드라픽스 300은 합리적 가격으로 시중에서 쉽게 구할 수 있고 심경이 다양하게 구비되어 있는 꽤 훌륭한 샤프라는 점이다.

# 제브라 에어피트 LT <sup>MA61</sup>

**29**

| | | |
|---|---|---|
| 1 | 출시년도 | 2001년 |
| 2 | 소비자 가격 | 300엔 |
| 3 | 심경 | 0.5mm |
| 4 | 생산지 | 일본 |
| 5 | 실측 길이 | 145mm |
| 6 | 실측 무게(심 제외) | 12.3g |
| 7 | 무게 중심(심 1개 포함) | 슬리브 끝에서 59mm |
| 8 | 배럴 재질 | 플라스틱 |
| 9 | 배럴 및 그립부 단면 | 원형 |
| 10 | 그립부 재질 / 길이 | 실리콘 / 40mm |
| 11 | 그립부 평균 지름 | 11.1mm |
| 12 | 그립면 | 무늬나 요철 없이 매끈 |
| 13 | 클립 재질 / 길이 | 플라스틱 / 40.5mm |
| 14 | 클립 시작 위치 | 슬리브 끝에서 92mm |
| 15 | 클립 탄력성(강도) | 약함 |
| 16 | 심경도계 | 없음 |
| 17 | 지우개 | 있음 |
| 18 | 클리너핀 | 없음 |
| 19 | 선단부 재질 | 금속 |
| 20 | 슬리브(촉) 재질 / 구조 | 금속 / 슬리브 일체 콘형 |
| 21 | 슬리브(촉) 길이 | 3.0mm |
| 22 | 슬리브(촉) 내경 | 0.61mm |

| 23 | 선단부 없이 노크 | 불가능 |
| 24 | 노크 강도 | 450g |
| 25 | 노크감 | 약하게 끊기며 찰지고 쫀득 |
| 26 | 노크음 | 보통 |
| 27 | 노크 후 심 당김 수준 | 매우 적은 편 |
| 28 | 메커니즘 분해 수준 | 분해 불가능 |
| 29 | 메커니즘 재질 | 전부 금속 |
| 30 | 클러치(척) 내부 표면 | 톱니형 돌기 가공 |
| 31 | 심 배출량 | 노크 1회당 0.6mm |
| 32 | 심 배출까지의 노크 횟수 | 약 11회 |
| 33 | 유격(심 흔들림 중심) | 거의 없음 |
| 34 | 기타 기능 및 참고 | - |

※ 위 내용은 심경 0.5mm 모델 기준

그립감은 필기구에서 가장 중요한 특성에 속한다. 업체마다 그립을 특화한 샤프 모델을 출시해 경쟁도 치열하다. 대표적으로 파이롯트의 닥터그립, 미쓰비시 유니의 알파겔, 플래티넘의 글래머 소프트Glamour Soft, 그리고 제브라의 에어피트Air Fit를 들 수 있다. 제브라 외 다른 업체의 샤프를 보면, 그립부가 인체공학적 설계이거나 특수 소재로 되어 있는 등 일반 샤프와 다른 차별화된 특징이 있다. 그러나 제브라의 에어피트는 단단한 실리콘 소재에 특별한 굴곡도 없다. 한마디로 일반 샤프와 비교했을 때 큰 이질감이 없어 그립감이 무난하다.

그립부 역시 별다를 것 없는 매끈한 원형이지만 길이가 길어서 어떻게 잡아도 편하다. 다만 에어피트라는 이름에 걸맞게 얇은 실리콘 사이에 공기층이 있어 적당한 쿠션을 준다. 대신 보통의 실리콘 그립이 그렇듯 먼지가 잘 묻고 오래 사용하면 변색된다.

## ◗ 날씬한 샤프를 원하십니까?

에어피트는 전형적인 필기용 샤프인 데다 가격도 저렴해서 학생층의 수요가 많다. 특히 필기용 시장에서는 여성 사용자가 중요한데, 에어피트는 디자인과 색상 면에서 딱 여성 취향이다. 에어피트 중에서 스탠다드 모델은 다소 두툼하지만 에어피트 LTLight는 적당히 슬림해서 훨씬 인기가 많다.

노크는 제브라의 여러 샤프에서 공통적으로 느낄 수 있는 쫀득하고 찰진 느낌이다. 다른 일반 샤프에 비해 작은 힘으로 노크가 되기 때문에 끊기는 느낌이 적고 반동이 작다. 따라서 조용하고 차분하면서 청량한 느낌의 노크를 경험할 수 있다. 이는 금속 메커니즘의 코어 부분 중 샤프심을 고정하는 내면에 톱니 모양의 홈이 파여져 있어, 약한 스프링으로도 심을 충분히 잡을 수 있기 때문이다. 이 메커니즘은 제브라의 다른 샤프에도 공용으로 많이 적용되고 있다. 뒤에 등장하는 에스피나, 타프리클립, 컬러플라이트Color Flight, 텍투웨이Tect 2 Way 등이 여기에 해당한다.

한편 슬리브가 콘형으로 선단과 일체화되어 있어서 일반 샤프의 파이프형 슬리브에 비해서 뭉툭하지만 확실히 내구성은 좋다.

# 제브라 에스피나 <sup>MA3</sup>

| | | |
|---|---|---|
| 1 | 출시년도 | 미확인 |
| 2 | 소비자 가격 | 300엔 |
| 3 | 심경 | 0.5mm |
| 4 | 생산지 | 일본 |
| 5 | 실측 길이 | 138mm |
| 6 | 실측 무게(심 제외) | 13.3g |
| 7 | 무게 중심(심 1개 포함) | 슬리브 끝에서 62mm |
| 8 | 배럴 재질 | 플라스틱 (표면은 실리콘) |
| 9 | 배럴 및 그립부 단면 | 원형 |
| 10 | 그립부 재질 / 길이 | 실리콘 / 그립부 별도 구분 없음 |
| 11 | 그립부 평균 지름 | 10.0mm |
| 12 | 그립면 | 무늬나 요철 없이 배럴과 일체형 |
| 13 | 클립 재질 / 길이 | 플라스틱 / 40mm |
| 14 | 클립 시작 위치 | 슬리브 끝에서 82mm |
| 15 | 클립 탄력성(강도) | 약함 |
| 16 | 심경도계 | 없음 |
| 17 | 지우개 | 있음 |
| 18 | 클리너핀 | 없음 |
| 19 | 선단부 재질 | 금속 |
| 20 | 슬리브(촉) 재질 / 구조 | 금속 / 슬리브 일체형 콘 타입 |
| 21 | 슬리브(촉) 길이 | 3.0mm |
| 22 | 슬리브(촉) 내경 | 0.61mm |

| 23 | 선단부 없이 노크 | 불가능 |
|----|----------------|--------|
| 24 | 노크 강도 | 530g |
| 25 | 노크감 | 약하게 끊기며 찰지고 쫀득 |
| 26 | 노크음 | 조용한 편 |
| 27 | 노크 후 심 당김 수준 | 매우 적은 편 |
| 28 | 메커니즘 분해 수준 | 분해 불가능 |
| 29 | 메커니즘 재질 | 전부 금속 |
| 30 | 클러치(척) 내부 표면 | 톱니형 돌기 가공 |
| 31 | 심 배출량 | 노크 1회당 0.7mm |
| 32 | 심 배출까지의 노크 횟수 | 약 9회 |
| 33 | 유격(심 흔들림 중심) | 거의 없음 |
| 34 | 기타 기능 및 참고 | - |

※ 위 내용은 심경 0.5mm 모델 기준

제브라 에스피나Espina는 에어피트와 함께 필기용
샤프의 전형이라고 봐도 될 정도로 대중적인 샤프이다.
에스피나 또한 학생들의 수요가 대단하다. 노크 소음이
작아서 학교나 카페, 독서실에서 사용하기 좋기 때문이다.
외양을 보면, 심플한 바디에 펄이 들어 있고 다양한
색상으로 출시돼 팬시 문구의 느낌이 난다. 그래서
여성 사용자에게 인기가 좋다. 오프라인 문구점에서
쉽게 구할 수 있고 가격까지 저렴해서 최상급의
가성비 샤프로 불리는 만큼 한 교실에서 에어피트나
에스피나를 사용하는 학생이 보통 여러 명 된다.

## ● 뾰족한 가시가 하나 있는 에스피나

에스피나는 전체적으로 유선형인데다가 길이가 약간 짧아서(138mm) 아담해 보인다. 슬리브가 길지 않음에도 필기감은 의외로 날카롭고 정교한 느낌을 준다. 후단부에서 선단부로 가면서 점점 가늘어져 한 곳(슬리브)으로 집중되는 모양이기에 더 그렇다. 그래서인지 필기 집중력이 좋은 편이다. 바로 여기서 왜 샤프 이름을 '뾰족한 가시'라는 의미의 스페인어 에스피나Espina로 했는지 짐작할 수 있다.

이름에서의 느낌과는 달리 에스피나 샤프는 사각거림이 없이 부드럽고 단단한 필기감을 선사한다. 통상 저가형 샤프의 경우 통울림이 너무 심해서 종이면과의 마찰과 진동이 심을 통해 그대로 전달되곤 하는데 에스피나는 그렇지 않다. 또 다른 장점으로, 어떤 파지법에도 그립감이 좋다는 점을 들 수 있다. 별도의 그립 영역 없이 배럴 전체가 실리콘으로 되어 있기 때문이다. 다만 실리콘의 특성상 오래 사용하면 누렇게 변색된다.

흥미로운 것은, 그립과 배럴의 실리콘이 마치 튜브처럼 쉽게 분해된다는 점이다. 따라서 원하면 그립만 다른 색상으로 교체해서 사용해도 된다.

에스피나는 커다란 금속 선단부로 인해 저중심이
됨에 따라 필기 안정성은 좋아졌지만, 떨어뜨렸을
때 슬리브가 파손될 수 있는 우려는 커졌다. 하지만
슬리브 형태가 짧고 굵은 콘형인 데다가 선단부와
일체화되어 있어서 내구성은 매우 뛰어나다.

메커니즘은 제브라 에어피트와 동일한 금속
메커니즘이라 노크감이나 소음 특성이 거의 같다.
즉 전형적으로 청량하고 찰진 노크감인데 호불호의
영역이라 모든 사람이 만족한다고 말할 순 없지만
필자의 기준으로는 최상급이다.

보통 노브 끝단이 볼록하면 노크 시 손이 아플 수
있다. 하지만 에스피나는 노크 강도가 약해서 큰
문제가 안된다. 그런데 딱 한 가지, 작지도 않은
클립의 시작 위치가 너무 아래라는 점은 분명한
단점이다. 악명 높은 P205보다도 더 아래쪽까지
내려와 있다. 이것말고는 에스피나에서 단점을
찾기란 매우 어렵다. 실사에서 이 이상의 샤프가
필요할까 싶은 생각이 든다.

참고로 에스피나의 전신으로 프룬Prune이라는 샤프가
있었는데, 색상 외에는 거의 같다고 보면 된다.

# 제브라 타프리클립 <sup>MN5</sup>

| | | |
|---|---|---|
| 1 | 출시년도 | 미확인 |
| 2 | 소비자 가격 | 100엔 |
| 3 | 심경 | 0.5mm |
| 4 | 생산지 | 일본 |
| 5 | 실측 길이 | 145mm |
| 6 | 실측 무게(심 제외) | 10.9g |
| 7 | 무게 중심(심 1개 포함) | 슬리브 끝에서 80mm |
| 8 | 배럴 재질 | 플라스틱 |
| 9 | 배럴 및 그립부 단면 | 원형 |
| 10 | 그립부 재질 / 길이 | 고무 / 35mm |
| 11 | 그립부 평균 지름 | 9.9mm |
| 12 | 그립면 | 무늬나 요철 없이 매끈 |
| 13 | 클립 재질 / 길이 | 플라스틱(바인더형) / 45mm |
| 14 | 클립 시작 위치 | 슬리브 끝에서 89mm |
| 15 | 클립 탄력성(강도) | 약함 |
| 16 | 심경도계 | 없음 |
| 17 | 지우개 | 있음 |
| 18 | 클리너핀 | 없음 |
| 19 | 선단부 재질 | 플라스틱 |
| 20 | 슬리브(촉) 재질 / 구조 | 금속 / 콘형(수납 방식) |
| 21 | 슬리브(촉) 길이 | 3.0mm |
| 22 | 슬리브(촉) 내경 | 0.61mm |

| 23 | 선단부 없이 노크 | 불가능 |
| 24 | 노크 강도 | 480g |
| 25 | 노크감 | 약하게 끊기며 찰지고 쫀득 |
| 26 | 노크음 | 약간 큰 편 |
| 27 | 노크 후 심 당김 수준 | 적은 편 |
| 28 | 메커니즘 분해 수준 | 분해 불가능 |
| 29 | 메커니즘 재질 | 전부 금속 |
| 30 | 클러치(척) 내부 표면 | 톱니형 돌기 가공 |
| 31 | 심 배출량 | 노크 1회당 0.7mm |
| 32 | 심 배출까지의 노크 횟수 | 약 7회 |
| 33 | 유격(심 흔들림 중심) | 약간 있음 |
| 34 | 기타 기능 및 참고 | – |

100엔짜리 최저가 샤프는 업체마다 출시하고 있는데 이들 사이에는 몇 가지 공통점이 있다. 우선, 투명한 플라스틱 재질에 고무 그립이고 수납형 슬리브를 갖고 있다. 생산지는 대부분 중국이다. 최저가 모델인 만큼 대개 플라스틱 메커니즘이다. 플라스틱 메커니즘이 꼭 나쁘다는 것은 아니지만 일반적으로 노크감이 떨어지고 심의 방출량이 정교하게 통제되지 않는 경우가 많은 편이다.

이번에 소개하는 제브라의 타프리클립Tapli Clip은 예외적으로 금속 메커니즘을 적용한 일본산 100엔 제품이다. 최저가 샤프에 금속 메커니즘을 썼다는 사실만으로도 특별하고 경쟁력이 있지만 다른 사양도 매우 뛰어나서 제브라 짐메카와 함께 100엔 샤프의 최강자라 하기에

손색이 없다. 국내에서는 온라인 최저가로 1천 원 미만이니 극강의
가성비라 할 수 있다. 대중교통 기본 요금에도 훨씬 못 미친다.

## ◐ 샤프심 어디까지 써봤니?

타프리클립의 타프리Tapli는 '듬뿍, 푹, 잔뜩, 넉넉히, 충분히'라는
뜻의 일본어 たっぷり에서 왔다. 이 단어가 샤프와 무슨 상관일까.
풀어 설명하면, 타프리는 샤프심을 거의 끝까지 낭비 없이 사용할
수 있다는 의미를 담고 있다. 일반적으로 샤프는 샤프심을 끝까지
사용하지 못한다. 최대한 사용한다고 해도 대략 15mm 전후로 남아
결국 버려진다. 그런데 타프리클립은 잔심을 무려 3.5mm까지 쓸 수
있다고 한다. 이런 기능을 흔히 제로신, 또는 리드 맥시마이저Lead
Maximizer라고 한다.(심 절약 기능을 구현하는 몇 가지 방법에 대한 설명은 114쪽을
참고) 타프리클립은 그 중에서 가장 소극적이고 효과가 약한 방법을
사용하기 때문에 온전히 심 절약 기능이 있다고 말하기가 애매하다.
타프리클립의 방법은 이렇다. 짧아진 샤프심이 슬리브에서 흘러서
빠지지 않도록 보유척으로 하여금 단단히 잡게 하고, 배출될 새로운
샤프심과 잘 맞물리는 것은 물론 새로운 심이 잔심을 밀게 하기 위해서
선단 내 빈 공간을 가급적 최소화하고 보유척을 긴 고무 튜브처럼
만들었다. 그렇다면 실제로 제브라가 주장하는 수준의 짧은 심으로
필기가 가능할까? 필자의 테스트로는 3.5mm까지 가능하긴 하다.(단
뒤에서 새 심이 밀고 있어야 한다.) 하지만 노크할 때마다 메커니즘에서

원천적으로 발생하는 심 당김 때문에 빈 공간이 생기므로 이어진 필기에서 심이 살짝 들어가는 불편이 생긴다. 그러므로 아주 고가의 샤프심이 아닌 한 그런 불편을 감수하면서까지 짧아진 잔심을 사용할 사람은 드물 것이다. 그럼에도 이러한 최저가 샤프에서조차 조금이라도 차별화된 기능을 구현하고자 하는 노력은 높게 평가할 만하다.

이 샤프의 또 다른 특징은 클립이다. 제품명에 '클립'이라는 단어가 있는 것만 봐도 이를 알 수 있다. 타프리클립은 바인더형 클립이기 때문에 두꺼운 노트나 옷깃에도 꽂을 수 있다. 클립을 잘 보면 일본 환경협회의 'eco' 로고 표시가 있는데 타프리클립은 72퍼센트 재생 플라스틱을 사용한다고 한다. 참고로 바인더형 클립이 아닌 일반 클립을 적용한 '타프리'라는 이름의 샤프도 있었다.

메커니즘 소재는 앞에서 말한 바와 같이 금속이다. 에어피트 및 에스피나의 메커니즘과 동일해서 노크감이 비슷하지만 노크 소음은 통울림이 작용하여 더 크게 들린다. 약하게 눌러도 딱딱 끊기고 찰진 느낌이라 펜텔과는 다른 성격이지만 역시 명품 노크감이다. 타프리클립에 관한 리뷰글을 보면 노크감에 감탄하는 대목을 많이 볼 수 있다. 심 배출도 나무랄 데가 별로 없다. 슬리브는 콘형이지만 파이프형에 버금갈 정도로 날렵하다. 수납식이라서 선단과의 공차로 인해 유격이 발생한다. 그립은 고무 재질이며, 에어피트나 에스피나의 실리콘 그립보다는 미끄럽고 다소 헐겁다. 최대 단점이라면 클립이 너무 커서 무게 중심이 높아졌다는 것이다.

# 제브라 짐메카 <sup>KRM-100</sup>

| | | |
|---|---|---|
| 1 | 출시년도 | 1995년 |
| 2 | 소비자 가격 | 100엔 |
| 3 | 심경 | 0.5mm |
| 4 | 생산지 | 일본 |
| 5 | 실측 길이 | 145mm |
| 6 | 실측 무게(심 제외) | 9.23g |
| 7 | 무게 중심(심 1개 포함) | 슬리브 끝에서 77mm |
| 8 | 배럴 재질 | 플라스틱 |
| 9 | 배럴 및 그립부 단면 | 원형 |
| 10 | 그립부 재질 / 길이 | 고무 / 35mm |
| 11 | 그립부 평균 지름 | 9.4mm |
| 12 | 그립면 | 무늬나 요철 없이 매끈 |
| 13 | 클립 재질 / 길이 | 플라스틱 / 40mm |
| 14 | 클립 시작 위치 | 슬리브 끝에서 90mm |
| 15 | 클립 탄력성(강도) | 약함 |
| 16 | 심경도계 | 없음 |
| 17 | 지우개 | 있음 |
| 18 | 클리너핀 | 없음 |
| 19 | 선단부 재질 | 플라스틱 |
| 20 | 슬리브(촉) 재질 / 구조 | 금속 / 콘형 (수납 방식) |
| 21 | 슬리브(촉) 길이 | 3.0mm |
| 22 | 슬리브(촉) 내경 | 0.61mm |

| 23 | 선단부 없이 노크 | 불가능 |
|---|---|---|
| 24 | 노크 강도 | 470g |
| 25 | 노크감 | 약하게 끊기며 찰지고 쫀득 |
| 26 | 노크음 | 약간 큰 편 |
| 27 | 노크 후 심 당김 수준 | 적은 편 |
| 28 | 메커니즘 분해 수준 | 분해 불가능 |
| 29 | 메커니즘 재질 | 전부 금속 |
| 30 | 클러치(척) 내부 표면 | 톱니형 돌기 가공 |
| 31 | 심 배출량 | 노크 1회당 0.55mm |
| 32 | 심 배출까지의 노크 횟수 | 약 12회 |
| 33 | 유격(심 흔들림 중심) | 적은 편 |
| 34 | 기타 기능 및 참고 | - |

짐메카Jimmeca는 시중에서 타프리클립만큼 흔한 건 아니지만 많은 면에서 타프리클립의 형제 샤프라 할 수 있다. 1995년 출시된 이 샤프는 1996년에 일본 굿디자인상을 수상한 바 있다.

### ● 두 형제 중 누구를 선택할까?

타프리클립과 같거나 유사한 점이라면, 정가가 100엔이고 전체가 투명 플라스틱인 점, 고무 그립으로 재생 수지를 78퍼센트 사용한다는 점, 동일한 금속 메커니즘을 사용하기 때문에 노크감이나 소음이 비슷하다는 점이다.(참고로 짐메카의 초기 버전은 플라스틱 메커니즘을 사용했다.) 또한 콘형의 수납 가능한 슬리브라는 점도 같다.

타프리클립과 다른 점도 있다. 클립이 바인더형이 아닌 고정형이라는 것과 슬라이딩 슬리브의 보유척 고무가 다르다는 것이다. 이 보유척의 차이 때문에 짐메카 샤프는 제로신 기능이 탑재되어 있다고 주장하지 못한다. 하지만 실제로 사용해보면 제로신 기능이 있는 타프리클립과 별반 차이를 느끼지 못한다. 한마디로 짐메카 역시 타프리클립과 비슷한 방식에 의해 꽤 짧은 잔심까지 사용할 수 있다는 얘기다. 한편 짐메카 또한 노브 끝단이 볼록하므로 노크 강도가 컸다면 노크 시 손가락에 가해지는 자극이 강했을 것이다. 하지만 노크 강도가 매우 약한 편이라서 별 문제가 없다. 고무 그립은 타프리클립과 비슷해 보이지만 그리 헐겁지 않고 타이트하게 끼워져 있다.

정리하자면 짐메카는 바로 앞에서 설명한 타프리클립과 거의 차이가 없다. 그러므로 바인더형 클립의 샤프가 필요하다면 타프리클립을 선택하고 그 외의 조건이라면 짐메카가 나을 것이다.

# 제브라

## 컬러플라이트 <sup>MA-53</sup>

| | | |
|---|---|---|
| 1 | 출시년도 | 미확인 |
| 2 | 소비자 가격 | 300엔 |
| 3 | 심경 | 0.3 / 0.5mm |
| 4 | 생산지 | 일본 |
| 5 | 실측 길이 | 146mm |
| 6 | 실측 무게(심 제외) | 9.64g |
| 7 | 무게 중심(심 1개 포함) | 슬리브 끝에서 73mm |
| 8 | 배럴 재질 | 플라스틱 |
| 9 | 배럴 및 그립부 단면 | 6각형 |
| 10 | 그립부 재질 / 길이 | 플라스틱 / 28mm |
| 11 | 그립부 평균 지름 | 8.4mm |
| 12 | 그립면 | 애뉼러 링 홈(8줄의 얕은 골) |
| 13 | 클립 재질 / 길이 | 금속 / 30mm |
| 14 | 클립 시작 위치 | 슬리브 끝에서 97mm |
| 15 | 클립 탄력성(강도) | 강한 편 |
| 16 | 심경도계 | 없음 |
| 17 | 지우개 | 트위스트형(4.5×16mm) |
| 18 | 클리너핀 | 없음 |
| 19 | 선단부 재질 | 금속 |
| 20 | 슬리브(촉) 재질 / 구조 | 금속 / 고정 파이프형 |
| 21 | 슬리브(촉) 길이 | 4.0mm |
| 22 | 슬리브(촉) 내경 | 0.61mm |

| 23 | 선단부 없이 노크 | 불가능 |
|---|---|---|
| 24 | 노크 강도 | 460g |
| 25 | 노크감 | 약하게 끊기며 찰지고 쫀득 |
| 26 | 노크음 | 보통 |
| 27 | 노크 후 심 당김 수준 | 약간 있음 |
| 28 | 메커니즘 분해 수준 | 분해 불가능 |
| 29 | 메커니즘 재질 | 전부 금속 |
| 30 | 클러치(척) 내부 표면 | 톱니형 돌기 가공 |
| 31 | 심 배출량 | 노크 1회당 0.7mm |
| 32 | 심 배출까지의 노크 횟수 | 약 18회 |
| 33 | 유격(심 흔들림 중심) | 약간 있음 |
| 34 | 기타 기능 및 참고 | - |

※ 위 내용은 심경 0.5mm 모델 기준

컬러플라이트Color Flight는 여행을 모티브 삼아 다채로운 유럽의 색상을 담아보겠다는 의도로 기획된 샤프이다. 직역하면 '색깔 비행' 정도가 될 것이다. 이름에 걸맞게 다양한 색상으로 출시되었고, 반투명(클리어 컬러Clear Color) 제품도 있다.

### ◑ 잘자랐지만 평범한

지극히 고전적인 디자인을 채용해서인지 제브라의 컬러플라이트는 제도 샤프인 펜텔 P205를 많이 닮았다. 대신 펜텔 P205가 12각형 배럴인데 반해 컬러플라이트는 6각형 배럴이다. 그리고 제도 샤프임에도 노브에 트위스트형 지우개를 달았다. 이 조합이 생소해서 어딘가 어색해 보이기도 한다. 게다가 트위스트형치고는 지우개가 16mm 정도로 꽤 짧다.

메커니즘 소재는 금속이다. 메커니즘 자체는 역시 정가 300엔 이하의 다른 샤프의 것과 동일하다. 즉 에어피트, 에스피나, 타프리클립, 짐메카 등과 같은 메커니즘이다. 그러므로 노크감이나 노크음도 청량하고 찰지다는 느낌을 준다. 노크음의 크기는 보통 수준에 해당된다.(참고로 같은 메커니즘이라고 해도 배럴에 따라서 노크음의 크기가 달라진다.) 평균적인 굵기의 6각형 그립이라 안정적이며, 플라스틱임을 감안하면 그립감도 준수하다.

클립은 텍스웨이 샤프의 것과 동일하다. 언뜻 보면 생김새가 펜텔의 P205와 많이 비슷하지만 P205보다 조금 작고 위치도 위쪽에 있어서 필기 시 더 편하다.

한편 컬러플라이트의 슬리브는 약간 흔들거린다. 슬리브가 선단에 고정되는 부분을 보면 플라스틱 부품을 발견할 수 있는데, 바로 이 지점이 흔들림의 원인이다. 예민해서 유격이 느껴지는 사람이라면, 틈새에 접착제를 넣어서 단단히 고정시킨 후 사용해보는 것도 괜찮다. 이 샤프는 실제로 사용해보면 나무랄 데가 없지만 주목을 받기엔 디자인부터 거의 모든 면이 지극히 평범하다.

# 제브라
## 텍투웨이 라이트 <sup>MA-42</sup>

| | | |
|---|---|---|
| 1 | 출시년도 | 미확인 |
| 2 | 소비자 가격 | 600엔 |
| 3 | 심경 | 0.3 / 0.5 / 0.7mm |
| 4 | 생산지 | 일본 |
| 5 | 실측 길이 | 149mm |
| 6 | 실측 무게(심 제외) | 15.6g |
| 7 | 무게 중심(심 1개 포함) | 슬리브 끝에서 70mm |
| 8 | 배럴 재질 | 플라스틱 |
| 9 | 배럴 및 그립부 단면 | 원형 |
| 10 | 그립부 재질 / 길이 | 플라스틱 / 20mm |
| 11 | 그립부 평균 지름 | 10.4mm |
| 12 | 그립면 | 고무링 3개와 애뉼러 링 홈 2개 |
| 13 | 클립 재질 / 길이 | 금속 / 30mm |
| 14 | 클립 시작 위치 | 슬리브 끝에서 102mm |
| 15 | 클립 탄력성(강도) | 강한 편 |
| 16 | 심경도계 | 없음 |
| 17 | 지우개 | 있음 |
| 18 | 클리너핀 | 없음 |
| 19 | 선단부 재질 | 금속 |
| 20 | 슬리브(촉) 재질 / 구조 | 금속 / 고정 파이프형 |
| 21 | 슬리브(촉) 길이 | 4.0mm |
| 22 | 슬리브(촉) 내경 | 0.61mm |

| 23 | 선단부 없이 노크 | 불가능 |
|---|---|---|
| 24 | 노크 강도 | 240g |
| 25 | 노크감 | 매우 약한 끊김이 있는 물노크 |
| 26 | 노크음 | 매우 조용 |
| 27 | 노크 후 심 당김 수준 | 매우 적음 |
| 28 | 메커니즘 분해 수준 | 분해 불가능 |
| 29 | 메커니즘 재질 | 전부 금속 |
| 30 | 클러치(척) 내부 표면 | 톱니형 돌기 가공 |
| 31 | 심 배출량 | 노크 1회당 0.6mm(노브)~0.9mm(흔들이) |
| 32 | 심 배출까지의 노크 횟수 | 약 18회 |
| 33 | 유격(심 흔들림 중심) | 거의 없음 |
| 34 | 기타 기능 및 참고 | – |

※ 위 내용은 심경 0.5mm 모델 기준

제브라에는 드라픽스 300과 같은 전형적인 제도
샤프도 있지만 변형된 제도 샤프라고 할 수 있는
제품도 있다. 예를 들면 트위스트형 지우개를 부착한
컬러플라이트, 흔들이 기능이 있는 텍투웨이Tect 2
Way가 여기에 해당한다. 두 제품 모두 외형은 제도형
샤프와 다르지만 슬리브 길이가 4mm이기 때문에
제도 샤프로 분류 가능한 것이다.

텍투웨이에 적용된 흔들이 기능은 업체마다 지칭하는
고유의 이름이 있다. 제브라는 프리샤Frisha라고
부르며, 적용된 자사 샤프의 배럴에도 그렇게

표기한다. 미쓰비시 유니는 샤카샤카シャカシャカ,
파이롯트는 후레후레フレフレ라고 부른다.

## ◗ 흔들이 샤프의 매력을 최상위로 끌어올려라

텍투웨이는 금속 그립 버전과 플라스틱 버전(라이트)
두 가지가 있다. 금속 그립 버전은 라이트에
비해서 2배 정도 비싸고 무게도 8그램이나 더
나가 23.9그램이며, 지나치게 저중심이다. 따라서
필기용으로는 라이트 버전이 더 적합하다. 지금은
구입할 수 없지만 한때 텍트Tect라는 300엔짜리
저가형 모델도 있었다. 텍트는 외형적으로
텍투웨이와 비슷하나 흔들이 기능을 Off 할 수 없는
샤프였다.

통상 흔들이 샤프는 장단점이 크게 갈리기 때문에
일반 샤프처럼 대중화를 기대하기 어렵다. 흔들이
샤프의 가장 큰 장점은 장시간의 필기에 유리하다는
것이다. 다시 말해 자연스럽게 저중심이 되어
안정감이 좋고, 필기를 방해하지 않으면서 노크할
수 있기 때문에 오랜 시간 필기를 이어갈 수 있다.
하지만 아무래도 다른 샤프에 비해 두껍고 흔들 때
시끄러우며, 필통에 넣고 다닐 때 저절로 노크가

된다는 문제가 있다.

한편 대부분의 흔들이 샤프는 후단 노크가 가능하지만 대개 물노크라서 호감 가는 노크감이 아니다. 게다가 한 번 흔들 때마다 심이 너무 길게 배출되는 경우가 많다. 다시 집어넣으려면 후단 노브를 눌러줘야 하는데, 이렇게 되면 흔들이 샤프의 장점이 무색해진다. 또한 많은 경우 노브를 깊게 눌러야 노크가 되는 이중 노크인 것도 불편을 야기한다.

제브라의 텍투웨이는 이렇게 흔들이 샤프에서 지적되는 단점을 상당 부분 개선한 제품이다. 일단 두껍지 않다. 오히려 슬림하기까지 한 데다 제도 샤프다.(비슷한 제품으로 톰보 모노그래프가 있다.) 노크 소음이 크지 않고, 이중 노크가 아니다. 특히 흔들이 기능을 On/Off 할 수 있도록 했다. 중결링 부위의 스위치를 돌림으로써 흔들이 기능의 유무를 결정할 수 있다. 이 경우에도 후단 노크는 작동 가능하며, 한 번 노크 시 배출되는 샤프심의 길이도 필요 이상으로 길지 않다. 물론 다른 흔들이 샤프와 마찬가지로 심하게 흔들면 심 배출 길이도 증가한다. 텍투웨이 또한 저중심이라서 떨어뜨리게 되면 슬리브가 파손될 가능성이 일반 샤프보다는 크지만, 너무 무겁지 않아서 다른 흔들이 샤프보다는 파손 가능성이 낮다.

메커니즘은 에어피트, 에스피나, 타프리클립, 짐메카, 컬러플라이트와 동일하다. 하지만 같은 메커니즘이라도 사용된 스프링의 장력이나 조립 구조, 배럴의 특성 등에 따라서 노크감이나 노크 소음이 조금 또는 크게 달라진다는 점에서 텍스트웨이 역시 미묘한 차이점을 보인다. 다른 흔들이 샤프처럼 텍스트웨이도 매우 가벼운 물노크이기는 하지만 약간의 끊김이 있어서 노크감이 나쁘지 않다. 특히 후단 노크 시 꽤 조용하므로 독서실에서 사용하기 좋다.

그립감을 위해서 그립부 표면에 고무링이 3개 있으나 사용하다가 자주 빠져 불편함이 생기고 그립 성능에도 효과가 없으므로, 오히려 아예 빼고 쓸 수도 있다. 한편 클립은 컬러플라이트와 동일한데 그보다 크기가 작고 더 위쪽에 위치해 있어서 필기에 방해되지 않는다.

마지막으로 흔들이 기능의 On/Off에 따라 내부의 금속 튜브도 고정 또는 해제되는데, 만약 금속 튜브를 샤프의 상단에 위치시켜 고정하는 경우는 하단에 고정할 때보다 5mm 정도 고중심이 된다는 점도 독특한 부분이다.

# 제브라 미니 샤프 TS-3

| 1 | 출시년도 | 미확인 |
|---|---|---|
| 2 | 소비자 가격 | 300엔 |
| 3 | 심경 | 0.5mm |
| 4 | 생산지 | 일본 |
| 5 | 실측 길이 | 100mm |
| 6 | 실측 무게(심 제외) | 6.28g |
| 7 | 무게 중심(심 1개 포함) | 슬리브 끝에서 53mm |
| 8 | 배럴 재질 | 금속 |
| 9 | 배럴 및 그립부 단면 | 원형 |
| 10 | 그립부 재질 / 길이 | 금속 / 그립부 별도 구분 없음 |
| 11 | 그립부 평균 지름 | 5.6mm |
| 12 | 그립면 | 무늬나 요철 없이 배럴과 일체형 |
| 13 | 클립 재질 / 길이 | 금속 / 26mm |
| 14 | 클립 시작 위치 | 슬리브 끝에서 71.5mm |
| 15 | 클립 탄력성(강도) | 보통 |
| 16 | 심경도계 | 없음 |
| 17 | 지우개 | 있음 |
| 18 | 클리너핀 | 없음 |
| 19 | 선단부 재질 | 금속 |
| 20 | 슬리브(촉) 재질 / 구조 | 금속 / 고정 파이프형 |
| 21 | 슬리브(촉) 길이 | 1.3mm |
| 22 | 슬리브(촉) 내경 | 0.60mm |

| 23 | 선단부 없이 노크 | 불가능 |
|---|---|---|
| 24 | 노크 강도 | 520g |
| 25 | 노크감 | 딱딱 끊김은 있으나 반동은 없음 |
| 26 | 노크음 | 거의 무음 |
| 27 | 노크 후 심 당김 수준 | 매우 적음 |
| 28 | 메커니즘 분해 수준 | 분해 불가능 |
| 29 | 메커니즘 재질 | 플라스틱 클러치, 황동 클러치 링 |
| 30 | 클러치(척) 내부 표면 | 별도 가공 없이 매끈 |
| 31 | 심 배출량 | 노크 1회당 0.6mm |
| 32 | 심 배출까지의 노크 횟수 | 약 8회 |
| 33 | 유격(심 흔들림 중심) | 거의 없음 |
| 34 | 기타 기능 및 참고 | – |

실측 길이(100mm)를 보면 알겠지만 전형적인 필기용
샤프라기보다는 잠깐의 메모에 적합한 소형 샤프라
할 수 있다.(같은 모양의 볼펜도 판매 중이다.) 크기가 작고
가늘기 때문에 다이어리 등에 끼워서 사용하기에
좋다. 클립이 매우 작기 때문에 너무 두꺼운
수첩이나 노트는 곤란하다.

## ◑ 작은 것을 얻었으면 큰 것은 포기해야 한다

미니Mini라는 이름에 맞게 이 샤프는 모든 게
미니멀minimal하다. 사이즈는 물론이고 형태도

군더더기가 없다. 심지어 바디에 어떤 것도 인쇄하지 않을 정도로 심플함을 추구한다. 클립부에 'ZEBRA JAPAN'이라는 글자만 음각 표기되어 있을 뿐이다.

미니 샤프는 휴대용으로 특화된 만큼 내구성이 무엇보다 중요하다. 그래서 쉽게 휘거나 파손되지 않도록 전체를 스테인리스 스틸로 제작해 견고함을 높였고 슬리브도 짧게 만들었다. 소재로 인해 크기 대비 무게감을 얻는 대신 그립감이나 필기감은 많이 포기해야 한다. 그런데 생각해보면, 이 샤프의 굵기라면 그립을 아무리 개선한다고 해도 필기감엔 한계가 있기 마련이라서 어쩌면 지금과 같이 단순하고 미끄러운 표면이 더 나을 수도 있다.

메커니즘 소재는 플라스틱이지만 물노크는 아니다. 단단하고 끊김이 확실해서 준수한 노크감이다. 소음도 무음에 가까울 정도로 아주 작다. 가격도 별 부담 없는 정도의 수준이다.

정리하면, 미니 샤프는 작은 크기로 인해 장점과 단점 모두 갖고 있다. 분명한 것은, 크기가 작은 덕에 휴대용 샤프라는 틈새 시장에서 강한 존재감을 확보할 수 있었다는 것이다.

# 파이롯트 S3

| 1 | 출시년도 | 2000년 |
|---|---|---|
| 2 | 소비자 가격 | 300엔 |
| 3 | 심경 | 0.3 / 0.4 / 0.5 / 0.7 / 0.9mm |
| 4 | 생산지 | 일본 |
| 5 | 실측 길이 | 147mm |
| 6 | 실측 무게(심 제외) | 10.9g |
| 7 | 무게 중심(심 1개 포함) | 슬리브 끝에서 67mm |
| 8 | 배럴 재질 | 플라스틱 |
| 9 | 배럴 및 그립부 단면 | 원형 |
| 10 | 그립부 재질 / 길이 | 플라스틱 / 48mm |
| 11 | 그립부 평균 지름 | 9.7mm |
| 12 | 그립면 | 얕은 홈의 애뉼러 링 가공 |
| 13 | 클립 재질 / 길이 | 금속 / 31mm |
| 14 | 클립 시작 위치 | 슬리브 끝에서 99mm |
| 15 | 클립 탄력성(강도) | 보통 |
| 16 | 심경도계 | 없음 |
| 17 | 지우개 | 있음 |
| 18 | 클리너핀 | 있음 |
| 19 | 선단부 재질 | 금속 |
| 20 | 슬리브(촉) 재질 / 구조 | 금속 / 고정 파이프형 |
| 21 | 슬리브(촉) 길이 | 4.0mm |
| 22 | 슬리브(촉) 내경 | 0.60mm |

| 23 | 선단부 없이 노크 | 불가능 |
| 24 | 노크 강도 | 660g |
| 25 | 노크감 | 적당한 끊김과 반동 |
| 26 | 노크음 | 보통 |
| 27 | 노크 후 심 당김 수준 | 거의 없음 |
| 28 | 메커니즘 분해 수준 | 분해 불가능 |
| 29 | 메커니즘 재질 | 전부 금속 |
| 30 | 클러치(척) 내부 표면 | 6각 단면의 클러치 코어 |
| 31 | 심 배출량 | 노크 1회당 0.6mm |
| 32 | 심 배출까지의 노크 횟수 | 약 14회 |
| 33 | 유격(심 흔들림 중심) | 거의 없음 |
| 34 | 기타 기능 및 참고 | – |

※ 위 내용은 심경 0.5mm 모델 기준

파이롯트Pilot는 1918년 나미키 제작소並木製作所라는 이름으로
설립되어 1926년 파이롯트로 사명을 바꾼 이후 지금까지 100년
넘게 필기구 사업을 이어오고 있는 일본 기업이다. 우리나라에서
한때 '빠이롯트'로 표기하기도 했으나 '파이롯트'가 공식 이름이다.
파이롯트는 만년필과 볼펜으로 인기가 높은데, 특히 만년필의 경우
세일러Sailor, 플래티넘Platinum과 함께 일본의 3대 업체 중 하나이다.
펜텔의 제도 샤프 라인업 이름이 P나 PG로 시작한다면, 파이롯트의
제도 샤프 라인업은 S로 시작한다. S 시리즈에는 S3, S5, S10, S20,
S30의 5종이 있다. S 뒤에 붙은 숫자는 가격대를 의미한다. 가령 S3는
300엔, S20은 2천 엔임을 말한다.

같은 라인업에 속한 샤프 사이에는 공유하는 것이 많다. 디자인도

디자인이지만 많은 부품이 동일하거나 호환이 가능하다. 예컨대

선단과 클립 및 노브는 서로 바꿔서 조립할 수 있다. 다만 이들 부품은

모델에 따라 무광, 유광 등으로 구분되어 있다. 그래서 S20의 슬리브나

선단을 교체하기 위해서 이보다 저렴한 S3나 S10을 부품 적출용으로

구입하기도 한다.(재미있는 사실은, S 시리즈의 선단부를 펜텔의 120 A3 DX 샤프의

선단부로 대체할 수 있고 노크도 잘 된다는 것이다. 하지만 꽉 조여도 빈틈이 생긴다.)

한편 S 시리즈 내 제품 간에는 메커니즘도 공용이다. S3, S5, S10 모델은

서로 동일한 메커니즘이고, S20도 클러치 코어 자체는 같다.

S 시리즈의 또 한 가지 특이한 점은 모든 모델의 지우개에 클리너 핀이

끼워져 있다는 것이다. 지우개의 클리너 핀은 샤프 가격을 떠나서 안전

문제로 사라지는 추세이건만 이렇게 한 라인업 전체에, 그것도 저가형

샤프에까지 남아 있는 경우는 거의 유일할 것이다. 0.4mm 심경 모델이

있다는 점도 주목할 만하다. 시중에 0.4mm 샤프가 워낙 귀하기도

하지만 최저가로 구입할 수 있어서 더 반갑다.


### ◑  우리나라에서는 진가가 드러나지 않은 S3

S3의 그립부는 매우 넓어서 잡기는 편한 반면 얕은 홈의 애뉼러 링

그립이라서 손에 물기가 있을 경우 미끄럽다. 굵기는 약간 두꺼운

편이라, 만약 펜텔 P205나 제브라 드라픽스 300의 그립이 너무

가늘어서 불편하다면 S3가 좋은 선택이 될 것이다. 대신 예리하고

정교한 느낌은 확실히 덜하다.

S3는 최강의 가성비를 가졌음에도 우리나라에서는 많이 알려지지

않은 탓에 인기도 별반 얘기할 게 없다. 하지만 일본에서는 다르다.

파생 모델과 한정판이 출시될 정도로 호응이 높다. 예컨대 기존의

반투명한 색상 대신 불투명한 파스텔톤의 색상을 입히거나 완전

투명한 배럴에 심 보관통 색상을 다양화하는 식으로 변화를 줘서

새로운 S3의 모습을 선보인다. 또한 S3는 일본 전문가들 사이에서

드로잉용이나 만화용으로도 많이 사용되고 있다.

한편 S3, S5, S10 모델의 외형상 특이점은 배럴의 중앙에 작고 볼록한

돌기가 있다는 사실이다. 샤프가 구르지 않도록 하기 위해서라고는

하지만 사실 그 역할은 이미 클립이 담당하고 있다. 아마도 클립이 없을

때를 고려하지 않았을까 싶은데, 클립을 빼고 사용하는 경우란 거의

없다는 사실을 생각하면 별 효용성이 없는 듯하다.

S3의 메커니즘은 금속이다. 파이롯트의 샤프 메커니즘은 다른 업체의

것과는 다른 독특한 형상을 하고 있다. 일반적으로 샤프심을 고정하고

배출하는 부분인 클러치 코어는 둥근 구멍이지만 파이롯트의 것은

6각 단면이다. 보통 세 갈래 클러치가 샤프심을 6군데 '모서리'에서

잡아 준다면, 파이롯트의 클러치는 6군데 '면'에서 잡아주므로 심과의

밀착에 더 유리하다. 그 결과 클러치 코어 내면에 톱니나 홈을 가공하지

않아도 샤프심을 단단하게 고정할 수 있다.

S3의 노크감은 적당히 끊기고 반동과 소음도 동반한다. 펜텔 P205와

비슷하지만 더 경쾌하고 소란스러운 느낌이다.

정리하면, S3 모델은 전체가 플라스틱 바디의 보급형 샤프라는 점을 고려할 때 더는 바랄 게 없는 샤프이다. 기본기가 너무나 탄탄해 제도용, 미술용, 필기용 등 범용으로 사용하기에 손색이 없다. 참고로 S5 모델은 고무 그립이고 노브에 심경도계가 부착되었다는 점 외엔 S3와 거의 같다. S10 모델은 그립이 금속이고 널링 가공이 되어 있는데 표면이 거칠지 않고 부드러운 편이다. S 시리즈의 대표격 샤프인 S20 모델은 바디 전체가 합성목으로 되어 있다. S30 모델 역시 바디 전체 합성목이고, S20에 세미오토 기능을 탑재한 것이다.

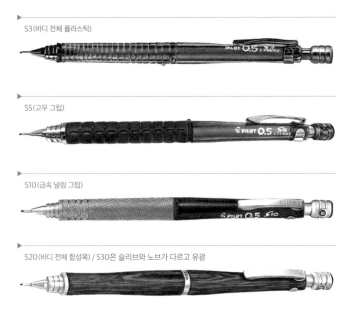

S3(바디 전체 플라스틱)

S5(고무 그립)

S10(금속 널링 그립)

S20(바디 전체 합성목) / S30은 슬리브와 노브가 다르고 유광

# 파이롯트 S20

| | | |
|---|---|---|
| 1 | 출시년도 | 2004년 |
| 2 | 소비자 가격 | 2,000엔 |
| 3 | 심경 | 0.3 / 0.5mm |
| 4 | 생산지 | 일본 |
| 5 | 실측 길이 | 148mm |
| 6 | 실측 무게(심 제외) | 17.9g |
| 7 | 무게 중심(심 1개 포함) | 슬리브 끝에서 62.5mm |
| 8 | 배럴 재질 | 합성목 (나무+수지 합성) |
| 9 | 배럴 및 그립부 단면 | 원형 |
| 10 | 그립부 재질 / 길이 | 합성목 / 그립부 별도 구분 없음 |
| 11 | 그립부 평균 지름 | 10mm |
| 12 | 그립면 | 무늬나 요철 없이 배럴과 일체형 |
| 13 | 클립 재질 / 길이 | 금속 / 31mm |
| 14 | 클립 시작 위치 | 슬리브 끝에서 100mm |
| 15 | 클립 탄력성(강도) | 보통 |
| 16 | 심경도계 | 있음 (2H/H/F/HB/B/2B) |
| 17 | 지우개 | 있음 |
| 18 | 클리너핀 | 있음 |
| 19 | 선단부 재질 | 금속 |
| 20 | 슬리브(촉) 재질 / 구조 | 금속 / 고정 파이프형 |
| 21 | 슬리브(촉) 길이 | 4.0mm |
| 22 | 슬리브(촉) 내경 | 0.60mm |

| 23 | 선단부 없이 노크 | 가능 |
| --- | --- | --- |
| 24 | 노크 강도 | 660g |
| 25 | 노크감 | 적당히 끊기는 느낌과 후반동 |
| 26 | 노크음 | 약간 큰 편 |
| 27 | 노크 후 심 당김 수준 | 거의 없음 |
| 28 | 메커니즘 분해 수준 | 분해 불가능 |
| 29 | 메커니즘 재질 | 전부 금속 |
| 30 | 클러치(척) 내부 표면 | 6각 단면의 클러치 코어 |
| 31 | 심 배출량 | 노크 1회당 0.65mm |
| 32 | 심 배출까지의 노크 횟수 | 약 13회 |
| 33 | 유격(심 흔들림 중심) | 거의 없음 |
| 34 | 기타 기능 및 참고 | - |

※ 위 내용은 심경 0.5mm 모델 기준

파이롯트의 S 시리즈에서 단연 최고의 인기 모델은 S20이다.
우리나라에서는 '스이공'이라는 애칭으로도 불린다. '우드 샤프'라
하면 흔히 미쓰비시 유니의 퓨어몰트와 함께 파이롯트 레그노Legno,
기타보쉬 우드노트를 꼽지만 파이롯트 S20도 세 모델 못지 않게 많이
언급된다. S20에 세미오토 기능을 탑재한 상위 모델 S30이 있지만 S
시리즈를 대표하는 모델은 S20이다. 압도적인 명성에 걸맞게 사용자
리뷰도 대단히 많다. 펜텔의 오렌즈 네로가 오렌즈 시리즈를 대표하는
만큼 사용 후기 또한 많은 것과 같다.

S20은 디자인 측면에서 S 시리즈에 속한 다른 모델과 통일감을
띠면서도 자기만의 아름답고 뚜렷한 개성을 지니고 있다. 특히 바디의

상중하를 타면서 유선형을 그리는 모습은 소위 'S 라인'을 형상화해 주목을 끈다.

## ● 원목인 듯 원목 아닌 원목 같은 샤프

S20은 우드 샤프로 분류되지만, 정작 배럴 소재는 원목이 아니다. 나무와 플라스틱 수지가 합성된 재질이다. 파이롯트에서는 이 합성목재를 코무뿌라이토コムプライト라고 부른다. COMPLITE®의 일본식 발음이다. 이 소재는 얇은 자작나무 판에 플라스틱 수지를 진공 함침시킨 후 고온 고압으로 압축 성형하여 두세 배의 강도를 구현한 적층 강화 목재다. 이때 수지의 색상에 따라서 배럴의 색이 결정된다. 이런 방법은 공방에서 수제 샤프를 제작할 때도 사용된다고 한다. 엄밀히 말해 합성목이고, 그래서 원목과는 느낌이 다를 것이라고 짐작하겠지만 표면을 무광으로 처리한 이 샤프를 실제 사용해보면 생각이 바뀐다. 예상과 달리 나무 표면의 느낌을 많이 느낄 수 있다. 한편 코무뿌라이토의 주요 특징 중 하나는 낮은 수분 흡수성인데, 아이러니하게도 필기구 커뮤니티에서 손에 땀이 많은 사람에게 가장 많이 추천되는 샤프가

바로 S20이기도 하다. 인간의 감각이 얼마나 엉성한지를 단적으로 보여주는 예라 할 수 있다. 어쨌든 S20은 합성 소재 사용을 통해 내구성과 나무 본연의 아날로그적 감성 모두를 잡은 셈이다. 샤프 색상은 다크 브라운, 딥 레드, 브라운, 마호가니, 블랙 등 다섯 가지가 있다. 이 중에서 다크 브라운의 선호도가 높다.

S20은 S3, S5, S10과는 다른 메커니즘을 사용한다. 일반적으로 목제 샤프는 내구성 문제 때문에 금속 소재로 바디를 보강한다. S20 역시 황동 나사로 된 금속 메커니즘을 사용하고 있다. 반면 S3, S5, S10는 플라스틱 나사를 적용하고 있다. 그래서 샤프 무게는 더 나가지만 기본적으로 클러치 코어 부분은 동일 부품이므로 노크감이나 소음 및 심배출량 등은 크게 다르지 않다. 하지만 노크는 개체마다 차이가 있어서 물노크인 경우도 있다.

### ● 비스킷에 비견되는 굴욕

항간에선 S20의 슬리브를 두고 '쿠크다스' 촉이라고 놀리기도 한다. 떨어뜨렸을 때 샤프 무게 때문에 슬리브가 쉽게 파손된다는 단점을 쉽게 부서지는 특정 과자에 비유한 표현이다. 그래서 S20은 파손 시 S3나 S10 등의 하위 모델에서 선단부를 적출하여 교체하기도 한다. 단 메커니즘 분해가 불가능하지는 않지만 내부의 접착제 때문에 쉽지 않을 수 있으니 무리한 시도는 삼가는 것이 좋다.

그립감은 딱 잡았을 때 부자연스러운 느낌이 전혀 없다. '착 감긴다'는 표현이 맞다. 배럴 상단을 가늘게 한 것도 기분 좋은 그립감에 한몫한다. 보통은 유선형 바디를 가진 샤프가 이런 그립감을 갖고 있다. 손에 착 감기는 그립감 때문인지 실사용 필기 샤프로 S20가 많이 추천된다. 특히 0.3mm 샤프에서는 펜텔의 제도 샤프와 함께 파이롯트의 S20이 가장 많이 언급된다.

샤프는 사용자마다 취향과 사용 목적이 달라서 어떤 샤프의 장점과 단점을 규정하기 어려운 경우가 있다. S20 또한 누군가에겐 장점인 부분이 누군가에겐 단점으로 지적되곤 한다. 그러나 여러 부분을 종합적으로 평가한다면 S20은 샤프계의 명작 중 하나임은 분명하다. 이러한 찬사에 비해 파생 모델이나 한정판이 드문 것도 의외이다. 참고로 파이프형이 아닌 콘형 슬리브의 S20 스탠다드 모델이 있었지만 단종되었다.

# 파이롯트
## 닥터그립 풀블랙

| | | |
|---|---|---|
| 1 | 출시년도 | 2009년 |
| 2 | 소비자 가격 | 800엔 |
| 3 | 심경 | 0.3 / 0.5 / 0.7mm |
| 4 | 생산지 | 일본 |
| 5 | 실측 길이 | 142mm |
| 6 | 실측 무게(심 제외) | 20.3g |
| 7 | 무게 중심(심 1개 포함) | 슬리브 끝에서 65mm |
| 8 | 배럴 재질 | 플라스틱 |
| 9 | 배럴 및 그립부 단면 | 원형 |
| 10 | 그립부 재질 / 길이 | 실리콘 / 48mm |
| 11 | 그립부 평균 지름 | 12.3mm |
| 12 | 그립면 | 무늬나 요철 없이 매끈 |
| 13 | 클립 재질 / 길이 | 금속 / 46mm |
| 14 | 클립 시작 위치 | 슬리브 끝에서 82mm |
| 15 | 클립 탄력성(강도) | 매우 강함 |
| 16 | 심경도계 | 없음 |
| 17 | 지우개 | 있음 |
| 18 | 클리너핀 | 없음 |
| 19 | 선단부 재질 | 금속 |
| 20 | 슬리브(촉) 재질 / 구조 | 금속 / 콘형 슬리브와 선단 일체형 |
| 21 | 슬리브(촉) 길이 | 3.0mm |
| 22 | 슬리브(촉) 내경 | 0.60mm |

| 23 | 선단부 없이 노크 | 불가능 |
|---|---|---|
| 24 | 노크 강도 | 540g |
| 25 | 노크감 | 끊김과 반동이 거의 없는 물노크 |
| 26 | 노크음 | 후단 노크는 거의 무소음<br>흔들이 노크는 소음이 큰 편 |
| 27 | 노크 후 심 당김 수준 | 약간 있음 |
| 28 | 메커니즘 분해 수준 | 분해 가능 |
| 29 | 메커니즘 재질 | 전부 금속 |
| 30 | 클러치(척) 내부 표면 | 6각 단면의 클러치 코어 |
| 31 | 심 배출량 | 노크 1회당 0.65mm<br>흔들이 1회당 0.80mm |
| 32 | 심 배출까지의 노크 횟수 | 약 6회 |
| 33 | 유격(심 흔들림 중심) | 거의 없음 |
| 34 | 기타 기능 및 참고 | 흔들이 노크 기능 |

※ 위 내용은 심경 0.5mm 모델 기준

파이롯트의 닥터그립Dr. Grip은 30년 이상 장수하는 볼펜 및 샤프 모델이다. 1991년 최초의 제품이 볼펜으로 출시되어 돌풍을 일으켰으며 이듬해 흔들이 방식의 노크를 적용한 닥터그립 샤프가 나왔다. 지금은 필기구에서 흔한 소재가 된 실리콘을 처음 사용한 제품이 바로 닥터그립이다. 사실 흔들이 기능도 파이롯트가 최초 개발했으니 샤프 역사에 굵직한 발자취를 남긴 셈이다.

닥터그립이라는 이름은 히로시 우도Hiroshi Udo라는 의사가 추진한 인체공학 관련 연구에서 유래한다. 우도 박사는 스트레스와 관절염으로 고통받는 환자가 편하게 쥐고 사용할 수 있는 필기구를 만들고자 고심했고 그 결과 탄생한 것이 닥터그립 샤프이다. 닥터그립이 대성공을 거두자 업체마다 그립감에 특화된 샤프를 출시하기 시작했다. 대표적으로 미쓰비시 유니의 알파겔, 제브라의 에어피트가 이렇게 탄생했다.(그립의 단단함을 말하자면, 닥터그립은 이들 샤프 중 중간 정도의 단단함을 갖고 있다.) 닥터그립은 인체공학적인 필기를 위해 그립의 소재만 특화한 것이 아니다. 전체 무게, 무게 중심 등 모든 밸런스를 고려하여 개발된 것이 바로 이 샤프다.

## ● 최적의 그립부는 어떻게 만들어졌나

파이롯트가 연구개발에 들인 시간과 노력은 헛되지 않았다. 닥터그립에 적용된 그립부는 최적에 가까운 것으로 평가받는다. 수십 년 동안 수많은 사람의 사용 경험에 의해서 편안함이 입증되고 있다. 베스트 그립감(특히 장시간 필기) 투표를 하면 대부분 닥터그립이 1등을 차지한다. 닥터그립의 탁월한 그립감을 의식한 듯 톰보 오르노OLNO 샤프는 그립부 형상이나 굵기가 닥터그립의 것과 거의 같다. 닥터그립에도 여러 파생 모델이 있지만 디자인은 초기와 비교해 크게 변하지 않았다. 그도 그럴 것이 그립부를 인체공학적으로 최적화(그립부 두께 13.8mm)한 샤프라는 평가를 받고 있는데 모양을 확 바꾼다면 그 과정과 성과를 부정하는 셈이 된다. 지금까지 색상, 클립 유무, 이중 그립, 그립의 단단함 수준 등에 변화를 줬을 뿐 그립부 형태 자체는 거의 그대로다. 내부 메커니즘도 마찬가지다. 최초의 오리지널 모델이 나온 다음 지스펙G-SPEC 모델에서 이중 그립을 적용해 내층은 물렁하게, 외층은 다소 딱딱하게 개선한 이후 지금까지 크게 바뀐 것이 없다. 그래도 진화의 결과인 지스펙의 그립은 쫀쫀하고 쫀득한 느낌이 섞여 있다. 최근에 출시되는 대부분의 닥터그립 제품은 지스펙의 그립에 기반하고 있다.

한편 닥터그립의 이중 그립 구조는 서로 분리할 수 있다. 분리 가능한 만큼 사용자가 그립감을 커스터마이징할 수도 있다. 즉 내부층의 그립을 제거하고 종이나 테프론 테이프 등으로 감싸서 더 단단하게 만들 수도 있다는 얘기다. 이 점을 상품화해 아예 파생 모델도 나와 있는데, 내부의 그립을 컬러풀하게 조합한 닥터그립 CL 플레이보더Play Border나 일부 그립을 금속으로 배열하여 무게나 무게 중심을 변경할 수 있는 닥터그립 CL 플레이밸런스Play Balance가 그것이다. 특히 닥터그립 CL 플레이보더의 경우 데코레이션 필름을 넣어서 디자인을 바꿀 수도 있다. 대신 이러한 특성 때문에 배럴이 너무 얇아져서 샤프를 쥐고 필기 시 삐걱거리는 소리가 난다는 단점도 있다.

▶ 닥터그립 CL 플레이보더

닥터그립 시리즈는 흔들이형 노크 방식을 채용한다.

(단 미니 샤프인 푸티모Putimo 모델은 제외한다.) 슬리브는
필기용의 콘형으로, 선단부와 일체화되어 있어서
유격이 작다. 흔들이형 샤프가 그렇듯 메커니즘은
물노크를 만들어낸다. 그래서 노브를 눌러서 노크해
보면 걸리는 느낌이나 소음이 거의 없다. 가장
시끄러운 소음을 내는 흔들이 기능과 가장 조용한
물노크를 모두 갖고 있다니 참으로 아이러니하다.
메커니즘 자체는 아주 약하게만 눌러도 노크가
되도록 설계됐지만 살짝 대는 정도에도 눌린다면
곤란하므로, 후단 노브엔 별도의 스프링을 달아
세게 눌러야만 노크가 되도록 장치했다. 그래서
결과적으로 닥터그립 시리즈는 이중 노크다.
미쓰비시 유니의 쿠루토가와 비슷하다고 할 수 있다.
다시 말해 노브를 누른 뒤 조금 더 들어갈 때까지
힘을 가해야 노크가 작동한다. 다른 업체의 흔들이
방식의 샤프도 이러한 이중 노크가 많다.


### ● 어른스럽고 성숙한 풀블랙

닥터그립 풀블랙Full Black은 라인업 중에서 상위
모델로, 금속 클립을 장착하고 무광의 블랙 색상으로

고급스러움을 더했다. 다른 모델이 낮은 연령층을 겨냥한 팬시 느낌이라면 풀블랙은 중장년층을 대상으로 한 듯 어른스럽고 성숙한 느낌이 난다. 나중에 출시된 퓨어화이트Pure White를 포함해 닥터그립 지스펙, 풀블랙, 플레이보더는 색상 외에는 기본적으로 동일한 샤프로 봐도 된다.

풀블랙이라는 이름답게 완전히 검은색이어야 하지만 클립이나 배럴에 있는 3개의 링은 컬러를 넣었다. 그래서 단조로울 수 있는 외형에 부담스럽지 않은 리듬감을 더했다. 단점은 일반적인 흔들이 샤프에서 지적되는 그것이다. 즉 휴대 및 이동 중 흔들림에 의해 심이 배출되기 쉽고, 흔들어 노크할 때 소리가 커서 독서실과 같은 특정 장소에서는 후단 노크를 사용해야 한다는 점이다.(단, 더 닥터그립The Dr. Grip 모델은 흔들이 기능 Off가 가능하다.) 그래서 내부의 금속추를 아예 제거하고 사용하기도 한다.(금속추의 무게는 3.6그램이다.) 또한 일반 샤프에 비해서 노크감이 좋지 않은 물노크이다. 한 가지 더, 실리콘 소재의 특성상 그립에 먼지가 많이 묻는데 물티슈나 알코올을 묻힌 천 등으로 닦으면 깨끗해진다.

필기감 측면에서 보자면 풀블랙은 장시간 필기용으로는 좋지만 정교한 글자를 써야 할 때는 적합하지 않다. 가령 수학 문제처럼 숫자와 기호를 한데 붙여 작게 써야 하는 경우 권하기 어렵다.

# 파이롯트 에어블랑 HA-20R3

| 1 | 출시년도 | 미확인 |
|---|---|---|
| 2 | 소비자 가격 | 200엔 |
| 3 | 심경 | 0.3mm |
| 4 | 생산지 | 일본 |
| 5 | 실측 길이 | 140mm |
| 6 | 실측 무게(심 제외) | 9.64g |
| 7 | 무게 중심(심 1개 포함) | 슬리브 끝에서 64mm |
| 8 | 배럴 재질 | 플라스틱 |
| 9 | 배럴 및 그립부 단면 | 원형 |
| 10 | 그립부 재질 / 길이 | 실리콘 / 43mm |
| 11 | 그립부 평균 지름 | 9.7mm |
| 12 | 그립면 | 무늬나 요철 없이 매끈 |
| 13 | 클립 재질 / 길이 | 플라스틱 / 40mm |
| 14 | 클립 시작 위치 | 슬리브 끝에서 84mm |
| 15 | 클립 탄력성(강도) | 약함 |
| 16 | 심경도계 | 없음 |
| 17 | 지우개 | 있음 |
| 18 | 클리너핀 | 없음 |
| 19 | 선단부 재질 | 금속 |
| 20 | 슬리브(촉) 재질 / 구조 | 금속 / 콘형 슬리브와 선단 일체형 |
| 21 | 슬리브(촉) 길이 | 2.0mm |
| 22 | 슬리브(촉) 내경 | 0.42mm |

| 23 | 선단부 없이 노크 | 불가능 |
|----|----|----|
| 24 | 노크 강도 | 580g |
| 25 | 노크감 | 적당한 끊김은 있으나 반동은 없음 |
| 26 | 노크음 | 매우 조용 |
| 27 | 노크 후 심 당김 수준 | 다소 있음 |
| 28 | 메커니즘 분해 수준 | 분해 불가능 |
| 29 | 메커니즘 재질 | 플라스틱 클러치, 황동 클러치 링 |
| 30 | 클러치(척) 내부 표면 | 별도 가공 없이 매끈 |
| 31 | 심 배출량 | 노크 1회당 0.65mm |
| 32 | 심 배출까지의 노크 횟수 | 약 9회 |
| 33 | 유격(심 흔들림 중심) | 거의 없음 |
| 34 | 기타 기능 및 참고 | - |

## ◗ 예외가 된 에어블랑

파이롯트 에어블랑Air Blanc은 투명한 실리콘
그립이 특징으로, 드물게도 0.3mm 전용 샤프다.
0.3mm임에도 플라스틱 메커니즘을 적용했다는
점도 매우 특이하다. (참고로 파이롯트의 렉스그립Rex
Grip의 경우 에어블랑과 같은 0.3mm 메커니즘을 사용한다.)
필자가 아는 한 0.3mm 심경에 플라스틱 메커니즘을
사용한 다른 업체의 샤프는 고쿠요 엔피츠 뿐이다.
그간 플라스틱 메커니즘은 0.5mm 이상의 샤프에
적용하고, 다른 심경에 플라스틱 메커니즘을

쓰더라도 0.3mm 심경에선 정밀성과 내구성 때문에 금속 메커니즘을 사용하는 것이 일반적이었다. 예를 들어 펜텔의 120 A3 DX 샤프는 기본적으로 플라스틱 메커니즘이지만 0.3mm에서만은 금속 메커니즘이다. 제노의 제도 샤프 라인업인 X5에서도 그렇다. 이 범주에서 벗어난 매우 드문 샤프가 바로 에어블랑이다.

전체적인 디자인을 보면 전형적인 필기용 샤프로 보인다. 수능 샤프를 많이 닮았는데, 실제로 노크감도 비슷하다. 필기용에 걸맞게 닥터그립처럼 콘형의 슬리브가 선단부와 일체화되어 있어서 0.3mm의 가는 심경임에도 안정감을 준다. 게다가 저렴한 샤프인데도 금속 선단을 적용하고 있다. 닥터그립보다 훨씬 가늘고 가벼워서 정교한 필기에도 적합하다.

노브는 파이롯트의 많은 저가형 샤프의 것과 공용하고 있다. 에어블랑, 옵트Opt, 후레후레미Fure Fure me, 렉스그립Rex Grip, 파틴트PATINT 등의 노브와 동일하고 상위의 고가 모델인 모굴에어Mogulair와도 같다. 오리지널 모델의 경우 파스텔톤의 여섯 가지 색상이 있다. 배럴이 투명하다는 특성을 이용해 상부에 캐릭터 이미지 필름을 끼워 넣은 팬시형 모델도 함께 판매 중이다.

단점이라면 실리콘 그립이 다소 헐거워서 필기 시 부스럭거리는 소음이 발생한다는 정도이고, 0.5mm 모델이 없는 점이 아쉬움으로 남는다.

# 파이롯트 모굴에어

## HFMA-50R

| | | |
|---|---|---|
| 1 | 출시년도 | 2016년 |
| 2 | 소비자 가격 | 500엔 |
| 3 | 심경 | 0.3 / 0.5mm |
| 4 | 생산지 | 일본 |
| 5 | 실측 길이 | 146mm |
| 6 | 실측 무게(심 제외) | 15.7g |
| 7 | 무게 중심(심 1개 포함) | 슬리브 끝에서 63mm |
| 8 | 배럴 재질 | 플라스틱 |
| 9 | 배럴 및 그립부 단면 | 원형 |
| 10 | 그립부 재질 / 길이 | 플라스틱 / 그립부 별도 구분 없음 |
| 11 | 그립부 평균 지름 | 10.3mm |
| 12 | 그립면 | 무늬나 요철 없이 매끈 |
| 13 | 클립 재질 / 길이 | 금속 / 40mm |
| 14 | 클립 시작 위치 | 슬리브 끝에서 96mm |
| 15 | 클립 탄력성(강도) | 약함 |
| 16 | 심경도계 | 없음 |
| 17 | 지우개 | 있음 |
| 18 | 클리너핀 | 없음 |
| 19 | 선단부 재질 | 플라스틱 |
| 20 | 슬리브(촉) 재질 / 구조 | 금속 / 콘형 파이프 |
| 21 | 슬리브(촉) 길이 | 4.0mm |
| 22 | 슬리브(촉) 내경 | 0.61mm |

| 23 | 선단부 없이 노크 | 불가능 |
|---|---|---|
| 24 | 노크 강도 | 490g |
| 25 | 노크감 | 끊김과 반동이 거의 없는 물노크 |
| 26 | 노크음 | 후단 노크는 거의 무소음<br>흔들이 노크는 소음이 큰 편 |
| 27 | 노크 후 심 당김 수준 | 매우 적음 |
| 28 | 메커니즘 분해 수준 | 분해 불가능 |
| 29 | 메커니즘 재질 | 전부 금속 |
| 30 | 클러치(척) 내부 표면 | 6각 단면의 클러치 코어 |
| 31 | 심 배출량 | 노크 1회당 0.60mm<br>흔들이 1회당 0.75mm |
| 32 | 심 배출까지의 노크 횟수 | 약 13회 |
| 33 | 유격(심 흔들림 중심) | 매우 큼 |
| 34 | 기타 기능 및 참고 | 흔들이 노크 기능 |

※ 위 내용은 심경 0.5mm 모델 기준

2008년 미쓰비시 유니는 쿠루토가를 출시했다. 쿠루토가의 성공에 고무된 제브라와 톰보는 2014년 각각 델가드와 모노그래프로 응수했다. 파이롯트는 경쟁업체 세 곳의 각축을 지켜보다가 뒤늦게 2016년 모굴에어로 기능 샤프 전쟁에 뛰어들었다.

모굴에어Mogulair는 잠입하다, 잠수하다, 숨어 들다 라는 뜻의 일본어 모구루もぐる,潜る와 완충, 충격 흡수와 연결되는 영어 에어air를 조합해 만든 이름이다. 쉽게 말해 제브라의 델가드처럼 샤프심 보호 기능이 있는 샤프라는 의미이다.

## ◐ 델가드의 모창 가수인가?

모굴에어는 딱 봐도 제브라의 델가드를 외형과 기능 모든 면에서 벤치마킹한 듯한 모델이다. 의식하여 개발하였음이 노골적으로 드러나는 이런 일은 일본 기업에서는 좀처럼 보기 힘들다. 파이롯트면 오랜 역사만큼이나 필기구 시장을 이끌어왔다는 자부심이 강한 업체인데, 의외의 모습이다. 그렇다고 샤프 성능이 더 뛰어난 것도 아니라서 파이롯트로서는 굴욕적인 모델이 아닐까 한다. 다만 흔들이 샤프에 진심인 파이롯트답게 흔들이 기능이 탑재된 점만은 차별화된 요소다.

파이롯트는 모굴에어에 내장된 2개의 스프링에 의한 심 보호 기능을 '액티브 서스펜션Active Suspension'이라고 부른다. 파이롯트에 따르면, 필압이 강하게 작용할 때 스프링에 의해 심이 슬리브로 들어감으로써 충격의 약 50퍼센트가 감소된다고 한다. 이는 심 쿠셔닝과 슬리브 쿠셔닝에 의해서 구현되므로 델가드의 기술과 같지는 않지만 외견 상으로는 비슷하다. 하지만 심 보호 성능은 델가드에 훨씬 미치지 못한다는 평가다. 게다가 구조상 상하좌우의 유격이 발생하는데, 유격의 끝판왕이라는 오명을 듣고 있어서 파이롯트의 흑역사로 남을 듯하다.(하지만 모굴에어 특유의 춤추는 듯한 유격을 즐기는 사람도 있다.) 여기에 더해 슬라이딩 슬리브로 인해 심이 갈리는 문제까지 있다. 또한 그립이 반들반들한 원형 표면이라 매끄럽고, 흔들이 기능의 소음이 꽤 크다는 단점도 있다. 노브가 잘 빠진다는 점도 유의해 분실에 신경 써야 한다.

# 파이롯트 뉴 클러치 포인트

| | | |
|---|---|---|
| 1 | 출시년도 | 미확인 |
| 2 | 소비자 가격 | 미확인 |
| 3 | 심경 | 0.5mm |
| 4 | 생산지 | 일본 |
| 5 | 실측 길이 | 138mm |
| 6 | 실측 무게(심 제외) | 19.4g |
| 7 | 무게 중심(심 1개 포함) | 슬리브 끝에서 64mm |
| 8 | 배럴 재질 | 금속 |
| 9 | 배럴 및 그립부 단면 | 원형 |
| 10 | 그립부 재질 / 길이 | 금속 / 그립부 별도 구분 없음 |
| 11 | 그립부 평균 지름 | 9.63mm |
| 12 | 그립면 | 무늬나 요철 없이 배럴과 일체형 |
| 13 | 클립 재질 / 길이 | 금속 / 41mm |
| 14 | 클립 시작 위치 | 슬리브 끝에서 84mm |
| 15 | 클립 탄력성(강도) | 매우 강함 |
| 16 | 심경도계 | 없음 |
| 17 | 지우개 | 있음 |
| 18 | 클리너핀 | 없음 |
| 19 | 선단부 재질 | 금속 |
| 20 | 슬리브(촉) 재질 / 구조 | 금속 / 선단 노출형 클러치 |
| 21 | 슬리브(촉) 길이 | 1.5mm |
| 22 | 슬리브(촉) 내경 | 해당 없음 |

| 23 | 선단부 없이 노크 | 불가능 |
|---|---|---|
| 24 | 노크 강도 | 1,050g |
| 25 | 노크감 | 약한 끊김과 반동 |
| 26 | 노크음 | 조용한 편 |
| 27 | 노크 후 심 딸림 수준 | 없음 |
| 28 | 메커니즘 분해 수준 | 분해 가능 |
| 29 | 메커니즘 재질 | 전부 금속 |
| 30 | 클러치(척) 내부 표면 | 별도 가공 없이 매끈 |
| 31 | 심 배출량 | 노크 1회당 0.70mm |
| 32 | 심 배출까지의 노크 횟수 | 약 24회 |
| 33 | 유격(심 흔들림 중심) | 전혀 없음 |
| 34 | 기타 기능 및 참고 | 매우 짧은 심 사용 가능 |

파이롯트의 클러치 포인트Clutch Point는 2개의 자랑스러운 수식어를 갖고 있다. 하나는, 유격이 가장 없는 샤프. 나머지 하나는, 샤프심을 가장 짧게 쓸 수 있는 샤프. 이러한 훈장이 있는 샤프라면 응당 인기도 상당하리라 예상하지만 현실은 그렇지 않다. 심지어 오프라인에서는 보기조차 어렵다.

클러치 포인트는 일반 샤프에 홀더형 펜슬 또는 홀더형 지우개 구조가 합쳐진 모양새를 띤다. 파이롯트는 이를 탑척 내지 톱챠크Top Chuck 방식이라고 부른다. 우리나라 말로 하면 '선단 척' 방식쯤 되는 용어라고 할 수 있다. 심을 고정하는 클러치 코어의 척이 밖으로 노출되어 아예 슬리브의 역할까지 하는 작동 방식을 말한다. 그런데

클러치 포인트의 배럴 안에는 일반적인 메커니즘도

있다. 즉 클러치가 2개인 셈이다. 클러치 포인트를

'더블 척' 내지 '더블 클러치' 샤프라고 일컫는

이유가 여기에 있다.

파이롯트에 따르면, 클러치 포인트는 심을 잡는

위치가 필기 면에 가까우므로 샤프심이 1mm

정도로 짧아질 때까지 사용할 수 있다. 그러면

달랑 1mm짜리 심만 넣어도 원활하게 동작하느냐.

물론 그건 아니다. 필자가 아는 한 그런 샤프는

없다. 짧아진 잔심을 뒤에서 새로운 심이 밀어주고

지지해줘야 정상적인 노크와 필기가 가능하다.

클러치 포인트의 또 다른 특징으로 유격이 없다는

점을 들 수 있다. 선단부 자체가 클러치라고

해서 원천적으로 유격이 없는 것은 아니다. 이런

방식에서도 유격은 있을 수 있다. 그렇다면 어떻게

유격을 해소했을까? 클러치 포인트는 샤프심을 쐐기

형태로 고정함으로써 유격 문제를 해결했다.

파이롯트에는 클러치 포인트 샤프가 몇 종

있는데, 여기서 리뷰하려는 샤프는 뉴New 클러치

포인트이다. 다른 업체의 비슷한 샤프로는,

무인양품의 '마지막 1mm까지 쓸 수 있는 샤프',

미쓰비시 유니의 밀리노Milino 샤프(트윈 지퍼Twin Zipper 기구), 페낙

프로티Protti PRD105(더블 척Double Chuck), 플래티넘 MZ-500A(더블

클러치Double Clutch) 등이 있다.

## ◗ 이런 녀석도 하나쯤은 세상에 있어야지

뉴 클러치 포인트는 작동 방식이 다르므로 노크감도 일반 샤프와는

다르다. 홀더형 지우개의 클러치가 금속일 때 어떨지 상상한다면 그와

비슷할 것이다. 즉 딱딱 끊기면서 후반동은 아주 작은데 노크감이

좋다고 보기는 어렵지만 소음은 작은 편이다. 그리고 노브를 깊게

눌러야 노크가 작동된다. 클러치가 심을 물기 전에는 선단 밖으로

튀어나오지 않고, 노크를 계속해서 심이 나오기 시작해야 클러치가

튀어나온다.

그립감은 샤프 중에서 가장 미끄러운 편에 속한다. 전체가 원형의 금속

배럴인 데다 별도의 그립부 경계가 없기 때문이다. 애초부터 판매에

대한 기대가 적었던 듯하다.

뉴 클러치 포인트는 매우 개성 강한 샤프라서 대중성은 없지만

사용자에 따라서 어떤 샤프보다 사랑받을 수 있다. 필자의 애용품은

아니지만 세상에서 사라지진 않았으면 하는 바람이다.

재미있는 사실은, 유격이 가장 크다는 샤프(모굴에어)와 가장 작다는

샤프(클러치 포인트) 모두를 같은 회사에서 만든다는 것이다.

# 톰보 모노 그래프 DPA-132

| | | |
|---|---|---|
| 1 | 출시년도 | 2014년 |
| 2 | 소비자 가격 | 350엔 |
| 3 | 심경 | 0.3 / 0.5mm |
| 4 | 생산지 | 일본 |
| 5 | 실측 길이 | 147mm |
| 6 | 실측 무게(심 제외) | 16.8g |
| 7 | 무게 중심(심 1개 포함) | 슬리브 끝에서 65mm |
| 8 | 배럴 재질 | 플라스틱 |
| 9 | 배럴 및 그립부 단면 | 원형 |
| 10 | 그립부 재질 / 길이 | 플라스틱 / 28mm |
| 11 | 그립부 평균 지름 | 10.3mm |
| 12 | 그립면 | 대나무 마디를 닮은 매우 완만한 굴곡 |
| 13 | 클립 재질 / 길이 | 플라스틱 / 50mm |
| 14 | 클립 시작 위치 | 슬리브 끝에서 80mm |
| 15 | 클립 탄력성(강도) | 약함 |
| 16 | 심경도계 | 없음 |
| 17 | 지우개 | 트위스트형 (5.4×17mm) |
| 18 | 클리너핀 | 없음 |
| 19 | 선단부 재질 | 금속 |
| 20 | 슬리브(촉) 재질 / 구조 | 금속 / 고정 파이프형 |
| 21 | 슬리브(촉) 길이 | 3.7mm |
| 22 | 슬리브(촉) 내경 | 0.625mm |

| 23 | 선단부 없이 노크 | 불가능 |
| --- | --- | --- |
| 24 | 노크 강도 | 240g |
| 25 | 노크감 | 끊김과 반동이 거의 없는 물노크 |
| 26 | 노크음 | 후단 노크는 거의 무소음<br>흔들이 노크는 소음이 큰 편 |
| 27 | 노크 후 심 당김 수준 | 거의 없음 |
| 28 | 메커니즘 분해 수준 | 분해 불가능 |
| 29 | 메커니즘 재질 | 전부 금속 |
| 30 | 클러치(척) 내부 표면 | 거친 홈의 요철 가공 |
| 31 | 심 배출량 | 노크 1회당 0.75mm<br>흔들이 1회당 0.80mm |
| 32 | 심 배출까지의 노크 횟수 | 약 12회 |
| 33 | 유격(심 흔들림 중심) | 적은 편 |
| 34 | 기타 기능 및 참고 | 흔들이 노크 기능 |

※ 위 내용은 심경 0.5mm 모델 기준

톰보Tombow는 1913년 연필을 제조·판매하는
상점으로 시작해 현재 100년 넘게 사업을 이어가고
있는 일본의 필기구 제조업체이다. 잠자리를 뜻하는
영어 Tombow를 그대로 사명으로 사용하기에
톰보우라고 읽거나 쓰기도 하지만 대내외적으로 공식
명칭은 톰보이다. 일본어로는 トンボ이다.
톰보하면 우리나라에서는 미술용 잠자리 지우개와
검정색 4B 연필(모노 J, 모노100 등)이 가장 먼저
떠오른다. 특히 검정색 4B 연필은 미술생도의

압도적인 사용에 힘입어 미술용으로는 한국 내 국민 연필의 반열에 올라 있다. 반면 일본에서 미술용 연필 선호도 1위는 미쓰비시 유니이다. 뒤를 이어 톰보, 스테들러, 파버카스텔 순이다. 그러나 일본의 국민 지우개는 단연 톰보의 모노MONO 지우개다. 모노 지우개가 워낙 유명하다 보니 이제는 이 지우개가 '모노' 브랜드 전체를 상징하게 되었고, 지우개 커버에 인쇄된 청-백-흑색의 삼색 줄무늬는 모노 브랜드의 대표 아이덴티티가 되었다. 톰보는 아예 이 삼색을 모노 컬러 또는 스탠다드 컬러라고 명명한다. 모노 컬러의 호감과 개성은 상당해서 어떤 다른 색상의 샤프가 출시돼도 모노 컬러의 인기에 못 미친다. 세련되고 멋진 디자인 덕에 모노그래프 스탠다드 샤프는 2014년 일본의 굿디자인상 및 2016년 레드닷 어워드의 수상작으로 선정되었다.

톰보의 존재감은 지우개 제품에서 유독 도드라진다. 모노 시리즈의 지우개는 물론이고 샤프형 정밀 지우개인 모노 제로Zero는 드로잉 쪽에서는 대체할 만한 제품이 없을 정도로 독보적인 위치를 점하고 있다. 필자도 이 책에 실린 드로잉 작품을 작업하면서 모노 제로 지우개를 많이 사용했다. 또한 수정 테이프인 모노 에어Air 또한 최고 수준의 성능이라 고급 사용자 사이에서 가장 많이 추천된다.

### ● 조절하고 갈아 끼울 수 있는 지우개를 탑재하다

샤프 분야에서 톰보의 주력 제품은 제도 샤프였다. 시장이 쇠퇴한

이후 톰보는 필기용, 팬시용 샤프로 눈을 돌렸고,

현재는 필기용 샤프 라인업인 모노그래프Mono Graph

시리즈를 핵심 제품으로 갖고 있다.

암시라도 하듯 모노그래프 샤프는 제도용 샤프

'그래프'의 특징인 4mm 슬리브가 적용되어 있다.

그러나 일반 제도용과는 달리 투명한 배럴의

팬시형 디자인에 다소 두툼한 그립을 갖고 있어

제도용보다는 필기용 또는 일반 학용품 느낌이

강하게 난다.

모노그래프의 큰 특징은 트위스트 방식으로 조절할

있는 리필형 모노 지우개를 탑재했다는 것이다. 이는

미쓰비시 유니의 쿠루토가, 펜텔의 오렌즈, 제브라의

델가드와 비교했을 때 기능적으로 가장 차별화된

점이다. 지우개 부분이 유닛으로 분리 가능하기

때문에 샤프심은 일반 샤프처럼 상단으로 넣을 수

있다.

모노그래프의 라인업 또한 상당히 많은 파생 모델을

갖고 있다. 스탠다드 모델의 미끄러운 그립과

약한 클립의 단점을 보완한 모노그래프 그립Grip,

흔들이 기능 대신 사이드 노크(옆샤프) 기능을 넣은

저가형 제품 모노그래프 원One, 본격적인 제도용에

적합한 모노그래프 제로Zero 등이 있고 심지어는
볼펜+샤프의 멀티펜인 모노그래프 멀티Multi도 있다.

## ● 흔들려도 심이 나오지 않은 편안함

모노그래프 라인업 중에서 스탠다드 모델은 트위스트
방식의 지우개, 흔들이 기능, 클립으로 노크, 노크
잠금 등을 특징으로 한다. 톰보는 특히 노크 잠금
기능을 리드 락Lead Lock이라고 명명하면서 자사
제품의 장점으로 내세운다. 리드 락은 클립을 위로
밀어 노크 기능을 잠금으로써 휴대 시 흔들려도 심이
나오지 않는 기능을 말한다. 리드 락이 실행 중일 때는
노크 자체가 안 돼 샤프를 사용할 수 없다. 따라서
필기를 하려면 락을 풀거나 클립으로 노크해서
해제해야 한다.

모노그래프 샤프의 단점이라고 하면, 두툼한
플라스틱 클립의 내구성이 취약하다는 점과 필기에
불편할 수 있을 정도로 클립이 아래쪽까지 내려와
있다는 점이다. 클립이 불편한 샤프의 대표격인 펜텔
P205보다도 더 걸리적거린다. 또한 그립부가 완만한
굴곡이 있을 뿐 매끄럽기만 한 플라스틱 표면이라서
편하게 잡아주는 안정감이 부족하다.

# 톰보 모노그래프 제로

| | | |
|---|---|---|
| 1 | 출시년도 | 2014년 |
| 2 | 소비자 가격 | 600엔 |
| 3 | 심경 | 0.3 / 0.5mm |
| 4 | 생산지 | 일본 |
| 5 | 실측 길이 | 149mm |
| 6 | 실측 무게(심 제외) | 16.3g |
| 7 | 무게 중심(심 1개 포함) | 슬리브 끝에서 57mm |
| 8 | 배럴 재질 | 플라스틱 |
| 9 | 배럴 및 그립부 단면 | 원형 |
| 10 | 그립부 재질 / 길이 | 금속 / 30mm |
| 11 | 그립부 평균 지름 | 9.5mm |
| 12 | 그립면 | 널링 가공 |
| 13 | 클립 재질 / 길이 | 금속 / 32mm |
| 14 | 클립 시작 위치 | 슬리브 끝에서 102mm |
| 15 | 클립 탄력성(강도) | 매우 강함 |
| 16 | 심경도계 | 없음 |
| 17 | 지우개 | 트위스트형 (2.3×20mm) |
| 18 | 클리너핀 | 없음 |
| 19 | 선단부 재질 | 금속 |
| 20 | 슬리브(촉) 재질 / 구조 | 금속 / 고정 파이프형 |
| 21 | 슬리브(촉) 길이 | 4.0mm |
| 22 | 슬리브(촉) 내경 | 0.61mm |

| 23 | 선단부 없이 노크 | 불가능 |
|---|---|---|
| 24 | 노크 강도 | 720g |
| 25 | 노크감 | 강하고 단단 |
| 26 | 노크음 | 작음 |
| 27 | 노크 후 심 당김 수준 | 매우 적음 |
| 28 | 메커니즘 분해 수준 | 분해 불가능 |
| 29 | 메커니즘 재질 | 전부 금속 |
| 30 | 클러치(척) 내부 표면 | 거친 홈의 요철 가공 |
| 31 | 심 배출량 | 노크 1회당 0.35mm |
| 32 | 심 배출까지의 노크 횟수 | 약 23회 |
| 33 | 유격(심 흔들림 중심) | 거의 없음 |
| 34 | 기타 기능 및 참고 | 트위스트형 초정밀 지우개 |

※ 위 내용은 심경 0.5mm 모델 기준

톰보가 모노 테크Mono Tech라는 걸출한 제도 샤프(오래 전 단종) 이후
본격적으로 내놓은 제도 샤프가 모노그래프 제로Zero다. 모노그래프
제로는 전형적인 제도 샤프에 지름 2.3mm의 초정밀 트위스트형
지우개를 탑재했다.

플라스틱 일색인 저가형 모델과는 달리 클립과 그립부가 금속이고,
특히 널링 가공된 그립의 품질이 아주 좋아서 최상급 그립 중 하나라고
평가받고 있다. 지나치게 거칠거나 미끄럽지 않은, 딱 알맞은 홈이
미세하게 있어서 때가 덜 낀다.

특이한 점은 금속 그립부의 안쪽에 나사홈이 있어서 돌려서
분해·조립이 되는 구조라는 것이다. 그리고 이 그립부와 선단부를

조이는 정도에 따라서 심 배출량이 달라진다는 점도 흥미롭다. 이렇게 선단부가 조여지는 거리를 조절할 수 있으면 레귤레이터처럼 심 배출량을 조절할 수도 있다.

정작 모노그래프 제로의 대표 특성이라고 할 수 있는 초정밀 지우개는 실용성까지 기대하긴 어렵다. 문장 하나를 지우기에도 버거워 보일 정도로 가는 데다 성능도 일반 지우개에 비해서 그리 탐탁지 않다. 단순 보조용이나 비상용으로 두고 한두 글자 정도 지우거나 무언가를 세밀하게 지워야 할 때 적당하다. 관점을 달리하면, 모노그래프 제로의 지우개는 제도 작업이나 정밀 드로잉에서는 대단히 유용한 구성품이 된다는 얘기이기도 하다. 한편 제로의 선단부는 얼핏 보면 모노그래프 스탠다드와 같아 보이지만 동일한 부품은 아니다.


## ◑ 아쉬운 이별

총평을 하자면, 모노그래프 제로는 성능이나 품질에 비해 덜 알려진 불운의 제품이지만 꽤나 샤프를 다뤄 본 사람(소위 샤잘)에게는 숨은 보석, 명기라고 불릴 만큼 가치를 인정받고 있다. 특히 0.3mm의 경우 더 후한 점수를 받고 있는데, 600엔의 가격이지만 최소한 1천 엔대의 품질을 보여주는, 가성비 갑의 제품이기 때문이다.

가격, 품질, 디자인 모두 좋다고 꼭 성공하는 것은 아니다. 이를 증명하듯 결국 이 모델은 단종되고 후속 모델 모노그래프 파인Fine이 등장하였다.

## 44

# 톰보 모노그래프

## 파인 SH-MGF

| | | |
|---|---|---|
| 1 | 출시년도 | 2023년 |
| 2 | 소비자 가격 | 1,100엔 |
| 3 | 심경 | 0.3 / 0.5mm |
| 4 | 생산지 | 일본 |
| 5 | 실측 길이 | 148.5mm |
| 6 | 실측 무게(심 제외) | 21.7 g |
| 7 | 무게 중심(심 1개 포함) | 슬리브 끝에서 60mm |
| 8 | 배럴 재질 | 플라스틱 |
| 9 | 배럴 및 그립부 단면 | 원형 |
| 10 | 그립부 재질 / 길이 | 알루미늄 / 37mm |
| 11 | 그립부 평균 지름 | 10.0mm |
| 12 | 그립면 | 실리콘 코팅 감촉의 완만한 굴곡 |
| 13 | 클립 재질 / 길이 | 금속 / 30mm |
| 14 | 클립 시작 위치 | 슬리브 끝에서 104.5mm |
| 15 | 클립 탄력성(강도) | 보통 |
| 16 | 심경도계 | 없음 |
| 17 | 지우개 | 트위스트형 (3.6×20mm) |
| 18 | 클리너핀 | 없음 |
| 19 | 선단부 재질 | 금속 |
| 20 | 슬리브(촉) 재질 / 구조 | 금속 / 고정 파이프형 |
| 21 | 슬리브(촉) 길이 | 3.0mm |
| 22 | 슬리브(촉) 내경 | 0.61mm |

| 23 | 선단부 없이 노크 | 불가능 |
|---|---|---|
| 24 | 노크 강도 | 720g |
| 25 | 노크감 | 강하고 단단 |
| 26 | 노크음 | 작음 |
| 27 | 노크 후 심 당김 수준 | 매우 적음 |
| 28 | 메커니즘 분해 수준 | 분해 불가능 |
| 29 | 메커니즘 재질 | 전부 금속 |
| 30 | 클러치(척) 내부 표면 | 거친 홈의 요철 가공 |
| 31 | 심 배출량 | 노크 1회당 0.55mm |
| 32 | 심 배출까지의 노크 횟수 | 약 15회 |
| 33 | 유격(심 흔들림 중심) | 거의 없음 |
| 34 | 기타 기능 및 참고 | 거꾸로 들면 노크 작동 불가 |

※ 위 내용은 심경 0.5mm 모델 기준

모노그래프 제로의 후속으로 출시된 고급형 제도 샤프가 바로
모노그래프 파인Fine이다. 제로에 비해 2배 가까이 되는 가격에 걸맞게
고급스럽다. 톰보 모노그래프의 상징인 삼색선이 클립 위 배럴 끝단에
작게 들어가 있어 훌륭한 디자인 포인트가 된다.

이 샤프의 특징은 견고함이다. 펜텔 스매쉬처럼 그립부와 선단부가
일체화되어 있지만 스매쉬와 달리 황동을 통째로 절삭 가공한 것이라
흔들림이 확연히 덜하고 내구성이 우수하며 무게감이 있다. 이와
비슷한 그립으로는 펜텔 그래프기어 500이 있다.

그런데 이런 묵직함은 저중심화에 한몫하지만 샤프 무게를 무겁게
하는 데도 일조하기 때문에 필자로서는 가장 아쉽게 생각하는

부분이다. 게다가 샤프를 떨어뜨렸을 때 슬리브가 파손되는 위험도 높인다. 그래서일까 모노그래프 파인의 슬리브는 제도 샤프로서는 짧은 3.0mm이다. 하지만 선단부가 매우 날렵해서 슬리브가 짧다고 느껴지지는 않는다.

## ● 우주에서 사용은 비추입니다

모노그래프 파인의 또 다른 특징은, 내부에 중력으로 작동하는 스위치가 있어서 거꾸로 들면 노크가 되지 않는다는 점이다. 지우개를 사용하는 동안 노브가 눌리지 않도록 하기 위한 장치라고 할 수 있다. 사용자 불편을 세밀히 관찰하지 않고서는 나올 수 없는 기능이다. 하지만 내장된 중력 스위치로 인해 조금만 흔들려도 달그락거리는 소음이 발생한다는 부작용도 있다. 또한 필자처럼 샤프를 이리저리 만져보고 분해하고 테스트를 해보는 사람에게는 거꾸로 들면 노크가 되지 않는 점이 오히려 불편하기만 하다.

그립부는 금속 표면이 실리콘과 비슷한 질감으로 코팅되어 있어서 잘 미끄러지지 않는다. 하지만 제로의 훌륭한 널링 그립과 비교해 그립감이 낫다고 보기는 어렵다. 다만 더 실용적인 크기의 지우개가 적용된 점은 잘 개선된 부분이다.

한편 내부 메커니즘은 기본적으로 제로 모델과 동일하다. 한마디로, 우수하다. 제로의 단종이 새삼 아쉬운 대목이다.

# 톰보 모노그래프
## 라이트 SH-MGL

| | | |
|---|---|---|
| 1 | 출시년도 | 2022년 |
| 2 | 소비자 가격 | 220엔 |
| 3 | 심경 | 0.3 / 0.5mm |
| 4 | 생산지 | 베트남 |
| 5 | 실측 길이 | 150mm |
| 6 | 실측 무게(심 제외) | 9.96g |
| 7 | 무게 중심(심 1개 포함) | 슬리브 끝에서 81mm |
| 8 | 배럴 재질 | 플라스틱 |
| 9 | 배럴 및 그립부 단면 | 원형 |
| 10 | 그립부 재질 / 길이 | 고무 / 33mm |
| 11 | 그립부 평균 지름 | 10.2mm |
| 12 | 그립면 | 촘촘하고 낮은 요철 |
| 13 | 클립 재질 / 길이 | 금속 / 41mm |
| 14 | 클립 시작 위치 | 슬리브 끝에서 98mm |
| 15 | 클립 탄력성(강도) | 약함 |
| 16 | 심경도계 | 없음 |
| 17 | 지우개 | 트위스트형(3.6×20mm) |
| 18 | 클리너핀 | 없음 |
| 19 | 선단부 재질 | 플라스틱 |
| 20 | 슬리브(촉) 재질 / 구조 | 금속 / 고정 파이프형 |
| 21 | 슬리브(촉) 길이 | 4.0mm |
| 22 | 슬리브(촉) 내경 | 0.61mm |

| 23 | 선단부 없이 노크 | 불가능 |
|---|---|---|
| 24 | 노크 강도 | 590g |
| 25 | 노크감 | 끊김은 약하지만 경쾌함 |
| 26 | 노크음 | 큼 (청량한 소리) |
| 27 | 노크 후 심 당김 수준 | 적은 편 |
| 28 | 메커니즘 분해 수준 | 분해 불가능 |
| 29 | 메커니즘 재질 | 전부 금속 |
| 30 | 클러치(척) 내부 표면 | 거친 홈의 요철 가공 |
| 31 | 심 배출량 | 노크 1회당 0.5mm |
| 32 | 심 배출까지의 노크 횟수 | 약 21회 |
| 33 | 유격(심 흔들림 중심) | 거의 없음 |
| 34 | 기타 기능 및 참고 | – |

※ 위 내용은 심경 0.5mm 모델 기준

보통 라이트Light라고 하면 경량, 저가를 의미한다. 모노그래프 라이트
역시 모노그래프 라인업 중 가장 낮은 가격의 보급형 제품이다.
이전까지는 2015년에 출시했던 정가 250엔의 모노그래프 원이
최저가 모델이었다.

모노그래프 원(사이드 노크)

모노그래프 라이트는 모노그래프 라인업의 상징인 트위스트형 지우개

외에는 추가 기능 없이 생산원가를 최소화한 모델이다. 저가형에 충실하게 만들다 보면 상대적으로 가성비가 올라가고 실사용 시 더 좋아지는 경우가 있는데, 이 샤프가 딱 그렇다. 현재 보급형 제도 샤프 중 최고 인기 모델인 제브라 드라픽스 300과 견주어도 손색이 없을 정도다. 팬시형의 디자인은 아니지만 네온 컬러 모델을 선보이는 등의 제품 전략으로 여성 사용자의 구매 욕구까지 자극하고 있다.

## ◐ 사각거림을 찾는다면 바로 이 샤프

스탠다드 모델과 비교하면 선단부마저 플라스틱(이게 가장 아쉬운 부분)이라서 많이 가볍다. 후단 노크 방식을 적용하고 있으며 그립부가 고무로 되어 있다. 최저가 모델임에도 불구하고 금속 메커니즘을 적용했다는 점은 가장 칭찬할 만한 부분이라 하겠다. 1회 노크 시 심 방출량은 0.5mm로 잘 통제되어 있다.

고무 그립부라서 오염에는 취약하지만 그립감만은 저가형 샤프 중에서 최고 수준을 자랑한다. 게다가 제도형 샤프치고는 두툼해서 일상 속 필기용에 더 적합하다.

노크감은 경쾌한 느낌을 주며, 노크음은 크고 상당히 청량하다. 또한 통울림으로 인해 필기 시 사각거리는 느낌이 강하다. 사각거림을 말할 때 펜텔의 테크니클릭을 최고 수준으로 꼽는데 그에 못지 않다.

# 톰보 오르노 SH-OLS41

| 1 | 출시년도 | 2011년 |
|---|---|---|
| 2 | 소비자 가격 | 300엔 |
| 3 | 심경 | 0.5mm |
| 4 | 생산지 | 일본 |
| 5 | 실측 길이 | 143mm |
| 6 | 실측 무게(심 제외) | 13.5g |
| 7 | 무게 중심(심 1개 포함) | 슬리브 끝에서 71mm |
| 8 | 배럴 재질 | 플라스틱 |
| 9 | 배럴 및 그립부 단면 | 원형 |
| 10 | 그립부 재질 / 길이 | 고무 / 67mm |
| 11 | 그립부 평균 지름 | 12mm |
| 12 | 그립면 | 무늬나 요철 없이 매끈 |
| 13 | 클립 재질 / 길이 | 클립 없음 |
| 14 | 클립 시작 위치 | 클립 없음 |
| 15 | 클립 탄력성(강도) | 클립 없음 |
| 16 | 심경도계 | 없음 |
| 17 | 지우개 | 있음 |
| 18 | 클리너핀 | 없음 |
| 19 | 선단부 재질 | 플라스틱 |
| 20 | 슬리브(촉) 재질 / 구조 | 플라스틱 / 선단부 일체 콘형 |
| 21 | 슬리브(촉) 길이 | 3.0mm |
| 22 | 슬리브(촉) 내경 | 0.63mm |
| 23 | 선단부 없이 노크 | 불가능 |

| 24 | 노크 강도 | 470g |
|---|---|---|
| 25 | 노크감 | 약한 끊김과 반동, 쫀득한 느낌 |
| 26 | 노크음 | 보통 |
| 27 | 노크 후 심 당김 수준 | 매우 적음 |
| 28 | 메커니즘 분해 수준 | 분해 불가능 |
| 29 | 메커니즘 재질 | 전부 금속 |
| 30 | 클러치(척) 내부 표면 | 거친 홈 가공 |
| 31 | 심 배출량 | 노크 1회당 0.8mm |
| 32 | 심 배출까지의 노크 횟수 | 약 9회 |
| 33 | 유격(심 흔들림 중심) | 거의 없음 |
| 34 | 기타 기능 및 참고 | 바디 노크 |

오르노OLNO라는 이름은 '꺾다'라는 뜻의 일본어 오루折る에서 유래됐다. 이름처럼 바디의 중간을 꺾으면 내부의 경사면이 메커니즘을 눌러서 노크가 작동되는, 일명 바디 노크 샤프다. 물론 후단 노크도 병행할 수 있다.(그런데 필자는 바디를 꺾을 때마다 샤프를 학대하는 것 같은 심리적 저항감이 살짝 든다.)

사실 바디 노크 방식의 샤프는 예전부터 있었다. 오르노 이전에 로트링 900, 고쿠요의 미스트랄Mistral이 있었지만 당시만 해도 바디 노크는 별로 알려지지 않은 상태였다. 그러다 오르노가 출시되자 바디 노크라는 낯선 방식에 상당한 관심과 인기가 일기 시작했다. 디자인도 독특해서 2011년 일본 굿디자인상을 수상하기에 이른다. 얼핏 보기에는 작달막하지만 실제는 일반 샤프 길이에 가깝다.

## ● 꺾고 싶어도 이제는 못 꺾는다

바디 노크가 잘 동작하려면 작은 힘으로도 메커니즘이 작동돼야 한다. 그래서 오르노는 작은 힘으로도 샤프심을 확실하게 붙잡게 하기 위해 클러치 코어의 내면에 톱니 형상으로 돌기를 냈다. 그래서인지 이와 유사한 메커니즘의 제브라 샤프가 주는 찰진 노크감을 갖고 있다.

그립부가 아주 긴 것도 큰 특징이다. 고무라서 오염이 잘 되기 때문에 밝은 색상은 피하라는 후기가 많지만, 가장 인기 있는 것은 바디 노크 작동 모습이 그대로 보이는 투명색이다. 심 보관통은 가는 금속 튜브로 되어 있다. 꺾어서 노크가 되는 구조에서 심 보관통이 휘어지지 않게 하기 위해서이다. 그립의 형상과 굵기는 닥터그립과 매우 비슷해서 그립감이 아주 좋다. 또한 콘형 슬리브에 클립이 없어서 필기용에 적합하다. 단 전체적으로 가벼운 플라스틱이라서 통울림이 있고, 그에 따라 사각거리는 필기감을 갖고 있다.

단점이라면, 배럴을 분리해야 샤프심을 넣을 수 있다는 점과 70mm의 긴 샤프심은 넣기 어렵다는 것이다. 또한 작은 노브 안쪽에 꽂혀 있는 지우개가 특이하고 귀엽지만 사용엔 불편하다는 점도 꼽을 수 있다. 아쉬운 점은 초반의 큰 인기에도 불구하고 바디 노크의 신비감이 사라진 탓인지 결국 이 모델은 단종되었다는 사실이다.(다행스럽게도 시중에 재고는 많다.) 이렇게 개성있는 녀석이 세상에서 사라지는 게 안타깝다. 참고로 금속 클립과 4mm 파이프형 슬리브를 적용한 오르노 스위프트Swift라는 모델도 있었다.

# 톰보 모노 제로 지우개

EH-KUR, EH-KUS

| | | |
|---|---|---|
| 1 | 출시년도 | 2007년 |
| 2 | 소비자 가격 | 350엔 |
| 3 | 심경 | 2.3mm (원형) / 2.5×5.0mm (사각형) |
| 4 | 생산지 | 일본 (지우개는 한국산) |
| 5 | 실측 길이 | 120.5mm |
| 6 | 실측 무게 (심 제외) | 6.2g |
| 7 | 무게 중심 (심 1개 포함) | 슬리브 끝에서 62mm |
| 8 | 배럴 재질 | 플라스틱 |
| 9 | 배럴 및 그립부 단면 | 원형 |
| 10 | 그립부 재질 / 길이 | 원형 / 별도의 그립부 없음 |
| 11 | 그립부 평균 지름 | 8.6mm |
| 12 | 그립면 | 무늬나 요철 없이 매끈 |
| 13 | 클립 재질 / 길이 | 플라스틱 / 30mm |
| 14 | 클립 시작 위치 | 슬리브 끝에서 90mm |
| 15 | 클립 탄력성 (강도) | 약함 |
| 16 | 심경도계 | 해당 없음 |
| 17 | 지우개 | 길이 50mm |
| 18 | 클리너핀 | 해당 없음 |
| 19 | 선단부 재질 | 플라스틱 |
| 20 | 슬리브 (촉) 재질 / 구조 | 금속 / 고정 파이프형 |
| 21 | 슬리브 (촉) 길이 | 7.0mm |
| 22 | 슬리브 (촉) 내경 | 2.35mm |

| 23 | 선단부 없이 노크 | 불가능 |
|---|---|---|
| 24 | 노크 강도 | 510g |
| 25 | 노크감 | 약한 끊김과 반동 |
| 26 | 노크음 | 작은 편 |
| 27 | 노크 후 심 당김 수준 | 적은 편 |
| 28 | 메커니즘 분해 수준 | 분해 불가능 |
| 29 | 메커니즘 재질 | 플라스틱 |
| 30 | 클러치(척) 내부 표면 | 별도 가공 없이 매끈 |
| 31 | 심 배출량 | 노크 1회당 1.1mm |
| 32 | 심 배출까지의 노크 횟수 | 해당 없음 |
| 33 | 유격(심 흔들림 중심) | 해당 없음 |
| 34 | 기타 기능 및 참고 | – |

※위 내용은 원형 지우개 모델 기준

톰보를 얘기하면서 모노 제로 지우개를 빼놓고
마무리할 수는 없다. 드로잉 분야에서는 연필만큼
아니 그 이상의 존재감을 가진 제품이 바로 모노
제로 지우개다. 샤프형 초정밀 지우개로는 그야말로
독보적이라고 할 수 있다.

모노 제로는 시중에 나와 있는 수많은 샤프형 지우개
내지 홀더형 지우개와 여러모로 다르다. 우선, 소위
초정밀 지우개라서 시중품 중에서 직경이 가장 작다.
모양은 원형과 사각형 두 가지가 있으며, 원형은
지름이 2.3mm, 사각형은 2.5×5.0mm이다. 이

정도로 작으려면 아주 단단하지 않으면 안 된다. 적당히 단단해서는

힘을 가했을 때 눌려서 슬리브 안으로 들어가 버리거나 심하게 휘거나

부러지기 십상이다. 모노 제로의 경우 직사각형의 일반 지우개 크기로

만든다고 하면 아마 돌덩이 정도의 단단함이 느껴지지 않을까 한다.

한편 이렇게 작은 지우개를 일반 홀더형처럼 클러치 척이 직접

고정하면 쉽게 부숴진다. 그래서 모노 제로는 직경 1.3mm의 가는

플라스틱 스틱을 장치해서 지우개 대신 고정시키게 했다. 지우개는 이

스틱의 선단에 어묵 꼬치처럼 끼워진다. 즉 스틱이 마치 샤프심처럼

내부 메커니즘에서 노크가 되는

것이다. 메커니즘 소재는

플라스틱이며, 약하고

조용한 노크감을 가진 일반

샤프의 느낌과 비슷하다.

심경 1.3mm의 샤프를

떠올리면 이해가 쉽다.

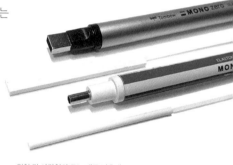

원형 및 사각형의 모노 제로 지우개

## ● 흰색 색연필보다 유용하다

지우개 성능 자체는 일반 지우개에 훨씬 못 미친다. 따라서 넓은

범위를 흔적 없이 지우는 데는 부적합하다. 직경이 작은 만큼 지극히

부분적으로 지울 때 유용하다.

가늘게 지울 수 있다는 점에서 모노 제로는 연필 드로잉 시 꼭 필요한

미술용품이기도 하다. 가령 흑연으로 어둡게 칠한 뒤
밝은 부분을 정밀하게 표현하고 싶을 때 이 지우개가
유용하게 쓰인다. 일종의 흰색 연필 역할을 한다고
보면 된다. 마찬가지로 역광에 의해서 머리카락이
하얗게 보이는 모습을 표현할 때도 유용하다. 즉
세밀한 하이라이트(빛 반사에 의해 희게 보이는 부분)를
그릴 수 있다. 그래서 연필 그림을 즐겨 그리는
사람에겐 필수 도구다. 원형과 사각형 중에서 원형의
활용도가 더 높다. 가격은 보기와 다르게 350엔으로
높은 편이다. 리필 지우개도 2개에 150엔으로
부담되는 가격이지만 달리 대체품이 없다. 다만
일반 지우개처럼 넓은 범위를 지우는 일은 거의
없으므로 생각보다 오래 쓴다. 디자인도 인정받아 iF
디자인 어워드 및 2010년 레드닷 디자인 어워드에서
수상하였다.

재미있는 것은, 리필 지우개의 생산지가 한국이라는
사실이다. 고쿠요 사의 사이드 노크 지우개에도
사각형의 2.5×5.0mm 리필 지우개가 들어가는데,
이 역시 한국산이라는 점에서 국내의 같은 업체가
생산하는 것으로 추정된다.

# 파버카스텔
# TK-FINE 바리오 L

| 1 | 출시년도 | 미확인 |
|---|---|---|
| 2 | 소비자 가격 | 20,000원 |
| 3 | 심경 | 0.35 / 0.5 / 0.7 / 1.0mm |
| 4 | 생산지 | 일본 |
| 5 | 실측 길이 | 156mm |
| 6 | 실측 무게(심 제외) | 15.7g |
| 7 | 무게 중심(심 1개 포함) | 슬리브 끝에서 66mm |
| 8 | 배럴 재질 | 플라스틱 |
| 9 | 배럴 및 그립부 단면 | 6각형 배럴, 원형 그립부 |
| 10 | 그립부 재질 / 길이 | 금속 / 37mm |
| 11 | 그립부 평균 지름 | 8.6mm |
| 12 | 그립면 | 10줄의 얇은 홈 애뉼러 링 |
| 13 | 클립 재질 / 길이 | 금속 / 44mm |
| 14 | 클립 시작 위치 | 슬리브 끝에서 92mm |
| 15 | 클립 탄력성(강도) | 매우 강함 |
| 16 | 심경도계 | 있음 (4H/3H/2H/H/F/HB/B/2B) |
| 17 | 지우개 | 트위스트형 (3.75×28mm) |
| 18 | 클리너핀 | 없음 |
| 19 | 선단부 재질 | 금속 |
| 20 | 슬리브(촉) 재질 / 구조 | 금속 / 고정 파이프형 |
| 21 | 슬리브(촉) 길이 | 4.0mm |
| 22 | 슬리브(촉) 내경 | 0.61mm |

| 23 | 선단부 없이 노크 | 불가능 |
|---|---|---|
| 24 | 노크 강도 | 740g |
| 25 | 노크감 | 적당한 끊김과 후반동 |
| 26 | 노크음 | 큰 편 |
| 27 | 노크 후 심 당김 수준 | 약간 있음 |
| 28 | 메커니즘 분해 수준 | 분해 불가능 |
| 29 | 메커니즘 재질 | 전부 금속 |
| 30 | 클러치(척) 내부 표면 | 별도 가공 없이 매끈 |
| 31 | 심 배출량 | 노크 1회당 0.75mm |
| 32 | 심 배출까지의 노크 횟수 | 약 12회 |
| 33 | 유격(심 흔들림 중심) | 거의 없음 |
| 34 | 기타 기능 및 참고 | 심 쿠셔닝 On/Off |

※ 위 내용은 심경 0.5mm 모델 기준

파버카스텔Faber Castel은 1761년 카스파르
파버Kaspar Faber가 연필을 팔면서 시작해 현재 8대째
사업을 이어오고 있는 독일 기업이다. 세계에서 가장
크고 오래된 필기구 업체 중 하나로 연필, 색연필,
지우개, 미술도구는 정상급 품질과 명성을 지니고
있다. 지금의 심경도(HB, H, B 등) 체계를 확립하고
6각형 연필을 처음 개발한 기업도 파버카스텔이니
연필의 산 역사라고 할 수 있다. 라이벌 관계에
있는 스테들러Staedtler와 함께 연필류의 필기구
시장에서 쌍벽을 이루고 있다. 파버카스텔 샤프는

최저가부터 최고급형까지 다양한 제품군을 형성하고 있다. 중저가형은 주로 중국과 일본 등에서 생산하고 고가형은 독일산이 대부분이다.

파버카스텔의 많은 샤프가 세계 최고·최대의 필기구 OEM 전문업체인 일본 코토부키에 의해 생산된다. 비단 파버카스텔뿐만 아니라 독일 업체의 샤프 상당수가 코토부키에서 만들어진다. 파버카스텔의 TK-FINE 라인업의 몇몇 모델도 코토부키가 생산한 것이다. 파버카스텔의 라이벌인 스테들러의 샤프 또한 코토부키가 생산을 맡고 있다니 왠지 아이러니하다.

같은 곳에서 생산하다 보니 업체가 다른 샤프 사이에 동일 부품이 발견되기도 한다. 예를 들어, 코토부키의 트위스트형 지우개 유닛은 파버카스텔 TK-FINE 바리오VARIO L과 TK-FINE 바리오 이그제큐티브EXECUTIVE, 페낙 TLG-10x와 TLG-205, 로트링 래피드Rapid, 자바펜Javapen 메탈그립Metal Grip, 스테들러 하이테크Hi-Tech 925 15 등의 샤프에도 적용된다. 이들 코토부키 생산 제품은 로고와 글자가 은박색으로 배럴에 음각되어 있다는 공통점도 있어 한눈에 알아보기 쉽다.

## ● 금속 그립이 이렇게 아름다울 수 있구나

TK-FINE 바리오 L은 파버카스텔의 상징색인

진초록의 배럴과 함께 금속 그립의 디자인이 너무나

고급스럽고 멋진 샤프다. 나중에 나온 (구)마이크로의

헥사Hexa 1000과 같은 디자인이다. 들리는 얘기로는

마이크로에서 TK-FINE 디자인을 구입한 것이라고

하는데 필자로서는 확인할 길이 없다. TK-FINE 바리오

L 역시 다른 독일제 샤프처럼 0.35mm, 1.0mm

심경의 모델이 있는데, 샤프심은 시중에서 파는

0.3mm, 0.9mm 샤프심을 사용하면 된다.

이 샤프의 개성은 그립과 심경도계에 있다. 유려한

곡면과 애뉼러 링의 부드러운 홈이 만드는 금속

그립은 영롱하기까지 하다. 이 방식의 금속 그립

중에서 최상의 아름다움을 보여준다. 게다가

그립부가 길어서 시각적으로도 편안하다. 미적으로

뛰어난 그립이지만 안타깝게도 그립감은 이에 미치지

TK-FINE 9715

TK-FINE 이그제큐티브

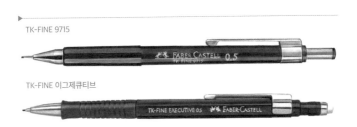

못한다. 젖은 손으로는 쥐기조차 불편할 정도로 미끄럽다. 아마도 가장 미끄러운 그립 중 하나일 것이다. 게다가 오래 사용하면 쇠 냄새가 나거나 변색되기도 한다.

심경도계 역시 계단식 선단부의 일부가 되면서 단순한 기능적 장치에 그치지 않고 미적 요소가 되었다. 대신 살짝 건드려도 확확 돌아가는 게 단점이다. 또 다른 개성으로는, 그립과 배럴의 경계를 돌려서 Hard와 Soft를 선택함으로써 심 쿠셔닝 기능을 On/Off 할 수 있다는 것이다. 노크감 또한 최상급 수준으로, 경쾌하면서 꽤 단단하다는 느낌을 준다. 마지막으로, 트위스트 지우개를 적용한 결과 실용성은 높아졌지만 이 때문에 샤프 길이도 길어졌다는 점을 들 수 있다. 트위스트 지우개 샤프 중에서 가장 긴 편으로, 평균보다 10mm 정도 더 길다.

결론적으로 TK-FINE 바리오 L은 기능과 디자인과 성능이 크게 나무랄 데 없는 발군의 제도 샤프라고 할 수 있다. 참고로 TK-FINE 라인업 중에서 하위 모델인 9715나 이그제큐티브도 인기가 제품성에 못 미치는 훌륭한 샤프다. 특히 9715는 독일산으로 진정한 물노크, 무소음 샤프가 어떤 것인지 보여준다.

# 파버카스텔 이모션

| | | | |
|---|---|---|---|
| 1 | 출시년도 | | 2006년 |
| 2 | 소비자 가격 | | 84,000원 (파생 모델마다 다름) |
| 3 | 심경 | | 1.4mm |
| 4 | 생산지 | | 독일 |
| 5 | 실측 길이 | | 126mm |
| 6 | 실측 무게(심 제외) | | 29.0g |
| 7 | 무게 중심(심 1개 포함) | | 슬리브 끝에서 68mm |
| 8 | 배럴 재질 | | 나무 |
| 9 | 배럴 및 그립부 단면 | | 원형 |
| 10 | 그립부 재질 / 길이 | | 나무 / 그립부 별도의 구분 없음 |
| 11 | 그립부 평균 지름 | | 14mm (유선형) |
| 12 | 그립면 | | 무늬나 요철 없이 매끈 |
| 13 | 클립 재질 / 길이 | | 금속 / 43mm |
| 14 | 클립 시작 위치 | | 슬리브 끝에서 63mm |
| 15 | 클립 탄력성(강도) | | 매우 강함 |
| 16 | 심경도계 | | 없음 |
| 17 | 지우개 | | 있음 |
| 18 | 클리너핀 | | 없음 |
| 19 | 선단부 재질 | | 금속 |
| 20 | 슬리브(촉) 재질 / 구조 | | 금속 / 콘형 |
| 21 | 슬리브(촉) 길이 | | 4.8m |
| 22 | 슬리브(촉) 내경 | | 1.5mm |

| 23 | 선단부 없이 노크 | – |
|---|---|---|
| 24 | 노크 강도 | – |
| 25 | 노크감 | – |
| 26 | 노크음 | – |
| 27 | 노크 후 심 당김 수준 | – |
| 28 | 메커니즘 분해 수준 | – |
| 29 | 메커니즘 재질 | – |
| 30 | 클러치(척) 내부 표면 | – |
| 31 | 심 배출량 | – |
| 32 | 심 배출까지의 노크 횟수 | – |
| 33 | 유격(심 흔들림 중심) | 수직 방향의 유격 있음 |
| 34 | 기타 기능 및 참고 | 트위스트형 |

※위 내용은 배나무(크롬) 모델 기준

파버카스텔의 이모션E-Motion은 디자인에 올인한 제품답게 아름다움 그 자체인 목제 샤프이다. 보는 순간 시선이 끌리면서 만져보게 되는 제품이다.(진정한 아름다움은 만져 보고 싶은 욕구를 불러온다.)

노브를 돌려서 심을 배출하는 트위스트 방식으로, 심경은 1.4mm 단일 기종이다.

### ◐ 단지 관상용이어도 좋은…

이모션에는 여러 버전이 있다. 선단부와 노브가 검은색 플라스틱인 것도 있고, 무광의 금속인 것, 유광의 크롬인 것도 있다. 심지어 배럴이 나무가 아닌 검은색 무광의 알루미늄인 모델도 있고, 레진 소재를 사용하여 악어 가죽 등의 무늬를 넣은 버전도 있다. 나무는 배나무와 단풍나무 등을 사용하며 브라운, 다크 브라운, 블랙, 진주색 등 색상도 다양하다. 배럴 전체가 유선형으로 통통해서 나무 자체가 두툼할 것 같지만 실제로는 1mm를 넘지 않는 얇은 두께이고 내부는 황동 바디가 지지하고 있다. 고급스러움을 더하는 클립은 지렛대 방식으로도 벌어져 바인더형과 유사한데, 다소 길이가 길어서 필기 시 걸리적거린다. 심경도 굵어서 일반 필기용보다는 크로키나 스케치용으로 더 적합해 보인다.

샤프심은 꽤 비싼 편이다. 낱개로 비교해보면, 파버카스텔의 대표적인 고급 연필인 9000과 비슷한 가격 수준이다. 대신 심 1개로 상당 기간(몇 달) 사용할 수 있다. 샤프 내부에 여분의 심 보관도 가능하다. 보통 후단의 노브 쪽으로 넣을 것이라 짐작하겠지만, 아니다. 선단을 분해하면 메커니즘 둘레의 빈 공간이 보이는데 거기에 최대 6개의 심을 넣어 보관할 수 있다.

마지막으로 이모션은 수직 유격이 있다. 즉 노브를 돌려서 심 길이를 줄인 후 필기를 하면 심이 아주 살짝 들어간다. 일반적으로 수직 유격은 심을 방출할 때보다는 심을 넣을 때 더 많이 생기지만, 경우에 따라서는 이와 상관없이 유격이 나타나기도 한다.

실용성을 생각하면, 거금을 들여 구입한 후에 자신의 자제력 부족이 원망스러울 수도 있다. 하지만 취미생활에서 어느 정도의 허영은 너그럽게 봐줘야 하지 않을까.

# 스테들러 925 15

| | | |
|---|---|---|
| 1 | 출시년도 | 2017년 |
| 2 | 소비자 가격 | 500엔 |
| 3 | 심경 | 0.3 / 0.5 / 0.7 / 0.9mm |
| 4 | 생산지 | 일본 |
| 5 | 실측 길이 | 146mm |
| 6 | 실측 무게(심 제외) | 9.26g |
| 7 | 무게 중심(심 1개 포함) | 슬리브 끝에서 66mm |
| 8 | 배럴 재질 | 플라스틱 |
| 9 | 배럴 및 그립부 단면 | 원형 |
| 10 | 그립부 재질 / 길이 | 엘라스토머 / 46mm |
| 11 | 그립부 평균 지름 | 9.55mm |
| 12 | 그립면 | 애뉼러 링 홈 |
| 13 | 클립 재질 / 길이 | 금속 / 34mm |
| 14 | 클립 시작 위치 | 슬리브 끝에서 95mm |
| 15 | 클립 탄력성(강도) | 강함 |
| 16 | 심경도계 | 있음 (3H/2H/H/F/HB/B/2B) |
| 17 | 지우개 | 있음 |
| 18 | 클리너핀 | 있음 |
| 19 | 선단부 재질 | 금속 |
| 20 | 슬리브(촉) 재질 / 구조 | 금속 / 고정 파이프형 |
| 21 | 슬리브(촉) 길이 | 4.0mm |
| 22 | 슬리브(촉) 내경 | 0.60mm |

| 23 | 선단부 없이 노크 | 불가능 |
|---|---|---|
| 24 | 노크 강도 | 330g |
| 25 | 노크감 | 매우 약하게 끊기는 느낌 |
| 26 | 노크음 | 작음 |
| 27 | 노크 후 심 당김 수준 | 아주 적음 |
| 28 | 메커니즘 분해 수준 | 분해 불가능 |
| 29 | 메커니즘 재질 | 전부 금속 |
| 30 | 클러치(척) 내부 표면 | 딤플형 홈 가공 |
| 31 | 심 배출량 | 노크 1회당 0.7mm |
| 32 | 심 배출까지의 노크 횟수 | 약 14회 |
| 33 | 유격(심 흔들림 중심) | 거의 없음 |
| 34 | 기타 기능 및 참고 | - |

※ 위 내용은 심경 0.5mm 모델 기준

1662년 독일의 프레드리히 스테들러Friedrich Staedtler는 가내수공업 형식으로 연필을 생산하기 시작했다. 그러나 스테들러Staedtler라는 사명으로 공식 설립된 해는 1835년, 그의 후손인 요한 세바스찬 스테들러에 의해서였다. 이런 연유로 최초의 연필 회사라는 명예는 파버카스텔에게 돌아갔다.

스테들러의 로고는 초기엔 로마신화 속 지혜의 여신인 미네르바의 모습이었으나 점차 투구를 쓴 로마 병사로 형상화되어 지금에 이르렀다. 스테들러를 상징하는 색은 밝은 파란색이다.(참고로 파버카스텔은 진녹색이다.)

스테들러는 파버카스텔과 함께 필기, 제도, 미술용품에서 양대

산맥으로 자리하고 있다. 특히 고품질 미술용 연필의 경우 스테들러의

마스 루모그래프Mars-Lumograph와 파버카스텔의 9000은 투톱이다.

스테들러의 대표적인 제도 샤프 라인업은 925, 925 15, 925 25, 925

35, 925 55, 925 65, 925 75, 925 85, 925 95 등이 있다. 이들 샤프는

독일산이 아니고 일본의 오토나 코토부키 등에서 OEM으로 공급받고

있다. 이 중에서 비교적 저가형인 925 15는 뛰어난 가성비에 실용성도

충만한 제도 샤프라서 이를 인생 샤프로 꼽는 사람도 적지 않다. 불호인

경우 가볍다는 이유가 많다.

925 15의 노크감은 매우 약하고 얌전한데 그렇다고 물노크는

아니다. 나름의 개성이 느껴지는 꽤 훌륭한 노크감이다. 노크 소음도

별반 없어서 공공 장소에서도 사용 가능하다. 그립부가 넓어서

어떻게 쥐어도 편안하고 굵기도 적당해서 평상시 필기하기에 좋다.

그립의 표면은 두꺼운 고무 재질인데, 손에 무언가 묻을 것 같고 다소

미끄럽다는 느낌이라 고무 그립치고 좋은 감촉은 아니다.


## ◗ 925 75에게도 관심을…

후속작으로는 925 15를 다운그레이드한 925 75가 있다. 925 라인

중 가장 저가 모델에 해당한다. 외형이 925 15와 매우 비슷하지만

그립부를 포함해서 전체가 플라스틱이다. 925 75에는 2개의 하위

라인이 있는데, 재미있게도 색상과 핀의 유무로 둘을 구분한다.

먼저 네이비색 라인이 있다. 정가가 350엔이고 0.3, 0.5, 0.7, 0.9mm 심경이 있어서 제도 샤프의 면모를 갖추고 있다. 그리고 클리너 핀을 포함한다. 다른 하나는, 다수의 파스텔톤으로 분류되는 라인이다. 정가가 300엔이고 0.5mm 심경만 있다. 팬시 문구의 느낌이고 클리너 핀이 없다. 정리하면, 색상과 클리너 핀의 유무에 따라 50엔의 가격 차이가 난다.

한편 925 75는 925 15와 메커니즘이 같아서 노크감도 아주 흡사하다. 박빙이지만 필자는 925 75의 노크감을 더 선호한다. 개인적으로 925 15의 고무 그립보다는 925 75의 깔끔한 플라스틱 그립이 더 좋고, 특히 200엔이나 저렴해서 만족감이 더 크다는 점이 제품에 대한 호감도를 높인다. 단점이라면 심경도계가 헐거워 너무 쉽게 돌아간다는 것이다.

사실 925 75 말고도 일본산 샤프 중에는 300엔대에서 성능과 실용성이 쟁쟁한 샤프가 많다. 즉 가성비가 가장 뛰어난 가격대가 바로 300엔대이다. 펜텔 120 A3 DX, 제브라 드라픽스 300, 제브라 에스피나, 제브라 에어피트, 파이롯트 S3 등이 여기에 속한다.

# 스테들러 925 25 & 925 35

| | | |
|---|---|---|
| 1 | 출시년도 | 1990년 |
| 2 | 소비자 가격 | 1,200엔 |
| 3 | 심경 | 0.3 / 0.5 / 0.7 / 0.9 / 1.3mm |
| 4 | 생산지 | 일본 |
| 5 | 실측 길이 | 144mm |
| 6 | 실측 무게(심 제외) | 17.0g |
| 7 | 무게 중심(심 1개 포함) | 슬리브 끝에서 70mm |
| 8 | 배럴 재질 | 알루미늄 |
| 9 | 배럴 및 그립부 단면 | 원형 |
| 10 | 그립부 재질 / 길이 | 금속 / 27mm |
| 11 | 그립부 평균 지름 | 8.8mm |
| 12 | 그립면 | 널링 가공과 얕은 홈 애뉼러 링 |
| 13 | 클립 재질 / 길이 | 금속 / 33mm |
| 14 | 클립 시작 위치 | 슬리브 끝에서 97mm |
| 15 | 클립 탄력성(강도) | 보통 |
| 16 | 심경도계 | 있음 (3H/2H/H/HB/B/2B) |
| 17 | 지우개 | 있음 |
| 18 | 클리너핀 | 있음 |
| 19 | 선단부 재질 | 금속 |
| 20 | 슬리브(촉) 재질 / 구조 | 금속 / 고정 파이프형 |
| 21 | 슬리브(촉) 길이 | 4.0mm |
| 22 | 슬리브(촉) 내경 | 0.60mm |

스테들러 925 25

| 23 | 선단부 없이 노크 | 불가능 |
| --- | --- | --- |
| 24 | 노크 강도 | 830g |
| 25 | 노크감 | 끊김은 없으나 반동은 큼 |
| 26 | 노크음 | 큰 편 |
| 27 | 노크 후 심 당김 수준 | 매우 적음 |
| 28 | 메커니즘 분해 수준 | 분해 가능 |
| 29 | 메커니즘 재질 | 전부 금속 |
| 30 | 클러치(척) 내부 표면 | 별도 가공 없이 매끈 |
| 31 | 심 배출량 | 노크 1회당 0.75mm |
| 32 | 심 배출까지의 노크 횟수 | 약 12회 |
| 33 | 유격(심 흔들림 중심) | 거의 없음 |
| 34 | 기타 기능 및 참고 | - |

※ 위 내용은 심경 0.5mm 모델 기준

스테들러 925 25와 925 35는 925 라인업의 대표
모델이다. 25와 35의 차이는 단지 색상밖에 없건만
모델명을 달리했다는 점이 특이하다.

두 샤프가 925 라인업의 대표로 인기를 끄는 이유는
널링 그립의 매력과 더불어 전체적으로 밸런스가
좋기 때문이다. 그래서 로트링 500과 함께 1만 원대
널링 그립의 제도 샤프로 가장 많이 추천받는다.

배럴은 알루미늄이라 너무 무겁지 않으면서 금속
그립부로 인한 저중심 설계로 안정감 있는 필기감을
제공한다. 또한 클립이 위쪽에 있어서 필기 시

스테들러 925 35

걸리적거리지 않는다.

## ◑ 그립으로 손톱을 다듬는다?

널링 가공된 그립은 비슷한 류의 샤프와 비교했을 때 다소 거친 편이다. 과장을 조금 보태면 손톱을 다듬을 수 있을 정도다. 그래서 짧은 시간 사용 시엔 손에 잘 감기고 안정적이지만 긴 시간 필기에는 손에 통증이 올 수 있다.

노크감에 대해서는 호불호가 있다. 절도 있게 끊기는 맛이 있는 것도 아니면서 반동감과 소리가 크기 때문이다. 낙하 시 슬리브가 잘 휘는 것으로 알려져 있는데, 이는 슬리브가 특별히 가늘거나 약해서가 아니고 저중심에 따른 무게감 때문이다. 또한 슬리브 내 보유척이 쉽게 빠지기도 한다. 다행히 비싸지 않은 가격에 선단부와 노브만 별도로 구입할 수 있다. 메커니즘의 나사와 선단부가 조립되는 부분엔 고무링을 끼워서 선단부가 잘 풀리지 않도록 했고 유격도 최소화하였다.

# 로트링 500

| | | |
|---|---|---|
| 1 | 출시년도 | 1984년 |
| 2 | 소비자 가격 | 20달러 |
| 3 | 심경 | 0.35 / 0.5 / 0.7mm |
| 4 | 생산지 | 일본 |
| 5 | 실측 길이 | 148mm |
| 6 | 실측 무게(심 제외) | 13.1g |
| 7 | 무게 중심(심 1개 포함) | 슬리브 끝에서 67mm |
| 8 | 배럴 재질 | 플라스틱 |
| 9 | 배럴 및 그립부 단면 | 6각형 배럴, 원형 그립부 |
| 10 | 그립부 재질 / 길이 | 금속 / 30mm |
| 11 | 그립부 평균 지름 | 8.3mm |
| 12 | 그립면 | 널링 가공 |
| 13 | 클립 재질 / 길이 | 금속 / 34mm |
| 14 | 클립 시작 위치 | 슬리브 끝에서 85mm |
| 15 | 클립 탄력성(강도) | 보통 |
| 16 | 심경도계 | 있음 (4H / 2H / H / F / HB / B / 2B) |
| 17 | 지우개 | 있음 |
| 18 | 클리너핀 | 없음 |
| 19 | 선단부 재질 | 금속 (그립부와 일체형) |
| 20 | 슬리브(촉) 재질 / 구조 | 금속 / 고정 파이프형 |
| 21 | 슬리브(촉) 길이 | 4.0mm |
| 22 | 슬리브(촉) 내경 | 0.61mm |

| 23 | 선단부 없이 노크 | 불가능 |
| 24 | 노크 강도 | 750g |
| 25 | 노크감 | 강하고 짧게 딱딱 끊김 |
| 26 | 노크음 | 보통 |
| 27 | 노크 후 심 당김 수준 | 적은 편 |
| 28 | 메커니즘 분해 수준 | 분해 불가능 |
| 29 | 메커니즘 재질 | 전부 금속 |
| 30 | 클러치(척) 내부 표면 | 별도 가공 없이 매끈 |
| 31 | 심 배출량 | 노크 1회당 0.55mm |
| 32 | 심 배출까지의 노크 횟수 | 약 16회 |
| 33 | 유격(심 흔들림 중심) | 거의 없음 |
| 34 | 기타 기능 및 참고 | – |

※ 위 내용은 심경 0.5mm 모델 기준

로트링Rotring이란 이름은 독일어 roter ring에서 유래했으며 red ring을 의미한다. 회사 로고만 봐도 알파벳 'O'가 붉은 원과 링으로 형상화되어 있어 이름을 각인시킨다. 제품에도 붉은 링을 디자인 요소로 자주 쓴다. 티키Tikky 시리즈의 경우 빨간 원색의 중결링이 상징적으로 들어 있다.

1928년 설립된 로트링도 부침의 시간을 겪었다. 제도 샤프 시장의 몰락으로 재정난을 겪다가 프리즈마Prisma 색연필로 유명한 미국 샌포드Sanford 사에 한때 흡수됐었고, 지금은 샌포드를 인수합병한 글로벌 생활용품업체인 뉴웰 브랜즈Newell Brands에 속해 있다.

일반적으로 로트링 필기구는 차갑고 날카로워 보인다. 독일 기업답게 기계적 정밀도가 느껴지는, 다분히 남성적인 디자인을 보여준다. 로트링 샤프의 경우 타사에 비해 상대적으로 출시 모델이 적다. 그럼에도 생산은 독일 외 중국과 일본에서도 이뤄진다. 로트링의 제도 샤프에는 300, (400), 500, (5x0), 600, 800 등이 있다.(숫자는 가격을 의미하는 일본의 샤프 모델과는 전혀 상관 없다. 한편 괄호로 표시한 모델은 단종품이다.) 로트링의 제도 샤프에는 공통점이 있다. 검정색 바디에 빨간색 링, 널링 그립과 계단식 선단부가 바로 그것이다. 로트링 500은 이 모든 대표적 특성이 최고로 집약된 샤프라 할 수 있다. 마치 제도만을 위해 태어난 샤프 같다. 널링 가공 그립 샤프의 대표로 자리하면서 500은 시리즈 중에서 가장 높은 인기를 구가하고 있다. 상위 버전에 속하는 금속 배럴의 600도 500 못지 않은 인기 제품이지만 500과 무게(13그램 vs. 24그램) 외에는 별 차이가 없어서 여기서는 500으로 설명한다. 둘의 선호도 역시 무게에 따른 개인 취향으로 나뉘고 있다.

로트링 600

### ● 심경도계에까지 널링할 것 같으면 그립부에 더 넣지

로트링 500은 다이아몬드 모양으로 널링 가공된 그립부를 갖고 있다. 얼핏 보면 잘 안 보일 정도로 다이아몬드 무늬가 촘촘하다. 그립을 쥐면

착 안기는 느낌이다. 사포 표면과 비슷해서 돌기가 느껴지지는 않지만 손에 자극을 많이 주기 때문에 적응 기간이 필요하거나 장시간 필기 시 불편할 수 있다. 하지만 널링 그립의 다른 샤프들처럼 사용하면 할수록 표면이 매끄러워진다. 덧붙여, 황동 그립에 검정색으로 페인팅을 한 것이라서 오래되면 칠이 잘 벗겨진다.

그립부의 길이가 다소 짧다는 점은 아쉽다. 그립감에 큰 영향을 주지 않는 최하단 부분까지 널링 가공한 것도 의아하다. 심경도계까지 널링 가공이 되어 있는데 그만큼의 길이를 그립에 편입시켰다면 좋았을 것이다. 반면 선단부가 그립과 일체형이라서 내구성과 필기 안정감은 최상이다. 게다가 선단부가 가늘어서 제도와 같은 정밀 작업에도 최적이다. 노크감은 단단하고 짧게 끊기는 느낌을 주는 게 최상급 수준이다.(500과 같은 메커니즘을 사용하더라도 전체가 플라스틱인 300은 통울림 등으로 인해 노크감이나 소음 정도가 다르다.)

한편 많은 다른 독일제 샤프처럼 0.35mm, 1.0mm 심경의 모델이지만 샤프심은 일반적인 0.3mm, 0.9mm 심을 사용하면 딱 맞다.
참고로 로트링 500은 초기엔 독일 생산이었으나 현재 일본에서 OEM으로 생산 중이다. 업체는 코토부키로 알려져 있다. 엄밀히 말해 이제 로트링은 독일제 제도 샤프는 아닌 것이다.

▶
로트링 300

# 로트링 티키 RD

| | | |
|---|---|---|
| 1 | 출시년도 | 2007년 |
| 2 | 소비자 가격 | 5,500원 |
| 3 | 심경 | 0.35 / 0.5 / 0.7 / 1.0mm |
| 4 | 생산지 | 중국 |
| 5 | 실측 길이 | 148.5mm |
| 6 | 실측 무게(심 제외) | 11.8g |
| 7 | 무게 중심(심 1개 포함) | 슬리브 끝에서 62mm |
| 8 | 배럴 재질 | 플라스틱 |
| 9 | 배럴 및 그립부 단면 | 원형 |
| 10 | 그립부 재질 / 길이 | 고무+플라스틱 / 37mm |
| 11 | 그립부 평균 지름 | 9.3mm |
| 12 | 그립면 | 완만한 웨이브Wave형 굴곡 |
| 13 | 클립 재질 / 길이 | 금속 / 46mm |
| 14 | 클립 시작 위치 | 슬리브 끝에서 80mm |
| 15 | 클립 탄력성(강도) | 약간 강함 |
| 16 | 심경도계 | 없음 |
| 17 | 지우개 | 있음 |
| 18 | 클리너핀 | 없음 |
| 19 | 선단부 재질 | 금속 |
| 20 | 슬리브(촉) 재질 / 구조 | 금속 / 고정 파이프형 |
| 21 | 슬리브(촉) 길이 | 4.0mm |
| 22 | 슬리브(촉) 내경 | 0.61mm |

| 23 | 선단부 없이 노크 | 불가능 |
| 24 | 노크 강도 | 730g |
| 25 | 노크감 | 끊김은 작지만 반동이 큼 |
| 26 | 노크음 | 약간 큼 |
| 27 | 노크 후 심 당김 수준 | 매우 적음 |
| 28 | 메커니즘 분해 수준 | 분해 불가능 |
| 29 | 메커니즘 재질 | 전부 금속 |
| 30 | 클러치(척) 내부 표면 | 별도 가공 없이 매끈 |
| 31 | 심 배출량 | 노크 1회당 0.85mm |
| 32 | 심 배출까지의 노크 횟수 | 약 10회 |
| 33 | 유격(심 흔들림 중심) | 거의 없음 |
| 34 | 기타 기능 및 참고 | - |

※ 위 내용은 심경 0.5mm 모델 기준

로트링 티키Tikky는 유서 깊은 저가형 제도 샤프다. 1979년부터 18년간 생산되던 '티키 1', 1997년부터 11년간 생산되던 '티키 2' 등을 거쳐서 현재 '티키'라고만 배럴에 인쇄되어 있는 버전(보통 '티키 RD'라고 부른다.)에 이르렀다.

그런데 불행하게도 티키 RD는 전작과 비교되면서 찬밥 신세에 놓여 있다. 전작들이 독일산이고 가격 대비 품질도 뛰어나 칭송 받았다면, 티키 RD의 경우 중국산이고 흔하다는 이유로 평가절하를 받아온 것이다.(물론 그런 이유가 저품질의 이유는 되지 못한다.) 현상

이면의 얘기는 이렇다. 티키 1, 티키 2는 단종 프리미엄이 더해지면서
'티키교'라는 말이 있을 정도로 두터운 애호가층을 갖고 있다.(티키 2의
인기가 더 많다.) 겉만 보면 티키 RD는 티키 시리즈의 현대판 같지만 기존
디자인에서도 벗어났고 상징과도 같은 울퉁불퉁한 그립부도 적용하지
않았다. 사용하기에 나쁜 스펙은 아니었지만 독특한 그립감을 즐기던
티키 애호가에겐 충분히 실망스러운 후속작이었다. 오죽 못마땅했으면
티키 RD를 '이단'으로까지 칭했을까. 물론 하나하나 보면 전작에 비해
심하게 꿇릴 부분은 없다. 하지만 큰 성능을 기대하지 않는 저가 샤프에서
그동안 흡족했던 개성 하나가 사라진 셈이었다. 객관적으로야 전작과
비교만 하지 않는다면 실사용에는 아무 문제가 없는 준수한 제품이다.
안타깝게도 티키 RD는 티키 시리즈에서 지적되는 단점을 그대로
적용했다. 즉 1회 노크당 심 방출량이 부적합하다는 단점을 개선 없이
계승한 것이다. 필기에 알맞은 길이로 심을 빼는 데 한 번의 노크로는
부족하고 두 번의 노크로는 너무 많다. 그래서 두 번 노크를 한 후
손으로 조금 밀어 넣어야 한다. 이런 분명한 단점은 티키 시리즈뿐만
아니라 저가, 저품질 샤프의 공통적 특징이기는 하지만 역시 많이
아쉬운 부분이다. 쉽지는 않지만, 메커니즘을 분해해서 배출량을
조절하는 방법도 있는데 영구적인 흠집이나 파손을 초래할 수
있으므로 추천하지 않는다. 티키 RD는 클립도 너무 길어서 필기 시
걸리적거려 불편할 수 있다.

# 라미 사파리

| 1 | 출시년도 | 미확인 |
|---|---|---|
| 2 | 소비자 가격 | 38,000원 |
| 3 | 심경 | 0.5 / 0.7mm |
| 4 | 생산지 | 독일 |
| 5 | 실측 길이 | 143mm |
| 6 | 실측 무게(심 제외) | 11.2g |
| 7 | 무게 중심(심 1개 포함) | 슬리브 끝에서 82mm |
| 8 | 배럴 재질 | 플라스틱 |
| 9 | 배럴 및 그립부 단면 | 원형 배럴, 3각형 그립부 |
| 10 | 그립부 재질 / 길이 | 플라스틱 / 30mm |
| 11 | 그립부 평균 지름 | 10.2mm |
| 12 | 그립면 | 매끄러운 삼각 그립 |
| 13 | 클립 재질 / 길이 | 스테인리스 스틸 / 35mm |
| 14 | 클립 시작 위치 | 슬리브 끝에서 88mm |
| 15 | 클립 탄력성(강도) | 보통 |
| 16 | 심경도계 | 없음 |
| 17 | 지우개 | 있음 |
| 18 | 클리너핀 | 있음 |
| 19 | 선단부 재질 | 플라스틱 |
| 20 | 슬리브(촉) 재질 / 구조 | 금속 / 고정 파이프형 |
| 21 | 슬리브(촉) 길이 | 1.7mm |
| 22 | 슬리브(촉) 내경 | 0.61mm |

| 23 | 선단부 없이 노크 | 불가능 |
|----|----------------|--------|
| 24 | 노크 강도 | 500g |
| 25 | 노크감 | 약하게 끊기는 느낌 |
| 26 | 노크음 | 보통 |
| 27 | 노크 후 심 당김 수준 | 매우 적음 |
| 28 | 메커니즘 분해 수준 | 분해 가능 |
| 29 | 메커니즘 재질 | 전부 금속 |
| 30 | 클러치(척) 내부 표면 | 톱니형 돌기 가공 |
| 31 | 심 배출량 | 노크 1회당 0.7mm |
| 32 | 심 배출까지의 노크 횟수 | 약 16회 |
| 33 | 유격(심 흔들림 중심) | 있음 |
| 34 | 기타 기능 및 참고 | - |

※ 위 내용은 심경 0.5mm 모델 기준


라미Lamy는 만년필 회사 파카Parker의 판매 담당자였던 요제프 라미Josef Lamy가 1930년에 설립한 독일의 필기구 전문 업체이다. 미니멀리즘과 인체공학을 추구하면서도 시대를 앞서가는 현대적 감각의 디자인으로 유명하지만 놀랍게도 사내에는 디자이너를 두고 있지 않다고 한다. 그런데 2024년 현재 들리는 소식에 의하면, 미쓰비시 유니가 라미를 인수합병하는 중이라고 한다. 2020년에는 고쿠요가 펜텔을 인수하려다가 무산된 적이 있었다. 이렇듯 문구 업체의 생태계도 다이내믹하다.

라미 사파리Safari 만년필은 만년필에 입문하는 사람이라면 누구나 하나쯤 구입하는, 국민 만년필의 반열에 올라 있는 제품이다. 그래서 각종 기념품 및 사은품으로도 많이 소비된다. 특히 라미 2000 만년필의 경우 1966년에 출시됐음에도 지금도 꾸준히 판매되고 있는 장수 제품이다.

라미 사파리 샤프 또한 디자인이야 검증이 끝난 만큼 더는 설명할 필요가 없다. 특유의 삼각 그립도 장점, 단점의 영역이 아닌 지극히 취향의 영역일 뿐이다. 다만 만년필, 볼펜과는 달리 샤프는 필기 시 몸통을 돌려 사용하는 경우가 많기 때문에 삼각 그립이 불편하다는 사람도 꽤 많을 것이다.

사파리 샤프는 실사용으로 무난한 성능을 갖고 있다. 단점이라면, 샤프 중에서 가성비가 최악이라는 것이다. 유사한 급의 다른 샤프를 볼 때 1만 원 내외면 적정가일 듯한데 시중의 판매가는 그것의 몇 배가 된다. 한마디로 샤프 가격에 비해서 소재, 무게감, 노크감, 마감 등이 기대에 못 미친다. 사파리 샤프는 가성비가 아닌 감성비로 승부하는 제품이다. 노크감은 나쁘지 않으나 고급형에 어울리는 느낌은 아니다.

특이하게도, 노브가 지우개를 밀면서 노크하는 구조라 지우개가 없으면 노크가 안된다. 그래서 지우개를 별도 판매하고 있는데 지우개 역시 상당히 비싸서 3개들이 한 갑의 가격이 펜텔 P205 한 자루보다 높다. 반면 클리너 핀은 샤프 중에서 최고 수준으로 잘 만들어져 있다. 또 노브 끝에는 고무 링이 있어서 편하게 노브를 분리할 수 있다. 디자인과 사용성을 동시에 생각한 구조라 할 수 있다. 다만 노브가 너무 쉽게 빠진다. 필기감은 상당히 사각거리는 느낌이다.

# 라미 2000 마크롤론

| | | |
|---|---|---|
| 1 | 출시년도 | 1966년(?) |
| 2 | 소비자 가격 | 72달러 |
| 3 | 심경 | 0.5 / 0.7mm |
| 4 | 생산지 | 독일 |
| 5 | 실측 길이 | 138mm |
| 6 | 실측 무게(심 제외) | 18.3g |
| 7 | 무게 중심(심 1개 포함) | 슬리브 끝에서 67mm |
| 8 | 배럴 재질 | 폴리카보네이트 |
| 9 | 배럴 및 그립부 단면 | 원형 |
| 10 | 그립부 재질 / 길이 | 폴리카보네이트 / 별도 그립부 없음 |
| 11 | 그립부 평균 지름 | 9.5~12.0mm (유선형) |
| 12 | 그립면 | 무늬나 요철 없이 배럴과 일체형 |
| 13 | 클립 재질 / 길이 | 금속 / 38mm |
| 14 | 클립 시작 위치 | 슬리브 끝에서 88mm |
| 15 | 클립 탄력성(강도) | 보통 |
| 16 | 심경도계 | 없음 |
| 17 | 지우개 | 있음 |
| 18 | 클리너핀 | 있음 |
| 19 | 선단부 재질 | 금속 |
| 20 | 슬리브(촉) 재질 / 구조 | 금속 / 콘형 |
| 21 | 슬리브(촉) 길이 | 1.2mm |
| 22 | 슬리브(촉) 내경 | 0.63mm |

| 23 | 선단부 없이 노크 | 불가능 |
|---|---|---|
| 24 | 노크 강도 | 570g |
| 25 | 노크감 | 물노크에 가깝고 반동감 없음 |
| 26 | 노크음 | 조용한 편 |
| 27 | 노크 후 심 당김 수준 | 거의 없음 |
| 28 | 메커니즘 분해 수준 | 분해 가능 |
| 29 | 메커니즘 재질 | 전부 금속 |
| 30 | 클러치(척) 내부 표면 | 톱니형 돌기 가공 |
| 31 | 심 배출량 | 노크 1회당 0.7mm |
| 32 | 심 배출까지의 노크 횟수 | 약 14회 |
| 33 | 유격(심 흔들림 중심) | 약간 있음 |
| 34 | 기타 기능 및 참고 | - |

※ 위 내용은 심경 0.5mm 모델 기준

라미 2000 만년필을 기반으로 만들어진 라미 2000 마크롤론Makrolon 샤프는 1966년 출시 이래 무려 50년 이상 생산되고 있는 스테디셀러 제품이다. 마크롤론은 바이엘Bayer 사가 개발한 폴리카보네이트 기반 소재의 등록상표명으로, 가볍고 내구성이 뛰어나 헬멧은 물론 군용기의 캐노피(조종석의 투명 덮개)와 방탄 플라스틱의 원재료로도 쓰인다. 마크롤론은 유리섬유로 보강된 소재인 만큼 우수한 내충격성, 내열성, 내구성 등을 자랑하지만 표면에 흠집이 잘 난다는 단점이 있다. 그래서 라미 2000

마크롤론은 배럴 표면을 헤어라인 가공 처리를 했다. 다시 말해 미리 스크래치를 냈다. 금속 부분도 디자인의 통일을 위해서 모두 헤어라인 가공 처리를 했다. 샤프를 한층 고급스럽게 보이게 하는 이 처리는 아쉽게도 사용 기간이 늘어남에 따라 표면 무늬가 사라지고 유광화된다.

## ● 심플과 감성으로 승부한다

고도로 절제되고 단순한 디자인은 분명 이 샤프의 장수 비결 중 하나이다. 외관만 해도 LAMY라는 이름이 클립 옆에 아주 작게 새겨져 있을 뿐 눈에 띄는 글자가 없다. 심지어 독일산임을 말해주는 GERMANY 표시도 클립 안쪽에 음각되어 있어서 겉으로는 거의 안 보인다. 조립 부위 또한 배럴의 어디를 돌려야 분해가 되는지도 찾기 어려울 정도로 티 나지 않게 제작되어 있다. 클립 역시 일반적인 금속 클립처럼 철판을 구부려 만든 것이 아니라 통짜 금속으로 만들어서 군더더기가 없다. 단 클립의 모서리가 뾰족해 찔리면 아프다. 그립부는 별도로 구분되어 있지는 않다. 하지만 유선형 바디에서 오는 편안한 그립감이 매우 만족스럽다. 물론 손에 물기가 많으면 미끄러운 것은 어쩔 수 없다.

한편 꽤 고가 샤프인 만큼 메커니즘, 노크감 등도 최고급 수준일 것으로 기대하지만 의외로 평범한 편이다. 노크는 딱딱 걸리는 유형이 아닌 물노크에 가까운데, 그마저도 부드럽지 않고 살짝 긁히는 느낌이다.(이

노크감도 분해와 조립을 할 때마다 바뀔 수 있다.) 필자의 개인적 의견이지만,

어쩌면 이 샤프에는 단단하게 끊기고 소리가 분명한 노크감보다 이런

물노크가 더 어울리지 않나 하는 생각이 든다. 심 배출량은 개체에

따라 다른데(1회 노크당 0.7~1.0mm) 메커니즘의 조립 정도에 따라서 심

배출량에 차이가 날 수 있다.

분해는 배럴 중간을 돌려야 되고, 클립마저도 배럴의 끝 부분을 돌려야

분해가 가능한 구조다. 겉만 보면 매우 단순해서 부품 수도 적을 것

같지만 오히려 꽤 많은 편이다. 작은 크기의 부품도 많으므로 가급적

분해는 피하는 게 좋다.

참고로 노브나 클립 쪽에 유격이 좀 큰 편이다. 슬리브가 선단부에

고정되어 있지 않고 선단부를 관통해 돌출된 구조라서 좌우 유격이

있다. 특히 일본제 샤프에 비해 슬리브의 내경이 크다는 점은 좌우

유격을 더 증가시키는 요인이 된다. 단 이것은 수치상 그렇다는 것이지

체감하기에는 미미한 차이다.

이렇듯 이 샤프 역시 라미 사파리처럼 가성비가 많이 떨어지는

제품이기는 하다.(따라서 학생을 위한 문구용보다는 성인 대상의 비즈니스용으로

더 적합하다.) 하지만 보고 만지고 손으로 쥐고 사용할 때 느껴지는

감성적 충만이 다른 샤프에서 느낄 수 없는 힐링을 준다. 어떤 이에게는

이런 감성 체험만으로도 지불 가치가 충분한 것이다. 그래서 이 샤프를

인생 샤프 또는 반려 샤프로 삼는 사람도 적지 않다.

# 카웨코 알블랙

| 1 | 출시년도 | 미확인 |
|---|---|---|
| 2 | 소비자 가격 | 85,000원 |
| 3 | 심경 | 0.5 / 0.7 / 0.9 / 2.0mm |
| 4 | 생산지 | 독일 |
| 5 | 실측 길이 | 142mm |
| 6 | 실측 무게(심 제외) | 15.3g |
| 7 | 무게 중심(심 1개 포함) | 슬리브 끝에서 65mm |
| 8 | 배럴 재질 | 알루미늄 |
| 9 | 배럴 및 그립부 단면 | 8각형 |
| 10 | 그립부 재질 / 길이 | 알루미늄 / 그립부 별도 구분 없음 |
| 11 | 그립부 평균 지름 | 9.95mm |
| 12 | 그립면 | 무늬나 요철 없이 배럴과 일체형 |
| 13 | 클립 재질 / 길이 | – |
| 14 | 클립 시작 위치 | – |
| 15 | 클립 탄력성(강도) | – |
| 16 | 심경도계 | 없음 |
| 17 | 지우개 | 있음 |
| 18 | 클리너핀 | 없음 |
| 19 | 선단부 재질 | 금속 |
| 20 | 슬리브(촉) 재질 / 구조 | 금속 / 고정 파이프형 |
| 21 | 슬리브(촉) 길이 | 2.0mm |
| 22 | 슬리브(촉) 내경 | 0.61mm |

| 23 | 선단부 없이 노크 | 불가능 |
| --- | --- | --- |
| 24 | 노크 강도 | 800g |
| 25 | 노크감 | 딱딱 끊김은 없으나 후반동이 큼 |
| 26 | 노크음 | 큰 편 |
| 27 | 노크 후 심 당김 수준 | 약간 있음 |
| 28 | 메커니즘 분해 수준 | 분해 가능 |
| 29 | 메커니즘 재질 | 전부 금속 |
| 30 | 클러치(척) 내부 표면 | 별도 가공 없이 매끈 |
| 31 | 심 배출량 | 노크 1회당 0.45mm |
| 32 | 심 배출까지의 노크 횟수 | 약 15회 |
| 33 | 유격(심 흔들림 중심) | 거의 없음 |
| 34 | 기타 기능 및 참고 | 유격 및 흔들림 없도록 고무링 3개 패킹 |

※ 위 내용은 심경 0.5mm 모델 기준

독일의 만년필 및 필기구 전문 회사 카웨코Kaweco는 1883년 딥 펜Dip Pen: 펜촉에 잉크를 찍어 사용하는 펜을 만드는 공장으로 시작했다. 이후 1921년 하인리히 코흐Heinrich Koch와 루돌프 베버Rudolph Weber가 이 공장을 인수해 자신들 이름의 이니셜을 조합해 K. W. Co.로 사명을 바꿨다. 여기서 카웨코(독일식으로 읽으면 카베코)라는 이름이 유래되어 현재에 이르고 있다.

제품명 알블랙Al Black은 줄임말이다. 풀네임은 Special Al Mechanical Pencil Black으로, 여기서 Al(알)은 알루미늄을 의미한다. 한정판으로 알레드, 알블루, 알실버 등이 출시된 바 있다. 또 알루미늄이 아닌 황동 배럴의 제품인 스페셜 브라스Special Brass도 있다. 다른 사양은 모두

같고 길이만 확 짧은 미니 버전도 있는데, 미니보다는
'몽당' 느낌이다.

## ◗ 클립은 따로 사야 한다네

카웨코 알블랙의 외관은 흡사 연필을 쏙 빼닮았다.
그런데 특이하게도 형태는 연필처럼 6각형이 아닌
8각형으로 만들었다. 잘 보면 연필처럼 클립이
없다는 점도 눈에 띈다. 기본 구성에 클립은 포함되어
있지 않다. 별도 판매 부품이다. 디자인이 극단적으로
심플해서 클립을 끼우면 이 아름다움이 망가지지
않을까 싶겠지만 실제로 끼워 놓고 보면 디자인이나
사용성 모두 만족스럽다. 다만 클립 가격이 웬만한
샤프 펜슬에 버금가기 때문에 따로 구매한다는
것이 쉽지 않을 것이다. 한편 클립은 장착 및 탈착 시
배럴에 흠집을 내기 쉬우므로 조심히 다뤄야 한다.
배럴의 소재는 금속이긴 하지만 얇은 알루미늄이라서
묵직함 정도가 저중심을 만들 정도는 된다.
전체적으로 흔들림이 거의 없이 단단한 안정감을
준다. 이를 위해 세 곳의 결합 부위(노브, 배럴. 선단)에
고무링이 끼워져 있다. 메커니즘은 일본산 부품인데,
노크감은 딱딱 끊기는 느낌은 없으나 반동감은

별도 판매하는
알블랙 클립

알블랙을 담는 멋진 틴 케이스

커서 경쾌하고 노크음이 크다. 알블랙의 노크감이 가진 찰진 느낌은
아이러니하게도 톰보의 220엔짜리 최저가 모델인 모노그래프
라이트와 매우 비슷하지만 톰보처럼 텅 빈 느낌은 아니다. 단점이라면,
그립 부분이 매우 미끄럽다는 점을 꼽을 수 있고 형태가 6각이 아니라
8각이라는 점도 장점보다는 단점에 가깝다. 또한 오래 사용하면 검은색
도색이 벗겨진다는 점도 아쉬운 부분이다.

## ◐ 케이스는 그냥 드릴게

어찌됐건 디자인과 색상에서 보여주는 알블랙의 심플함은 그 자체로
고급스럽고 특별하게 느껴진다. 겉보기만큼 실제 사용할 때도
감성적인 즐거움을 준다. 그래서 선물용으로도 손색이 없다. 더욱이
필통으로 사용 가능한 근사한 틴 케이스에 담겨 포장되기 때문에 더
가치 있게 보인다. 볼펜도 있으므로 세트로도 구성할 수 있다.

# 까렌다쉬 844

| 1 | 출시년도 | 1969년 |
|---|---|---|
| 2 | 소비자 가격 | 45,000원 |
| 3 | 심경 | 0.5 / 0.7mm |
| 4 | 생산지 | 스위스 |
| 5 | 실측 길이 | 134mm |
| 6 | 실측 무게(심 제외) | 12.6g |
| 7 | 무게 중심(심 1개 포함) | 슬리브 끝에서 79mm |
| 8 | 배럴 재질 | 알루미늄 |
| 9 | 배럴 및 그립부 단면 | 6각형 |
| 10 | 그립부 재질 / 길이 | 알루미늄 / 그립부 별도 구분 없음 |
| 11 | 그립부 평균 지름 | 8.2mm |
| 12 | 그립면 | 무늬나 요철 없이 배럴과 일체형 |
| 13 | 클립 재질 / 길이 | 금속 / 43mm |
| 14 | 클립 시작 위치 | 슬리브 끝에서 69mm |
| 15 | 클립 탄력성(강도) | 보통 |
| 16 | 심경도계 | 없음 |
| 17 | 지우개 | 있음 |
| 18 | 클리너핀 | 없음 |
| 19 | 선단부 재질 | 금속 |
| 20 | 슬리브(촉) 재질 / 구조 | 금속 / 콘형을 닮은 짧은 파이프형 |
| 21 | 슬리브(촉) 길이 | 1.5mm |
| 22 | 슬리브(촉) 내경 | 0.62mm |

| 23 | 선단부 없이 노크 | 불가능 |
|---|---|---|
| 24 | 노크 강도 | 570g |
| 25 | 노크감 | 적당한 끊김과 반동감 |
| 26 | 노크음 | 조용한 편 |
| 27 | 노크 후 심 당김 수준 | 약간 있음 |
| 28 | 메커니즘 분해 수준 | 분해는 가능 |
| 29 | 메커니즘 재질 | 전부 금속 |
| 30 | 클러치(척) 내부 표면 | 미확인 |
| 31 | 심 배출량 | 노크 1회당 0.6mm |
| 32 | 심 배출까지의 노크 횟수 | 약 12회 |
| 33 | 유격(심 흔들림 중심) | 거의 없음 |
| 34 | 기타 기능 및 참고 | - |

※ 위 내용은 심경 0.5mm 모델 기준

연필을 뜻하는 러시아어 карандаш(karandash)에서 유래한 까렌다쉬Caran d'Ache는 1915년 스위스에 설립된 고급 필기구 및 미술용품 전문 회사이다. 대체적으로 고가 제품이 많아 화려한 명품 이미지가 강하다.

### ● 샤프계의 미스 유니버스

까렌다쉬 844는 필기구 커뮤니티에서 가장 예쁜 샤프를 두고 투표를 하면 항상 1위에 오르는 샤프이다.(참고로 볼펜인 까렌다쉬 849 모델과 세트로 구성할 수 있다.) 만약 어떤 샤프가 특별한 기능 없이 가격 3만 원을 넘는다면 대개 그 샤프는 가성비보다는 감성비가 높은 샤프에 해당된다. 까렌다쉬 844도 감성비 대표 샤프 중 하나다. 한마디로 보는 것만으로도 기분 좋고 만족스러운 샤프라는 얘기다.(이 샤프가 1969년생이라는 사실이 믿기지 않는다.)

감성을 만족시키는 요인 중 하나는 까렌다쉬 844의 강렬한 색상들이 아닐까 한다. 그 중에서 빨간색은 까렌다쉬를 상징하는 색상이자 가장 인기 많은 색상이기도 하다.

까렌다쉬 844는 단순하고 깔끔한 연필 디자인에 개성 있는 금속 클립이 끼워져 있다. 선단부와 그립부는 별도로 구분되어 있지 않다. 그렇다고 조립되어 있는 것도 아니다. 둘은 구분 없이 일체화되어 있어서 내구성이 우수하고 유격도 거의 없다. 배럴 자체는 알루미늄이며, 전체가 페인팅된 유광 표면이라 땀이 난 손으로는 매우 미끄럽다.

메커니즘 분해는 가능하긴 하지만 일반적인 방법으로는 안 된다. 개체에 따라 분해가 더 까다로울 수 있고 분해 과정에서 영구적인 상처가 남을 수 있으므로 추천하지 않는다.

참고로 까렌다쉬 844의 메커니즘은 파카 조터Jotter 샤프의 것과 외견상 거의 같고 구조도 동일하다. 따라서 844의 메커니즘 역시 일본산임은 물론이고 조터의 메커니즘을 만든 동일 업체에서 공급받는 것으로 보인다. 그에 따라 노크감 역시 일본 샤프를 쥔 듯 익숙한 느낌을 준다. 좋다는 얘기다.

# 58 까렌다쉬 884 인피니트

| 1 | 출시년도 | 2015년 |
|---|---|---|
| 2 | 소비자 가격 | 15,000원 |
| 3 | 심경 | 0.5 / 0.7mm |
| 4 | 생산지 | 스위스 |
| 5 | 실측 길이 | 146mm |
| 6 | 실측 무게(심 제외) | 16.2g |
| 7 | 무게 중심(심 1개 포함) | 슬리브 끝에서 58mm |
| 8 | 배럴 재질 | 플라스틱 |
| 9 | 배럴 및 그립부 단면 | 6각형 |
| 10 | 그립부 재질 / 길이 | 플라스틱 / 그립부 별도 구분 없음 |
| 11 | 그립부 평균 지름 | 10.4mm |
| 12 | 그립면 | 무늬나 요철 없이 배럴과 일체형 |
| 13 | 클립 재질 / 길이 | 플라스틱 / 50mm |
| 14 | 클립 시작 위치 | 슬리브 끝에서 84mm |
| 15 | 클립 탄력성(강도) | 약함 |
| 16 | 심경도계 | 없음 |
| 17 | 지우개 | 있음 |
| 18 | 클리너핀 | 없음 |
| 19 | 선단부 재질 | 금속 |
| 20 | 슬리브(촉) 재질 / 구조 | 금속 / 콘형을 닮은 짧은 파이프형 |
| 21 | 슬리브(촉) 길이 | 1.5mm |
| 22 | 슬리브(촉) 내경 | 0.62mm |

| | | |
|---|---|---|
| 23 | 선단부 없이 노크 | 불가능 |
| 24 | 노크 강도 | 570g |
| 25 | 노크감 | 적당한 끊김과 반동감 |
| 26 | 노크음 | 조용한 편 |
| 27 | 노크 후 심 당김 수준 | 약간 있음 |
| 28 | 메커니즘 분해 수준 | 분해는 가능 |
| 29 | 메커니즘 재질 | 전부 금속 |
| 30 | 클러치(척) 내부 표면 | 미상 |
| 31 | 심 배출량 | 노크 1회당 0.6mm |
| 32 | 심 배출까지의 노크 횟수 | 약 12회 |
| 33 | 유격(심 흔들림 중심) | 거의 없음 |
| 34 | 기타 기능 및 참고 | - |

※ 위 내용은 심경 0.5mm 모델 기준

까렌다쉬 884 인피니트Infinite는 까렌다쉬의 대표적인 보급형

샤프다.(같은 디자인으로 만든 볼펜 888도 있다.) 844와 비교했을 때 배럴은

비슷한 6각형이고 선단부와 그립부, 배럴은 구분 없이 일체형이지만

844보다 전체적으로 굵다. 굵은 그립을 선호하지 않는 사용자에겐

불호 요인일 수 있으나 그래도 필기성은 아주 좋다. 보급형임을

드러내는 플라스틱 바디에 커다란 클립이 다소 어색해 보이지만

까렌다쉬만의 화려한 색은 884 인피니트에도 그대로 적용돼 있어서

시선을 사로잡는다. 884 인피니트의 좋은 점은 상위 모델인 844와

같은 메커니즘을 쓴다는 것이다. 따라서 조립 구조도 같고 노크감도

844와 거의 흡사하다.

## ◗ 알려주기 조심스러운 분해법

884 인피니트의 메커니즘을 분해하는 방법은 다음과 같다. 우선, 노브를 깊게 누른다. 그러면 슬리브가 필기 시 튀어나오는 길이보다 더 많이 튀어나온다. 이때 노출된 슬리브를 감싸고 있는 얇은 철판 고리가 드러나는데, 이 철판 고리를 선단부와의 틈새 안쪽으로 밀어 넣는다. 그러면 메커니즘과 슬리브가 함께 쑥 들어가면서 분리가 된다. 하지만 개체에 따라서 누르고 밀어넣는 데 힘 조절이 필요할 수 있고 그 과정에서 메커니즘이 망가지고 흠집날 수 있으므로 단순 호기심에 의한 분해는 피하는 게 좋다.

한편 지우개와 금속제 지우개 옷이 펜텔의 샤프군에 사용하는 것과 놀라울 정도로 같다는 것도 의외다. 까렌다쉬의 메커니즘을 펜텔에서 공급하는 것이 아닌가 하는 의구심이 드는 대목이다. 만약 지우개의 굵기까지 펜텔과 동일하다면 확신하겠지만 실제 그렇지는 않다. 단점으로는, 별도의 그립부 없이 매끄러운 플라스틱 표면이라서 손에 땀이 있으면 불편하다는 점, 노브가 깊고 뻑뻑하게 끼워져 있어서 뺄 때 거슬린다는 점을 들 수 있다. 배럴과 일체형인 클립의 형태가 저가형으로 보이고, 클립 크기가 커서 필기 시 걸리적거린다는 점 역시 단점이다.

반면 슬리브가 선단에 고정된 구조가 아니라서 좌우 유격에 취약할 것 같지만 실제로는 유격이 거의 없다는 점은 의외의 장점이다.

# 파카 조터

| | | |
|---|---|---|
| 1 | 출시년도 | 미확인 |
| 2 | 소비자 가격 | 17,000원 |
| 3 | 심경 | 0.5 / 0.7mm |
| 4 | 생산지 | 프랑스 (현행) / 영국 / 미국 |
| 5 | 실측 길이 | 133mm |
| 6 | 실측 무게(심 제외) | 10.7g |
| 7 | 무게 중심(심 1개 포함) | 슬리브 끝에서 77mm |
| 8 | 배럴 재질 | 금속 + 플라스틱 |
| 9 | 배럴 및 그립부 단면 | 원형 |
| 10 | 그립부 재질 / 길이 | 플라스틱 / 그립부 별도 구분 없음 |
| 11 | 그립부 평균 지름 | 7.0~9.0mm (유선형) |
| 12 | 그립면 | 무늬나 요철 없이 매끈 |
| 13 | 클립 재질 / 길이 | 금속 / 38mm |
| 14 | 클립 시작 위치 | 슬리브 끝에서 84mm |
| 15 | 클립 탄력성(강도) | 강함 |
| 16 | 심경도계 | 없음 |
| 17 | 지우개 | 있음 |
| 18 | 클리너핀 | 없음 |
| 19 | 선단부 재질 | 금속 |
| 20 | 슬리브(촉) 재질 / 구조 | 금속 / 콘형을 닮은 짧은 파이프형 |
| 21 | 슬리브(촉) 길이 | 1.5mm |
| 22 | 슬리브(촉) 내경 | 0.61mm |

| 23 | 선단부 없이 노크 | 불가능 |
| --- | --- | --- |
| 24 | 노크 강도 | 550g |
| 25 | 노크감 | 적당한 끊김과 반동감 |
| 26 | 노크음 | 조용한 편 |
| 27 | 노크 후 심 당김 수준 | 약간 있음 |
| 28 | 메커니즘 분해 수준 | 분해는 가능 |
| 29 | 메커니즘 재질 | 전부 금속 |
| 30 | 클러치(척) 내부 표면 | 미확인 |
| 31 | 심 배출량 | 노크 1회당 0.50mm |
| 32 | 심 배출까지의 노크 횟수 | 약 12회 |
| 33 | 유격(심 흔들림 중심) | 거의 없음 |
| 34 | 기타 기능 및 참고 | - |

※ 위 내용은 심경 0.5mm 모델 기준

만년필 및 필기구 업체 파카Parker는 조지 새포드
파커George Safford Parker에 의해 1888년 미국에서
설립됐다. 발음상 '파커'가 자연스럽지만 공식 한국어
표기는 '파카'가 맞다.

파카는 오랜 역사만큼이나 설명이 필요 없는 유명
만년필을 다수 보유하고 있지만 그 중에서 1939년에
출시한 '파카 51'은 단일 품목 기준 전 세계에서 가장
널리 사용되고 있는 만년필로 꼽는다. '파카 45' 역시
대표적인 만년필 명기로 회자되고 있다.

## ● 수리가 어렵지만 수리할 일이 없는 전투급 샤프

조터Jotter는 파카의 또 다른 레전드 제품이다. 특히 볼펜으로서의 조터는 볼펜 시장 전체로 봐서도 전설적이라 할 만하다. 1945년 출시된 조터 볼펜은 파카의 볼펜 중에서 가장 많이 판매된 볼펜이자 파카의 최장수 모델이다.

샤프로서의 조터는 내구성이 가장 좋은 샤프를 얘기할 때 꼭 등장한다. 얼마나 견고한지 '전투용 샤프'라는 닉네임이 붙을 정도다. 생산지는 몇 번 바뀌었다. 1990년 후반까지는 미국 생산으로 'made in USA'라고 각인되어 있었으나 그후 영국을 거쳐 현재는 프랑스에서 생산되고 있다. 외형은 클립 쪽 화살촉의 무늬 외에는 바뀐 게 거의 없다. 하지만 내부의 샤프 유닛과 조립 구조에는 변화가 있다. 먼저 초기에는 조터 볼펜의 리필심과 형태적으로 호환이 됨으로 볼펜의 리필심 대신에 샤프 유닛을 끼우기만 하면 되었다.(그래서 전체 무게도 더 무거웠다.) 이 경우 노브가 분리되지 않으므로 심을 넣으려면 배럴을 돌려서 분해한 후 넣어야 하는 불편이 있었다. 필자의 오래된 기억으로는 초기의 샤프 유닛을 일본 펜텔에서 생산하여 공급했던 것으로 안다. 당시 이 정도로 뛰어난 품질과 정교한 메커니즘을 가진 샤프 유닛을 만들 수 있는 곳은 펜텔말고는 없었을 것이다.

시간이 흐른 지금 샤프용 바디와 볼펜용 바디는 구분되어 있다. 그래서 일반 샤프처럼 노브를 열어서 지우개나 심 보관통에의 접근이 가능하다. 또한 샤프 유닛이 쉽게 분리되지 않도록 그립부에 아예 끼워져 있다. 따라서 메커니즘 분해가 불가능하진 않지만 쉽지 않다. 개체마다 난이도 차이가 있으므로 단순 호기심이라면 시도하지 않는 게 좋다. 운 좋게 분해가 된다고 해도 메커니즘 내부 쪽까지의 분해는 한 단계 더 진행해야 하는데 개체에 따라서 '괜한 짓'을 벌인 것밖에 안 될 수 있다. 분해의 까다로움은 곧 수리의 난관을 의미한다. 가령 샤프심이 메커니즘 안에서 부러져 어딘가 끼어 있거나 돌아다닐 시 문제 해결하는 데 일반 샤프에 비해 상당한 어려움을 겪을 수 있다.

## ◑ 모든 샤프는 일본으로 통한다

흥미로운 점은 현재 조터 샤프의 메커니즘이 여전히 일본산이며, 지우개와 금속제 지우개 옷 역시 펜텔의 샤프군에 사용하는 것과 놀라울 정도로 같다는 사실이다. 참고로 이 메커니즘은 까렌다쉬 844 및 884 인피니트와 같은 844 파생 샤프의 것과 동일 부품으로 추정된다. 지우개 및 노브가 서로 호환되는 현상이 이를 뒷받침한다. 한편 조터 샤프는 크기가 작고 경량이라서 휴대용이나 업무용으로 더 적합하다. 또한 별도의 선단부 없이 유선형으로 가늘어지는 형태라서 쥐기에는 너무 가늘고 미끄러워 그립감도 나쁜 편에 속한다.(물론 어떤 사람에게는 가장 편한 형태이기도 하다.) 필자의 개인적 의견이지만 이 샤프가 1mm만 더 굵었어도 필기감이 월등히 좋아졌을 것으로 생각한다. 이렇듯 조터는 뛰어난 디자인의 샤프이긴 하나 장시간 필기용으로는 사용하기 힘든 편에 속한다.

# 60 플래티넘 프로유즈 171

| | | |
|---|---|---|
| 1 | 출시년도 | 2017년 |
| 2 | 소비자 가격 | 1,500엔 |
| 3 | 심경 | 0.3 / 0.5 / 0.7 / 0.9mm |
| 4 | 생산지 | 일본 |
| 5 | 실측 길이 | 146mm |
| 6 | 실측 무게(심 제외) | 23.4g |
| 7 | 무게 중심(심 1개 포함) | 슬리브 끝에서 60mm |
| 8 | 배럴 재질 | 플라스틱 |
| 9 | 배럴 및 그립부 단면 | 원형 |
| 10 | 그립부 재질 / 길이 | 금속 / 38mm |
| 11 | 그립부 평균 지름 | 9.95mm |
| 12 | 그립면 | 널링 가공 |
| 13 | 클립 재질 / 길이 | 금속 / 40mm |
| 14 | 클립 시작 위치 | 슬리브 끝에서 87mm |
| 15 | 클립 탄력성(강도) | 보통 |
| 16 | 심경도계 | 있음 (4H/2H/H/F/HB/B/2B) |
| 17 | 지우개 | 있음 |
| 18 | 클리너핀 | 없음 |
| 19 | 선단부 재질 | 금속 |
| 20 | 슬리브(촉) 재질 / 구조 | 금속 / 길이 조절 가능 파이프형 |
| 21 | 슬리브(촉) 길이 | 0~4.5mm |
| 22 | 슬리브(촉) 내경 | 0.62mm |

| 23 | 선단부 없이 노크 | 불가능 |
|---|---|---|
| 24 | 노크 강도 | 790g |
| 25 | 노크감 | 적당히 끊기고 반동감 있음 |
| 26 | 노크음 | 보통 |
| 27 | 노크 후 심 당김 수준 | 적은 편 |
| 28 | 메커니즘 분해 수준 | 분해 가능 |
| 29 | 메커니즘 재질 | 전부 금속 |
| 30 | 클러치(척) 내부 표면 | 별도 가공 없이 매끈 |
| 31 | 심 배출량 | 노크 1회당 0.7mm |
| 32 | 심 배출까지의 노크 횟수 | 약 18회 |
| 33 | 유격(심 흔들림 중심) | 거의 없음 |
| 34 | 기타 기능 및 참고 | 심 쿠셔닝, 슬리브 길이 조절 |

※ 위 내용은 심경 0.5mm 모델 기준

플래티넘Platinum은 만년필에 관심 있는 사람이라면 누구나 아는 만년필 프레피Preppy의 제조사로, 일본의 3대 만년필(파이롯트, 세일러, 플래티넘) 회사 중 하나이다. 1919년에 설립되어 1928년 나카야 제작소Nakaya seisakusho라는 사명을 플래티넘 만년필 회사Platinum Fountain Pen Co.,로 변경한 후 현재에 이르고 있다.(일본어로 사명 표기 시 백금을 뜻하는 프라치나プラチナ를 사용한다.)

만년필에 주력하고 있지만 샤프 펜슬로도 유명 제품이 많다. 대표적으로 하야이Hayaai 시리즈, 프로유즈Pro-Use 시리즈, 오레누OLEeNU 시리즈가 많이 알려져 있다. 단 이들 샤프를 직접 생산하지는 않고 코토부키에 OEM을 맡긴다.

## ● 이공계 출신 남성의 취향을 저격하다

프로유즈 171은 프로유즈 시리즈인 500, 1000, 1500 중에서
최상위의 모델이다. 0.5mm, 0.7mm 심경에 한해서는 무광 블랙
모델도 있다. 무광 블랙은 슬리브까지 온통 무광의 검정색에 외관
품질이 매우 우수하지만 일반 모델에 비해서 1천 엔이나 비싸다.
프로유즈 171은 유독 이공계 남성의 취향을 저격한다. 심 쿠셔닝을
On/Off 할 수 있다는 점과 슬리브 길이를 조절할 수 있다는 점 이
두 가지가 크게 작용하고 있는 듯하다. 플래티넘이 스노크Snork
시스템이라고 부르는 심 쿠셔닝 선택 기능은, 배럴의 중간부를
돌려주면 쿠셔닝 여부가 스위칭되는 방식으로 작동된다. 슬리브
길이 조절도 가능한데, 실제로 슬리브 자체가 튀어나오고 들어가서
조절되는 것은 아니다. 슬리브를 감싸고 있는 선단부를 돌리면(소음이
나기도 함) 선단부가 상하로 이동함에 따라 슬리브가 노출되는 구조이다.
이때 선단부가 완전히 덮어서 슬리브를 수납할 수도 있다. 통상 슬리브

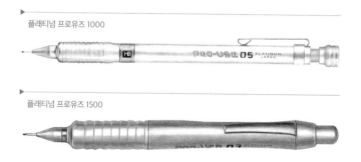

플래티넘 프로유즈 1000

플래티넘 프로유즈 1500

길이는 필기용으로는 2~3mm가 적당하고 제도 및
정밀 작업을 위해서는 4mm가 적당하다. 그런데
프로유즈 171은 최대 4.5mm까지도 나오게 할 수
있다. 노출된 길이가 그 정도이고 내부의 슬리브
실제 길이는 무려 7mm 정도가 된다. 재밌는 사실은,
이러한 기능을 구현하는 방법과 내부 부품이 뒤에서
설명할 오토 사의 슈퍼 프로메카(MS01)와 매우
흡사하다는 점이다.

프로유즈 171은 배럴이 플라스틱임에도 널링 가공된
금속 그립에 복잡한 기능을 품고 있어서 꽤나 무겁다.
23.4그램이나 나간다. 무거운 샤프답게 통울림이
작아서 부드러운 필기감을 기본으로 확보한 데다
심 쿠셔닝 기능으로 부드러움을 한층 더한 것도
모자라 금속 그립으로 저중심까지 실현하니 필기
시 안정적인 느낌이 절로 든다. 거기다 슬리브 조절
기능이 있음에도 선단에서의 유격이나 흔들림도 거의
없다. 다만 널링 그립인 것치고는 로트링 500/600이나
스테들러 925 25/35 보다는 그립감이 미끄러운 편이다.
한편 금속 클립은 슬림하고 긴 편인데 코토부키에서
생산한 페낙 N-X, 제노 CX 등의 클립과 동일한
부품이다.

# 플래티넘 오레누 실드

| | | |
|---|---|---|
| 1 | 출시년도 | 2014년 |
| 2 | 소비자 가격 | 200엔 |
| 3 | 심경 | 0.5mm |
| 4 | 생산지 | 일본 |
| 5 | 실측 길이 | 151mm |
| 6 | 실측 무게(심 제외) | 9.08g |
| 7 | 무게 중심(심 1개 포함) | 슬리브 끝에서 78mm |
| 8 | 배럴 재질 | 플라스틱 |
| 9 | 배럴 및 그립부 단면 | 원형 |
| 10 | 그립부 재질 / 길이 | 고무 / 34mm |
| 11 | 그립부 평균 지름 | 10.9mm |
| 12 | 그립면 | 무늬나 요철 없이 매끈 |
| 13 | 클립 재질 / 길이 | 플라스틱 / 50mm |
| 14 | 클립 시작 위치 | 슬리브 끝에서 91mm |
| 15 | 클립 탄력성(강도) | 약함 |
| 16 | 심경도계 | 없음 |
| 17 | 지우개 | 있음 |
| 18 | 클리너핀 | 없음 |
| 19 | 선단부 재질 | 플라스틱 |
| 20 | 슬리브(촉) 재질 / 구조 | 금속 / 슬라이딩 콘형 |
| 21 | 슬리브(촉) 길이 | 3.5mm |
| 22 | 슬리브(촉) 내경 | 0.61mm |

| | | |
|---|---|---|
| 23 | 선단부 없이 노크 | 불가능 |
| 24 | 노크 강도 | 550g |
| 25 | 노크감 | 단단하게 끊기고 반동감은 약함 |
| 26 | 노크음 | 조용 |
| 27 | 노크 후 심 당김 수준 | 약간 있음 |
| 28 | 메커니즘 분해 수준 | 분해 불가능 |
| 29 | 메커니즘 재질 | 플라스틱 클러치, 황동 클러치 링 |
| 30 | 클러치(척) 내부 표면 | 별도 가공 없이 매끈 |
| 31 | 심 배출량 | 노크 1회당 0.80mm |
| 32 | 심 배출까지의 노크 횟수 | 약 6회 |
| 33 | 유격(심 흔들림 충심) | 약간 있음 |
| 34 | 기타 기능 및 참고 | 심 쿠셔닝, 슬리브 슬라이딩/수납 |

오레누OLEeNU는 일본어 折れぬ에서 기원하며, '부러지지 않는다'는 뜻이다. 플래티넘은 심 쿠셔닝 기능을 내장한 오레누 샤프를 2009년 출시한 이후 오레누 실드Shield(2014년) 및 오레누 플러스Plus(2016년) 등 후속작을 출시하면서 라인업을 강화해 왔다. 즉 심 보호 기능을 계속 업그레이드해 왔다. 오레누 시리즈는 플래티넘의 대표적인 보급형, 필기용 라인업으로 플래티넘의 다른 샤프처럼 코토부키의 생산품이다. 오레누 시리즈는 선단부, 슬리브, 배럴 및 심 쿠셔닝 스프링의 소재 등을 강화한 제품이다. 기본 사양만 보면 유미상사의 수능(e미래) 샤프와 많이 닮았다. 실제로 많은 부품이 그대로 상호 호환된다. 오레누 시리즈는 공통적으로 슬라이딩 슬리브, 수납형 슬리브, 심 쿠셔닝,

심 보호, 제로신(심 절약) 기능 등을 갖고 있는데 수능 샤프 또한 이 중 일부를 장착하고 있다. 다만 오레누 시리즈가 기능이나 성능 면에서 개선한 부분이 있고 디자인이 훨씬 고급스러워서 수능 샤프와 비교해 급이 다른 제품처럼 보이지만 필기 성능은 유사하다. 대표적 장점으로 내세우는 심 보호 기능 역시 수능 샤프에서 훌륭하게 구현된다. 일부러 떨어뜨려도 심이 잘 부러지지 않을 정도다.(필자가 책상 높이에서 일부러 50번이나 수평 낙하를 시켜서야 부러짐이 발생했다.) 그러므로 업체 주장대로 오레누 실드와 오레누 플러스가 심 보호 기능을 몇 배 강화했다고 해도 체감하기란 어려울 수 있다.

## ◐ 모닝글로리 독도 프로텍션이 생각나는 이유

오레누 시리즈에 적용한 심 보호 기능은 몇 가지가 있다. 일반 샤프의 경우 선단부 내 빈 공간에 샤프심이 매달려 있는 구조인데, 이런 구조는 외부 충격에 취약하다. 이와 달리 오레누 가드Guard는 빈 공간을 채우고 샤프심을 감싸서 보호하게끔 설계되어 있다. 오레누 실드는 선단부 내부를 2중 벽으로 지지하게 함으로써 강성을 증가시켰다. 또한 슬라이딩 슬리브를 고무링으로 잡아줘서 유격과 충격을 줄였다. 최상위 모델인 오레누 플러스는 슬리브의 끝단 형상을 제외한 오레누 실드의 선단을 그대로 적용했다. 대신 플라스틱 배럴에 고무 그립부를 심어서 진동 저항성을 높이고 안정성을 보강했다. 실드와 플러스 간 차이는 체감상 아주 미미하다. 한편 업체의 홍보에 따르면, 오레누

기존　오레누　오레누　슬리브　심 쿠셔닝　제로신　오레누
　　　가드　　실드　　수납　　　　　　　　　플러스

오레누 시리즈에 적용된 기능과 선단부 단면(104쪽에서 상세 설명)

시리즈의 제로신 기능은 탁월하다. 선단 내부의 빈 공간이 작고 심을
감싸는 구조라서 샤프심이 짧아져도 후발 샤프심이 안정적으로
밀어주어 0.5mm의 짧은 잔심도 사용할 수 있다고 한다.(하지만 실제로는
불편 없이 그렇게까지 사용하기 어렵다.) 한 가지 흥미로운 점은, 우리나라
모닝글로리의 독도(또는 블랙) 프로텍션 샤프가 오레누 실드와 거의
같은 제품이고, 국내 제노의 OLP 샤프가 오레누 플러스와 거의 같다
못해 OLP라는 이름까지 빌려왔다는 사실이다. 다시 말해 우리나라
브랜드의 샤프를 통해서 훨씬 저렴한 가격으로 상위 모델의 플래티넘
유명 제품을 경험할 수 있다는 얘기다.(참고로 제노 OLP의 경우 선단부가 투명
재질인데, 세게 조이면 금이 가기 쉽다.)

제노 OLP

# 오토 호라이즌

| | | |
|---|---|---|
| 1 | 출시년도 | 2013년 |
| 2 | 소비자 가격 | 700엔 |
| 3 | 심경 | 0.5 / 0.7mm |
| 4 | 생산지 | 일본 |
| 5 | 실측 길이 | 141mm |
| 6 | 실측 무게(심 제외) | 14.6g |
| 7 | 무게 중심(심 1개 포함) | 슬리브 끝에서 75mm |
| 8 | 배럴 재질 | 알루미늄 |
| 9 | 배럴 및 그립부 단면 | 6각형 |
| 10 | 그립부 재질 / 길이 | 알루미늄 / 그립부 별도 구분 없음 |
| 11 | 그립부 평균 지름 | 9.3mm |
| 12 | 그립면 | 무늬나 요철 없이 배럴과 일체형 |
| 13 | 클립 재질 / 길이 | 금속 / 41mm |
| 14 | 클립 시작 위치 | 슬리브 끝에서 85mm |
| 15 | 클립 탄력성(강도) | 매우 매우 강함 |
| 16 | 심경도계 | 없음 |
| 17 | 지우개 | 있음 |
| 18 | 클리너핀 | 없음 |
| 19 | 선단부 재질 | 금속 |
| 20 | 슬리브(촉) 재질 / 구조 | 플라스틱 / 슬라이딩 방식의 콘형 |
| 21 | 슬리브(촉) 길이 | 3.8mm |
| 22 | 슬리브(촉) 내경 | 0.60mm |

| 23 | 선단부 없이 노크 | 불가능 |
|---|---|---|
| 24 | 노크 강도 | 400g |
| 25 | 노크감 | 완전 물노크 |
| 26 | 노크음 | 매우 조용 |
| 27 | 노크 후 심 당김 수준 | 전혀 없음 |
| 28 | 메커니즘 분해 수준 | 분해 가능 |
| 29 | 메커니즘 재질 | 플라스틱 |
| 30 | 클러치(척) 내부 표면 | 별도 가공 없이 매끈 |
| 31 | 심 배출량 | 노크 1회당 0.9mm |
| 32 | 심 배출까지의 노크 횟수 | 약 15회 |
| 33 | 유격(심 흔들림 중심) | 큰 편 |
| 34 | 기타 기능 및 참고 | 세미 오토매틱, 선단 수납 |

※ 위 내용은 심경 0.5mm 모델 기준

1929년에 설립된 오토OHTO는 일본 최초의 볼펜 회사다. 원래 사명은 AUTO였으나 자동차 관련 업체로 오인할 수 있다는 판단에 1974년 OHTO로 변경했다. 모나미 사에게 볼펜의 유성잉크 기술을 전수한 회사로 알려져 있으며, 실제로 우리나라 국민 볼펜인 모나미 153의 원형이 바로 오토의 AUTO 326 볼펜이다.

오토가 출시한 샤프 펜슬은 실험적이고 다양한 기능이 탑재되어 있어서 샤프 애호가의 취향을 저격하는 모델이 많다. 오토의 기능 중에서

가령 자동 심 배출(세미 오토매틱)이나 심 배출량

조절(레귤레이터Regulator), 슬리브 길이 조절 등이

그러하다. 그래서 단순히 필기구라기보다는 정밀

기계 기구나 측정 도구처럼 보이는 남성적인 제품이

많다. 제작 기술이 뛰어나서인지 오토는 스테들러,

무인양품MUJI, 이토야ITOYA 등의 일부 샤프를

OEM으로 생산한다.


## ◑ 세미 오토매틱 샤프 호라이즌

오토 호라이즌Horizon은 자동 샤프다. 다시 말해

필기 중에 노크를 하지 않아도 심이 마모되는 만큼

자동으로 방출된다. 더 정확히 말하면 세미 오토매틱

샤프다. 즉 최초의 심은 수동으로 장전해야 하고 그

이후부터 자동으로 방출된다.

호라이즌은 더블 노크이기도 하다. 슬리브가 선단

내부에 수납되어 있다가 노브를 한 번 누르면 선단

밖으로 튀어나오고 다시 노브를 눌러야 노크가

작동되면서 심이 방출된다.

한편 슬리브를 선단에 수납하려면 클립 옆 배럴 면에

있는 작은 버튼을 누르면 된다. 그런데 특이한 점은

굳이 이러한 장치를 만들 필요가 없었다는 것이다. 이

샤프의 세미 오토매틱 메커니즘은 전형적인 구조를 갖고 있다.(슬리브도 플라스틱이다.) 다시 말해 노브를 누른 상태에서 슬리브를 밀어 넣으면 슬리브가 수납되고, 슬리브가 수납된 상태에서 노브를 누르면 슬리브가 용수철처럼 튀어나오면서 샤프심이 필기에 적당한 길이만큼 방출된다. 따라서 이미 슬리브 수납 기능을 갖고 있는 셈이었다. 그런데도 호라이즌은 별도의 선단 수납 장치를 고안한 것이다.

시중에서 구입 가능한 세미 오토매틱 샤프는 호라이즌 말고도 오토의 노-노크No-Noc, 파버카스텔의 폴리매틱Poly Matic 및 그립매틱Grip Matic, 파이롯트 S30, 펜텔 오렌즈 네로orenznero 와 오렌즈 AT, 미쓰비시 유니 쿠루토가 다이브, 마패드Maped 오토매틱 등이 있다. 메커니즘의 성능 측면에서 보면 오렌즈와 다이브가 가장 우수한 편이다.

그런데 이들 세미 오토매틱의 메커니즘은 재질이 플라스틱인 경우가 많고 하나같이 물노크이다. 또한 부품 수가 많고 복잡하므로 개별적으로 조립되기보다는 하나의 단위 부품처럼 유닛으로 구성된다. 그래서 메커니즘 유닛을 다른 모델이나 다른 업체의 샤프와 공동 사용하기도 한다. 일례로

오토 노-노크

호라이즌의 메커니즘 유닛은 노-노크 모델에도 사용되고 있다.(참고로 이 유닛이 인터넷 최저가 1천 원 수준인 중국산 마패드의 세미 오토매틱 샤프의 것과 같은 것으로 보아 오토 사가 외부에서 공급받은 것으로 추정된다.)

## ◖ 좋아할 사람만 좋아하면 된다

선단부가 플라스틱이라 필기 시 금속성의 긁힘은 없지만 그렇다고 필기감이 그리 부드럽지도 않다. 또한 심이 흐리게 나오는 편이므로 다소 진한 심을 사용하는 것이 나을 것이다.

호라이즌의 디자인은 개성이 강해 호불호가 갈린다. 흡사 무인양품의 필기구처럼 지극히 단순하고 현대적인 디자인을 극찬하는 사람도 있지만 비호감을 내비치는 사람도 있다. 불호 요인은 또 있다. 배럴과 노브 모두 금속인 데다가 유격도 너무 커서 필기 시 상당히 달그락거리고, 땀이 나면 최악의 그립감으로 돌변한다는 것이다. 즉 실험적인 디자인 때문에 실용성을 희생한 면이 있다. 게다가 쓸 수 없는 잔심의 길이가 20mm에 달할 정도로 심 낭비가 크다. 그래서 그런가, 구입 시 내장심이 무려 75mm로 대단히 길다.

# 오토 슈퍼 프로메카 MS01

| | | | |
|---|---|---|---|
| 1 | 출시년도 | | 2022년 |
| 2 | 소비자 가격 | | 2,000엔 |
| 3 | 심경 | | 0.3 / 0.5mm |
| 4 | 생산지 | | 일본 |
| 5 | 실측 길이 | | 150mm |
| 6 | 실측 무게(심 제외) | | 27.3g |
| 7 | 무게 중심(심 1개 포함) | | 슬리브 끝에서 64mm |
| 8 | 배럴 재질 | | 금속 |
| 9 | 배럴 및 그립부 단면 | | 6각형 배럴, 원형 그립부 |
| 10 | 그립부 재질 / 길이 | | 금속 / 31mm |
| 11 | 그립부 평균 지름 | | 11.1mm |
| 12 | 그립면 | | 널링 가공 |
| 13 | 클립 재질 / 길이 | | 금속 / 35mm |
| 14 | 클립 시작 위치 | | 슬리브 끝에서 95mm |
| 15 | 클립 탄력성(강도) | | 강함 |
| 16 | 심경도계 | | 있음(4H/2H/H/F/HB/B/2B) |
| 17 | 지우개 | | 있음 |
| 18 | 클리너핀 | | 없음 |
| 19 | 선단부 재질 | | 금속 |
| 20 | 슬리브(촉) 재질 / 구조 | | 금속 / 길이 조절 가능 파이프형 |
| 21 | 슬리브(촉) 길이 | | 0~4.5mm |
| 22 | 슬리브(촉) 내경 | | 0.60mm |

| 23 | 선단부 없이 노크 | 불가능 |
| --- | --- | --- |
| 24 | 노크 강도 | 570g |
| 25 | 노크감 | 약하게 끊기고 반동감 거의 없음 |
| 26 | 노크음 | 조용 |
| 27 | 노크 후 심 당김 수준 | 매우 적음 |
| 28 | 메커니즘 분해 수준 | 분해 가능 |
| 29 | 메커니즘 재질 | 전부 금속 |
| 30 | 클러치(척) 내부 표면 | 얕은 톱니형 홈 가공 |
| 31 | 심 배출량 | 0.15~1.85mm (조정 가능) |
| 32 | 심 배출까지의 노크 횟수 | 조절 가능 |
| 33 | 유격(심 흔들림 중심) | 거의 없음 |
| 34 | 기타 기능 및 참고 | 레귤레이터, 슬리브 길이 조정 기능 |

※ 위 내용은 심경 0.5mm 모델 기준

오토의 슈퍼 프로메카Super Promecha는 차가운 금속
질감과 광택이 그대로 전해지면서 기계적인 느낌이
물씬 나는 샤프이다. 기능적으로 동일했던 전작인
슈퍼 프로메카 1500이 단종되고 슈퍼 프로메카가
출시되면서 500엔이 올랐으나 디자인과 성능 면에서
그만큼의 개선을 보여주었다.
슈퍼 프로메카는 크게 두 가지 특수 기능을 갖고 있다.
그 중 하나는 슬리브 길이 조절 기능이다. 플래티넘
프로유즈 171과 거의 같은 기능으로, 선단부가
들락날락하면서 슬리브가 노출되거나 숨는다.

다만 프로유즈 171이 선단부를 돌려서 조절한다면 슈퍼 프로메카는 그립부를 돌려서 조절한다. 이때 슬리브를 선단부에 완전히 수납할 수도 있고 반대로 최대 4.5mm까지 나오게 할 수도 있다. 이 점도 프로유즈 171과 닮았다.

## ◖●◗ 투머치가 존재 이유

다른 하나는 심 배출량 조절 기능이다. 이를 레귤레이터Regulator라고 하는데 흔하지 않은 고급 기능에 속한다. 레귤레이터를 장착한 다른 업체의 샤프로는 미쓰비시 유니의 쿠루토가 다이브(자동 배출되는 심의 길이 조절), 스테들러의 925 85(오토 샤 생산) 정도가 있다.

그런데 여기서 필자로서는 레귤레이터가 과연 실용적일까 하는 의문이 든다. 왜냐하면 심 배출량은 필기 전 적당한 수준으로 고정시켜야 하는 대상이지 필기 중 조절할 필요는 없다고 생각하기 때문이다. 필자의 생각은 별도로 하고, 어쨌든 슈퍼 프로메카는 한 번 노크 시 심 배출량을 무려 0.15~1.85mm의 넓은 범위에서 정밀하게 조절할 수 있다.

한편 전체가 금속 재질이고 복잡한 특수 기능을 포함하다 보니 무게가 매우 무겁다. 게다가 심경도계의 글자가 너무 작아서 가독성도 나쁘다. 그래서 실사용보다는 관상용, 유희용으로 적합하다. 참고로 금속 그립부는 널링 가공되어 있어서 플라스틱 표면처럼 부드럽고 매끄럽다.

# 64 기타보쉬 우드노트 W-300R

| | | |
|---|---|---|
| 1 | 출시년도 | 미확인 |
| 2 | 소비자 가격 | 300엔 |
| 3 | 심경 | 0.5mm |
| 4 | 생산지 | 일본 |
| 5 | 실측 길이 | 170mm |
| 6 | 실측 무게(심 제외) | 5.06g |
| 7 | 무게 중심(심 1개 포함) | 슬리브 끝에서 89mm |
| 8 | 배럴 재질 | 나무 |
| 9 | 배럴 및 그립부 단면 | 6각형 |
| 10 | 그립부 재질 / 길이 | 나무 / 그립부 별도 구분 없음 |
| 11 | 그립부 평균 지름 | 7.2mm |
| 12 | 그립면 | 무늬나 요철 없이 배럴과 일체형 |
| 13 | 클립 재질 / 길이 | 클립 없음 |
| 14 | 클립 시작 위치 | 클립 없음 |
| 15 | 클립 탄력성(강도) | 클립 없음 |
| 16 | 심경도계 | 없음 |
| 17 | 지우개 | 있음 |
| 18 | 클리너핀 | 없음 |
| 19 | 선단부 재질 | 금속 |
| 20 | 슬리브(촉) 재질 / 구조 | 금속 / 고정 파이프형 |
| 21 | 슬리브(촉) 길이 | 1.5mm |
| 22 | 슬리브(촉) 내경 | 0.62mm |

| 23 | 선단부 없이 노크 | 불가능 |
| 24 | 노크 강도 | 620g |
| 25 | 노크감 | 적당히 끊기고 반동감 있음 |
| 26 | 노크음 | 조용한 편 |
| 27 | 노크 후 심 당김 수준 | 보통 |
| 28 | 메커니즘 분해 수준 | 분해 불가능 |
| 29 | 메커니즘 재질 | 미확인 (금속으로 추정) |
| 30 | 클러치(척) 내부 표면 | 미확인 |
| 31 | 심 배출량 | 노크 1회당 0.6mm |
| 32 | 심 배출까지의 노크 횟수 | 약 8회 |
| 33 | 유격(심 흔들림 중심) | 거의 없음 |
| 34 | 기타 기능 및 참고 | – |

기타보쉬キタボシ, Kitaboshi 연필 주식회사는 1951년
일본에서 설립되어 5대째 가업을 이어가고 있는 연필
전문회사이다. 일본어로는 北星鉛筆 株式會社
북성연필 주식회사라고 표기한다. 직원 수 28명(홈페이지
정보 기준)의 소규모 가족 회사인 기타보쉬는 북미산
삼나무로 만든 '어른의연필大人の鉛筆'이 2012년
일본문구대상 디자인 부분에서 우수상을 받으면서
주목받게 되었다. 이 목재 홀더형 2.0mm 샤프의
인기에 힘입어 2021년엔 '어른의색연필大人の色鉛筆'도
출시하였다. 그런데 회사가 워낙 작은 규모이다 보니

샤프 펜슬의 메커니즘까지 직접 생산할 역량은 없어서 이를 오토 사에서 공급 받는 것으로 추정된다. 그 근거는 오토가 우드노트Wood Note와 거의 같은 목재 홀더 샤프인 APS-280E를 출시해 판매하고 있기 때문이다. 즉 쌍방 거래로 보인다.

기타보쉬 어른의연필(2.0mm)

우드노트 샤프는 모양, 길이, 무게 등에서 연필과 흡사하다. 실제로 바디 전체가 천연 목재라서 칼로 깎아서 사용해야 할 것 같은 기분마저 든다. 연필과 거의 같다는 점은 장점일 수도 단점일 수도 있다. 단점이라면 너무 가볍고 가늘다는 것이다. 필자의 개인적인 아쉬움은 지나치게 길다는 점이다. 막 깎은 새 연필이 너무 길어서 불편한 것과 같다. 지금보다 1~2cm만 짧았어도 훨씬 나았을 것 같다. 메커니즘과 노크감은 우수하다. 그러나 노브 쪽의 유격이 심해서 필기 중 달그락거리는 소리가 난다. 그리고 특이하게도 샤프의 배럴에 'WOOD NOTE'라고만 인쇄되어 있을 뿐 업체명인 기타보쉬는 어디에도 없다. 한편 이 샤프 역시 원목 상태로 마감된 것은 아니고, 연필처럼 표면이 코팅되어 있어서 물의 흡수나 오염을 방지하고 있다.

# 고쿠요 엔피츠 PS-PE10x

| | | |
|---|---|---|
| 1 | 출시년도 | 2020년 |
| 2 | 소비자 가격 | 210엔 |
| 3 | 심경 | 0.3 / 0.5 / 0.7 / 0.9 / 1.3mm |
| 4 | 생산지 | 일본 |
| 5 | 실측 길이 | 149mm |
| 6 | 실측 무게(심 제외) | 5.67g |
| 7 | 무게 중심(심 1개 포함) | 슬리브 끝에서 71mm |
| 8 | 배럴 재질 | 플라스틱 |
| 9 | 배럴 및 그립부 단면 | 6각형 |
| 10 | 그립부 재질 / 길이 | 플라스틱 / 그립부 별도 구분 없음 |
| 11 | 그립부 평균 지름 | 7.8mm |
| 12 | 그립면 | 무늬나 요철 없이 매끈 |
| 13 | 클립 재질 / 길이 | 클립 없음 |
| 14 | 클립 시작 위치 | 클립 없음 |
| 15 | 클립 탄력성(강도) | 클립 없음 |
| 16 | 심경도계 | 없음 |
| 17 | 지우개 | 없음 |
| 18 | 클리너핀 | 없음 |
| 19 | 선단부 재질 | 플라스틱 |
| 20 | 슬리브(촉) 재질 / 구조 | 금속 / 슬라이딩 콘형 |
| 21 | 슬리브(촉) 길이 | 3.5mm |
| 22 | 슬리브(촉) 내경 | 0.60mm |

| 23 | 선단부 없이 노크 | 불가능 |
|---|---|---|
| 24 | 노크 강도 | 450g |
| 25 | 노크감 | 짧고 단단히 끊기고 반동감은 작음 |
| 26 | 노크음 | 작은 편 |
| 27 | 노크 후 심 당김 수준 | 보통 |
| 28 | 메커니즘 분해 수준 | 분해 가능 |
| 29 | 메커니즘 재질 | 플라스틱 클러치, 황동 클러치 링 |
| 30 | 클러치(척) 내부 표면 | 별도 가공 없이 매끈 |
| 31 | 심 배출량 | 노크 1회당 0.9mm |
| 32 | 심 배출까지의 노크 횟수 | 약 6회 |
| 33 | 유격(심 흔들림 중심) | 약간 있음 |
| 34 | 기타 기능 및 참고 | 슬리브 슬라이딩/수납 |

※ 위 내용은 심경 0.5mm 모델 기준

고쿠요Kokuyo는 일본 내 문구 및 오피스 가구업계 1위 업체로
연매출액이 수조 원에 달한다. 문구업체로는 우리나라 모닝글로리와
닮았고, 오피스 가구업체로는 우리나라 퍼시스와 비슷하다. 대표
스테디셀러 학용품으로 캠퍼스Campus 노트가 있다. 샤프는 일본
코토부키에서 공급받아 출시하고 있다.

엔피츠Enpitsu는 일본어로 연필えんぴつ을 의미한다. 따라서 엔피츠
샤프를 직역하면 '연필 샤프'라고 할 수 있다. 이름대로 외관도 연필을
똑 닮았고 무게 또한 연필 수준이며 디자인도 연필처럼 극단적으로
심플하다. 그래서 흡사 무인양품 샤프나 애플 펜슬처럼 보이기도 한다.
코토부키에서 생산한 제품이니만큼 코토부키(또는 그 계열사)의 저가형

플라스틱 샤프와 매우 비슷하다. 0.5mm 심경의 경우 기본적으로

슬리브가 우리나라 수능 샤프(유미상사 e미래 샤프)와 동일하고 메커니즘

또한 쿠션 기능이 없다는 점 빼고는 같다.(메커니즘 내부는 1차 분해한

선단에서 심 보관통을 잡아당기면 드러난다.) 따라서 수능 샤프처럼 콘형의

슬리브에 수납이 가능하며 노크감도 거의 같다. 다만 선단부가 달라서

심 배출량에서 차이가 있고 필기감도 약간 다르다. 또한 0.5mm 외에

0.3, 0.7, 0.9, 1.3mm까지 다양한 심경이 구비되어 있다는 점도

수능 샤프와 다르다. 이는 물론 큰 장점이다. 한편 0.3mm 모델의

메커니즘도 플라스틱인데, 이는 매우 드문 경우다. 필자가 아는 한

엔피츠와 파이롯트의 샤프(에어블랑, 렉스그립)밖에는 없다.


### ◑ 감탄이 나오는 관통형 노브

뭐니뭐니해도 엔피츠의 가장 큰 특징이자 독창성은 관통형 노브에

있다. 일반 샤프의 노브처럼 뚜껑의 형태가 아니다. 즉 노브가 분리되지

않는다. 지우개도 없다. 자세히 보면 노브 끝에 쿠션감이 느껴지는

작은 버튼이 있을 뿐이다. 이 버튼 정가운데에 구멍이 있는데, 이곳이

심 주입구다. 이곳을 통해 샤프심을 넣거나 배출한다. 그러니까 버튼

가운데로 노브가 뻥 뚫려 있는 구조이다. 얼핏 보기에는 넣은 심이

다시 빠져나올 것만 같지만 노브에 있는 구멍은 단순한 구멍이 아니다.

내부에 구멍 크기를 조절하는 기구가 장착되어 있다. 그래서 심을

주입하려면 일정한 힘을 가해 밀어 넣거나 노브 끝단의 버튼을 살짝

눌러줘야만 한다. 이러한 방식은 물이나 공기 호스 등의 착탈에 많이 사용하는 원터치 피팅One-Touch Fitting을 많이 닮았다.

이렇게 들어간 심은 아무리 흔들어도 밖으로 빠지지 않는다. 심을 빼려면 노브 끝단을 살짝 눌러 구멍을 넓히면 된다. 편리하면서도 효율적인 기능에 감탄이 절로 나온다. 다만 샤프심을 한 번에 많이 넣어두면 원활한 작동이 어려우므로 3개 이하만 넣어둘 것을 권한다.

엔피츠는 디자인과 독창적인 기능을 빼면 필기구로서의 일반 성능은 좋다고 보기 어렵다. 유광 표면의 그립은 습기에 취약하고, 노크 시 심 배출량도 많고 심지어 들쑥날쑥해서 샤프의 품위를 떨어뜨린다. 그런데 노크 시 심이 들락거리는 것은 코토부키의 콘형 슬리브 샤프에서 종종 나타나는 공통적인 단점이다. 필자로서는 슬리브 내 보유척이 너무 헐거워서 더 악화된 문제라고 생각한다. 또한 코토부키 샤프라면 장착하고 있는 심 쿠셔닝 기능이 생략되어 필기감이 다소 거칠고 사각거린다. 0.3mm 모델에만 있는 (심각한) 단점도 있다. 정전기로 인해 심 보관통 내부에 샤프심이 달라붙어 방출이 어려울 때도 있다는 것이다.

결론적으로 제조원가나 품질로만 보면 210엔은 합리적인 가격이 아니다. 필자의 생각으로는 100엔대가 적당하다고 본다. 그럼에도 만지고 조작하는 즐거움을 주는 샤프임에는 분명하다. 저렴하면서 감성 충만한 제품은 정말 흔하지 않다는 것을 생각하면 이 정도 가격에 이만한 재미라면 괜찮지 않은가.

# 펜낙 NP-X

| | | |
|---|---|---|
| 1 | 출시년도 | 미확인 |
| 2 | 소비자 가격 | 미확인 |
| 3 | 심경 | 0.3 / 0.5 / 0.7 / 0.9mm |
| 4 | 생산지 | 일본 |
| 5 | 실측 길이 | 146mm |
| 6 | 실측 무게(심 제외) | 9.18g |
| 7 | 무게 중심(심 1개 포함) | 슬리브 끝에서 80mm |
| 8 | 배럴 재질 | 플라스틱 |
| 9 | 배럴 및 그립부 단면 | 6각형 배럴, 원형 그립부 |
| 10 | 그립부 재질 / 길이 | 플라스틱 / 28mm |
| 11 | 그립부 평균 지름 | 9.1mm |
| 12 | 그립면 | 애뉼러 링 홈 |
| 13 | 클립 재질 / 길이 | 금속 / 41mm |
| 14 | 클립 시작 위치 | 슬리브 끝에서 80mm |
| 15 | 클립 탄력성(강도) | 약한 편 |
| 16 | 심경도계 | 있음 (3H/2H/H/F/HB/B) |
| 17 | 지우개 | 있음 |
| 18 | 클리너핀 | 없음 |
| 19 | 선단부 재질 | 금속 |
| 20 | 슬리브(촉) 재질 / 구조 | 금속 / 고정 파이프형 |
| 21 | 슬리브(촉) 길이 | 4.0mm |
| 22 | 슬리브(촉) 내경 | 0.61mm |

| 23 | 선단부 없이 노크 | 불가능 |
|---|---|---|
| 24 | 노크 강도 | 700g |
| 25 | 노크감 | 적당히 끊기고 반동감 있음 |
| 26 | 노크음 | 보통 |
| 27 | 노크 후 심 당김 수준 | 약간 있음 |
| 28 | 메커니즘 분해 수준 | 분해 불가능 |
| 29 | 메커니즘 재질 | 전부 금속 |
| 30 | 클러치(척) 내부 표면 | 별도 가공 없이 매끈 |
| 31 | 심 배출량 | 노크 1회당 0.65mm |
| 32 | 심 배출까지의 노크 횟수 | 약 12회 |
| 33 | 유격(심 흔들림 중심) | 거의 없음 |
| 34 | 기타 기능 및 참고 | - |

※ 위 내용은 심경 0.5mm 모델 기준

드디어 앞에서 수없이 언급한 코토부키의 자체 샤프를 소개한다.

페낙은 영문으로는 PENAC, 국내에서는 페낙 또는 펜아크로 불리는

문구 브랜드이다. 세계 최고 및 최대 샤프 펜슬 OEM·ODM 회사인

코토부키의 자체 브랜드로, 일반인은 생소할 수 있지만 샤프에 관심

있는 사람이라면 모를 수 없는 이름이다.

## ● 조용한 강자가 만든 샤프

코토부키는 1917년 일본에서 설립된 문구회사로 필기구 주문 생산을

주력으로 하고 있다. 코토부키의 샤프를 공급 받는(또는 받았던) 대표적인

회사로는 파버카스텔, 스테들러, 로트링, 플래티넘, 사쿠라, 이토야

등이 있고 우리나라 회사로는 모나미, 동아, 모닝글로리, 자바펜, 모리스 등이 있다. 물론 하청 생산만이 아니고 페낙이나 수한(제노, 유미상사)과 같이 계열사(자회사)를 통해서 자체 브랜드로 판매하기도 한다. 그래서 이들 샤프 간에는 메커니즘, 클립, 지우개, 노브, 선단부, 배럴 등이 공용되거나 호환 가능한 경우가 많다. 또한 코토부키의 많은 샤프들은 심 쿠셔닝 기능이 있어서 심을 보호하고 부드러운 필기감을 제공한다. 배럴에 로고나 문자가 은박색으로 음각 인쇄를 하는 경우가 많다는 것과 절도감 있으면서 단단한 끊김의 노크감을 지닌 것도 공통점이라 할 수 있다. 연구개발도 매우 활발해서 샤프 관련 특허를 찾아보면 가장 많이 등장하는 회사이기도 하다.

코토부키는 우리나라에서는 수한이라는 생산 법인(공장)을 통해서 제조하고 제노에스엔디라는 회사를 통해서 유통 및 판매를 한다. 수한의 경우 자체 생산도 하지만 대부분의 부품을 일본 코토부키에서 공급받아서 조립 정도만 하는 경우가 많은 듯하다.

페낙 NP-X는 특별히 설명할 것이 별로 없는, 딱 봐도 전형적이고 평범한 보급형 제도 샤프로, 외양과 성능 면에서 펜텔의 P205와 견줄 만하다. 다만 그립부가 더 두툼해서 그립감은 더 좋다. 한마디로 범용 샤프로서 흠잡을 곳이 없다고 할 수 있다. 한편 다른 많은 코토부키 샤프와 다르게 심 쿠셔닝 기능은 없으며 구입처에 따라서 노브에 심경도계가 없는 경우도 있다.

# 사쿠라12x <sup>XS-12x</sup>

| | | |
|---|---|---|
| 1 | 출시년도 | 미확인 |
| 2 | 소비자 가격 | 미확인 |
| 3 | 심경 | 0.3 / 0.5 / 0.7 / 0.9mm |
| 4 | 생산지 | 일본 |
| 5 | 실측 길이 | 142mm |
| 6 | 실측 무게(심 제외) | 8.58g |
| 7 | 무게 중심(심 1개 포함) | 슬리브 끝에서 73mm |
| 8 | 배럴 재질 | 플라스틱 |
| 9 | 배럴 및 그립부 단면 | 원형 배럴, 12각형 그립부 |
| 10 | 그립부 재질 / 길이 | 플라스틱 / 40mm |
| 11 | 그립부 평균 지름 | 8.6mm |
| 12 | 그립면 | 17개의 얕은 홈 애뉼러 링 |
| 13 | 클립 재질 / 길이 | 금속 / 38mm |
| 14 | 클립 시작 위치 | 슬리브 끝에서 92mm |
| 15 | 클립 탄력성(강도) | 강한 편 |
| 16 | 심경도계 | 없음 |
| 17 | 지우개 | 있음 |
| 18 | 클리너핀 | 없음 |
| 19 | 선단부 재질 | 금속 |
| 20 | 슬리브(촉) 재질 / 구조 | 금속 / 고정 파이프형 |
| 21 | 슬리브(촉) 길이 | 4.0mm |
| 22 | 슬리브(촉) 내경 | 0.61mm |

| 23 | 선단부 없이 노크 | 불가능 |
|---|---|---|
| 24 | 노크 강도 | 720g |
| 25 | 노크감 | 짧고 단단하게 끊기고 반동감 있음 |
| 26 | 노크음 | 보통 |
| 27 | 노크 후 심 당김 수준 | 약간 있음 |
| 28 | 메커니즘 분해 수준 | 분해 가능 |
| 29 | 메커니즘 재질 | 전부 금속 |
| 30 | 클러치(척) 내부 표면 | 별도 가공 없이 매끈 |
| 31 | 심 배출량 | 노크 1회당 0.7mm |
| 32 | 심 배출까지의 노크 횟수 | 약 11회 |
| 33 | 유격(심 흔들림 중심) | 거의 없음 |
| 34 | 기타 기능 및 참고 | 심 쿠셔닝 |

※ 위 내용은 심경 0.5mm 모델 기준

사쿠라Sakura는 1921년 일본에서 설립된 문구 회사로, '크레파스'라는
미술용품의 이름을 만든 주인공이기도 하다. 1926년 사쿠라 상회에서
안료顔料, 왁스, 연질유를 섞어 굳힌 막대 모양의 미술도구(소위 오일
파스텔oil pastel)를 처음으로 만들어 팔면서, 크레용과 파스텔을
일본식으로 합성한 '크레파스'라는 상표명을 쓴 것이 크레파스의
유래가 된다. 우리나라에서는 오프라인 문구점마다 있는 중성펜
겔리롤Gelly Roll 제조사로 많이 알려져 있다. 이런 중성펜을 세계 최초로
개발한 곳도 바로 사쿠라이다. 겔리롤 외에도 안료 잉크를 사용한
피그마 마이크론PIGMA Micron 펜과 라딕RADIC 지우개도 유명하다.
한편 벚꽃을 의미하는 사쿠라라는 사명답게 회사 로고는 형상화한

벚꽃을 담고 있다.

## ◉ 맞짱뜨자, 펜텔 P205!

'125'는 사쿠라의 아주 전형적인 보급형 제도 샤프로, 역시 코토부키 생산이다. 내부의 메커니즘이 제노 XD 샤프와 동일해서 선단부와 노브 등은 그대로 맞교환이 가능하다. 우리나라에서는 0.5mm 심경 모델인 125만 시중에서 구할 수 있지만 0.3, 0.7, 0.9mm 모델도 출시되어 있다.

그립부는 펜텔의 P205를 그대로 모방하였다. 즉 12각 그립부에 애뉼러 링 가공이 되어 있다. 그러나 각이나 홈이 선명하게 살아 있고 그립부 길이도 훨씬 길어서 P205보다 잡기에 편하다. 게다가 클립이 위쪽에 있어서 필기 시 P205보다 한결 편하다. 또한 코토부키의 다른 많은 제품처럼 심 쿠셔닝 기능을 갖고 있어서 필기감이 부드럽다. 물론 필압을 세게 주면 심이 쑥 들어가서 불편감은 있다.

노크감은 짧고 절도 있게 딱딱 끊기는 느낌이며, 전체적으로 그립감 및 필기감 등 많은 면에서 펜텔의 P205보다 낫다.

정리하면, 125는 눈에 띄는 특성은 없지만 깔끔한 디자인에 최고의 가성비를 가진 샤프로 꼽을 만한 모델이다. 제도용, 필기용, 드로잉용 등 모든 실사용으로도 손색이 없다. 필자에게 만약 펜텔 P205와 둘 중에서 하나를 고르라고 한다면 망설임 없이 사쿠라 125를 집겠다.(게다가 같은 돈으로 2개를 집을 수도 있다.)

# 무인양품 샤프

1980년에 설립된 무인양품은 생활용품, 문구용품, 의류·가구용품을 취급하는 일본 브랜드로 우리나라에는 2004년에 들어왔다. 무인양품無印良品은 말그대로 상표가 없는 품질 좋은 물건이라는 뜻이다. 영문으로 표기하면 'MUJI'이다. 실제로 무인양품의 제품 자체에는 상표가 없다. Made in Japan과 같은 생산지 표시도 없을 정도다. 단지 제품마다 스티커가 붙어 있을 뿐이다. 스티커에는 MUJI라는 상표와 바코드 등의 제품 정보가 인쇄되어 있다.

필기구류도 여러 업체로부터 공급받아서 상표나 화려한 장식 없이 출시하고 있다. 샤프 펜슬의 경우 펜텔, 제브라, 미쓰비시 유니, 세일러 등 다양한 업체의 시중 제품을 무인양품의 요구조건에 맞게 부분적으로 변경·생산한 것을 공급받는다. 그런데 이렇게 만든 제품은 판매가 한시적인 경우가 많다. 이런 주문 제품은 상시 생산을 하기 어려우므로 일회성 생산으로 필요 물량을 확보해놓고 팔다가 다 소진되면, 인기가 높지 않는 한 추가 생산하지 않고 판매를 중지해버린다.

무인양품 샤프의 품질은 좋은 편이다. 개중에는 가성비가 뛰어난

제품도 꽤 있다. 다만 종류가 다양하지 않고, 일반적으로 제품의
판매 수명이 짧다. 또 우리나라 매장에서 취급하는 제품의 가짓수가
일본보다 훨씬 적다는 것도 아쉬운 점이다.

### ● 무인양품의 '저중심 샤프'

펜텔 그래프기어 500과 동일 제품으로, 단명하는 여러 샤프와는 달리
무인양품에서 장수하는 제품이다. 물론 샤프 배럴에 펜텔 로고도,
그래프기어 500이라는 표기도 없다. 포장 비닐에 붙어 있는 종이
라벨에 단지 '저중심 샤프'라고만 인쇄되어 있을 뿐이다. 그래프기어
500은 탄탄한 기본기에 가격도 저렴(정가 500엔)해서 펜텔의 제도
샤프 중에서도 숨은 보석으로 꼽히는 샤프인 만큼 장수 모델이 되기에
충분하다. 무인양품에선 0.3mm, 0.5mm 두 모델이 판매 중이며, 원화
6,900원에 구입할 수 있다.

▶ 무인양품의 펜텔 그래프기어 500

### ● 무인양품의 '마지막 1mm까지 쓸 수 있는 샤프'

미쓰비시 유니의 트윈 척Twin Chuck 역시 회사 로고도, 제품명 표기도
없다. 종이 라벨에는 '마지막 1mm까지 쓸 수 있는 샤프'로 인쇄되어
있다. 샤프명이기도 한 '트윈 척'은 클러치(척)가 선단부 밖으로

튀어나온 상태로 샤프심을 물고 있도록 함으로써 아주 짧은 심으로도 필기가 가능한 구조를 말한다.(이 트윈 척을 파이롯트에는 톱챠크Top Chuck 라고 부른다.) 그래서 트윈 척 방식을 적용한 미쓰비시 유니의 제품군을 밀리노Millino라고 칭한다. 그런데 이 샤프도 최근 매장에서 보이지 않는 것으로 보아 단종으로 예상된다.

무인양품의 미쓰비시 유니 트윈 척

## ● 무인양품의 '폴리카보네이트 샤프 펜슬'

세일러 사의 제품으로 알려진 고무 그립 투명 샤프는 무인양품의 라벨에는 '폴리카보네이트 샤프 펜슬'로 표기되어 있다. 1,300원(1천 원에서 가격 인상)에 판매되는 가성비 최강의 샤프로, 여러 가지 면에서 수능(e미래) 샤프와 많이 닮았다. 플라스틱 메커니즘이지만 단단한 끊김의 노크감이 나쁘지 않으며 고무 그립이라 잡기 편하다. 수능 샤프와 달리 슬리브가 고정 파이프형이라 흔들림이 없어 안정감을 준다.

무인양품의 세일러 고무 그립 투명 샤프

## ● 무인양품의 무성의한 이름 '샤프펜'

제브라 반투명 샤프를 무인양품에서는 어떤 수식어도 없이 달랑

'샤프펜'으로만 표기해놓고 1,300원(1천 원에서 가격 인상)에 판매하고

있다. 슬리브, 선단부, 내부 메커니즘이 제브라의 타프리클립 및

짐메카와 동일한 만큼 성능이 입증된 샤프다. 즉 콘형의 슬라이딩

슬리브 구조라 선단부 수납이 가능하고 제브라 특유의 쫀득한

노크감이 일품이다. 앞서 등장한 세일러 고무 그립 투명 샤프와 함께

실사용으로 막 굴리기에 좋은 샤프다.

무인양품의 제브라 반투명 샤프

## ● 무인양품의 HB 0.3/0.5 샤프심

펜텔 하이폴리머 120으로 추정되는 샤프심으로, 원통형 종이

케이스에 담겨서(0.5mm는 40개, 0.3mm는 12개) 1,900원에 판매되고 있다.

성능이 매우 우수한 샤프심이다.

펜텔 하이폴리머 120(추정) 샤프심

# 제노 XD

| | | |
|---|---|---|
| 1 | 출시년도 | 미확인 |
| 2 | 소비자 가격 | 2,000원 |
| 3 | 심경 | 0.3 / 0.5 / 0.7 / 0.9 / 1.3mm |
| 4 | 생산지 | 한국 |
| 5 | 실측 길이 | 143mm |
| 6 | 실측 무게(심 제외) | 8.16g |
| 7 | 무게 중심(심 1개 포함) | 슬리브 끝에서 69mm |
| 8 | 배럴 재질 | 플라스틱 |
| 9 | 배럴 및 그립부 단면 | 원형 |
| 10 | 그립부 재질 / 길이 | 플라스틱 / 30mm |
| 11 | 그립부 평균 지름 | 8.9mm |
| 12 | 그립면 | 애뉼러 링 홈 |
| 13 | 클립 재질 / 길이 | 금속 / 41mm |
| 14 | 클립 시작 위치 | 슬리브 끝에서 84mm |
| 15 | 클립 탄력성(강도) | 보통 |
| 16 | 심경도계 | 없음 |
| 17 | 지우개 | 있음 |
| 18 | 클리너핀 | 없음 |
| 19 | 선단부 재질 | 금속 |
| 20 | 슬리브(촉) 재질 / 구조 | 금속 / 고정 파이프형 |
| 21 | 슬리브(촉) 길이 | 4.0mm |
| 22 | 슬리브(촉) 내경 | 0.61mm |

| 23 | 선단부 없이 노크 | 불가능 |
| 24 | 노크 강도 | 720g |
| 25 | 노크감 | 짧고 단단하게 끊기고 반동감 있음 |
| 26 | 노크음 | 보통 |
| 27 | 노크 후 심 당김 수준 | 약간 있음 |
| 28 | 메커니즘 분해 수준 | 분해 가능 |
| 29 | 메커니즘 재질 | 전부 금속 |
| 30 | 클러치(척) 내부 표면 | 별도 가공 없이 매끈 |
| 31 | 심 배출량 | 노크 1회당 0.6mm |
| 32 | 심 배출까지의 노크 횟수 | 약 16회 |
| 33 | 유격(심 흔들림 중심) | 거의 없음 |
| 34 | 기타 기능 및 참고 | 심 쿠셔닝 |

※ 위 내용은 심경 0.5mm 모델 기준


코토부키가 OEM으로 공급하는 샤프 중에는 다른 공장에서 생산됐다고 보기 어려울 정도로 디자인과 부품이 일치하는 것들이 있다. 예를 들어 페낙과 플래티넘 샤프의 디자인과 부품이 제노Xeno 샤프에 그대로 사용된 경우를 들 수 있다. 코토부키의 한국 생산 법인(공장)이 수한이고, 수한은 대부분의 부품을 일본 코토부키에서 공급받아 조립만 하는 경우가 많은 것으로 보이는 만큼 한국산인 제노 브랜드에 같은 디자인과 부품이 적용되는 게 이상하지 않다. 게다가 일본 기술의 샤프임을 강조라도 하듯 배럴에 'R&D

Japan'이라고 표기하지 않았던가.(단 2020년대 초부터는

국민 정서를 고려해서인지 생략해버렸다.)

## ◑ 다 같은데 가격만 저렴한 제노의 샤프들

제노 브랜드의 샤프는 일본 코토부키 샤프의

공통점인 심 쿠셔닝 기능과 함께 은박색으로 음각

인쇄된 것이 많다. 금속 메커니즘을 사용하는 경우

노크감도 비슷하다. 단단하고 짧게 끊기면서 반동은

크지 않은 절도감 있는 노크감이, 펜텔 제도 샤프류가

가진 노크감과 결을 같이 하면서도 나름의 매력을

갖고 있다.

한편 플라스틱 메커니즘을 사용하는 제노의 중저가형

샤프의 경우 수한 및 유미상사가 일본 코토부키

산하의 계열사이다 보니 상표 빼고는 쌍둥이

샤프이거나 무늬만 살짝 다른 형제 샤프인 경우가

많다. 예를 들어 유미의 수능 샤프와 거의 같은 샤프를

제노에서도 그대로 판매하며, 수한에서 생산하는

스쿨메이트School Mate와 제노의 파스텔 QPastel Q와

미스틱Mystic, 파버카스텔의 폴리매틱 2329 샤프

등은 배럴 외에는 동일 샤프이다. 특히 플래티넘의

오레누 플러스와 제노의 OLP는 같다고 봐도

무방한데, 모닝글로리의 독도 프로텍션 및 블랙 프로텍션 샤프와도 상당 부분 동일하다. 따라서 이런 관계를 잘 알고 있으면 동일한 품질의 샤프를 훨씬 저렴하게 구입할 수 있다.

제노 XD는 앞서 설명한 코토부키 샤프의 공통 특징들(심 쿠셔닝, 음각 인쇄, 단단한 노크감)을 대부분 가지고 있다. 기본기가 훌륭한 전형적인 제도 샤프라서 펜텔의 P205 또는 제브라의 드라픽스 300과 자주 비교되지만 성능 면에서 이들 샤프에 버금간다. 물론 가성비는 훨씬 비교 우위에 있다. 다이소에서 샤프심 한 통과 함께 2천 원에 살 수 있다.

외형적으로 파버카스텔의 컬러매틱Colormatics과 거의 흡사하면서 동일한 메커니즘을 사용하고 있고 모든 부품이 상호 호환된다. 사쿠라 125와는 생김새는 약간 다르지만 메커니즘과 성능 면에서는 역시 동일하다.

단점이 있다면 그립부가 미끄러운 편이고, 클립이 펜텔의 P205처럼 아래까지 내려와 있어서 필기 시 걸리적거린다.

파버카스텔 컬러매틱

사쿠라 125

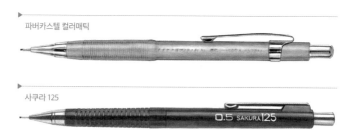

# 제노 XG

| 1 | 출시년도 | 2023년 |
|---|---|---|
| 2 | 소비자 가격 | 5,000원 |
| 3 | 심경 | 0.5mm |
| 4 | 생산지 | 한국 |
| 5 | 실측 길이 | 148mm |
| 6 | 실측 무게(심 제외) | 11.8g |
| 7 | 무게 중심(심 1개 포함) | 슬리브 끝에서 70mm |
| 8 | 배럴 재질 | 플라스틱 |
| 9 | 배럴 및 그립부 단면 | 6각형 배럴, 원형 그립부 |
| 10 | 그립부 재질 / 길이 | 플라스틱 / 33mm |
| 11 | 그립부 평균 지름 | 9.0mm |
| 12 | 그립면 | 얕은 홈의 애뉼러 링 |
| 13 | 클립 재질 / 길이 | 금속 / 42mm |
| 14 | 클립 시작 위치 | 슬리브 끝에서 100mm |
| 15 | 클립 탄력성(강도) | 보통 |
| 16 | 심경도계 | 있음 (3H/2H/H/F/HB/B) |
| 17 | 지우개 | 있음 |
| 18 | 클리너핀 | 없음 |
| 19 | 선단부 재질 | 금속 |
| 20 | 슬리브(촉) 재질 / 구조 | 금속 / 파이프형 슬라이딩 슬리브 |
| 21 | 슬리브(촉) 길이 | 3.5mm |
| 22 | 슬리브(촉) 내경 | 0.60mm |

| 23 | 선단부 없이 노크 | 불가능 |
|---|---|---|
| 24 | 노크 강도 | 600g |
| 25 | 노크감 | 적당히 끊기는 표준적인 느낌 |
| 26 | 노크음 | 보통 |
| 27 | 노크 후 심 당김 수준 | 적은 편 |
| 28 | 메커니즘 분해 수준 | 분해 가능 |
| 29 | 메커니즘 재질 | 전부 금속 |
| 30 | 클러치(척) 내부 표면 | 별도 가공 없이 매끈 |
| 31 | 심 배출량 | 노크 1회당 0.7mm |
| 32 | 심 배출까지의 노크 횟수 | 약 19회 |
| 33 | 유격(심 흔들림 중심) | 거의 없음 |
| 34 | 기타 기능 및 참고 | 심 쿠셔닝, 포인트 푸시매틱 |

제노 XG는 일본 페낙의 프로티Protti(PRC 105)와 동일한 샤프이고, 우리나라 라이프앤피시스의 제도 샤프와는 노브만 다르다. 이미 뛰어난 성능으로 호평을 받고 있던 두 회사의 샤프를 제노 XG로 재탄생시킨 것이다.

반갑게도 제노 XG에는 포인트 푸시매틱Point Pushmatic 기능이 포함되어 있다. 즉 슬라이딩 슬리브(3.5mm)와 심 쿠셔닝(1.0mm) 기능이 함께 있어서 3번의 슬리브 푸시로 3mm 남짓의 샤프심을 배출시켜 노크 없이 필기할 수 있도록 했다. 수능(e미래) 샤프에도 이 기능이 있지만 실사용 시 불편한 점이 있어 포인트 푸시매틱이라는 용어를 적용하지는 않는다.

## ◑ 팔방미인이란 이런 것이다

적당한 무게이지만 저중심 샤프인 제노 XG는 클립 위치도 손에 걸리지

않게 위쪽에 부착하되 많이 돌출되지 않도록 납작하게 눕혀 놓았다.

배럴은 6각형이라 강직한 느낌을 준다. 그립부는 원형인데, 새긴 홈의

깊이와 간격이 제브라 드라픽스 300의 애뉼러 링 그립의 것과 거의

같다. 따라서 플라스틱 그립 중에서는 최상에 속하는 그립감을 가졌다.

또 제노 XG의 금속제 메커니즘은 딱딱 끊기는 전형적인 코토부키

스타일이라서 노크감도 좋은 편이다. 그리고 페낙과 라이프앤피시스의

샤프와 비교했을 때 그립부는 더 넓고 심경도계도 노브 쪽으로 배치해

필기 시 더 안정적이다. 이 점은 제노 XG만의 장점이라고 할 수 있다.

다만 심경도계의 표시가 B까지밖에 없는 것은 아쉽다.

한편 심 쿠셔닝에 슬라이딩 슬리브까지 탑재되어 있어서 유격이 심할

것 같지만 고정 슬리브와 구분할 수 없을 정도로 유격이 거의 없다. 이

슬리브는 스쿨메이트, 제노 파스텔 Q, 제노 미스틱 샤프와 동일하다.

이러한 기능적인 장점 외에도 탄탄한 기본기로 제도용, 일반용을 모두

아우르는 샤프가 바로 제노 XG이다. 필자가 보기에, 성능과 가성비

면에서 제브라 드라픽스 300이나 펜텔 P205에 결코 뒤지지 않는 최고

수준의 실사용 샤프가 아닐까 한다.

마지막으로 사용팁을 하나 덧붙이자면 제노 XG의 슬리브 끝을

연마하면 펜텔의 오렌즈처럼 사용할 수 있다.

# 동아 프로매틱 XQ

| | | |
|---|---|---|
| 1 | 출시년도 | 2012년 |
| 2 | 소비자 가격 | 3,000원 |
| 3 | 심경 | 0.5mm |
| 4 | 생산지 | 한국 |
| 5 | 실측 길이 | 149mm |
| 6 | 실측 무게(심 제외) | 8.15g |
| 7 | 무게 중심(심 1개 포함) | 슬리브 끝에서 74mm |
| 8 | 배럴 재질 | 플라스틱 |
| 9 | 배럴 및 그립부 단면 | 원형 |
| 10 | 그립부 재질 / 길이 | 고무 / 42mm |
| 11 | 그립부 평균 지름 | 10.1mm |
| 12 | 그립면 | 해쉬 무늬 얉은 홈 |
| 13 | 클립 재질 / 길이 | 금속 / 40mm |
| 14 | 클립 시작 위치 | 슬리브 끝에서 90mm |
| 15 | 클립 탄력성(강도) | 약함 |
| 16 | 심경도계 | 없음 |
| 17 | 지우개 | 있음 |
| 18 | 클리너핀 | 없음 |
| 19 | 선단부 재질 | 플라스틱 |
| 20 | 슬리브(촉) 재질 / 구조 | 금속 / 고정 파이프형 |
| 21 | 슬리브(촉) 길이 | 3.5mm |
| 22 | 슬리브(촉) 내경 | 0.61mm |

| 23 | 선단부 없이 노크 | 불가능 |
| 24 | 노크 강도 | 670g |
| 25 | 노크감 | 끊기는 느낌은 적고 반동감은 큼 |
| 26 | 노크음 | 큰 편 |
| 27 | 노크 후 심 당김 수준 | 많은 편 |
| 28 | 메커니즘 분해 수준 | 분해 가능 |
| 29 | 메커니즘 재질 | 전부 금속 |
| 30 | 클러치(척) 내부 표면 | 별도 가공 없이 매끈 |
| 31 | 심 배출량 | 노크 1회당 0.45mm |
| 32 | 심 배출까지의 노크 횟수 | 약 20회 |
| 33 | 유격(심 흔들림 중심) | 거의 없음 |
| 34 | 기타 기능 및 참고 | - |

1946년 세워진 동아는 우리나라 최초의 필기구 회사로, eXtra Quality를 뜻하는 XQ라는 이름으로 샤프와 샤프심을 출시하고 있다. 동아의 제도 샤프 라인업엔 XQ 세라믹 II, 세라믹 팝POP, 프로매틱Promatic XQ 등이 있다. 이들 샤프는 성능과 디자인 면에서 파이롯트의 S 시리즈를 닮았다. XQ 세라믹 II는 프로매틱 XQ와 모든 면에서 동일하다고 볼 수 있고, 저가 모델로 맨 나중에 출시된 세라믹 팝은 동일한 메커니즘에 심 쿠셔닝을 추가한 버전이다. 세라믹 팝은 2020학년도

대학수학능력시험 공식 샤프로 지정되기도 했다.
의외인 것은, 수한이 생산한 것으로 알려진 이들
샤프의 메커니즘이 코토부키에서 생산한 다른 샤프의
것과 일치하지 않는다는 사실이다. 예컨대 일견 제노
XD의 메커니즘과 동일해 보이지만 잘 보면 가공
형태도 다르고 실제 사이즈도 차이가 나서 호환되지
않는다. 관련 업체가 공식적으로 인정하면 모를까,
수한 OEM이라는 얘기는 확인하지 못했다.

어찌됐건 프로매틱 XQ가 기존 코토부키 OEM
제품들이 보여주는 품질과 완성도에는 미치지 못하는
건 사실이다. 하지만 일상 필기용으로는 부족함이
없는 성능을 가졌다. 특히 과하지 않고 일정한 심
배출량은 호평받을 만한 수준이다.

물론 아쉬운 점도 있다. 우선 선단부가 금속이 아닌
크롬 처리된 플라스틱이다. 클립도 소재를 금속으로
한 것은 좋으나 조립을 엉성하게 해서 완성도가
떨어진다. 널링 가공을 흉내 낸 해쉬 무늬의 얇은 고무
그립은 사용하다 보면 헐렁해져 빙글빙글 돌아가거나
늘어나기도 한다.(물론 대부분의 고무 그립이 그렇다.)

동아 XQ 세라믹 II

# 모나미 그리픽스

| 1 | 출시년도 | 2015년 |
|---|---|---|
| 2 | 소비자 가격 | 2,000원 |
| 3 | 심경 | 0.5mm |
| 4 | 생산지 | 한국 |
| 5 | 실측 길이 | 146mm |
| 6 | 실측 무게(심 제외) | 9.17g |
| 7 | 무게 중심(심 1개 포함) | 슬리브 끝에서 72mm |
| 8 | 배럴 재질 | 플라스틱 |
| 9 | 배럴 및 그립부 단면 | 원형 |
| 10 | 그립부 재질 / 길이 | 고무 / 35mm |
| 11 | 그립부 평균 지름 | 9.0mm |
| 12 | 그립면 | 애뉼러 링 홈 |
| 13 | 클립 재질 / 길이 | 금속 / 39mm |
| 14 | 클립 시작 위치 | 슬리브 끝에서 89mm |
| 15 | 클립 탄력성(강도) | 매우 매우 강함 |
| 16 | 심경도계 | 없음 |
| 17 | 지우개 | 트위스트형 (3.6×20mm) |
| 18 | 클리너핀 | 없음 |
| 19 | 선단부 재질 | 금속 |
| 20 | 슬리브(촉) 재질 / 구조 | 금속 / 고정 파이프형 |
| 21 | 슬리브(촉) 길이 | 3.5mm |
| 22 | 슬리브(촉) 내경 | 0.62mm |

| 23 | 선단부 없이 노크 | 불가능 |
|----|----------------|--------|
| 24 | 노크 강도 | 760g |
| 25 | 노크감 | 짧고 단단하게 끊기고 반동감 작음 |
| 26 | 노크음 | 보통 |
| 27 | 노크 후 심 당김 수준 | 적은 편 |
| 28 | 메커니즘 분해 수준 | 분해 불가능 |
| 29 | 메커니즘 재질 | 전부 금속 |
| 30 | 클러치(척) 내부 표면 | 별도 가공 없이 매끈 |
| 31 | 심 배출량 | 노크 1회당 0.65mm |
| 32 | 심 배출까지의 노크 횟수 | 약 14회 |
| 33 | 유격(심 흔들림 중심) | 거의 없음 |
| 34 | 기타 기능 및 참고 | – |

2007년에 출시된 모나미 그리픽스Gripix는 2015년
심경도계를 없애고 색상을 파스텔톤으로 바꾼 이후
큰 변화 없이 현재에 이르고 있다.

그리픽스는 고무 그립에 트위스트 방식의 지우개를
노크 부분에 장착했으며, 선단부가 금속이라서 무게
중심이 아래에 위치한다. 고무 그립은 단단하고
타이트하게 부착되어 있어서 오래 사용해도
헐거워지지 않으며, 사용 중에 그립이 돌아가지
않도록 배럴에 있는 홈과 물려 있다. 하지만 그립
모양이 비대칭적이어서 샤프를 돌려가면서 필기할

경우 불편할 수 있다.

### ● 모나미 그리픽스 팝

후속 모델로 2023년 출시된 그리픽스 팝의 경우
POP이라는 이름만 보고 저가형이라고 오해할 수
있으나 엄연히 오리지널 그리픽스의 상위 모델이다.
현대적이고 심플한 디자인으로 리뉴얼했고 그립부
또한 방향성이 없는 형태로 바꾸면서 필기감을
개선했다. 게다가 선단부, 클립, 트위스트 지우개 유닛
등을 모두 손보면서 사실상 전면적인 개선을 꾀했다.
그리픽스 팝은 메커니즘도 바꿨다. 그 결과 메커니즘
자체의 가공 품질은 좋아졌지만 아쉽게도 노크감까지
개선하지는 못했다. 기존 모델이 깔끔하고 단단하게
끊기는 노크감이라면 그리픽스 팝은 여러 군데에서
긁히는 듯한 노크감을 가졌다.
정리하면 모나미 그리픽스는 순수 국산 샤프의
자존심이라는 명칭에 걸맞게 우수한 필기 성능을
보여준다.

모나미 그리픽스 팝

# 미래 샤프 /
## e미래 샤프 / 수능 샤프

|  |  |  |
|---|------|-----|
| 1 | 출시년도 | 미확인 (2006년도 수능에서 최초 지급) |
| 2 | 소비자 가격 | 1,500원 |
| 3 | 심경 | 0.5mm |
| 4 | 생산지 | 일본 |
| 5 | 실측 길이 | 151mm |
| 6 | 실측 무게(심 제외) | 8.68g |
| 7 | 무게 중심(심 1개 포함) | 슬리브 끝에서 79mm |
| 8 | 배럴 재질 | 플라스틱 |
| 9 | 배럴 및 그립부 단면 | 원형 |
| 10 | 그립부 재질 / 길이 | 고무 / 35mm |
| 11 | 그립부 평균 지름 | 10.5mm |
| 12 | 그립면 | 무늬나 요철 없이 매끈 |
| 13 | 클립 재질 / 길이 | 플라스틱 / 49mm |
| 14 | 클립 시작 위치 | 슬리브 끝에서 92mm |
| 15 | 클립 탄력성(강도) | 약함 |
| 16 | 심경도계 | 없음 |
| 17 | 지우개 | 있음 |
| 18 | 클리너핀 | 없음 |
| 19 | 선단부 재질 | 플라스틱 |
| 20 | 슬리브(촉) 재질 / 구조 | 금속 / 슬라이딩 콘형 |
| 21 | 슬리브(촉) 길이 | 3.5mm |
| 22 | 슬리브(촉) 내경 | 0.60mm |

| 23 | 선단부 없이 노크 | 불가능 |
| 24 | 노크 강도 | 470g |
| 25 | 노크감 | 짧고 단단히 끊기고 반동감은 작음 |
| 26 | 노크음 | 작은 편 |
| 27 | 노크 후 심 당김 수준 | 보통 |
| 28 | 메커니즘 분해 수준 | 분해 불가능 (특수 도구로는 가능) |
| 29 | 메커니즘 재질 | 플라스틱 클러치, 황동 클러치 링 |
| 30 | 클러치(척) 내부 표면 | 별도 가공 없이 매끈 |
| 31 | 심 배출량 | 노크 1회당 0.75mm |
| 32 | 심 배출까지의 노크 횟수 | 약 6회 |
| 33 | 유격(심 흔들림 중심) | 약간 있음 |
| 34 | 기타 기능 및 참고 | 심 쿠셔닝, 슬리브 슬라이딩/수납 |

마지막으로 살펴볼 샤프는 오랜 기간(2006~2010, 2012~2019, 2021~2024학년도) 공식 수능 샤프로 자리하고 있는 미래 샤프(또는 e미래 샤프)다. 국내 샤프를 하나쯤은 제대로 얘기하고 싶어 필자가 일부러 피날레 자리를 비워두었다.(첫 리뷰 샤프로 특별히 펜텔의 P205를 고른 것처럼 말이다.) 이 책에서도 가장 많이 등장한 샤프일 것이다. 이 샤프의 제조업체인 유미상사(You & Me)는 수한 및 제노에스엔디와 함께 일본 코토부키의 한국 계열사 중의 하나다. 수한이 제조사, 제노에스엔디가 유통사의 성격이라면 유미상사는 둘 다의 역할을 하고 있다. 유미상사의 샤프들 또한 일부 부품을 코토부키 및 제노의 샤프들과 공동 사용한다. 서로 호환이 되므로 상표 외엔 동일한 샤프로 봐도

무방하다. 그럼에도 가격은 제노보다 저렴하다. 한마디로 가성비가 상당히 좋은 샤프라는 얘기다. 하지만 어쩐 일인지 디자인이나 색감을 보면 저가형 샤프임을 티내려고 애쓰나 싶을 정도로 70년대 후진국형인 경우가 많다. 게다가 문구점 팬시 코너에서 종이 곽상자에 꽂혀서 판매되는 게 어울릴 만한 1천 원 전후의 저가형 모델이 많은 것도 사실이다. 하지만 저렴한 모습과는 달리 품질 좋은 메커니즘이 사용된 경우가 있어서 종종 놀라게 되는 샤프가 또 유미상사의 모델이다. 베기드림Beggy Dream, 프리타임Free Time, 뮤직 파라다이스Music Paradise 등의 샤프가 여기에 해당한다. 이들 샤프는 정가가 500원임에도 금속 메커니즘이라 노크감과 내구성이 좋고 슬라이딩 슬리브, 심 쿠셔닝 기능도 갖고 있다.

## ● 10년 이상 수능을 책임질 수 있었던 데는 다 이유가 있다

유미상사의 대표 샤프는 단연 '수능 샤프'다. 일반 판매용으로는 'e미래 샤프'라는 이름을 쓴다. 실제로 유미상사의 대표 샤프이자 우리나라의 국민 샤프나 마찬가지다. 아마도 단일 모델로는 수능 샤프가 우리나라에서 가장 많이 보급(수능 시험장 공급만 1천만 자루 이상)되었을 것이다. 다이소에서는 번들 샤프심과 함께 1천 원에 판매되고 있다. 수능 샤프는 10년 이상 수능 공식 샤프로 채택된 만큼 성능의 안정성은 이미 입증되어 있다. 몇 번 다른 회사의 모델로 공식 샤프가 바뀌기도 했지만 품질 면에서 도저히 미래 샤프에 비할 바가 아니어서 자주 이슈가 되었었다. 요즘은 과거 수능에 사용된 샤프를 연도별로 수집하는 사람도 많아져서 비싸게 팔리기도 한다.

수능 샤프의 원형은 코토부키가 일본 플래티넘에 공급한 CCH라는 모델로 알려져 있다. 그래서 일본 페낙이나 우리나라 제노에서 출시된 CCH 시리즈의 샤프를 보면 수능 샤프와 거의 같다는 것을 알 수 있다. 한편 플래티넘의 대표적인 필기용 샤프 라인업인 오레누 시리즈도 구조와 기능이 유사해서 많은 부품이 수능 샤프와 직접적으로 호환된다.

정부가 매년 수십만 자루씩 저가격으로 대량 구매하는 샤프인 만큼 수능 샤프는 최저가형이지만 가격이 무색하게 상당한 기술력이 집약된 제품이다. 이 가격에 이렇게 안정적으로 양질의 품질을 구현할 수 있다는 것 자체가 이를 말해준다. 실제로 샤프를 완전히 분해해서 하나하나 살펴보면 어떻게 원가를 낮추면서도 높은 품질을 달성했는지 짐작이 간다.

일단 코토부키 제품의 특징을 알 필요가 있다. 잘 설계된 제품을 대량 생산함으로써 규모의 경제를 이루는 것, 이것이 대표적 특징이다. 이를 위해 코토부키는 메커니즘, 선단부, 배럴, 노브, 클립 등을 개발하면 되도록 여러 제품에 공용한다. 많은 경우 부품의 조합을 바꾸거나 색상을 달리해 전혀 다른 제품처럼 보이지만 공용이라는 원칙이 적용된 건 마찬가지다. 수능 샤프의 부품 수가 13개로 적은 편이 아님에도 가격 경쟁력을 확보할 수 있는 이유가 바로 여기에 있다.

## ● 기능도 만점

수능 샤프는 콘형의 슬리브가 슬라이딩되어 선단부에 수납이 가능하고 심 쿠셔닝 기능까지 갖고 있다. 게다가 플래티넘 오레누에서 강조하고 있는 선단부의 2중 구조(실드)까지 갖추고 있어서 심 보호도 양호하다. 실제로 일부러 낙하시켜도 잘 부러지지 않는다.(필자가 10여 종의 샤프를 대상으로 책상 높이에서 수평 낙하 시험을 했을 때 1등을 차지했다. 무려 50회 만에야 샤프심이 부러졌다.)

심 쿠셔닝 기능은 저가형답게 금속 용수철이 아닌 플라스틱 스프링에 의해서 구현되고 있다. 스프링은 심의 부러짐 방지 말고도 부드러운 필기감에 중요하다. 플라스틱 스프링은 부차적으로 부드러운 필기감에 영향을 준다. 즉 자동차의 쇼크 업소버 역할을 하기 때문에 가벼운 샤프임에도 필기 시 통울림에 의한 거친 느낌이나 사각거림 대신 부드럽고 매끈한 느낌을 준다.

메커니즘은 물론 플라스틱이다. 그럼에도 노크감은 물노크가 아니다. 단단하고 절도감 있게 끊기는 맛이 나쁘지 않다. 노크 소음도 작다. 그래서 독서실은 물론 시험장용으로도 별 문제가 없는 것이다. 다만 샤프심을 잡는 힘이 부족한 관계로, 필압이 셀 경우 심이 미끄러져 들어가기도 한다. 만약 이런 문제가 생기면 가장 빠르고 손쉬운 방법으로 샤프심을 바꿔볼 것을 권한다. 맨눈으로는 잘 안보이지만 사용 중인 샤프심 표면을 확대해 보면 많은 경우 미세하게 세로 줄이 나 있다. 세로 줄이 난 샤프심은 플라스틱 소재의 클러치에서 미끄러지기 쉽기 때문에 세로 줄 없는 샤프심으로 바꿔 끼워 보면 확연히 덜 밀리는 것을 느낄 수 있다. 세로 줄이 없는 우리나라의 샤프심으로는 문화연필의 것이 대표적이고 일본 제품 중에는 파이롯트의 심을 꼽을 수 있다.

## ◑  가볍지만 우습지 않은 샤프

수능 샤프의 장점을 정리하면 다음과 같다. 가벼운데도 필기감이 부드럽다. 지극히 표준적인 사이즈라서 그립감에 호불호가 적다. 슬리브 수납 기능이 있어서 휴대하기 좋고 외부 충격에도 심이 잘 부러지지 않는다. 심을 넣고 몇 번만 눌러도 빨리 배출되서 편하다. 마지막으로 대체적으로 내구성이 우수하다는 점을 들 수 있다.

물론 단점도 있다. 너무 가볍다. 플라스틱 메커니즘 특유의 노크감이 불호일 수 있다. 특정 색상의 경우 심하게 싼티가 난다. 슬라이딩 슬리브나 심 쿠셔닝 기능으로 인해 유격이 있다. 필압이 세면 심이 밀려 들어가기도 한다. 이보다 더 심한 필압이 가해지면 내부의 플라스틱 스프링이 영구 변형되어 심 쿠셔닝 기능이 망가지거나 수직 방향으로 유격이 발생할 수 있다. 마지막으로, 보유척이 너무 느슨해서 노크 시 샤프심이 들락거리는 경우가 있다는 점도 지적된다. 이럴 경우 보유척을 더 뻑뻑하게 만들어서(안쪽으로 구부리면 된다.) 샤프심을 단단히 잡아주면 노크 동작이 좀 더 안정적으로 된다.

# 문제 해결과 튜닝

## : 오랫동안 함께하는 방법

# 클리너 핀 자작

▷▷

샤프 가격과 상관없이 안전상의 문제로 클리너 핀이 사라지는 추세다. 그러나 있으면 확실히 편리한 게 클리너 핀이기도 하다. 아쉬웠던 독자는 아래 필자가 알고 있거나 고안한 방법을 통해 대체할 만한 핀을 만들어보길 바란다.(아기가 있는 집은 시도하지 않는 게 좋다.) 시작하기에 앞서, 철사를 재료로 클리너 핀을 만들기란 어렵다는 말을 먼저 드린다. 딴 게 아니라 적합한 굵기의 철사를 찾기가 의외로 어렵다. 0.3~0.5mm 샤프에 사용된 클리너 핀은 대개 0.35mm 굵기에 길이 15mm 정도의 스테인리스 핀이다. 하지만 일상에서 우리가 접하는 대부분의 철사 굵기는 0.6mm 이상이다. 이 점 참고 바란다.

- 옷핀으로 만들기  0.5mm 정도로 가는 옷핀을 곧게 펴면 클리너 핀으로 사용 가능하다. 대신 약간 짧다. 물론 0.3mm 샤프에는 굵어서 사용 불가다. 참고로 보통의 옷핀에 쓰인 철사의 두께는 0.6mm 이상이라 0.5mm  두께를 찾는 게 쉽지 않을 수 있다.

- 스테플러 침으로 만들기  스테플러 침을 펴서도 가능하다. 0.3mm 샤프에는 굵지만 0.5mm 샤프에는 사용할 수 있다. 33호 침은 펴고 나면 23.5mm로 딱 좋은 길이가 되고 10호 침은 17.4mm로 약간 짧다. 침의 단면이 원형이 아닌데 괜찮을까 의구심을 가질 수 있는데,

직사각형(0.4×0.5mm)이라도 아무 문제가 없다. 그대로 지우개에

꽂아서 쓰면 된다.

● **볼펜 스프링으로 만들기**  뜻밖의 재료로도 가능하다. 볼펜의

스프링이 그 주인공이다. 일반적인 볼펜 스프링은 철사의 굵기가

0.32~0.40mm로, 보통 0.36mm가 많다. 따라서 곧게 잘 펴면

0.3mm 샤프에 쓸 수 있다. 물론 곧게 펼 수 있느냐가 관건이다. 필자의

요령을 말하자면, 스프링을 적당히 편 후에 양끝단을 잡아 당기면서

라이터 등으로 열을 가한다. 그러면 쭉 펴진다. 스프링이 살짝 빨갛게

될 때까지 열을 가해야 하는데 심하게 가열하면 끊어지므로 연습과

요령이 필요하다. 사실 아무나 쉽게 할 수 있는 작업은 아니다.

필압이 강하면 샤프심이 슬리브로

밀려 들어가는 일이 종종 생긴다.

메커니즘 내 클러치가 샤프심을

제대로 잡아주지 못하기 때문에

일어나는 현상이다. 주로 플라스틱

메커니즘에서 발생하며(금속 메커니즘 샤프에서는 드물다.), 저가형

멀티펜에서는 비일비재한 일이다. 간혹 샤프심이 표준 굵기에 비해

너무 가는 경우에도 생긴다. 일단 이런 문제가 발생하면 점점 악화되기

마련이라 필기 시 불편과 피로도가 함께 올라간다.

해결책은 간단할 수 있다. 샤프심을 잡아주는 힘인 메커니즘의 스프링 장력을 증가시키면 된다. 하지만 이 방법은 대다수의 샤프에서는 가능하지 않으므로 여기서는 다루지 않는다. 필자는 스프링 장력을 늘리는 방법 외 여러 가지를 시도해보았다. 그리고 가장 손쉽고 추천할 만한 방법은 샤프심을 바꾸는 것이라는 결론을 내렸다.(조금 비겁한 방법인가?) 정확히 말하면 표면에 세로 줄이 없는 샤프심으로 바꾸면 된다.

우리가 흔히 접하는 샤프심의 표면을 돋보기로 보면 미세한 세로 줄이 있다. 의도적으로 만들었거나 생산 중에 의도치 않게 생긴 이러한 세로 줄은 샤프심 강도를 높이는 데는 좋을지 모르지만 플라스틱 클러치에서의 심 고정력을 떨어뜨린다. 따라서 표면에 세로 줄이 없는 샤프심을 사용하면 밀려 들어가는 문제가 확연히 개선된다.

국산 중에는 문화의 DIA 세라믹스CERAMICS, 수입산 중에는 파이롯트의 네옥스 그라파이트neox Graphite가 세로 줄이 없는 편이다.

세로 줄이 있는
샤프심

세로 줄이 없는
샤프심

세로 줄이 없는 샤프심이
밀림 방지의 해결책

# 유격
## 줄이기

▷▷

유격은 부품 간 헐거운 틈새가 원인인 경우가 많다. 기능에 문제가 생기지 않는 한도에서 틈을 최대한 줄이면 확실하게 개선된다. 틈새 단속이 만능은 아니지만 좌우 유격(노브에서의 덜덜거림이 원인), 부시럭거림(고무 그립의 들뜸이 원인), 수납형 슬리브에서 필연적으로 발생하는 흔들림 등은 어느 정도 개선이 가능하다. 아래 필자가 고안했거나 알고 있는 유격 줄이는 법을 참고하기 바란다.

⦿ **테이핑 조치** 기본적으로 틈새는 두 부품 간의 간격이다. 따라서 어느 한쪽의 두께를 늘리면 유격은 자연스럽게 감소한다. 두께를 늘리는 가장 쉬운 방법은 문구용 스카치 테이프를 둘레에 감는 것이다. 얇아서 두께 조절이 쉽고 티도 잘 안나서 유격을 줄이는 데 가장 많이 사용된다. 배관 실링용 테프론 테이프도 괜찮다. 스카치 테이프보다 더 얇아서 정교한 수준으로 두께를 조절할 수 있고 필요 시 흔적 없이 말끔하게 제거할 수 있다. 만약 틈새가 큰 편에 속한다면 열수축 튜브도 좋은 재료가 된다.

⦿ **코팅(페인팅) 조치** 슬라이딩 슬리브처럼 아주 작은 부품에는 테이핑 조치가 어렵다. 이럴 때는 투명 네일폴리시(매니큐어)나 목공풀 등을 조심스럽게 얇게 바른 후 말리는 방법을 사용하면 좋다. 표면에 피막이 형성되면서 세밀하게 유격을 줄일 수 있다. 한편 배럴에 인쇄된 로고나

글자가 지워지는 것을 방지할 목적으로 얇고 투명하게 덧칠하기도 한다.

● **삽입 조치** 고무 그립에서 나는 부시럭거리는 소리 문제는 해결책이 간단하다. 많은 경우 고무 그립이 배럴에 넓게 자리하면서 생기는 들뜸 때문에 생기므로 종이를 잘라서 끼워 넣거나 테프론 테이프로 감아 틈을 메꾸면 된다.

## 노크감 개선

노크감은 개인 선호도에 따라 확연히 갈린다. 일반적으로 펜텔 제도 샤프류(P205, 그래프 1000 등)처럼 적당한 끊김과 타격감 있는 노크를 선호하지만 좋다 나쁘다를 단정지어 말하기 어려운 영역이 바로 노크감이다. 게다가 아주 많은 요인이 얽혀 작용한 결과가 감각기관에 전달되는 것이라 이미 완성품으로 손에 들어온 샤프를 어떻게 한다고 쉽게 개선할 수 있는 것도 아니다. 단순하게 말하면, 메커니즘에서의 스프링 장력을 크게 하면 끊기는 느낌이 늘고, 클러치를 벌릴수록 노크음이 커진다. 또 스프링 장력이 약하면서 끊기는 느낌이 없으면 아주 조용한 물노크가 되지만 여기에 적당히 끊기는 느낌이 있으면 소위 찰진 노크가 된다.

## ● 단단하고 끊기는 느낌을 원하면

장력이 보다 큰 스프링으로 교체하면 된다. 풀어 설명하면, 스프링이
강할수록 클러치 링이 클러치를 더 꽉 조이는 상태가 되므로 노크 시
단단함과 끊김이 강해진다. 하지만 대부분의 메커니즘이 정상적인
방법으로는 스프링까지 분해되지 않으므로 현실에서 실행하기
어려운 해결책이다. 대안으로, 스프링이 끼워져 있는 부위에 링 같은
스페이서spacer를 끼워서 스프링을 한층 높은 압축 상태로 만드는
방법이 있다. 샤프 자체를 영구 변형시키는 것이 아니므로 원상 복구가
가능하다는 장점이 있다. 또 다른 방법으로 클러치 링을 아주 살짝
찌그러뜨려 조임을 조절하기도 한다. 운 좋으면 노크감이 개선되지만
그렇지 않을 경우 더 나빠지거나 샤프 자체를 망가뜨릴 수 있다.
아쉽게도 모든 샤프에 일괄적으로 적용할 수 있는 방법은 없다.


## ● 스페이서 끼워 넣기

앞에서 나열한 방법 중에 '스프링 부위에 스페이서 끼워 넣기'의
구체적인 과정을 소개하고자 한다.


① 튜닝 대상이 되는 샤프 선정  스테들러의 925 75를 선택했다. 약하고
조용한 노크감을 대표하는 샤프다. 그 자체로 매우 독특하고 매력 있어서
필자가 개인적으로 좋아하는 만큼 개선의 필요성을 못 느끼지만 튜닝
작업을 소개하기엔 적당해서 대상으로 선정했다.

② 분해  다음 사진에서 보는 바와 같이 메커니즘이 해체되면서 스프링도

완전히 드러난다.(요즘 출시되는 샤프는 이렇지 않은 경우가 많다.)

▶ ─────────────────────────────────

스테들러 925 75의 메커니즘과 스프링

③ 재료와 도구 준비  이제 스프링 사이에 스페이서를 넣어서 스프링의

장력을 증가시킬 차례다. 이를 위해 필자는 롱노우즈long nose plier,

실납, 스카치 테이프를 준비했다.

▶ ─────────────────────────────────

롱노우즈, 실납, 스카치 테이프

④ 스페이서 만들고 고정시키기  롱노우즈를 사용해 실납을 납작하게 만든

후 스프링 옆에 끼워 구부린다. 끼워진 실납 스페이서가 빠지지 않도록

스카치 테이프로 단단히 두른다. 다음 사진에서 튜닝 전후의 메커니즘과

함께 스페이서로 사용하기 위해 납작하게 가공된 실납을 볼 수 있다.

워낙 얇고 투명해서 사진상으로는 안 보이지만 스카치 테이프를 이용해 스페이서를 고정했다. 작업 후에 스프링이 더 압축된 것이 확인된다.

납작하게 펴진 실납과 튜닝 전후 메커니즘

튜닝 전

튜닝 후          스페이서(실납 가공)

이 방법으로 노크감이 획기적으로 바뀌지는 않는다. 다만 차이를 느낄 정도의 끊김은 분명히 증가한다. 한 가지 염두에 두어야 할 것은, 노크까지의 이동거리가 스페이서 폭만큼 줄기 때문에 샤프에 따라서는 노크가 원활하지 않거나 뭔가 걸리는 느낌이 있을 수 있다. 또한 스프링의 힘이 강해질수록 샤프심은 잘 부러질 수 있다. 샤프마다 시행착오에 따른 맞춤 가공이 필요하며, 보기보다 작업 난이도가 높다.

## ● 노크 소음

노크 시 나는 소리는 대부분 클러치 링이 클러치에서 벗어나면서 주변을 타격하는 과정에서 난다. 따라서 클러치 링이 벗어나는 세기에 따라서 소음이 달라질 수 있다. 즉 금속 클러치의 경우 벌려둔 만큼 노크 시 클러치 링이 더 세게 튕겨 나갈 것이고, 반대로 오무려준 그만큼 더 약하게 튕겨 나갈 것이다. 하지만 모든 샤프가 같은 반응을 보이지는 않으며 각 샤프가 가진 태생적 한계도 분명히 존재한다.

# 그립감
## 개선

그립감은 그립부의 굵기나 모양 등에 영향을 많이 받지만 무엇보다 표면 상태에 크게 좌우된다. 돌기나 홈이 없는 금속의 표면은 지나치게 미끄러운 반면 고무나 실리콘은 사용 초기엔 좋지만 오래 사용하면 늘어나거나 오염되기 쉽다.

- **고무 그립 청소** 미끄럽고 번들거리는 고무 그립부를 원상태로 만들고 싶다면 우선 깨끗이 닦는 일로 시작하라. 오염 정도에 따라서 물티슈, 세정제 PB-1(다이소 판매), 라이터 오일(노란통 썬오일) 등을 단계적으로 사용해보라.

- **매직블록** 세제만으로는 별 효과가 없다면 매직블록Magic Block 스폰지를 사용해보길 권한다. 문지르는 횟수가 늘어남에 따라 표면이 연마되면서 매트한(무광) 상태가 된다. 이 작업은 말그대로 연마이므로 그립부 외 다른 부분은 마스킹 테이프로 감아서 보호를 하는 등의 주의가 필요하다.

- **투명 열수축 튜브** 금속 그립부인데 너무 매끄럽다면 열수축 튜브를 끼워 사용하는 것도 좋다. 확실히 그립감이 개선된다. 또 금속 그립에 대한 거부감도 줄일 수 있다. 물론 두께가 그만큼 두꺼워지는 건 감안해야 한다. 가능하면 투명한 열수축 튜브를 사용하기를 권한다. 끼웠을 때 불투명보다 외관상 나은 것은 물론이고 쫀쫀한 감촉이

있어서 손에 더 잘 감긴다. 한편 라이터로 열을 가하면 샤프가 망가질 수 있고 균일한 작업도 어려우므로 헤어 드라이어나 열풍기를 사용하는 것이 좋다. 참고로 드라이기의 온도가 너무 낮다면 공기가 들어가는 부분을 조금만(많이 막으면 위험) 막아 두라. 바람의 온도가 올라간다.

#  널링 그립 청소

그립부에 홈이 파여 있으면 그립감은 좋아지지만 때가 끼는 것은 피할 수 없다. 특히 널링 가공된 금속 그립은 홈 간격이 좁고 깊은 경우가 많아서 때가 끼기는 쉽지만 빼기는 어렵다. 이럴 때 필자는 다음의 방법으로 때를 뺀다. 여기에 사용하는 용품은 대부분 다이소에서 구할 수 있다.

- 칫솔로 닦기 신발 빨래와 비슷하다. 솔을 이용해 비눗물 또는 기타 세정제(PB-1, 라이터 오일, 이소프로필 알코올 등)로 문지르면 된다. 웬만한 때는 해결된다. 칫솔로 문지른다고 도장이 벗겨지지는 않으니까 걱정하지 않아도 된다.
- 목공풀 또는 목공본드 목공풀(본드)을 그립에 빈틈없이 바르면 틈새의 오염 물질이 달라붙는다. 굳기를 기다렸다가 떼어내면 깔끔하게 청소가 된다. 굳는 데 다소 시간이 걸린다는 게 단점이다.

- 젤리 클리너 또는 액체 괴물  키보드를 청소할 때 사용하는 끈적하고 물컹한 젤리형 클리너를 이용해보자. 아니면 점착형 접착제(가령 블루텍)나 미술용 떡지우개, 점토 지우개 등도 괜찮다.
- 먼지 제거 스프레이  청소의 마무리 단계에서 사용하면 좋다. 고압의 기체 스프레이를 뿌려 남은 먼지나 오염물을 쉽게 날려 보낸다. 비단 그립부만이 아니라 메커니즘, 심 보관통 등 내부 청소용으로도 유용하다. 필자는 정전기로 인해 0.3mm와 같은 세경심이 심 보관통에 달라붙을 때 먼지 제거 스프레이를 이용해 내부를 불어내기도 한다.

# 휜 슬리브
# 수리  ▷▷

제도용 샤프처럼 슬리브가 가늘고 길면 약한 외부 충격에도 쉽게 휜다. 이때 찌그러진 슬리브를 펴겠다고 잘못 만지면 아예 꺾여서 샤프심이 통과하지 못하는 참사를 빚을 수 있다. 이렇게 되면 어쩔 수 없이 선단부를 교체하거나 최대한 사용 가능한 길이까지 잘라서 짧은 슬리브로 사용해야 한다. 하지만 휜 정도가 미약하다면 다음의 방법을 참고해 수리할 수 있다.(물론 말처럼 쉽지는 않다.)

① 롱노우즈 준비  슬리브를 다시 펴는 작업은 맨손으로는 어렵다. 정밀한

롱노우즈를 준비하라.

② **0.5~0.6mm 철사(구리선) 삽입**  이 작업에서 가장 중요한 것은 슬리브의 단면을 원형으로 유지해야 한다는 점이다. 직선으로 펴도 내부가 좁아지면 무용지물이다. 따라서 롱노우즈로 펴기 전에 0.5~0.6mm 정도의 철사나 구리선을 슬리브에 미리 끼워 두는 게 이 단계의 핵심이다. 이는 에어컨 설치나 전기공사 등의 배관 작업에서도 필수 단계로, 이렇게 하면 찌그러뜨리지 않고 가급적 원형 상태로 구부릴 수 있다. 그후 롱노우즈로 펼 때는 힘 조절에 신경 써야 한다. 슬리브를 세게 물어서 상처가 나거나 더 우그러뜨리지 않도록 조심해야 한다. 구부릴 때도 마찬가지다.

③ **최후의 방법**  조심했는데도 여기서 더 찌그러졌다면 다시 펼 수 있는 방법은 없다고 보는 게 맞다. 최악의 경우가 아니라면 0.55~0.60mm 드릴날(드릴비트)을 슬리브에 관통시켜 뚫어볼 것을 마지막 방법으로 권해본다.(이 정도로 가는 날은 샤프심이 막혔을 때도 유용하다.) 물론 0.60mm 드릴날이나 드릴이 동네 철물점에서 구할 수 있는 흔한 물건은 아니다. 게다가 슬리브는 보통 스테인리스 스틸이라서 드릴로 쉽게 뚫리지도 않는다. 아무튼 어렵다. 그래서 최후의 방법으로 소개하는 것이다. 심지어 0.3mm 샤프라면 이 모든 수리 난이도가 급격히 증가한다.

# 슬리브
# 교체

슬리브는 '살짝' 휜 수준이라야 펼 수 있다. 살짝을 넘어섰다면 선단부를 교체해야 한다. 하지만 선단부만 별도 판매하는 경우는 거의 없기 때문에 사용자가 직접

선단부에서 파손된 슬리브를 교체하는 단계로 나아가는 수밖에 없다. 여기서는 0.5mm 샤프 기준으로 설명한다.

① 슬리브 분리하기  일단 파손 부위인 슬리브를 선단부에서 떼어내야 한다. 대부분 매우 단단하게 박혀서 잘 빠지지 않으므로 힘껏 당겨야 한다. 이때 선단부의 다른 부위에 상처가 나지 않도록 주의하고, 선단부 내부의 보유척이 보이면 미리 분리해서 잘 두도록 한다. 가장 중요한 것은 슬리브가 끊어지지 않도록 하는 것이다. 선단부 끝단에서 똑 끊어지면 더는 다른 방도가 없다.

② 새로운 슬리브 끼우기  성공적으로 빼낸 슬리브 자리에 온전한 슬리브를 끼우는(이식하는) 단계다. 새로운 슬리브는 다른 샤프에서 비슷한 슬리브를 적출해서 확보해둔다. 다이소의 제도 샤프(2자루 1천 원)가 가장 만만하지만 흠집 없이 적출하기가 어렵다. 대신 스쿨메이트, 제노 파스텔 Q, 제노 미스틱, 파버카스텔 폴리매틱 2329 등과 같이 1천 원 내외의 저가 샤프를 추천한다. 이들 샤프는 슬라이딩 슬리브인 데다가 플라스틱 부품에 물려 있어서 큰 어려움 없이 적출할 수 있다.

③ 단단하게 고정시키기  새로운 슬리브를 선단부에

꽂았으면 순간접착제를 이용해서 단단히

부착시키는 단계다. 이때 접착제가 흘러 들어가

구멍을 막지 않도록 각별히 주의해야 한다.


참고로 0.3mm 샤프에도 위의 방법을 적용할 수

있다. 슬리브 적출용 0.3mm 저가 샤프로는 파이롯트

후레후레미, 후레후레 스프린터Fure Fure Sprinter,

렉스그립 등이 있다. 아니면 주사기 바늘에서 맞는

사이즈를 찾을 수도 있는데, 역시 쉽지 않다.


# 노크후 샤프심의 당김 개선

▷▷

노브를 누르면 샤프심이 밀려

나갔다가 노브에서 손을 떼면

클러치가 후퇴를 하면서 심을

다시 물기 때문에 심이 당겨진다.

결국 샤프심이 약간 후퇴하는

모양새인데, 이를 이 책에서는 샤프심 당김

현상이라고 지칭한다. 정도의 차이는 있지만 절대

다수의 샤프에서 이런 현상을 보인다. 품질이 낮은

저가의 샤프일수록 그 정도가 심하며, 클러치가

플라스틱인 경우에도 샤프심 당김이 강하게 나타난다.

어떤 경우는 당김 정도가 너무 커서 노크 시마다

들락거리는 샤프심 때문에 심란스러울 정도다.

그런 샤프는 정 붙기도 어렵다. 그런데 펜텔의

.e-sharp(다띠), .e-click, 롤리Rolly, 플렉스핏Flex Fit,

트랜지션 등은 노크 후 심 당김이 생기지 않도록

특수하게 설계되어 있다.

완전한 해결은 아니지만 부분적인 개선 방법은

간단하다. 샤프심이 쉽게 당겨지지 않도록 보유척의

저항을 증가시키면 된다. 다시 말해 보유척에서 심을

세게 잡고 있으면 더 당겨지게 된다. 보유척의 저항을

증가시키는 방법은 보유척의 종류와 구조에 따라

다른데, 일반적인 고무 보유척의 경우 뭉툭하고 가는

꼬챙이나 성냥 따위로 선단부 안의 보유척을 세게

눌러서 꽉 끼우면 심을 잡는 힘이 크게 증가한다.

수능 샤프처럼 플라스틱 보유척이라면 손가락이나

롱노우즈로 보유척 부분을 조심스럽게 오무려서

구멍을 좁히면 된다.(뒤에서 작업 사례 소개)

보유척의 저항을 증가시켰을 때 얻을 수 있는 부수적인

효과도 있다. 노크감이 약간 개선된다는 것이다. 노크

시 전보다 끊기는 느낌이 더 강해지기 때문이다.

# 헌 볼펜으로
# 샤프 자작

▷▷

샤프에 대한 애정이 깊어지면 분명 나만의 샤프를 직접 제작하고 싶어질 것이다. 나만의 샤프를 만드는 방법은 여러 가지다.

흔하게는 샤프를 짧게 잘라서 몽당 샤프를 만드는 것도 한 가지 방법이 될 수 있다. 가장 쉬운 샤프 자작 단계로, 헌 볼펜을 샤프로 만드는 간단한 방법을 소개해본다.

## ● 품질 좋은 멀티펜용 샤프 유닛을 찾아라

볼펜 중에는 미적으로나 인체공학적으로나 유독 뛰어난 제품이 있다. 미쓰비시 유니의 제트스트림이나 제브라의 블렌Blen 등이 그렇다. 감탄을 부르는 볼펜을 만나면 똑같은 생김새를 가진 샤프 버전을 직접 만들어보기를 권한다. 이렇게 만든 샤프는 나만의 샤프가 된다. 방법은 쉽다. 볼펜의 내부에 샤프의 메커니즘을 이식하면 된다. 멀티펜용으로 판매되고 있는 샤프 유닛을 구하면 딱이다. 왜냐하면 슬리브의 두께가 일반 볼펜의 끝단과 같고 살짝 두툼해지는 선단부의 단차가 볼펜 구멍에 걸리기 때문이다. 혹시 볼펜 구멍의 사이즈와

딱 맞지 않는다면 드릴이나 송곳으로 구멍을 살짝 넓히거나 테이핑으로 두께 조정을 하면 된다. 심 보관통의 길이 역시 다른 튜브 등을 덧대서 맞추면 된다.

되도록 샤프 유닛은 좋은 품질의 것을 사용한다. 시중에서 구할 수 있는 멀티펜용 샤프 유닛 중에서 미쓰비시 유니의 스타일 핏Style Fit, 파이롯트 하이테크-C 콜레토Coleto, 자바Java 셀렉트Select 등을 추천한다. 참고로 파이롯트와 제브라의 샤프 유닛은 0.3mm나 0.7mm 심경도 있다. 그리고 가급적이면 심 보관통이 금속인 샤프 유닛이 좋다. 멀티펜용 샤프 유닛은 가늘어서 잘 휘어지는데, 이때 심 보관통이 금속이 아닌 플라스틱이면 너무 쉽게 휘어져 내부의 샤프심이 부러지기 쉽다.

이렇게 헌 볼펜과 샤프 유닛으로 자작 샤프를 만들 경우 불편한 점이 하나 있다. 샤프심을 심 보관통에 넣기 위해서는 분해를 해야 한다는 것이다.

볼펜 몸통에 이식할
샤프 유닛

# 0.3mm 샤프를
# 0.4mm로 개조

▷▷

샤프 사용자 중 0.4mm 사용자는 1퍼센트도 되지 않는다. 수요 자체가 적다 보니 시중에는 0.4mm 샤프 선택지가 몇 개 없고 취향을 운운할 여지도 별로 없다. 그래서

훨씬 다양한 제품이 있는 0.3mm 샤프를 0.4mm로 개조하는 방법을 간단히 소개한다. 단 쉽게 구할 수 없는 재료나 공구가 필요하다는 점, 공구를 다루는 숙련도가 보통 이상은 되어야 한다는 점을 미리 일러둔다.

① 준비  0.3mm 샤프의 선단부 내 보유척을 꺼내서 잘 보관해두고, 슬리브는 힘껏 당겨 뺀다.(빼낸 0.3mm 슬리브는 버려도 된다.)

② 슬리브 적출  0.4mm 샤프(예: 파이롯트 S3)에서 상처 없이 슬리브를 적출한다.(0.5mm 철심을 삽입한 상태에서 빼면 성공률이 높아지지만 이렇게 하기란 거의 불가능하다.) 적출할 필요 없이 0.4mm 슬리브를 갖고 있다면 내경(0.5mm가 적당)을 확인 후 준비해둔다.

③ 선단부 구멍 넓히기  0.4mm 슬리브가 끼워지도록 0.3mm 선단부의 구멍을 드릴로 넓힌다.

④ 선단부에 부착  순간접착제를 이용해 0.4mm 슬리브를 선단부 끝단에 부착한다.

⑤ 클러치 코어 구멍 확장  0.35mm 드릴날과 드릴(펜슬형 핸드드릴 추천)로

0.3mm 클러치 코어의 구멍을 확장한다. 이때 구멍이 너무 커지지 않도록 최대한 조심해서 작업해야 한다.

⑥ 확인 및 보충 작업  선단부에 보유척을 끼운 후 샤프심이 잘 관통하는지 확인한다. 너무 좁다면 보유척을 다시 꺼내 송곳 등으로 구멍을 넓힌다.

클러치 코어를 넓히는 모습

이 방법은 다른 심경에는 물론 0.4mm 샤프 유닛이 전무한 멀티펜에도 적용할 수 있다. 즉 0.3mm 샤프 유닛(예: 파이롯트 하이테크-C 콜레토)을 구해서 위의 과정을 반복하면 된다. 단 이 경우 대체할 만한 슬리브가 없으므로 0.3mm의 기존 슬리브를 드릴로 넓혀야 한다. 슬리브 내경이 0.5mm이 될 때까지 넓혀야 하는 이 과정이 난이도가 가장 높다. 한 번에 완성하려고 하지 말고 아주 조금씩 넓혀가겠다는 마음으로 하는 게 좋다.

위의 방법으로 필자가 실제로 자작 및 개조한 샤프들

멀티펜에 샤프 유닛 이식

볼펜을 샤프로 개조

0.3 → 0.4mm 샤프로 개조

# 보유척
## 자작

보유척은 메커니즘을 해체하지 않는 한 볼 수 없는 은밀한 부품인데다 작기도 작아서 잃어버리면 찾기도 어렵다. 샤프에서 가장 작은 부품이지만 보유척이 없는 샤프는 사람으로 치면 허당, 동물로 비유하면 이빨 없는 호랑이 외 아무것도 아니다. 좁쌀만 한 보유척 하나 때문에 샤프를 새로 구입하기 싫다면 직접 만들어 볼 수도 있다.

① **열수축 튜브로 기초 작업** 내경이 1mm 또는 그 미만의 가는 열수축 튜브 바깥에 2mm 정도의 열수축 튜브를 끼운 후 열을 가해서 수축시킨다. 이때 샤프심을 끼운 상태에서 수축시키는 게 좋다. 길이는 10mm만 되어도 충분하고, 필요하면 2mm 튜브를 한 번 더 씌워서(총 3겹) 더 굵게 만들 수도 있다.

② **원하는 길이로 절단** 이렇게 만든 튜브를 필요한 길이로 자른다. 곧 대체할 보유척이다.

③ **구멍 입구 크기 조절** 샤프심이 자연스럽게 끼워지도록 구멍 입구를 송곳 등으로 확장한다.

열수축 튜브로 만든
2겹짜리 보유척

④ 저항도 확인  실제 샤프심을 끼워서 저항이 적당히 걸리는지 확인한다.

헐거우면 정교하고 예리한 롱노우즈나 집게로 중간 부위를 눌러

찌그러뜨려서 구멍을 좁힌다.

⑤ 조립과 확인  만든 보유척을 선단부과 조립해봐서 안정적으로 부착이

되는지 확인한다. 부착이 불안정하면 열수축 튜브의 겹 수를 바꾸는

식을 통해 조정한다. 단번에 성공하겠다는 욕심을 버리고 시행착오를

통해 요령을 터득하겠다는 마음으로 작업하는 것이 결과적으로 더 빠른

길이다.

## 샤프심 배출량 조절하기 ▷▷

한 번 노크할 때 심 배출량은 얼마나 될까. 0.5mm 샤프의 경우 평균적으로 약 0.5mm(제도용)~0.7mm(필기용)가 된다. 일단 0.7mm보다 크면

불편한 샤프가 되기 시작한다. 저가형 샤프일수록 한 번 노크에

심 배출량이 상당하고 그 양도 들쭉날쭉하기 일쑤다. 당연히 샤프

애호가들 대부분은 심 배출량이 적은 쪽을 선호한다. 이에 심 배출량을

조절할 수 있는 몇 가지 방법을 제안하고자 한다.

노크의 메커니즘과 조립 구조를 이해하면 심 배출량을 간단하게

조절할 수 있다. 물론 동일 원리의 메커니즘이라도 샤프마다 구조나

조립 형태가 다르므로 조절 방법과 난이도는 다를 수 있다. 또한 일부 샤프는 개방 구조가 아니라서 조절 자체가 어렵기도 하다.

심 배출량 조절의 핵심은 이것이다. 심 배출량은 노크 과정 중 클러치 링의 전진 거리와 대략적인 비례 관계에 있다는 것이다. 다시 말해 배출량을 조절하고 싶다면 클러치 링의 전진량을 조절하면 된다. 클러치 링의 전진량을 바꾸는 방법으로는 클러치 링에 뭔가를 끼워 넣거나, 조립 깊이를 달리하거나, 클러치 링을 이탈시키는 단차의 깊이를 바꾸는 등 여러 가지가 있다.(작업 사례는 뒤에서 소개)

◦ **링 삽입법** 클러치 링의 전진 경로 중간에 아주 가는 링 형태를 끼워 넣으면 그 두께만큼 전진에 방해 받기 때문에 심 배출량이 감소한다. 가령 0.2mm 직경의 가는 전선을 둥글게 구부려서 끼워 넣으면 심 배출량이 약 0.2mm 줄어든다. 전선 대신 가는 실납을 구부리고 납작하게 눌러서 마치 와셔washer: 볼트나 너트 밑에 넣는 얇은 쇠붙이처럼 만들 수도 있다. 이 방법은 어떤 흠집 없이 샤프를 원상 복구할 수 있다는 장점이 있지만 매우 예민한 작업이라서 똥손 소유자라면 쉽지 않다. 링이 다시 빠지지 않게 잘 집어 넣는 것이 무엇보다 중요하다는 사실을 덧붙인다.

◦ **결합 거리 조절법** 샤프 중에는 선단부를 꽉 조이면 심 배출량이 감소하는 것도 있다. 이런 샤프는 선단부 내부의 단차가 메커니즘과 가깝게 있기 때문이다. 따라서 아주 얇은 스페이서를 바디와 선단부

사이에 끼우고 조립하면 심 배출량이 그 두께만큼 증가한다. 반대로 배출량을 줄이려면 선단부와 바디의 결합면을 연마시키면 된다. 이때 선단부를 연마시키는 쪽이 용이하다. 연마 작업도 그리 고되지 않다. 황동 선단부라 해도 기껏해야 0.1~0.2mm 연마하면 되므로 생각보다 수월하게 작업을 완료할 수 있다. 이 방법은 멀티펜에 들어 있는 샤프 유닛에 적합하며, 연마에 의해 짧아진 선단부를 다시는 되돌릴 수 없다는 단점이 있다.

- 단차 깊이 조절법  샤프심은 선단부 단차에 클러치 링이 걸리고 나면 배출이 종료된다. 따라서 이 단차까지의 깊이를 조절하면 심 배출량이 달라진다. 즉 링 삽입법과 같이 가는 전선 따위를 단차 깊숙히 미리 끼워두면 클러치 링이 그 두께만큼 전진을 못하므로 심 배출량이 감소한다. 반대로 단차를 깎아서 더 깊게 만들면 심 배출량이 증가한다. 단 샤프에 따라서는 단차의 깊이가 반대로 작용하기도 하므로 미리 잘 알아두어야 한다. 한편 황동으로 만들어진 선단의 단차를 깎는 건 거의 불가능하다. 플라스틱 선단은 시도해봄 직하다.

- 보유척 조임법  보유척의 조임 정도도 심 배출량에 영향을 준다. 보유척이 너무 헐거우면 심 배출량이 많고 들쑥날쑥할 수 있다. 보유척을 선단부에 단단히 끼워 뻑뻑하게 하면 심 배출량도 개선된다.

# 슬라이딩 슬리브 샤프를 오렌즈처럼 사용

▷▷

저가 샤프 중에는 파이프형 슬리브이면서 슬라이딩 슬리브 기능이 있는 제품이 있다. 대표적으로 파버카스텔 폴리매틱 2329, 스쿨 메이트(또는 스쿨 프랑세Francais), 제노 파스텔 Q를 들 수 있다. 여기에 심 쿠셔닝 기능까지 갖춘 제품도 있는데 제노 XG, 파버카스텔 그립매틱 2018, 라이프앤피시스 제도 샤프가 이에 속한다.

재미있는 사실은, 이들 샤프는 심이 슬리브 밖으로 튀어나오지 않은 채 필기하면 펜텔의 오렌즈처럼 쓸 수 있다는 것이다. 강한 필압에도 심이 잘 부러지지 않으며, 한 번의 노크로 꽤 오래 필기할 수가 있다. 심 쿠셔닝 기능이 더해지면 포인트 푸시매틱이 되는 샤프이니 더할 나위가 없다. 대신 슬리브 끝단이 항상 종이에 닿으므로 긁히는 느낌이 없게끔 최대한 둥글고 부드럽게 가공해야 한다는 번거로움이 있다. 슬리브 끝단 가공은 이미 슬라이딩 슬리브 편에서 소개했으나 여기서는 구체적으로 설명을 풀어놓고자 한다.

① 재료와 공구 준비  입도(거칠기)별로 사포를 준비한다. 전동드릴도 필요하다. 사포는 1000방, 2000방의 종이 사포 각각 1장과 4000~8000방 3M 필름 사포 1장이 필요하다. 요령껏 사용하면 2000방 종이 사포 1장으로도 가능하다.

② 슬리브를 분리해 드릴 척에 고정시키기  먼저 슬리브를 분리한다. 어려우면 선단부 채로 둔다. 빼낸 슬리브를 전동드릴 척의 정중앙에 조심스럽게 고정시킨다.

③ 단계별로 연마하기  드릴을 고속으로 회전시면서 1000방 → 2000방 → 4000~8000방의 순서대로 슬리브 끝단을 둥글고 부드럽게 연마한다. 후반에 물을 약간 묻혀서 최고속으로 작업하면 더욱 매끄러워진다. 작업 중간 중간 종이에 긁어보면서 연마 정도를 확인하면서 진행 여부를 결정하면 된다.

이렇게 하면 저가 샤프의 슬리브 끝단을 오렌즈 샤프보다도 더 매끄럽게 만들 수 있고 기존 오렌즈 샤프의 슬리브 끝단도 개선할 수 있다. 실제로 필자는 펜텔 오렌즈 AT의 슬리브를 이같이 추가 연마하여 아주 만족스럽게 사용하고 있다.

# 튜닝 사례
## _수능 샤프
### [유미상사 에래 샤프]

지금까지 언급한 방법을 종합적으로 적용해 수능 샤프를 튜닝해보기로 한다. 미리 말하지만 필자의 방법이 결코 정답은 아니다. 필자 개인의 실험 경험임을 감안하길 바란다. 따라서 그대로 옮겨서 해볼 필요는 없고 단지 흥미로운 시도이고 영감을 얻는 데 참고용으로 괜찮다 정도로만 봐주면 된다. 또 이런 방법이 샤프를 획기적으로 바꾸기는 어렵다는 것, 튜닝이 과한 경우 오히려 더 나빠진다는 것을 유념해야 한다.

필자가 시도한 튜닝의 종류와 순서는 다음과 같다.

① 메커니즘 분해하기

② 좀 더 끊기는 노크감 만들기

③ 노크 시 샤프심 들락거림 줄이기

④ 노크 시 샤프심 배출량 줄이기

⑤ 노크 시 샤프심 배출량 늘리기

⑥ 슬리브 유격 줄이기


## ① 메커니즘 분해하기

다른 많은 샤프와 마찬가지로 수능 샤프도 기본적으로는 메커니즘이 분해되지 않는다. 그렇다고 아예 안 되는 것은 아니다. 억지로 끼워

분해 전 메커니즘과 칼집 낸 빨대

맞춰 조립한 샤프가
아니므로 구조만 잘
파악하면 분해할 수 있다.
수능 샤프의 메커니즘
분해가 어려운 것은
배럴 내부에 있는 낮은
턱 때문이다. 조립되어
끼워진 메커니즘은 이 턱에
걸려 뒤로 빠지지 않는다.
따라서 턱 높이만큼 뭔가를
삽입하면 턱을 무력화시킬
수 있다. 턱의 높이는 약
0.5mm인데, 0.2~0.4mm

빨대를 내부 턱의 위치까지 밀어넣은 모습

턱에 걸려 끝까지 분해를 방해했던 부품

두께의 얇은 튜브를 끼우면 된다. 튜브가 될 만한 것은 다양하지만 필자는
마침 적당한 빨대가 있어서 이를 선택했다. 끼우기엔 약간 작은 크기라
끝단에 칼집을 내어 벌어질 수 있도록 했다.

이제 빨대를 위의 사진과 같이 메커니즘 둘레의 틈새에 끼운 후 내부
턱의 위치까지 삽입한다. 이렇게 되면 턱의 단차가 무력화되면서
메커니즘을 뒤로 빼낼 수 있다.

드디어 분리된 메커니즘의 자태가 보인다. 화살표 부분이 배럴 내부의
턱에 걸려서 뒤로 빠지지 않았던 곳이다.

## ② 좀 더 끊기는 노크감 만들기

노크 시 끊기는 느낌이 안(덜) 드는 경우는 클러치 링이 척에서 빠질 때 저항 없이 부드럽게 빠지기 때문이다. 메커니즘의 스프링 장력을 세게 해서 저항을 높이면 되지만 수능 샤프에서는 그런 작업이 어렵다. 대신 클러치 링과 척이 맞닿는 부분을 거칠게 하는 방법을 사용하면 된다. 여기에도 난점은 있다. 사포를 사용할 시 플라스틱 척이 연마되어 작아지므로 심을 잡는 힘이 줄어든다. 그러면 필기 중 조금만 힘을 주어도 샤프심이 쑥 들어가는 문제가 생기게 된다. 따라서 연마하는 대신 맞닿는 표면에 약간의 흠집을 내는 방법을 사용하기로 한다. 다음 사진과 같이 날카로운 송곳을 사용해서 척의 표면(화살표 부분)에 몇 줄의 작은 상처를 준다. 가능하다면 그 상대물인 황동 클러치 링의 내면에도 흠집을 내면 더 좋다. 이렇게 하면 노크감이 극적으로 바뀌지는 않지만 끊기는 느낌을 더 강하게 만들 수 있다.

송곳으로 상처를 낸 척의 표면

흠집을 내는 방법 말고도 표면에 접착제를 바르는 방법도 있다. 재작업 가능성을 염두에 둔다면 접착제 선택에 특히 유의해야 한다. 접착제라고 다 같은 성분과 제형이 아니다. 어떤 접착제는 건조 후에 포스트잇 뒷면처럼 끈끈한 상태가 된다. 필자는 다이소에서

필자가 선택한 접착제

쉽게 구할 수 있는 저가의 속눈썹 접착제를 선택했다. 이 접착제는 물풀과 비슷해서 마르면 우표 뒷면과 비슷해진다. 이제 속눈썹 접착제를 클러치 표면에 얇게 바른 후 몇 분간 건조시키면 된다. 부품이 너무 작아서 바르고 건조시키는 일이 쉽지는 않지만 성공하면 노크 시 끊기는 느낌이 다소 증가한다.

### ③ 노크 시 샤프심 들락거림 줄이기

노크 시 샤프심이 나왔다가 다시 들어가는 현상을 아예 없앨 수는 없다. 샤프마다 정도의 차이가 있을 뿐이다.(플라스틱 메커니즘의 경우 더 심한 편이기는 하다.) 샤프심 들락거림을 줄이는 가장 쉬운 방법은 보유척의 저항을 높이는 것이다. 다시 말해 보유척을 뻑뻑하게 하면 다시 들어가는 현상이 확실히 개선된다. 펜텔 샤프(특히 플라스틱 메커니즘 샤프)와 수능 샤프 간 보유척의 뻑뻑함을 비교해보면 확실히 차이가 난다. 수능 샤프의 보유척은 저항이 거의 없는데, 이는 슬라이딩 슬리브가 원활하게 작동되도록 설계됐기 때문이다.

(왼쪽부터) 슬리브에 끼워져 있는 보유척, 슬리브에서 분리한 보유척, 튜닝한 보유척

필자는 수능 샤프 보유척의 저항을 높이기 위해서 보유척을 간단히 튜닝해보았다. 고무

재질인 일반 샤프의 보유척과 달리 수능 샤프의 것은 정교하게 성형된 플라스틱 사출물로, 앞의 가운데 사진에서처럼 끝이 갈라져 있다. 이 갈라진 끝단을 살짝 안쪽으로 오무리면 샤프심을 잡아주는 효과가 개선된다. 물론 심을 잡는 힘이 확연히 달라지지는 않지만 이 정도만 손봐도 심 당김이 개선된 것을 알 수 있다.

### ④ 노크 시 샤프심 배출량 줄이기

노크 시 샤프심이 배출되는 길이는 메커니즘의 전진 거리에 비례한다. 따라서 메커니즘이 어디까지 전진을 하고 어느 단차에 걸려서 노크가 작동되는지 알면 배출량을 늘리거나 줄일 수 있다. 물론 샤프마다 방법과 작동 과정이 다르고 모든 샤프가 가능한 것도 아니다. 수능 샤프의 경우 배출량을 줄이려면 선단부 내부의 단차를 깎아내야 한다.

옆의 사진은 수능 샤프 선단부의 내부 모습(투명/불투명)을 찍은 것이다. 불투명한 선단부에 표시된 화살표가 바로 문제의 단차다. 이것을 살짝만 깎아내면 배출량이 줄어든다.

수능 샤프 선단부에 있는 문제의 단차

그런데 내부의 단차를 깎아내는 게 쉽지 않다. 흔한 칼질로는 안 된다. 필자가 고안한 도구는 이것이다. 우선 안 쓰는 진공 젓가락을 자른다. 그리고 잘린 젓가락의 단면을 거칠게 가공한다. 이렇게 단면이 거친 젓가락을 선단부에 끼워 살살 돌리면 내부의 턱이 갈리면서 깎인다.

잘린 진공 젓가락

거칠게 가공된 젓가락 단면

거친 단면의 젓가락을 선단부에 끼운 모습

0.1~0.2mm는 순식간에 깎이므로 짧게 끊어 작업한 후 조립해서

심 배출량의 변화 정도를 확인하면서 진행해야 한다. 이 작업 또한

시행착오가 필요한 일이다.

## ⑤ 노크 시 샤프심 배출량 늘리기

수능 샤프에서 배출량을 늘리려면 메커니즘을 손대야 한다.

메커니즘의 클러치 링에 에나멜선과 같은 가는 금속선을 구부려서

끼우면 그 두께만큼

메커니즘(척)의 전진 거리가

증가함에 따라 심 배출량이

늘어난다.

클러치 링에 금속선을 끼워 넣은 모습

## ⑥ 슬리브 유격 줄이기

수능 샤프와 같은 수납형 내지 슬라이딩 슬리브는
아무래도 유격이 있기 마련이다. 실사용 시 불편할
정도는 아니지만 좀 더 흔들림 없는 필기를 원한다면
방법이 있다. 슬리브 표면을 얇게 코팅하면 된다.
슬리브를 살짝 두껍게 하면 유격이 감소하기
때문이다. 코팅제로 네일글루, 네일폴리시(매니큐어),
순간접착제 등을 사용할 수 있는데, 실패 시 원상
복구가 가능한가를 고려해서 선택하면 된다.
필자는 다이소에서 쉽게 구입할 수 있는 네일글루로
골랐다. 슬리브 표면을 네일글루로 아주 얇게 칠한 후
건조시키면 된다. 주의할 점은 정말로 얇게 발라야
한다는 것이다. 물론 조립이 안될 정도로 너무 두껍게
칠해도 글루오프와 같은 제거제로 다시 녹일 수는
있다. 번거로움을 줄이자는 의미다. 아무튼 이렇게
작업하면 슬리브의 흔들림을 줄일 수 있다.

화살표로 표시된 곳을
네일글루로 칠하면 된다

# 샤프심 어디까지 실험해봤니?

## ① 샤프심 강도 측정법

필기감은 샤프만의 문제가 아니다. 샤프 못지 않게 어떤 샤프심을 선택하느냐의 문제이기도 하다. 게다가 궁합도 무시 못한다. 어떤 샤프심은 특정 샤프와 유독 케미가 좋다. 문제는 이러한 선택과 판단의 근거가 주관적이라는 것이다. 인간의 감각 능력은 아주 엉성해서 입력되는 정보를 무비판적으로 받아들여 선입견을 만들기도 한다. 샤프심에 대한 많은 평가와 비교 글들이 객관성과 신뢰성이 떨어지는 것도 이런 이유다. 이에 필자는 강도, 필기거리(마모량), 진하기, 번짐량 등 샤프심의 주요 성능 지표를 수치화해서 비교하고자 한다. 먼저 각 성능을 객관적이고 일관되게 평가할 수 있는 방법 및 도구를 설명한 후 테스트 결과를 종합적으로 제시하겠다.

그럼 샤프심 강도 측정부터 살펴보자. 강도를 포함해 뒤이어 제시되는 각 성능의 측정법은 필자가 직접 개발한 것임을 말해둔다.

### ● 지금까지의 흔한 측정법

우리나라 개인 사용자의 경우 샤프심 강도 측정을 다음의 방법으로 많이 한다. 먼저 2개의 샤프심 케이스를 샤프심 길이만큼 벌려서 놓는다. 그 사이에 샤프심 2개를 평행으로 올려 놓은 다음 중간 지점에 동전을 쌓기 시작한다. 샤프심이 부러지기 전까지 쌓인 동전 개수로

샤프심의 강도를 측정한다. 이렇게 변수를 통제하지

않은 상태에서 행한 실험은 결과값이 부정확하고

실험자에 좌우될 수 있다. 샤프심 낭비는 물론이다.

## ● 펜텔의 측정법 & 국제 규격에 사용된 측정법

펜텔은 자체 개발한 샤프심 강도 측정기를 사용한다.

고정된 두 지지점 사이에 샤프심을 올려 놓은

후 그 정중앙을 스프링과 연결된 팁으로 눌러서

절단시킨다. 끊어질 때 작용하는 스프링의 힘이

눈금에 표시되고 이 수치가 강도를 나타낸다.

공식 국제 규격에 사용된 방법도 펜텔의 것과 별반

다르지 않다. ISO-9177-3에 명시된 샤프심의 강도

측정법과 요구 사항은 다음과 같다.

샤프심을 20~40mm 떨어진 두 지지점 위에

수평으로 올려 놓고 중앙부에 힘을 가한다. 그러다가

부러지는 순간 샤프심에 작용하는 힘을 구하고, 별도의

공식을 이용해서 샤프심 단면에 작용하는 법선 응력을

구하면 된다. 이때 샤프심이 갖춰야 할 최소 응력값이

규정되어 있는데, 0.3mm 샤프심이라면 240MPa,

0.5mm라면 190MPa, 0.7mm라면 160MPa을

만족시켜야 한다.(MPa은 압력 단위로, '메가파스칼'이라고

읽는다.) 참고로 190MPa은 1900기압에 상당하는 엄청난 압력인데, 이 정도의 힘이 샤프심 단면에 작용하는 것이다.(수능용 샤프의 샤프심 납품 요구 조건도 190MPa이다.)

## ● 필자의 측정법

필자는 ISO 방법보다 훨씬 간단하고 쉬운 측정법을 고안해보았다. 양팔보 대신 외팔보 개념을 적용했고, 양단에서 고정된 샤프심의 중앙부에 힘을 주는 ISO 방법 대신 한 쪽만 고정한 샤프심 끝단에 일정한 중량의 추를 매달아 놓고 샤프심의 길이를 점차 달리하는 방법을 사용했다. 이를 그림으로 나타내면 옆과 같다. 그 아래에 필자가 고안한 중량 추의 실제 모습도 보인다. 작은 케이스에 동전을 넣어서 중량 추의 무게가 적당하도록 했다.

강도 측정은 어떻게 할까.

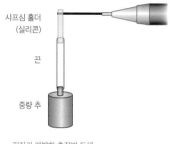

샤프심 홀더
(실리콘)

끈

중량 추

필자가 개발한 측정법 도해

필자가 개발한 중량 추

슬리브 밖으로 튀어나온 샤프심 끝에 중량 추를 매단 후 계속 노크를 하다 보면 어느 길이에서 심이 부러질 것이다. 이렇게 부러진 심의 길이를 측정하면 된다. 이것이 곧 샤프심의 강도다.(부러진

제작한 장치로 심 강도를 측정하는 실제 사진

심의 길이가 길수록 강도가 세다고 할 수 있다.) 필자의 방법대로 하면, 외팔보에 대한 재료역학적 공식에 의해서 샤프심의 단면에 작용하는 법선 응력도 계산되므로 ISO 규격 수준을 만족하는지도 따져볼 수 있다. 즉 방법은 ISO에 적용된 것과 다르지만 그에 상당하는 수치값을 산출할 수 있는 것이다.(이 책에선 복잡한 산출 과정 생략)

필자의 측정 장치에서 눈여겨볼 곳이 샤프심에 추를 매단 부분이다. 앞의 그림에서 '샤프심 홀더'로 표기한 곳을 말한다. 필자는 작은 실리콘 조각에 샤프심보다 훨씬 작은 구멍을 뚫어서 샤프심이 뻑뻑하게 꽂히도록 한 후 중량물이 이 실리콘에 매달려 있도록 했다. 말하자면 아주 뻑뻑한 보유척과 비슷하다고 할 수 있다. 이렇게 하면 샤프심이 부러진 이후에도 심이 들어가거나 빠지지 않고 실리콘 조각에 부러지는 순간 상태 그대로 남아 있게 된다.

샤프심 간 필기거리, 진하기, 부드러움, 번짐량 등을 비교하려면 필압이 일정하게 유지된다는 전제가 성립되어야 한다. 하지만 사람이 직접 필기를 할 경우 필압을 통제하기란 사실상 불가능하다.

이에 필자는 항상 동일한 필압이 걸리는 특수 샤프를 만들 필요가 있다고 생각했다. 그리고 이 샤프의 핵심은 스프링의 장력 유지에 있다고 보았다.

필자가 직접 제작한 특수 샤프는 메커니즘 전체가 슬라이딩되면서 쿠션을 갖게끔 되어 있다. 즉 심 쿠셔닝 기능이 작동하는 것처럼, 종이에 대고 꾹 누르면 심과 슬리브가 함께 선단부 속으로 들어감에 따라 선단의 구멍 끝단이 종이에 닿는다. 이 상태에서 선을 그으면, 비록 선단부는 종이에 닿아 눌리더라도 샤프심에는 일정한 스프링 힘이 작용하므로 항상 같은 필압을 유지할 수 있게 된다.

필요한 재료는 다음과 같다. 멀티펜용 샤프 유닛 1개, 버려지는 볼펜의 바디 1개, 볼펜 스프링 2개, 열수축 튜브, 접착제를 준비한다. 제작 과정은 다음과 같다.(그림과 함께 보면 이해가 쉬운데, 설명이 불충분한 부분은 실제 만들다 보면 자연스럽게 알게 된다.)

① 멀티펜용 샤프 유닛에서 슬리브 끝단을 자른다.

② 선단부 끝단을 연마해서 짧고 둥글게 만든다.

③ 스프링의 양단을 지지하도록 심 보관통과 배럴의 상단에 적당한 크기의

　　튜브를 끼워서 단차(턱)를 만든다.(아래 그림에서 화살표로 표시한 부분으로,

　　견고히 고정되도록 접착제를 사용하고 겉은 열수축 튜브로 감싼다.)

▶ 필요한 재료와 제작 과정

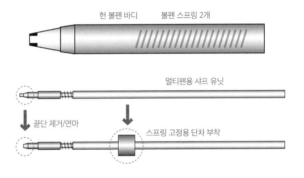

헌 볼펜 바디　　　볼펜 스프링 2개

멀티펜용 샤프 유닛

끝단 제거/연마　　　스프링 고정용 단차 부착

▶ 일정 필압 샤프의 실제 제작 사진

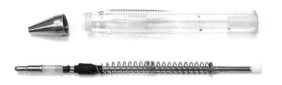

④ 샤프심 삽입 및 노크가 쉽도록 (아래 그림에서처럼) **심 보관통이 배럴**(헌

볼펜 바디)**을 관통하여 노출되도록 조립한다.**(앞의 실제 제작 사진과

아래의 실제 필압 샤프 사진을 참고하면 이해가 더 쉬울 것이다.)

필자가 만든 일정 필압 샤프의 실제 모습

앞으로의 내용에서도 이 일정 필압 샤프가 계속 언급될 것이다.

일정한 필압이 작용할 때의 샤프 단면

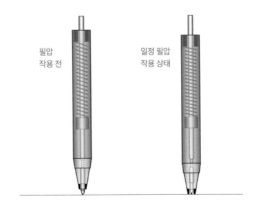

필압
작용 전

일정 필압
작용 상태

# 샤프심 어디까지
# 실험해봤니?
# ③ 샤프심 필기거리
# 및 진하기 측정법

▷▷

앞에서 설명한 일정 필압 샤프를
이용해 샤프심의 필기거리와
진하기를 측정해보자.

⬤ **샤프심 필기거리**(마모량)
**측정법**

필자가 제작한 일정 필압 샤프는 노크 2회당 샤프심
배출량이 약 1mm 정도가 된다. 이 상태로 종이에
대고 심이 마모될 때까지 수평 줄을 긋는다. 이렇게
그어진 선의 길이가 곧 샤프심의 필기거리 또는
마모량이 된다. 단 선이 겹쳐지지 않도록 그어야
하고 종이도 양면 중에서 한 면을 정해 그 면에서만
테스트를 진행해야 한다는 점을 주의해야 한다. 또한

▶ 샤프심 필기거리 측정 실제 모습

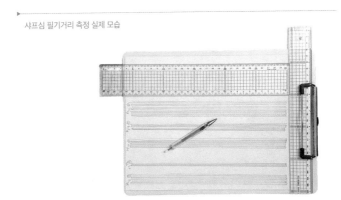

스프링의 장력(즉 필압)도 실제 필압과 심하게 차이나지 않는 정도로 조정하는 게 좋다.

## ◑ 샤프심 진하기 측정법

진하기는 필기거리에 비해서 측정하기가 훨씬 난해하다. 수치화하기가 어렵기 때문이다. 또한 샤프심의 원료가 되는 흑연은 까맣게 칠해질 경우 종이 표면이 번들거리고 반사되기 때문에 맨눈으로 진하기를 비교하기도 어렵다. 큰 차이가 아니면 더더욱 구분하기가 쉽지 않다.

어찌됐건 진하기 측정 또한 같은 필압, 같은 밀도로 선을 그어야 한다는 전제는 같다. 일단, 선을 그을 구역을 정한다. 그런 다음 일정 필압 샤프를 이용해 가급적 같은 속도와 밀도로 빈틈없이 채워 나간다. 필자의 경우 작은 원형 칸을 만든 후 그 안을 같은 밀도의 선으로 채웠다. 그렇게 칠해진 구역을 일정 거리 떨어져서 보거나 스캔한 뒤 모니터로 보면 진하기 비교를 할 수 있다.(480쪽 <실제 측정 기록표>의 '진하기' 항목 참조)

# 샤프심 어디까지 실험해봤니!?

## ④ 샤프심 번짐량 측정법

샤프심 번짐량이란 글자를 쓰고 난 후 손으로 문질렀을 때 번짐 정도를 말한다. 진하기와 마찬가지로 이 항목 역시 정도를 비교할 수 있을 뿐 수치화 하기는 어렵다. 번짐량을 비교하려면 같은 필압·밀도로 글자를 쓴 다음, 같은 힘과 같은 횟수로 문질러야 한다. 다시 말해 같은 압력과 같은 조건으로 글자를 문지르는 별도의 도구가 필요하다.

다음 그림은 필자가 고안한 샤프심 번짐량 측정기의 재료와 제작

필요한 재료와 제작 과정

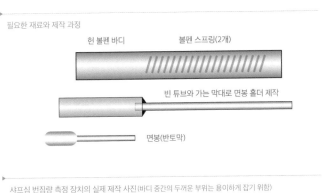

헌 볼펜 바디
볼펜 스프링(2개)
빈 튜브와 가는 막대로 면봉 홀더 제작
면봉(반토막)

샤프심 번짐량 측정 장치의 실제 제작 사진(바디 중간의 두꺼운 부위는 용이하게 잡기 위함)

필자가 만든 샤프심 번짐량 측정 장치 실제 모습

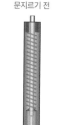

문지르기 전

과정을 보여준다. 잘 보면 일정 필압 샤프의 메커니즘 부분이 면봉을 착탈할 수 있는 구조로 바뀐 것을 알 수 있다. 매 테스트마다 새 면봉의 반토막을 면봉 홀더에 끼운 후 글자 위에 대고 문지르면 된다. 실제 번짐량 테스트는 다음과 같이 진행된다.

① 문지를 작은 구역을 정한 후 일정 필압 샤프로 동일한 간격과 개수로 선을 긋는다. 필자의 경우 작은 네모칸을 만든 다음 그 안에 10개의 선을 지그재그로 긋는다.(480쪽 <실제 측정 기록표>의 '번짐' 항목 참조)

② 옆 그림의 도구로 정한 횟수만큼 문지른다.

③ 종이에 샤프심이 얼마나 번져 있는지, 면봉에는 흑연이 얼마나 많이 묻었는지를 비교한다.(단 수치로 말할 수 없으므로 큰 차이가 나는 경우가 아니면 비교 불가하다.)

문지르기 동작

샤프심 번짐량 측정기의 작동 원리

# 샤프심 비교 결과 ①
▷▷

# 0.5mm 기준
# HB & B

먼저 0.5mm 심경 기준, 심경도 HB를 갖고 있는 13종 샤프심에 대해서 앞서 소개한 도구와 방법을 적용해 각각의 강도, 필기거리, 진하기, 번짐 정도를 측정하였다.

▶ 0.5mm 기준 HB 샤프심 13종

① ② ③ ④ ⑤ ⑥ ⑦ ⑧ ⑨ ⑩ ⑪ ⑫ ⑬

강도 비교를 위해 62.4그램의 추를 샤프심 끝단에 매단 후 부러진 샤프심 길이를 3회 측정하여 그 평균값을 기록했다. 필기거리와 진하기는 약 300그램 무게의 일정 필압으로 테스트를 진행했다. 번짐량은 약 500그램 무게로 면봉을 문질렀다. 참고로 모든 항목 테스트에서 종이는 더블에이 A4 복사지의 앞면을 사용했다.

필자가 비교한 결과를 말하기 전해 미리 말해 둘 것이 있다. 같은 0.5mm HB 샤프심이라고 해도 모든 심의 상태가 동일하거나 균일하지는 않다. 구입 시기에 따라 다를 수 있고 같은 케이스 안에 있는 심이라도 제각각일 수 있으며, 심지어 낱개 샤프심에서도 구간마다 성질이 다를 수 있다. 따라서 필자가 비교한 결과치는 공식적인 값이 아니며, 일반화해서도 안 된다는 점을 일러둔다. 더우기 진하기와 번짐량 정도는 수치가 아니라 (부정확한) 육안으로 판단했다는 사실을 감안하면, 수치상의 작은 차이로 샤프심의 우열을 판단해서는 더더욱 안 된다.

0.5mm HB 샤프심 13종 간 실제 측정 기록표

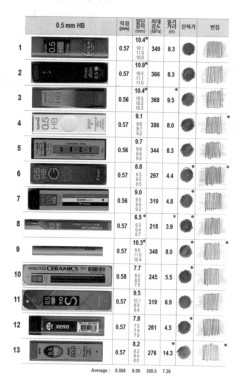

| | 0.5mm, 심경도 HB 샤프심 13종 | 직경 (mm) | 강도 (mm) | 필기거리 (m) | 진하기 | 번짐 정도 |
|---|---|---|---|---|---|---|
| 1 | 펜텔 아인 슈타인 | 0.57 | 10.4 | 8.3 | – | – |
| 2 | 펜텔 뉴 아인 | 0.57 | 10.9 | 8.3 | – | – |
| 3 | 유니 나노 다이아 Nano Dia | 0.56 | 10.4 | 9.5 | – | – |
| 4 | 유니 스머지 프루프 Smudge-Proof | 0.57 | 9.1 | 8.0 | – | 약함 |
| 5 | 유니 GRCT | 0.56 | 9.7 | 8.3 | – | – |
| 6 | 파이롯트 네옥스 그라파이트neox Graphite | 0.57 | 8.8 | 4.4 | 진함 | 심함 |
| 7 | 톰보 모노그래프 | 0.56 | 9.0 | 4.8 | 진함 | – |
| 8 | 스테들러 마스 마이크로 카본 Mars Micro Carbon | 0.57 | 6.5 | 3.9 | 진함 | – |
| 9 | 무인양품 | 0.57 | 10.3 | 8.0 | 진함 | 약함 |
| 10 | 동아 XQ 세라믹 701 | 0.58 | 7.7 | 5.5 | 진함 | – |
| 11 | 동아 뉴엔 XQ S | 0.57 | 9.5 | 6.9 | – | – |
| 12 | 제노 테크노 폴리머 | 0.57 | 7.8 | 4.5 | 진함 | · |
| 13 | 자바 나노골드 1000 | 0.57 | 8.2 | 14.3 | – | 약함 |
| | 평균값 | 0.568 | 9.09 | 7.26 | | |

심경도 B의 0.5mm 샤프심 12종에 대해서도 역시 4개 항목의 값을 측정하였다.

① ② ③ ④ ⑤ ⑥ ⑦ ⑧ ⑨ ⑩ ⑪ ⑫

| | 0.5mm, 심경도 B 샤프심 12종 | 직경 (mm) | 강도 (mm) | 필기거리 (m) | 진하기 | 번짐 정도 |
|---|---|---|---|---|---|---|
| 1 | 펜텔 아인 슈타인 | 0.57 | 9.5 | 6.5 | - | - |
| 2 | 펜텔 뉴 아인 | 0.58 | 8.9 | 3.5 | 진함 | - |
| 3 | 유니 나노 다이아 | 0.57 | 9.4 | 5.6 | - | - |
| 4 | 유니 스머지-프루프 | 0.57 | 7.9 | 5.0 | - | 약함 |
| 5 | 파이롯트 네옥스 그라파이트 | 0.57 | 8.8 | 3.0 | 진함 | 심함 |
| 6 | 톰보 모노그래프 | 0.56 | 8.6 | 3.0 | - | - |
| 7 | 스테들러 마스 마이크로 카본 | 0.57 | 6.0 | 3.9 | - | 약함 |
| 8 | 무인양품 | 0.58 | 8.9 | 4.0 | - | 약함 |
| 9 | 동아 XQ Gold 1000 | 0.56 | 6.0 | 3.0 | - | - |
| 10 | 동아 뉴엔 XQ S | 0.58 | 7.6 | 3.3 | 진함 | - |
| 11 | 제노 테크노 폴리머 | 0.58 | 5.5 | 1.4 | 진함 | 심함 |
| 12 | 자바 나노골드 1000 | 0.57 | 7.1 | 5.3 | - | 약함 |
| | 평균값 | 0.572 | 7.85 | 3.95 | | |

참고로 0.5mm HB 13종과 B 12종의 평균값을 비교해봤을 때 B 샤프심은 HB 샤프심 대비 강도가 14퍼센트 감소하고 필기거리도 46퍼센트 감소하였다.

# 샤프심 비교 결과②
# 0.3mm 기준
# HB & B

▷▷ 이번에는 0.3mm 심경 기준, 심경도 HB를 갖고 있는 13종 샤프심에 대해서 각각의 강도, 필기거리, 진하기, 번짐 정도를 측정하였다. 0.5mm HB의 측정 조건과 다른 점이 있다. 강도 비교를 위해서 더 가벼운 30그램의 추를 매달았다는 것, 필기거리와 진하기에서는 약 200그램 무게의 일정 필압으로 테스트했다는 것이다. 따라서 0.3mm HB와 0.5mm HB 간 직접적인 비교는 어렵다.

0.3mm 기준 HB 샤프심 13종

① ② ③ ④ ⑤ ⑥ ⑦ ⑧ ⑨ ⑩ ⑪ ⑫ ⑬

0.3mm HB 샤프심 13종 간 비교 결과

| | 0.3mm, 심경도 HB 샤프심 13종 | 직경 (mm) | 강도 (mm) | 필기거리 (m) | 진하기 | 번짐 정도 |
|---|---|---|---|---|---|---|
| 1 | 펜텔 아인 슈타인 | 0.38 | 7.7 | 2.5 | – | – |
| 2 | 펜텔 뉴 아인 | 0.38 | 6.9 | 2.9 | – | 약함 |
| 3 | 유니 나노 다이아 | 0.38 | 6.9 | 1.8 | 진함 | – |

| | | | | | | |
|---|---|---|---|---|---|---|
| 4 | 유니 스머지-프루프 | 0.38 | 7.3 | 3.0 | – | 약함 |
| 5 | 유니 GRCT | 0.37 | 6.7 | 1.6 | 진함 | – |
| 6 | 파이롯트 네옥스 그라파이트 | 0.37 | 7.4 | 1.0 | 진함 | – |
| 7 | 제브라 델가드 | 0.37 | 5.8 | 0.9 | 진함 | – |
| 8 | 스테들러 마스 마이크로 카본 | 0.38 | 4.9 | 2.5 | – | – |
| 9 | 파버카스텔 슈퍼폴리머Super-Polymer | 0.38 | 4.0 | 2.5 | – | 약함 |
| 10 | 무인양품 | 0.38 | 7.8 | 3.3 | – | 약함 |
| 11 | 동아 XQ 세라믹 | 0.38 | 7.4 | 3.4 | – | – |
| 12 | 제노 테크노 폴리머 | 0.38 | 8.4 | 1.5 | 진함 | – |
| 13 | 자바 나노골드 1000 | 0.37 | 4.7 | 5.0 | – | 약함 |
| | 평균값 | 0.377 | 6.62 | 2.44 | | |

다음은 심경도 B의 0.3mm 샤프심 10종에 대한 4개 항목의

측정값이다.

다음의 비교 결과 중 이해가 가지 않는 측정값이 있을 것이다. 가령,

HB보다 필기거리가 오히려 증가하는 경우가 그렇다. 필자도 의구심이

0.3mm 기준 B 샤프심 10종

① ② ③ ④ ⑤ ⑥ ⑦ ⑧ ⑨ ⑩

들어 재측정했으나 역시 같은 결과를 보였다. 하지만 실제 필기

조건에서는 결과가 다를지도 모른다.

0.3mm B 샤프심 10종 간 비교 결과

| | 0.3mm, 심경도 HB 샤프심 13종 | 직경 (mm) | 강도 (mm) | 필기거리 (m) | 진하기 | 번짐 정도 |
|---|---|---|---|---|---|---|
| 1 | 펜텔 아인 슈타인 | 0.37 | 5.1 | 7.0 | – | 약함 |
| 2 | 펜텔 뉴 아인 | 0.37 | 5.8 | 3.8 | – | 약함 |
| 3 | 유니 나노 다이아 | 0.38 | 5.1 | 1.6 | 진함 | – |
| 4 | 유니 스머지-프루프 | 0.37 | 5.8 | 3.5 | – | 약함 |
| 5 | 유니 GRCT | 0.38 | 5.4 | 2.1 | 진함 | – |
| 6 | 파이롯트 네옥스 그라파이트 | 0.38 | 6.8 | 1.9 | 진함 | – |
| 7 | 스테들러 마스 마이크로 카본 | 0.39 | 3.5 | 5.4 | – | 약함 |
| 8 | 동아 XQ 세라믹 | 0.38 | 6.4 | 1.5 | 진함 | 심함 |
| 9 | 제노 테크노 폴리머 | 0.37 | 4.9 | 3.5 | – | – |
| 10 | 자바 나노골드 1000 | 0.38 | 3.3 | 2.5 | 진함 | – |
| | 평균값 | 0.377 | 5.21 | 3.28 | | |

# 분해·해체 ▷▷
## 기술

인간은 보이지 않는 무언가에 끌리게 되어 있다. 미지의 무언가를 알고 싶다는 열망은 탐구의 강력한 추동 요인이다. 공학 덕후의 세계로 들어서면 분해의 단계로 자연스레 나아간다. 겉모양에 대한 지식의 충족이 끝나면 보이지 않는 기계 내부로 나도 모르게 발을 들이게 되는 것이다. 망가지더라도 전부 해체하고 싶은 충동… 이러한 분해 욕구는 공학 덕후의 덕목이자 기본 속성이다. 필자 역시 이 욕구를 억누를 수 없는 공학 덕후로서, 바라는 건 딱 한 가지다. '다만 이 분해가 깔끔하게 이뤄지기를!'

요즘 샤프는 분해 자체가 되지 않거나 일부 모듈까지만 분리되는 경우가 많다. 생산비 절감 차원이기도 하겠지만 아무래도 고급 기능을 장착하다 보니 정교해지고 복잡해지는 구조를 피할 수가 없고, 이를 보호하기 위해 '최소한으로 분해'가 되게끔 설계하지 않았나 싶다. 만약 현 상황에서 사용자에게 분해 가능성을 한껏 열어준다면 원상 복구 불가, 오동작 등 득보다 실이 더 클 것이다. 게다가 분해가 되지 않아도 실제 사용에는 아무 문제가 없기 때문에 굳이 분해가 가능해야 할 이유가 없다.

그러나 덕후가 왜 덕후겠는가. 꽂히면 어떡해서든 손에 쥐어야 하고 밑바닥까지 샅샅이 알아야 해서가 아니겠는가. 필자 또한 샤프의 적나라한 민낯을 정면으로 보고 싶었다. 그래서 대표 샤프 4종을 선정해서 완전히 해체해 보았다. 파손되지 않은 온전한 모습으로

이 정도의 수준으로 분해된 모습은 지구상에서 보기 어려우리라 생각한다.

이렇게까지 분해하려면 샤프의 조립 구조를 먼저 알아야 한다. 부품이 빠지지 않을 경우 조립 구조에 맞게 원인을 제거해야 한다. 가령 단차 가공 때문인지, 걸림 턱 때문인지, 억지 끼움 때문인지를 파악하는 게 우선이다. 우격다짐으로 뛰어들었다가는 시간과 힘만 낭비하거나 빼다가 샤프만 망가뜨린다. 분해하는 요령도 알 필요가 있다. 불필요한 흠집을 막고 되돌릴 수 없는 파손을 예방하기 위해서다. 첫째, 쉽게 빠지지 않는 부품이 있으면 연결 부위에 열을 가하라. 헤어 드라이기 등으로 조심스럽게 열풍을 가해서 온도를 올리면 연결 부위가 약해지고 느슨해지기 때문에 수월하게 분리되는 경우가 많다. 둘째, 부품을 손이나 공구로 억지로 집으려고 하지 마라. 크기가 작아 손으로 집을 수 없다면 테이프를 사용하면 된다. 즉 테이프 등을 감은 후 테이프를 붙잡고 당기면 부품 분리가 용이하다. 공구로 직접 붙잡고 당기는 경우 자칫 상처를 낼 수 있으므로 되도록 테이프를 사용하는 게 좋다.

## ● 한 번 하면 되돌아갈 수 없는 길

다음에 소개하는 수준의 해체는 '완전 해체'에 해당한다. 이렇게 되면 다시 정상적으로 조립해서 재사용하겠다는 생각은 포기해야 한다. 일부 샤프는 멀쩡하게 재조립되기도 하겠지만 어떤 샤프던 간에 앞날을 장담할 수는 없다.

펜텔 그래프 1000 포프로

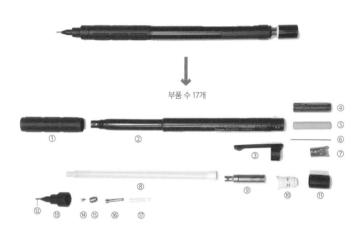

부품 수 17개

미쓰비시 유니 쿠루토가

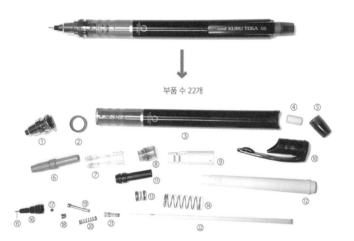

부품 수 22개

제브라 델가드

부품 수 22개

유미상사 e미래 샤프(수능 샤프)

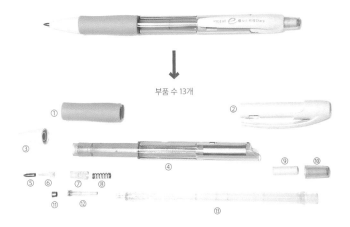

부품 수 13개

# 샤프 성애자의
# 아무말 몇 마디

지금까지의 본문이 객관을 가장한 주관이었다면 마지막은 필자의 사심 가득한 글로 마무리하고자 한다.

## ● 건전한 덕후 생활

필자는 자신을 성장시킬 수 있는 가장 좋은 수단은 '취미'라고 생각한다. 그러나 취미를 단순히 스트레스 해소나 즐거운 여가 시간 보내기 쯤으로 여긴다면 종일 게임을 하거나 숏폼을 보는 것과 다를 바가 없다. 소유욕 충족을 위한 수집성 취미 역시 개인의 발전으로 이어지기 어렵다. 어떻게 하면 과몰입하면서도 건전하고 개인 성장에 도움을 주는 취미가 가능할까?

취미에는 귀천이 있다.(경제적인 분수도 무시 못한다.) 하지만 더 중요한 것은, 같은 취미 생활을 하더라도 취미 대상을 대하는 태도와 방식에 따라 질과 결과가 달라진다는 사실이다. 단순히 말초적인 즐거움만 찾는 취미와 배움까지 추구하는 취미가 같을 수는 없다. 이 책이 후자의 독자에게 도움과 자극이 됐으면 한다.

### ◗ 필자 선정 샤프 베스트 3(feat. 무인도에 가져갈 샤프 3자루)

필자는 취미가 수집으로 흐르는 것을 경계하고 있지만 어쩌다 보니 헤아리기 어려운 정도로 샤프가 쌓이고 말았다. 종류만 해도 수백 종이지만 실제 자루 수는 n배가 되는데, 대충 무게를 재어 보니 14.8킬로그램에 달했다. 샤프의 평균 무게가 13.0그램인 점과 이것저것 고려하니까, 아이고 1100자루가 넘는다. 반성해야 할 일이다. 애착 없는 샤프가 있겠냐마는 뼛속까지 실용주의자인 필자의 오랜 경험을 통해 인생 샤프, 반려 샤프의 반열에 오른 3자루를 선정했다.

1. 펜텔 비쿠냐(실사 위주)

2. 자바 피닉스 2 Phoenix 2(실사+휴대 위주)

3. 펜텔 케리(우아한 기분을 내고 싶을 때)

## ● 사라지기 전에 몇 자루 쟁여 놓고 싶은 샤프 베스트 6

잘나가거나 꿋꿋하게 남을 놈들은 걱정할 것도 없다. 다만 세상에서 사라질 걱정에 아쉽거나 애잔한 녀석이 몇 있다. 워낙 마이너 중의 마이너라서 본문에선 거의 언급조차 없던 것도 포함돼 있다.

1. 펜텔 비쿠냐

2. 톰보 모노그래프 제로

3. 자바 피닉스 2

4. 제노 X5(단 0.3mm)

5. 제브라 에스피나

6. 톰보 오르노

## ● 샤프에 대한 큰 오해 두 가지

1. 샤프 업체들이 원가절감을 위해 지우개 핀을 없애고 있다.

2. 목재 샤프는 땀을 흡수해서 그립감이 좋다.

## ● 필자가 가장 좋아하는 샤프 그림

본문에 사용된 120여 자루의 샤프 그림을 직접 그렸고, 그외 액세서리 (예: 카웨코 알블랙 틴케이스와 클립)와 그래픽 일러스트까지 포함하면 200개가 넘는다. 그릴 때는 가급적 사진처럼 보이게 하고 싶었으나 지금에 와서 마음에 드는 그림은 아이러니하게도 그림처럼 보이는 그림이다.

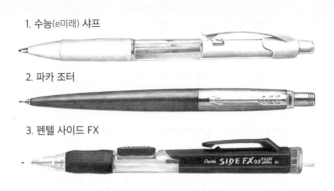

1. 수능(e미래) 샤프

2. 파카 조터

3. 펜텔 사이드 FX

● **필자의 생활/작업 공간**

필자의 온갖 덕질, 연구, 실험, 공부, 그림, 집필, 휴식 등이 이루어지는 공간이다.

## ◉ 끝이 아닌 시작

출판사와의 첫 만남 이후 출간까지 2.5년의 여정이었다. 이렇게 긴 레이스가 될지 몰랐는데, 기획과 출판사의 편집 시간을 제외하고 필자가 이 책에 전념한 시간만 따지면 2년, 2000시간(그림 1000 + 집필 1000)이 넘는다. 직장 생활 중에도 매일 3시간씩은 이 책에 할애한 셈이다.

이제야 끝이 보인다고 안도하고 있었는데, 교정하면서 보니까 여기서 다룬 샤프의 절반이 최근 10년 사이에 등장한 제품이다. 10년 후엔 또 그만큼의 새로운 샤프가 사랑받을 것이 분명하다.(이것이 바로 연필과 샤프가 다른 점이다.) 생각만 해도 설레지만 지속 가능한 책을 쓰고자 하는 필자에겐 정신이 번쩍 드는 일이다. 진정한 지속이란 단순히 오래 남는 것이 아니라 생명력을 유지하는 것이 아닌가. 샤프와 함께 이 책도 계속 새로워지도록 분투하겠다.


## ◉ Special Thanks To

이 책을 있게 한 그레이스 화실의 현종현 원장님께 감사드리며, 지금의 필자를 있게 한 부모님과 아내 명화 그리고 사랑하는 재훈, 소은에게 고마움을 전한다.

## 샤프 펜슬 정보와
## 볼거리가 있는 사이트

● 나무위키 샤프 펜슬/목록  https://namu.wiki/w/샤프%20펜슬/목록

● DMP: Dave's Mechanical Pencils  https://davesmechanicalpencils.blogspot.com

● Mechanical Pencils Community  https://www.reddit.com/r/mechanicalpencils

● Mechanical Pencils Wiki  https://www.reddit.com/r/mechanicalpencils/wiki/index

● Useful Links  https://www.reddit.com/r/mechanicalpencils/wiki/index/#wiki_useful_links

● Mechanical Pencil Museum  https://mechanicalpencilmuseum.blogspot.com

● Pencil Links  http://www.pencilpages.com/misc/links.htm

● Mechanical Pencils Blog  https://www.jetpens.com/blog/Mechanical-Pencils/ct/43

● Stationery Meeting  http://stationery-meeting.jp

● 일본 필기구 공업회  http://www.jwima.org

● 표현의 도구상자(펜텔 공식 블로그)  http://pentel.blog.jp

● 펜텔 기계식 펜 연구부  https://note.com/pentel_sharppen

● Nimrodd's Blog: Pentel Pencils Identification Book  https://nimrodd.net/

● The Uncomfortable Chair  http://chair.blog4.fc2.com

● Naver Cafe: 샤프 연구소  https://cafe.naver.com/pentel100

● Naver Cafe: Mechanical Pencils & Pens (MPP)  https://cafe.naver.com/yookgunun

● BlueTrain's Stationery Life  https://blog.naver.com/gigicom3219

공학 덕후 신정섭의 샤프 펜슬 탐구일지

# 샤프 펜슬에 뭔 짓을 한 거야?

지은이  신정섭

1판 1쇄 인쇄  2024년 3월 29일
1판 1쇄 발행  2024년 4월 19일

펴낸곳  (주)지식노마드
펴낸이  노창현
표지 및 본문 디자인  박재원
등록번호  제313-2007-000148호
등록일자  2007. 7. 10

(04032) 서울특별시 마포구 양화로 133, 1201호(서교동, 서교타워)
전화  02) 323-1410
팩스  02) 6499-1411
홈페이지  knomad.co.kr
이메일  knomad@knomad.co.kr

값 25,000원
ISBN 979-11-92248-21-9  03900